Der Maya Kalender

und die Transformation des Bewusstseins

Kukulcan, die Gefiederte Schlange, die mittelamerikanische Gottheit, die von den Azteken Quetzalcoatl genannt wurde. Er symbolisiert sowohl Licht als auch Dualität und ist der Hüter der Energie 9 Ik im Heiligen Kalender. Kukulcan spielte eine wichtige Rolle im Weltbild der alten Zivilisationen Mexikos und kam in verschiedener Gestalt, so wie in dem hier abgebildeten Windgott. Er inkarnierte sich auch einige Male in menschlicher Form und aufgrund seines Wesens als das Prinzip des Lichtes wurde angenommen, dass seine irdischen Inkarnationen Manifestierungen derselben Energie waren wie der von Christus.

Der Maya Kalender

und die Transformation des Bewusstseins

Carl Johan Calleman, Ph. D.

EU Verlag

Die englische Originalausgabe erschien unter dem Titel
„The Mayan Calendar and the Transformation of Consciousness"
bei: Bear & Company
Rochester, Vermont 05767

Übersetzung: Dr. Alois Dreizehnter

EU-Umweltakademie GmbH, Abteilung Verlag
office@eu-verlag.eu
www.eu-verlag.eu

Das für dieses Buch verwendete Papier entstammt Holzprodukten aus einer umweltverantwortlichen, sozial verträglichen und ökonomisch tragfähigen Bewirtschaftung der Wälder. Dieses Papier wurde mit höchsten ökologischen Maßstäben produziert. Es ist ungebleicht, ohne optische Aufheller und säurefrei.
www.fsc.org, fsc mix Zert. GFA COC 1147

Umschlaggestaltung: Jörg Schleburg

Illustrationen: Frontispiece, Abb. 3.9, Abb. 5.7, Codex Vindobonensis, Mixtec; Abb. 1.3, Dresden Codex, postclassic, Mayan, Yucatán; Abb. 1.5, Abb. 3.1, Abb. 3.14, courtesy of Schele und Freidel, A Forest of Kings; Abb. 1.6, Abb. 2.8, Abb. 4.3, photos by the author, Abb. 2.3, Codex Borbonicus, Aztec, sixteenth century, Abb. 2.5, courtesy of the Egyptian Tourist Board; Abb. 3.12, courtesy of Bob G. Lind; Abb. 5.1, courtesy of Freidel, Schele, and Parker, Maya Cosmos; Abb. 5.8, Codex Vaticanus A; Abb. 5.14, Codex Telleriano-Remensis, Aztec, sixteenth century, Abb. 9.4, „Early Transactions of the American Philosophical Society", The American Magazine, Philadelphia, 1769; Abb. B.1, Codex Magliabechiano, Aztec, sixteenth century; Abb. B.4, Codex Borgia, late postclassical period; Abb. 1.8–1.10, 2.6, 3.2–3.8, 3.11, 4.5, 4.6, 5.2, 5.13, 6.1, 6.4–6.7, 7.1, 7.3, 7.4, 9.1–9.3, 9.6, A.2, A.3, B.7, courtesy of Ola Petterson

Printed in Germany, 2. Auflage

ISBN: 978-3-9810728-1-5

Für Quetzalcoatl, den himmlischen Schöpfer
des Heiligen Kalenders,
und an das Volk der Mayas,
die Träger seiner Wahrheit.

Inhalt

Danksagung

Ola Petterson möchte ich danken für die Durchsicht des Manuskripts und ihre wertvollen Anregungen, um meine Ideen sichtbar werden zu lassen.

Herrschende Energie	Nationale Unterwelt 13 Baktuns 5.125 Jahre 13 Tage/Nächte zu 394,3 Jahren	Planetarische Unterwelt 13 Katuns 256 Jahre 13 Tage/Nächte zu 19,7 Jahren	Galaktische Unterwelt 13 Tuns 12,8 Jahre 13 Tage/Nächte zu 360 Tagen	Universale Unterwelt 13 Uinals 260 Tage 13 Tage/Nächte zu 20 Tagen
Tag 1 ist Himmel 1 **Säen** Xiuhtecuhtli, Gott des Feuers und der Zeit	11. Aug. 3115– 2721 v. Chr.	24. Juli1755– 1775	5. Jan.1999– 31. Dez. 1999	11. Febr. 2011– 3. März 2011
Nacht 1 ist Himmel 2 **Verinnerlichung der neuen Welle** Tlaltecuhtli, Gott der Erde	2721–2326	1775–1794	31. Dez.1999– 25. Dez. 2000	3. März– 23. März
Tag 2 ist Himmel 3 **Keimen** Chalchiuhtlicue, Göttin des Wassers	2326–1932	1794–1814	25. Dez. 2000– 20. Dez. 2001	23. März– 12. April
Nacht 2 ist Himmel 4 **Widerstand gegen die neue Welle** Tonatiuh, Gott der Sonne und der Krieger	1932–1538	1814–1834	20. Dez. 2001– 15. Dez. 2002	12. April– 2. Mai
Tag 3 ist Himmel 5 **Sprießen** Tlacoteotl, Göttin der Liebe und der Geburt	1538–1144	1834–1854	15. Dez. 2002– 10. Dez. 2003	2. Mai– 22. Mai
Nacht 3 ist Himmel 6 **Annahme der neuen Welle** Mictlantecutli, Gott des Todes	1144–749	1854–1873	10. Dez. 2003– 4. Dez. 2004	22. Mai– 11. Juni
Tag 4 ist Himmel 7 **Vermehrung** Cinteotl, Gott des Mais' und des Unterhalts	749–355	1873–1893	4. Dez. 2004– 29. Nov.2005	11. Juni– 1. Juli
Nacht 4 ist Himmel 8 **Ausbreitung der neuen Welle** Tlaloc, Gott des Regens und des Krieges	355–40 n. Chr.	1893–1913	29. Nov. 2005– 24. Nov. 2006	1. Juli– 21. Juli
Tag 5 ist Himmel 9 **Knospen** Quetzalcoatl, Gott des Lichtes	40–434	1913–1932	24. Nov. 2006– 19. Nov. 2007	21. Juli– 10. Aug.
Nacht 5 ist Himmel 10 **Zerstörung** Tezcatlipoca, Gott der Finsternis	434–829	1932–1952	19. Nov. 2007– 13. Nov. 2008	10. Aug.– 30. Aug.
Tag 6 ist Himmel 11 **Blühen** Yohualticitl, Göttin der Geburt	829–1223	1952–1972	13. Nov. 2008– 8. Nov. 2009	30. Aug.– 19. Sept.
Nacht 6 ist Himmel 12 **Feinabstimmung des neuen Musters** Tlahuizcalpantecuhtli, Gott vor der Dämmerung	1223–1617	1972–1992	8. Nov. 2009– 3. Nov. 2010	19. Sept.– 9. Okt.
Tag 7 Himmel 13 **Frucht** Ometeotl/Omecinatl, Dualer Schöpfergott	1617– **28. Okt. 2011**	1992– **28. Okt. 2011**	3. Nov. 2010– **28. Okt. 2011**	9. Okt.– **28. Okt. 2011**

Die Calleman-Matrix, ein prophetisches Diagramm, das die Herrschaftszeiten der 13 Gottheiten (Energien) in den vier höchsten Unterwelten zeigt. Dieses Diagramm kann für enzyklopädische Studien der Entwicklung aller Aspekte der menschlichen Geschichte genutzt werden. Außerdem liefert es eine grundsätzliche Matrix für Prophezeiungen.

Vorwort zur deutschen Ausgabe

Die Veröffentlichung meines Buches über den Mayakalender in deutscher Sprache macht es erforderlich, die besondere Bedeutung für die deutschsprachige Welt herauszustellen. Während der Mayakalender ein Kalender von allgemeiner Bedeutung ist, kann er auch Aussagen treffen, die eigens für verschiedene Gegenden der Welt bestimmt sind.

Zuerst sei erwähnt, dass es ein Deutscher war, nämlich Ernst Förstemann, der als Erster die Grundstruktur des Mayakalendersystems erläutert hat. Förstemann wurde 1822 in Danzig geboren, und im letzten Teil seines Lebens wurde er königlicher Bibliothekar von Sachsen in Dresden. Dort entdeckte er ein merkwürdiges Dokument zunächst unbekannter Herkunft, das später als der *Dresdener Codex* bekannt wurde. Es ist das beste aller Mayabücher, das die Bücherverbrennungen der spanischen Bischöfe auf Yucatán überstanden hat. Förstemann verbrachte vierzehn Jahre seines Lebens mit dem alten Mayamanuskript, und als ein Ergebnis seiner Studien kennen wir nun die Grundstruktur des Mayakalendersystems. Kaum ein anderer Forscher hat soviel dazu beigetragen, die kalendarischen Zyklen der Mayas zu erläutern, wie Förstemann.

Es ist nicht anzunehmen, dass Förstemann irgendeine Vorstellung vom Ausmaß hatte, die in der heutigen Zeit dem Mayakalender beigemessen werden würde, und es sollte hier darauf hingewiesen werden, dass Förstemann nichts davon wusste, wie die Zyklen, die er studierte, dem Gregorianischen Kalender entsprachen. Daher konnte zu seiner Zeit seine prophetische Bedeutung nicht erfasst werden. Trotzdem ist das heutige Interesse am Mayakalender stetig im Wachsen begriffen – sogar bis zu dem Punkt, einen Hollywoodfilm im Dezember 2006 anzuregen: Mel Gibsons *Apocalypto*. Das Buch, das der Leser in seinen

Händen hält, beabsichtigt, die alten Symbole, die von Förstemann studiert wurden, in eine Botschaft zu übersetzen, die für eine moderne Person bedeutungsvoll ist. Einige der entscheidenden Grundaussagen darin sind, dass die Menschheitsgeschichte von der Entwicklung ihres Bewusstseins gesteuert wird und dass die Wendepunkte dieser Entwicklung im Mayakalender festgelegt sind. Überdies wird diese Entwicklung von einem *Weltenbaum* herbeigeführt, der auf verschiedenen Ebenen existiert und seine Energien in verschiedene Richtungen aussendet.

Dies habe ich jahrelang immer wieder betont als Teil meiner Mission, den wahren Mayakalender der Welt vorzustellen, und ich habe den Stamm dieses Weltenbaumes in eine Skala unseres Planeten übertragen können, und zwar bei 12,5° östlicher Länge, ein Längengrad, der gerade hoch geht von Rom über Stralsund und dann zu den skandinavischen Ländern. Deshalb ist es mir immer klar gewesen, dass dieser Weltenbaum der entscheidende Bestimmungsfaktor der deutschen Geschichte gewesen ist. Trotzdem war es mir erst möglich, die Kraft zu spüren, die der Weltenbaumstamm in dieser Region hat, nachdem ich kürzlich den Chiemgau in Bayern besucht habe, wo die Einwohner immer noch dem Weltenbaum in ihrer Maibaum-Tradition Ehre erweisen.

Auch dämmerte es mir, dass Deutschland aufgrund seiner Lage genau unter dem Weltenbaumstamm nie ein Nationalstaat wie die anderen sein konnte und niemals sein kann, aus dem einfachen Grund, weil der Weltenbaum eine Energie der Verzweigung in verschiedene Richtungen geschaffen hat, eine Verzweigung, die sowohl aufbauende als auch zerstörerische Formen angenommen hat, je nach der Energie, die der Weltenbaum gerade aussendete. Der sehr knappe Abriss der Geschichte Deutschlands, den ich in diesem Vorwort skizziere, kann nur vom Leser ganz erfasst werden, wenn er den Großteil des Inhalts dieses Buches aufgenommen hat, doch steht er hier für künftige Betrachtungen:

Über die Geschichte Deutschlands im engeren Sinne der Welt wird für gewöhnlich gesagt, sie gehe zurück auf den Vertrag von Verdun im Jahre 843 n. Chr. Da wurde das Reich Karls des Großen in drei Teile aufgeteilt, von dem sich einer, das Ostfränkische Reich, zum Königreich

Deutschlands entwickelte, das später unter Otto dem Großen im Jahre 962 n. Chr. das Heilige Römische Reich werden sollte. Über die Geburt Deutschlands kann daher gesagt werden, dass sie unmittelbar von der Energie des Elften Himmels der Nationalen Unterwelt des Mayakalenders angetrieben wurde. Das zentrale Reich Europas wurde tatsächlich um den Stamm des Weltenbaumes herum während einer Zeitspanne geschaffen, als sich dieser Stamm stark ausprägte und in solch einer Position für die beiden folgenden Baktuns dieser Unterwelt bleiben sollte. Es lässt sich sagen, dass er zu Beginn des Dreizehnten Himmels im Jahre 1617 viel zu stark war, und anstatt sich zu einer modernen Nation zu entwickeln, wie es in mehreren anderen europäischen Länder geschah, kam der Dreißigjährige Krieg, um Deutschland für eine sehr lange Zeit zu zerstören.

Infolgedessen begann Deutschland erst mit seiner Entwicklung zu einem Nationalstaat zu Beginn der Planetaren Unterwelt mit dem Auftauchen der Preußischen Macht. Auf dieser evolutionären Ebene stellte sich jedoch heraus, dass der Weltenbaumstamm, der sich von Rom über Berlin erstreckt, eine Tendenz hatte, sich zu verzweigen. Aus höherer Sicht war Deutschland die treibende Kraft für die europäische Einigung, die einen entscheidenden Teil der geopolitischen Absicht dieser Unterwelt ausmachte. Unter der Herrschaft von Tezcatlipoca, dem Gott der Dunkelheit, in den Jahren 1932–1952 waren die Mittel, mit denen dies herbeigeführt werden sollte, jedoch sehr zerstörerisch, und erst in den späteren Katuns ist Deutschland zu der zentralen, ausgleichenden Macht zwischen Ost und West in der Europäischen Gemeinschaft geworden, die es gegenwärtig ist.

Was ich hier anbiete, ist eine völlig neue Sicht der Menschheitsgeschichte, eine Sichtweise, in der die Energien des Mayakalenders, die vom Weltenbaum ausgesendet werden, die entscheidende Rolle in der Gestaltung der Menschheitsgeschichte wie auch der Mentalität der Menschen spielen, die in verschiedenen Teilen der Welt leben. Die Deutschen sind in der übrigen Welt bekannt für ihr Organisationstalent und ihre Ordnungsliebe, verbunden mit einer langen Tradition kritischen, philosophischen Denkens. Diese Mentalität hat ihren Ursprung in der strengen Polarisierung des Bewusstseins, die für so lange Zeit dieses Gebiet beherrscht hat. Diese Qualitäten haben auch einen großen potentiellen Wert in der Zeit des spirituellen Erwachens der Galaktischen Unterwelt, in die wir nun hineingekommen sind und in der sie dienlich sein können bei der Erdung dieser neuen Energien durch eine rationale Verankerung des Goldenen Zeitalters, basierend auf dem Wissen, das vom Mayakalender geboten wird. Doch, und ich bin mir sicher, der Leser wird dies von selbst verstehen können, wird die baldige Herrschaft von Tezcatlipoca eine neue Herausforderung für jene bieten, die unter dem Stamm des Weltenbaumes bis zum Ende des Jahres 2007 leben. Deshalb meine ich, dass die Veröffentlichung der deutschen Ausgabe von *Der Maya Kalender und die Transformation des Bewusstseins* eine besondere Rolle im globalen Kontext spielt. Ich hoffe, dass es nicht nur einer realistischen Einschätzung von Ereignissen in den nächsten Jahren dienen wird, sondern auch als eine Anregung für all jene, die sehen, dass der Zukunft der Menschheit am Besten damit gedient ist, wenn wir Mittel und Wege entwickeln können, einen Zustand der Einheit mit dem Universum zu verwirklichen. Ich hoffe, dass wir alle eines Tages imstande sein werden, zu erleben, dass wir tatsächlich das Universum sind und dass unser Bewusstsein mit allem und jedem verbunden ist. Was dieses Buch uns vermittelt, ist, dass wir in den nächsten Jahren an einem Prozess teilnehmen werden, der all unsere Filter beseitigen wird, die uns heute noch davon abhalten, dies klar zu sehen.

Carl Johan Calleman
Dwingeloo, Niederlande
5 Ben, 7.13.13 der Galaktischen Unterwelt
(17. September 2006)

Vorwort zur englischen Ausgabe

Der Mayakalender teilt viele seiner Botschaften mit anderen spirituellen Traditionen: „Wir sind alle Eins", „das Leben hat einen Sinn", „Gott ist Liebe". Doch sollte nicht außer Acht gelassen werden, dass er auch eine einzigartige Botschaft vermittelt: Es gibt ein Datum für die Erschaffung des erleuchteten Goldenen Zeitalters am „Ende der Zeit", und wir alle sollen als Mitschöpfer an diesem Prozess teilnehmen. Dies ist die entscheidende Botschaft des Mayakalenders, die heute aufgenommen werden muss. Viele Verzerrungen und Missverständnisse wie auch eine weit verbreitete Skepsis gegenüber Prophezeiungen im Allgemeinen haben – zumindest bis jetzt – viele davon abgehalten, den Göttlichen Zeitplan vollständig zu erkennen.

Ein häufiges Missverständnis ist, dass der Mayakalender nur jene angehe, die sich für die Mayakultur interessieren. Natürlich waren die alten Maya die ersten Menschen, die den in diesem Buch beschriebenen Kalender entwickelten und studierten, und dafür sollten sie gewürdigt werden. Doch das heutige Interesse an Anthropologie oder alten Kulturen ist kaum ein zwingender Grund, den Mayakalender, eine prophetische Quelle, die jedes Mitglied unserer Spezies betrifft, zu studieren. Der Mayakalender trägt eine universelle Wahrheit in sich, die womöglich ein weit dringenderes Thema in der heutigen Weltgemeinschaft ist, als es für die Maya je war. Das vorliegende Buch *Der Maya Kalender und die Transformation des Bewusstseins*, ist das Ergebnis meiner Arbeit, diese universelle Wahrheit aus dem System des Mayakalenders abzuleiten und sie in einer Weise vorzustellen, die modernen Menschen sinnvoll erscheint. Im weiteren Verlauf hoffe ich aufzeigen zu können, dass dieser Kalender auch die vielen anderen religiösen und philosophischen Traditionen beleuchtet, die auf unserem Planeten in Erscheinung getreten sind.

Der Mayakalender ist eine prophetische Tradition. Prophezeiung oder die Fähigkeit, Vorhersagen über die Zukunft zu machen, ist eine Kunst, die in sehr unterschiedlicher Weise in verschiedenen Gegenden und zu verschiedenen Zeiten in Erscheinung getreten ist: Astrologie, Kabbalah, Numerologie und Tarot sind Beispiele göttlicher Werkzeuge, die überall auf der Welt von einfachen Leuten wie von Herrschern verwendet wurden und immer noch werden. Die Readings eines Nostradamus oder Edgar Cayce, das Buch der Offenbarung, die Kryptogramme, wie sie in dem Buch *Der Bibelcode* beschrieben werden, und die Hopi-Prophezeiungen sollen prophetischer Natur sein, und zahllose Deutungen haben behauptet, ihre verborgenen Botschaften zu enthüllen. Den meisten dieser Quellen kann keine eindeutige Wahrheit beigemessen werden. Ihr Mangel an einer zeitlichen Abfolge macht es unmöglich, ein Urteil darüber zu fällen, ob die Vorhersagen, die in ihnen gemacht werden, wirklich den Punkt treffen oder lediglich die Gedanken eines Deuters im Nachhinein sind.

Die zeitliche Abfolge des Mayakalenders ist im Gegensatz dazu eindeutig wahr und keine Art von Hokuspokus. Jeder, der Zugriff auf eine standardgemäße Enzyklopädie hat, kann seine Richtigkeit anhand der biologischen und geschichtlichen Evolution überprüfen. Deswegen würde ich, auch wenn die Kernbotschaft dieses Buches spirituell ist, den Leser gerne dazu ermutigen, sich seine Fakten und seine Logik anzuschauen, so wie er oder sie es mit jeder wissenschaftlichen Theorie täte. Die allgemeinen Kriterien für eine gültige wissenschaftliche Theorie sind, dass sie erfahrungsgemäß überprüfbar sein und den größtmöglichen Bereich von Phänomenen auf die einfachstmögliche Weise erklären sollte. Wenden wir die Mayachronologie auf die Geschichte der Menschheit an, dann wird ein beträchtliches Wellenmuster sichtbar. Beispiele solcher in diesem Buch vorgestellten Muster sind die „Winde der Geschichte“, das Auftauchen von Religionen, die Entwicklung schriftlicher Kommunikation und die Höhen und Tiefen der Weltwirtschaft. Diese Beispiele zeigen ganz klar, dass wir in einem bewussten Universum leben, dessen innewohnende Intelligenz einem genauen

Zeitplan folgt, gemäß dem sich menschliche Wesen entwickeln. In diesem Zeitplan haben wir nun die vorletzte Unterwelt erreicht (der achte von neun Maya-Zeitzyklen), was bedeutet, dass die Bestimmung der Menschheit in weniger als zehn Jahren erfüllt werden muss. Wir leben wahrlich in der Elften Stunde der Schöpfung!

Der Grad, in dem die Beweise moderner Wissenschaft und Geschichtsforschung mit dem Mayakalender übereinstimmen, ist in jeder Hinsicht verblüffend. Ich bin überzeugt, dass viele Leser zu dem Ergebnis kommen werden, dass dies die bedeutendste Quelle des Wissens über den kosmischen Plan ist, die der Menschheit zur Verfügung steht, was weiterhin zu der Schlussfolgerung führt, dass die Verbreitung des Mayakalenders in seiner wahren – das bedeutet erfahrungsgemäß überprüfbaren – Form heute eine dringende Pflicht für jeden von uns ist. Spirituelle Bücher wiederholen oft den Gedanken, dass es viele verschiedene Wege gibt, aber keinen richtigen Weg für jeden. Obgleich dies wahr ist, wird es nur selten erkannt, dass es nur in einem engen, individuellen Sinne wahr ist. Der einzige Grund, dass es verschiedene „Wege" gibt, ist, dass es einen kosmischen Zeitplan gibt, der die Bewusstseinsentwicklung bestimmt und uns alle antreibt, uns auf unseren Wegen zu einer gemeinsamen Bestimmung hin zu entwickeln. Wenn unsere individuellen Wege nicht im größeren Zusammenhang dieses Plans gesehen werden, verlieren sie völlig ihre Bedeutung. Heute stehen wir als Spezies der Herausforderung gegenüber, unsere individuellen Wege innerhalb dieses größeren Plans anzupassen und somit imstande zu sein, seinem Zielpunkt zu begegnen. In diesem Fall ist der Mayakalender für uns alle von äußerster Wichtigkeit.

Damit stehen spirituelle Sucher vor einer Wahl. Wir können fortfahren, indem wir auf Astronomie basierende Kalender verwenden, und, falls wir dies tun, werden wir damit fortfahren, die Geschichte als eine Serie chaotischer Zufallsereignisse zu betrachten. Als Alternative können wir jedoch damit beginnen, den traditionellen Mayakalender zu verwenden, bewusst zu werden über die Konturen des kosmischen Plans und uns selbst an seine Bewusstseinsentwicklung anzupassen.

Eine wichtige Folgerung dieser vorangehenden Evolution ist, dass die Vorstellung einer steten „menschlichen Natur" in Wirklichkeit bar jeder Grundlage ist. Unterschiede im Bewusstsein zwischen Menschen, die in unterschiedlichen Unterwelten leben, sind wirklich, und das menschliche Bewusstsein ist heute nicht mehr dasselbe, so wie es für die alten Maya war, noch ist es dasselbe, wie es für den universellen Menschen des kommenden Goldenen Zeitalters sein wird. Es gibt Hoffnung für die Menschheit, nicht weil wir uns plötzlich alle für die Veränderung hin zu etwas Besserem entscheiden, sondern weil das Bewusstsein der Menschheit Bestandteil eines kosmischen Plans ist, der nicht manipuliert werden kann. Sich zu vertiefen in diesen Plan unter Verwendung des Mayakalenders, wird seine Erfüllung fördern, sowohl auf individueller als auch auf kollektiver Ebene.

Überdies erklären die wechselnden Yin/Yang-Polaritäten dieses Plans, warum die Welt unterschiedlich betrachtet wird, nicht nur in verschiedenen Zeiten, sondern auch in verschiedenen Enden der Welt.

Die heutige Zeit ist ein gutes Beispiel dafür. Während diese Worte im siebten *Uinal* (Zwanzig-Tage-Zyklus) des fünften *Tun* der Galaktischen Unterwelt geschrieben werden, scheint der Westen wieder einmal erfolgreich in einer seiner Militärkampagnen gegen ein islamisches Land im Osten gewesen zu sein, nämlich den Irak, indem das Saddam-Hussein-Regime gestürzt wurde. Natürlich kommt dabei die Frage über den Grund für diesen Krieg auf. Die etablierten Medien haben sich dazu mit oberflächlichen Antworten hervorgetan: die Vereinigten Staaten wollten ein Unterdrückerregime loswerden, das womöglich über Massenvernichtungswaffen verfügt oder alternativ dazu: die Vereinigten Staaten wollten die Kontrolle über die irakischen Ölquellen übernehmen. Doch solche Antworten werden im Rahmen des herrschenden Bewusstseins gegeben und sind dementsprechend sehr kurzsichtig.

Nehmen wir einmal an, dass der sich zurzeit abzeichnende Wandel in der Beziehung zwischen der Alten Welt und der Neuen (in geografischem Sinne) überhaupt keine Auswirkung unterschiedlicher Sichtweisen über den Irak-Krieg ist. Nehmen wir einmal an, dass der größere

Wandel etwas war, das aufgrund einer Veränderung des Bewusstseins auf globaler Ebene stattfinden sollte. Somit könnte dieser Krieg, der sich in einer Zeit ereignete, die ich als den Dritten Tag der Galaktischen Unterwelt bezeichne, nicht in erster Linie als eine weitere Zurschaustellung militärischer Überlegenheit der einzigen westlichen Supermacht angesehen werden. Was eine viel tiefere Folge ist: das System des internationalen Rechts wurde gestürzt. Die Außer-Acht-Lassung des Sicherheitsrates durch die westliche Koalition hatte den De-facto-Zusammenbruch der Vereinten Nationen und sogar der NATO zur Folge. Es ist kaum anzunehmen, dass der Westen jemals wieder in der Lage sein wird, Unterstützung für die von ihm geführte Weltordnung einzufordern, es sei denn durch Gewalt.

Im Zeitraum vor diesem Krieg haben wir eine entgegengesetzte Tendenz gesehen, nämlich eine globale Bewegung für den Frieden beispiellosen Ausmaßes. Dies ist eine Widerspiegelung der Tatsache, dass viele Menschen in Annäherung an das Goldene Zeitalter zunehmend in der Gegenwart leben und seine Früchte nicht mehr hinausschieben wollen.

Konnte man all dies vorhersagen? Der Gedanke an einen verstärkten Konflikt zwischen der Alten Welt und der Neuen Welt lässt es sicherlich bei denen klingeln, die mit den Hopi-Prophezeiungen vertraut sind. Wer außerdem mein vorhergehendes Buch *The Mayan Calendar* studiert hat, wird kaum über den plötzlichen Bruch zwischen den Vereinigten Staaten/Großbritannien und Kontinentaleuropa überrascht sein. Wie in *The Mayan Calendar* dargelegt wurde, war der Zeitraum von 1992 bis 1999 einer der friedvollsten in der Geschichte der Menschheit, während ich vorausgesagt habe, dass die Periode ab Anfang 1999 eine Zeit zunehmender Konflikte zwischen Ost und West werden wird. Tatsächlich beschrieb ich diese ganze Unterwelt als die Zeit, die in christlicher Terminologie Apokalypse genannt wird, und deren Bestie – vielleicht paradoxerweise – vor allem von denjenigen benannt wird, die dazu neigen, das Böse auf andere zu projizieren.

Es gibt noch viel mehr von der prophetischen Wissenschaft der

Zeit für die weitere Entwicklung der aktuellen Unterwelt zu erfahren, und diese Themen werden in den späteren Kapiteln dieses Buches ausführlich besprochen. Diese achte, nämlich die Galaktische Unterwelt, stand beispielsweise im Gegensatz zu dem Zeitraum 1992 bis 1999, eine Periode stetigen wirtschaftlichen Niedergangs. Es gibt gute Gründe zu erwarten, dass die Welt nie wieder einen längeren Zeitraum wirtschaftlichen Wachstums erleben wird (siehe Anhang A).

Der Schlüssel zum Verständnis, dass Prophezeiung tatsächlich möglich ist, liegt in der Erkenntnis, dass menschliches Denken nicht etwas ist, das sich „innerhalb“ des Kopfes einer Person, isoliert vom Rest des Kosmos, abspielt. Unser Denken und infolgedessen auch unsere Handlungen entwickeln sich hauptsächlich durch die Resonanz mit dem sich entfaltenden kosmischen Bewusstsein, übermittelt von der Erde, deren verschiedene energetische Veränderungen im Mayakalender beschrieben sind. Deshalb sind wir alle „channels“. Und offen gesagt, waren wir zumindest bis jetzt nur imstande, für uns selbst in einer sehr beschränkten Art und Weise zu denken. Durch unsere Resonanz mit der Erde waren wir alle mehr oder weniger Marionetten des kosmischen Plans. Deshalb gibt es da nichts Geheimnisvolles um die Tatsache, dass die groß angelegte Entwicklung dieser Marionetten-Welt im Wesentlichen vorhersagbar ist. Prophezeiung ist – mit anderen Worten – völlig möglich, und die Muster des kosmischen Plans zu verstehen ist eine sehr wichtige Aufgabe für jeden von uns.

Ein großer Wert des Mayakalenders liegt darin, dass er uns mit dem Wissen über die Energien ausstattet, die die Evolution lenken. Er ist ein Werkzeug, das uns befähigt, mit dem Fluss zu gehen. Auch wenn wir andererseits unbewusst waren, war solche Führung schon immer für die Menschen zugänglich und wird es bis zur Vollendung des kosmischen Plans an dem Tag 13 Ahau, am 28. Oktober 2011, sein. Doch wer sich vom Marionettendasein entfernen und bewusster Mit-Schöpfer werden will, der kann anhand dieses Buches Kenntnis von den Energien erlangen, die die Schöpfung lenken – eine Kenntnis, die seit den Tagen der alten Maya nicht vollständig zur Verfügung stand.

Der traditionelle Mayakalender wird nun wieder lebendig, und seine Anhänger werden seine modernen Vertreter sein. Auch wenn der Leser anfänglich mit einigen Grundkenntnissen über den Aufbau und die Bedeutung des Mayakalenders vorbereitet werden muss, habe ich den späteren Teil des Buches als einen Führer dafür geschrieben, wohin der Göttliche Plan uns leiten will: in das Goldene Zeitalter.

Herrschende Gottheit	Historische Daten	Ein kurzer Abriss der mittelamerikanischen Kulturen
Xiuhtecuhtli 3115–2721 v. Chr.	3000 v. Chr.	Erster Anbau von Mais
Tlaltecuhtli 2721–2326 v. Chr.		
Chalchiuhtlicue 2326–932 v. Chr.		
Tonatiuh 1932–1538 v. Chr.		
Tlacolteotl 1538–1144 v. Chr.	1500 v. Chr.	Kultur der Olmeken in Veracruz
Mictlantecuhtli 1144–749 v. Chr.		
Cinteotl 749–355 v. Chr.	550 v. Chr.	Zapoteken in Oaxaca Erstes Tzolkin-Datum in Monte Alban
Tlaloc 355 v. – 40 n. Chr.	250 v. – 50 n. Chr. 32 n. Chr.	Vorklassische Maya, Izapan-Kultur Erstes Datum der Langen Zählung
Quetzalcoatl 40–434 n. Chr.	100 n. Chr.	Beginn der klassischen Maya-Kultur Aufstieg der Stadt Teotihuacán in Zentralmexiko
Tezcatlipoca 434–829 n. Chr.	434 n. Chr. 700 n. Chr. 800–830 n. Chr.	Gründung von Dynastien in Copán und Palenque Untergang von Teotihuacán Untergang der klassischen Maya-Kultur
Yohualticitl 829–1224 n. Chr.	843 n. Chr. 909 n. Chr. 1223 n. Chr.	Frühestes Datum in Chichén Itzá Beginn der nachklassischen Maya-Kultur Letzte Verwendung von Daten der Langen Zählung Untergang der nachklassischen Maya in Chichén Itzá Untergang der Tolteken in Tula
Tlahuizcalpantecuhtli 1223–1617 n. Chr.	1368 n. Chr. 1504 n. Chr. 1519 n. Chr. 1521 n. Chr.	Azteken siedeln in Mexico Valley Kolumbus beobachtet ein Kanu der Maya an der Küste Honduras Cortés landet in Vercruz Untergang des aztekischen Reiches
Ometeotl 1617–2011 n. Chr.	1697 n. Chr.	Untergang des letzten unabhängigen Königreichs der Maya in Tayasal

Abb. 1.1. Ein kurzer Abriss der amerikanischen Eingeborenen in Mittelamerika

1

•

Das Vermächtnis der Maya

Das alte Amerika

Wenn man sich zum ersten Mal mit den Mythen, Legenden und kosmologischen Vorstellungen der alten westlichen Hemisphäre bekannt macht, können diese verwirrend erscheinen. Die Maya und Azteken beschrieben ein Universum der Dreizehn Himmel und Neun Unterwelten, womit wir uns mit unserer modernen Denkweise nur schwer identifizieren können. Die erste Reaktion vieler ist, solche Vorstellungen als abergläubisch abzutun und zu vorwissenschaftlichen Weltbildern von Menschen gehörig, die es einfach nicht besser wussten. Doch besonders die Maya hören nicht auf, uns zu faszinieren. Im Innersten haben viele ein intuitives Empfinden, dass diese Menschen über eine tiefere Weisheit verfügten, als die unserer eigenen modernen Zivilisation. Immer wieder erregen die alten Maya unsere Aufmerksamkeit, und sie werden vermutlich solange damit fortfahren, bis wir lernen, was es von ihnen zu lernen gibt. Der überwiegenden Mehrheit von Menschen mangelt es wohl an guter Vorbereitung, um dieses alte Weltbild des alten Amerika zu verstehen, und so suchen sie in Richtungen, wo es kein Verständnis gibt.

Wie können wir uns also vorbereiten, um das alte Wissen des alten Amerika aufzunehmen? Die Antwort ist einfach: durch ein Studium des Heiligen Kalenders oder des *Tzolkin*. Der Heilige Kalender ist der Haupteinstieg in das Denken der fortgeschrittenen Zivilisationen, die in der westlichen Welt existierten, bevor die Europäer kamen. Indem wir den Mayakalender nach Jahrhunderten der Unterdrückung seiner eingeborenen Bevölkerung wieder zurückholen, können wir das Stück des kosmischen Puzzles, das uns das alte Amerika liefert, wieder erschaffen. Der Heilige Kalender liefert den Schlüssel für die Vereinigung der vielen verschiedenen Anschauungen in der heutigen Welt darüber, was es bedeutet, ein Mensch zu sein, und gibt uns ein Werkzeug an die Hand, um unsere Intuition an unsere individuelle und die kosmische Bestimmung anzupassen.

In alten Zeiten bildete die gesamte Region, die sich von Nordmexiko bis nach Honduras erstreckt, einen einzigen kulturellen Raum, der von Archäologen für gewöhnlich als Mesoamerika bezeichnet wird (Abb. 1.2). Obgleich die Maya, Zapoteken, Mixteken, Tolteken, Teotihuacanos und die späten Mexicas (allgemein bekannt als Azteken) meist politisch getrennt waren, verbreiteten sich künstlerische und andere Einflüsse über die gesamte Region (siehe Abb. 1.1 für einen Zeitabriss). Kontakte zwischen Handwerkern und anderen waren weit verbreitet, und diese Kulturen waren alle miteinander verbunden. Innerhalb dieser mittelamerikanischen Zivilisation scheinen sich die Menschen der Nachbarregionen wohl bewusst gewesen zu sein, so wie auch in den karibischen und nordamerikanischen Gegenden – damals bekannt als Schildkröteninsel – und in Südamerika.

Was ist das Vermächtnis dieser alten Zivilisation? Was haben moderne Menschen von diesem Wissen geerbt? Nichts, so wie es scheint, und wenige würden behaupten, dass irgendein Teil des Wissens des alten Amerika wichtig wäre für unser heutiges Weltverständnis. Obgleich wir die Achtung vor der Natur bei den eingeborenen Amerikanern kennen, mangelt es uns an Mitteln, ihre Einheit mit allem Lebenden wieder zu erschaffen. Es ist fast so, als hätte die Hälfte der Welt, die westliche Welt, keinerlei Einfluss auf die heutige Weltkultur gehabt. Selbst in Mexiko, wo heute fast die Hälfte der Bevölkerung der alten Amerikaner lebt, ist das alte spirituelle Wissen wenig bekannt.

Warum ist dies so? Die nächstliegende Erklärung dafür ist die nahezu völlige Auslöschung der eingeborenen Bevölkerungen Amerikas

Abb. 1.2. Karte der mittelamerikanischen Region, die sowohl die Gebiete der alten Kulturen als auch die modernen Staatsgrenzen zeigt.

und ihrer Kulturen. Als zum Beispiel der spanische Eroberer Hernán Cortés an der Ostküste Mexikos 1519 an einem Freitag an Land ging, betrug die gesamte Bevölkerung Mittelamerikas schätzungsweise 25 Millionen, ein Jahrhundert später war sie auf rund eine Million gesunken. Wenn auch dieser zahlenmäßige Niedergang nur teilweise das Resultat unmittelbarer Massaker war und hauptsächlich von den Krankheiten verursacht wurde, die die Invasoren mit sich brachten, war das Endergebnis dasselbe: eine Zivilisation wurde ausgelöscht.

Diese Abschlachtung bedeutete auch kulturelle Zerstörung. Die spanischen Bischöfe verbrannten alle auffindbaren Bücher der Maya, einem Volk, das als Einziges in der westlichen Hemisphäre über eine Schriftsprache verfügte und uns viele ihrer fortschrittlichsten kulturellen Errungenschaften überlieferte. Heute sind nur noch vier dieser Bücher übrig. Sie entkamen der Zerstörung nur, weil sie zu einem sehr frühen Zeitpunkt nach Europa geschickt wurden; viel später tauchten sie dort in Bibliotheken auf. Die Maya-Bücher, die überlebt haben, sind allesamt Kalender (Abb. 1.3).

Die Bücherverbrennung war jedoch nur die augenscheinlichste Art und Weise, in der die alte Zivilisation zerstört wurde. Die Eroberer und die Mönche verboten alle Formen der traditionellen Religion und Lebensweise. In vielen Gebieten, so in Guatemala, hat die Verfolgung der Mayas bis zum heutigen Tage fortgedauert, und ein Großteil des

Abb. 1.3. Eine Seite von den Venus-Tafeln des Dresdener Codex, die als die feinste Kalenderarbeit der Mayas angesehen werden, die die Bücherverbrennung der spanischen Mönche überlebt haben.

traditionellen Wissens wurde im Verborgenen gehalten. Unter diesen Umständen ist es nicht überraschend, dass nur sehr wenig von diesem Wissen der Eingeborenen bekannt geworden ist und dass die meisten Menschen nicht einmal wissen, dass es existiert. Heute halten es die meisten für sicher, dass wir darüber Bescheid wüssten, wenn die Maya ein Wissen gehabt hätten, das wirklich bedeutend für die moderne Welt wäre. Aber ist dies tatsächlich wahr? Können die heutigen Archäologen und Anthropologen mit Sicherheit sagen, was von Wert ist und was nicht? Ich würde meinen: Nein. Heutige Wissenschaftler an den Universitäten betrachten die moderne Wissenschaft als Norm und beurteilen den Fortschritt der Zivilisation des alten Amerika gemäß moderner Standards. Wollen wir aber den wahren Wert der Wissenschaft des alten Amerika erkennen, müssen wir es von einer anderen Seite angehen, nämlich die Qualität des modernen Wissens nach dem Standard des alten Wissens bewerten. Nur von solch einem Punkt aus werden wir feststellen, dass die Menschheit den Zugang zu einem unentbehrlichen Teil ihres alten Erbes verloren hat, ein Erbe, das entweder verzerrt oder nicht verstanden wurde.

Dieser große Mangel an Verständnis gegenüber dem Wissen des alten Amerika hat eine globale Unausgewogenheit geschaffen. Die Hälfte der Welt wurde ausgeschlossen. Die heutige Weltkultur wird oft als westlich bezeichnet, aber der wirkliche Beitrag des Westens zur Weltkultur, das alte ursprüngliche Denken, fehlt. Diese globale Unausgewogenheit hat zu einem allgemeinen mangelnden Verständnis vom Sinn des Lebens geführt und davon, was es bedeutet, ein menschliches Wesen zu sein. Die Weltkultur als „westlich" einzustufen, hat uns die Sicht vor der Tatsache versperrt, dass die *ursprüngliche* westliche Sichtweise das dringend benötigte Stück des Puzzles ist. Wir brauchen dieses Stück, um den Rahmen eines ganzheitlichen Verständnisses der Welt zu schließen, und ohne dieses Stück werden wir von einem falschen Weltbild getäuscht.

Deshalb stelle ich das Wissen der alten eingeborenen Zivilisationen nicht als etwas aus der Vergangenheit vor. Dieses Buch schaut nicht auf das Wissen der alten Mittelamerikaner wie auf eine Kuriosität, über die wir in Fantasien schwelgen, oder um uns mit ungelösten Rätseln die Zeit zu vertreiben. Vielmehr besteht seine Absicht darin zu zeigen, dass sie richtig lagen und wir falsch, zumindest wenn es sich um das große Bild handelt. Dieses Buch behauptet, dass das alte Wissen das Wissen der Zukunft ist, ein Wissen, das die Wahrheit festigt, zu der die Welt jetzt erwachen muss.

Die historischen Maya

Es ist wichtig zu wissen, dass vor Ankunft der Europäer ein weitläufiges, gemeinsames System im alten Amerika vorhanden war, da diese Zivilisation oft als eine Menge mehr oder weniger isolierter Stämme beschrieben wird. Auch ist es wichtig den zentralen Ort Mittelamerikas in diesem System zu kennen. Sogar heute hat Mexiko eine eingeborene Bevölkerung, die für zehn Mal größer geschätzt wird als die der Vereinigten Staaten. Wenn sich dieses Buch also hauptsächlich auf die Wissenschaft und den Kalender der Maya konzentriert, dann deshalb, weil ich sie als die klarsten und genauesten Ausdrucksformen eines Weltbildes betrachte, das in wichtigen Aspekten von einem ganzen Kontinent geteilt wurde.

Bevor ich das kalendarische System der Maya beschreibe, werde ich einen sehr kurzen geschichtlichen Abriss über die Menschen geben, die es entwickelt haben. Die Hochkultur der Maya blühte im ersten Jahrtausend nach Christus und umfasste rund fünf Millionen Menschen, die in Stadtstaaten in dem Gebiet lebten, wo sich jetzt Südmexiko, Guatemala und Belize befinden (Abb. 1.4). In diesem Gebiet ist die nördliche Yucatán-Halbinsel geografisch ein sehr flaches Tieflandgebiet, wohingegen Chiapas und Guatemala Dschungelgebiete sind, die zum Teil in den Bergen liegen. Die wichtigsten Nahrungsmittel sind Mais, Bohnen und Chili; ebenso werden Kautschuk, Vanille, Kaffee und Kakao angebaut.

Neben ihrer Kunst und Architektur an den Pyramidenstätten wie

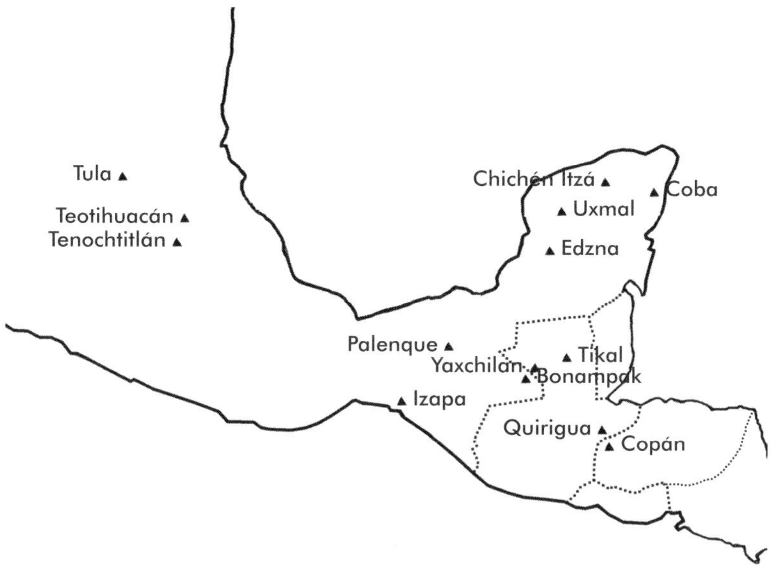

Abb. 1.4. Karte von Mittelamerika und der Region der Maya mit einigen ihrer bedeutendsten alten Plätze.

Palenque, Tikal, Copán und Chichén Itzá sind die klassischen Maya vor allem für ihre astronomischen Beobachtungen und ihr mathematisches Wissen bekannt. Die Mayas waren die ersten Menschen auf Erden, die die Ziffer 0 verwendeten, und sie waren die fortschrittlichsten Astronomen und Mathematiker ihrer Zeit.

Über die Jahre hinweg gab es viele Spekulationen über die Herkunft der Maya, die unterschiedlich dargestellt wurden, einmal als einer der verlorenen Stämme Israels oder als ursprünglich aus China oder Atlantis stammend. Diese Gedankenfolge ist eine Fortsetzung des Denkens der spanischen Kolonialherren, die sich nicht vorstellen konnten, dass die Maya, die immer noch dieses Gebiet bewohnten, einst die großen Tempelstädte im Dschungel gebaut hatten. In letzter Zeit gingen jedoch die Forschungen über die alten Maya in eine neue Phase. Es ist jetzt möglich, die meisten ihrer glyphischen Symbole auf Steinen und Stelen zu lesen, denn es ist klar geworden, dass ihre Sprache eine frühere Form der Sprachen ist, die heute noch in diesem Gebiet gesprochen werden.

Wie bereits erwähnt, ist nur von vier schriftlichen Codices der Maya bekannt, dass sie die Feuchtigkeit des Dschungels und den Eifer der Missionare überlebt haben. Doch einige Bücher wurden nach der Ankunft der Spanier niedergeschrieben, solche wie die Chilam-Balam-Bücher (Bücher des Jaguarpropheten) und das Popol Vuh, die auch Informationen über die alte Mythologie und Kosmologie der Maya geliefert haben. Die Chilam-Balam-Bücher sind prophetische Bücher; das Popol Vuh wurde als die „Bibel" der Maya bezeichnet und enthält eine Schöpfungsgeschichte, in der die Heldenzwillinge Hunahpu und Xbalanque die Herren des Todes überlisten.

Aus diesen Quellen wissen wir, dass die Maya an ein Leben nach dem Tod und an die Wiedergeburt der Seele glaubten. Das Leben wurde als ein Kreislauf von Geburt, Tod und Wiedergeburt angesehen, und Opferung war ein wichtiger Teil der Erschaffung neuen Lebens. Die Maya hatten eine dualistische Religion, die auf einem Kampf zwischen Gut und Böse, einschließlich guter und böser Götter, basierte. Beispiele von Göttern sind Chac, der Regengott, Yum Kax, der Maisgott, und Kukulcan, die Gefiederte Schlange, Götter, die als belebende Kräfte der vielen Aspekte des menschlichen Daseins angesehen wurden. In all ihren Unternehmungen wirkten die Maya gemeinsam mit den Göttern.

Während der so genannten klassischen Periode, für gewöhnlich von 250–900 n. Chr. angesetzt, wurden die verschiedenen Stadtstaaten von dynastischen Linien von *Ahauob* (Könige, die auch Leiter schamanischer Rituale waren) regiert, die in den Augen ihrer Bürger den Kosmos verkörperten. Die Aufgaben dieser Schamanenkönige umfassten die öffentliche Durchführung von Opferdarbietungen ihres eigenen Blutes bei den verschiedenen Pyramiden, um eine Vereinigung mit den Göttern hervorzurufen und Visionen für die Führung zu empfangen. Viele Informationen über das Leben der alten Maya, oder zumindest ihrer Könige, ist auf Stelen und Türstürzen verfügbar, auf denen Rituale oder glorreiche Sieger in dynastischen Kämpfen oder Kriegen beschrieben sind. Viele dieser Stelen markieren auch die Übergänge von einem Zeitzyklus in einen anderen, welche sehr bedeutende Anlässe für religiöse Rituale waren (Abb. 1.5).

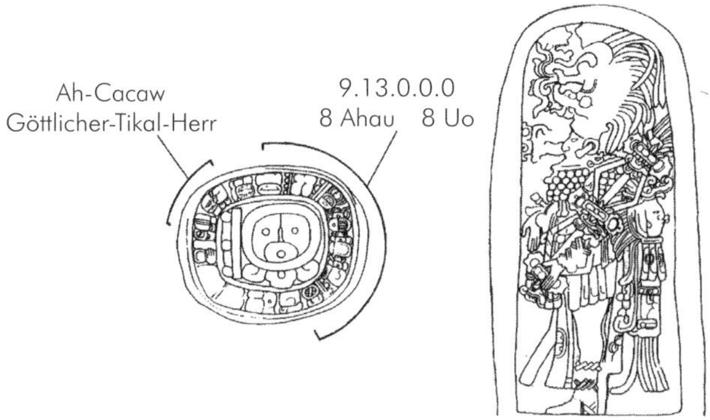

Abb. 1.5. Der König Ah-Cacaw feiert den Anfang (9.13.0.0.0 8 Ahau) des neuen *Katuns* in Tikal (692 n. Chr.). Die Schamanenkönige der Maya werden oft auf Stelen dargestellt, wie sie die Anfänge neuer heiliger Zeitzyklen an Ahau-Tagen feiern.

Was die Technik angeht, haben die Maya jedoch die Steinzeit nie verlassen. Außer bei Spielzeugen haben sie offenbar keinen Gebrauch vom Rad gemacht. Doch in der Architektur und in der Kunst zeugen die Mayazentren von einer großen und beeindruckenden Vielfalt: Tikal ist gewaltig, und bei seinem Höhepunkt soll es etwa zwanzigtausend Gebäude umfasst haben, unter denen viele Pyramiden waren, die einst rot angemalt wurden. Die Yucatec-Zentren von Chichén Itzá, Uxmal, Edzna und Mayapan waren offener angelegt. Palenque mit seinem Palast und vielen kleinen Tempeln, beinahe in chinesischem Stil, ist außergewöhnlich und magisch und am Rande eines Dschungels mit Blick über das Flachland gelegen.

Die Mayapyramiden wurden manchmal mit Ausrichtung an astronomische Ereignisse angelegt, so wie das Aufsteigen der Plejaden oder die Tagundnachtgleiche des Frühlings – wie in dem bekannten Fall der Pyramide von Kukulcan in Chichén Itzá. Von großer symbolischer Bedeutung ist, dass die vielen zentralen Pyramiden wie die Pyramide von Kukulcan, der Tempel der Inschriften in Palenque, die Große Pyramide in Uxmal und die Jaguarpyramide in Tikal – die höchste Pyramide in den Americas (Abb. 1.6), die sich 144 Fuß (44 Meter) über den Boden erhebt – alle in neun Ebenen gebaut sind. Diese terrassenähnlichen Gebäude sind ein Spiegel dafür, wie die Neun Unterwelten den Kosmos aufbauen.

Um 800–830 n. Chr. gaben die Maya fast alle ihre Stadtstaaten in Guatemala und Chiapas auf. Dieses Ereignis fand nicht überall gleichzeitig statt; über einen Zeitraum von etwa dreißig Jahren hörte einer nach dem anderen der Stadtstaaten, die Jahrhunderte lang bewohnt waren, damit auf, Gedächtnisinschriften aufzustellen und wurde offensichtlich verlassen. Um etwa dieselbe Zeit tauchte jedoch eine neue Mayakultur auf, zentriert um den Platz von Chichén Itzá an der nördlichen Yucatán-Halbinsel. Diese Kultur wird häufig als nachklassisch bezeichnet.

Diese nachklassische Kultur scheint die Rolle der Schamanenkönige heruntergespielt zu haben und betonte stattdessen den Kult des Kukulcan, der Gefiederten Schlange, besser bekannt unter dem aztekischen Namen Quetzalcoatl. Diese Kultur ging jedoch auch zu Ende (aus Gründen, die nicht so einfach aus der Sicht der traditionellen Geschichtsforschung verstanden werden), und um 1220 n. Chr. wurde Chichén Itzá offenbar verlassen. Die späteren Nachkommen der klassischen und nachklassischen Maya hatten ihren ersten Kontakt mit den Europäern anlässlich der vierten Reise von Christoph Columbus im Jahr 1504. In Folge der spanischen Eroberung des Aztekenreiches im Jahr 1521 fielen sie einer Serie von Invasionen zum Opfer, die mit Hernán Cortés‘ Honduras-Expedition im Jahr 1525 begannen und andauerten, bis ihr letztes unabhängiges Königreich im Jahr 1697 fiel.

In vielerlei Hinsicht haben die heutigen Maya die Traditionen des klassischen Zeitalters bewahrt, auch wenn über die Zeit viele dieser Traditionen unter dem Einfluss der Europäer und des Christentums verändert wurden. Die Lacandon-Gruppe im Regenwald von Chiapas lebt noch immer traditionell und opfert einigen der alten Götter an den alten Tempelanlagen. In den vergangenen paar Jahrzehnten hat die Mayabevölkerung in Guatemala unter starker Unterdrückung durch die verschiedenen Militärregime gelitten, die dem Putsch gegen Jacobo Arbenz im Jahr 1954 gefolgt sind, und Zehntausende wurden ermordet.

Abb. 1.6. Die neunstöckige Jaguarpyramide in Tikal, die höchste Pyramide in den Americas mit 44 Meter. Ihre neun Stockwerke sind symbolisch für die neun Ebenen des Bewusstseins. Wenn die Schamanenkönige der Maya die höchste Ebene der Pyramide erklommen, um Rituale durchzuführen, erreichten sie symbolisch die kosmische Bewusstseinsebene.

Die Rückkehr des Heiligen Kalenders

Wohl jeder, der die alten Zivilisationen Mittelamerikas studiert hat, gibt zu, dass der Weg zum Verstehen ihrer Kosmologie – die Art und Weise, wie diese Völker die Welt anschauten – über ihren Kalender geht. Klar ist, dass die Maya das Volk waren, das das fortschrittlichste Kalendersystem entwickelt hatte. Bis zum Untergang der Mexica teilte die gesamte Region, bis in die heutigen Vereinigten Staaten hineinreichend, das Herzstück dieses Kalendersystems, den 260-tägigen Heiligen Kalender. Vor der Ankunft der Spanier war die ganze Region spirituell synchronisiert durch Verwendung dieses einen Kalenders.

Es mag seltsam erscheinen, dass ein Kalender so bedeutsam sein kann. Die meisten denken wohl, dass die Wahl eines Kalenders eher beliebig ist und wenig Einfluss auf die Weltanschauung einer Zivilisation hat. Aber vielleicht ist dies gerade deshalb zu einem blinden Fleck in unserem Bewusstsein geworden, weil die Wahl eines Kalenders so unbedeutend erscheint wie eine bloße Konvention. Der Gregorianische Kalender, eingeführt von Papst Gregor im Jahr 1582 und heute weltweit in Verwendung, wird als Gegebenheit hingenommen, und es gibt kaum einen Grund, weshalb man ihn ersetzen oder ergänzen sollte.

Aber was ist, wenn dieser Kalender eine schleichende Indoktrination ausübt, über die sich die meisten Menschen gar nicht bewusst sind und die eine Weltanschauung bekräftigt, die falsch ist? Dieses Buch ist teilweise geschrieben, um diese Indoktrination zu beleuchten und den wahren Heiligen Kalender als eine Alternative vorzustellen. Es ist eine Alternative zu der Weltsicht, die uns vom Gregorianischen Kalender auferlegt wurde, wenn der traditionelle Mayakalender jetzt wieder aus der Asche aufersteht. Dieser Heilige Kalender ist eine Kodifizierung des Maya-Universums der Heiligen Zeit.

Um es noch schlimmer zu machen, wurde der Mayakalender von einfachen Touristenführern und Lehrbüchern weitgehend falsch dargestellt. Typischerweise heben Handbücher hervor, wie fortschrittlich die Mayawissenschaften der Mathematik und Astronomie in alten Tagen waren. Obgleich dies wahr sein mag, geht es völlig am springenden Punkt vorbei und würde an sich kein guter Grund sein für die Wiederbelebung des Mayakalenders. Schließlich sind die astronomischen Messungen der heutigen Wissenschaftler viel genauer als die der alten Maya, und wenn Astronomie alles wäre, was da ist, gäbe es keinen guten Grund für uns, dem tiefere Beachtung zu schenken. Was bedeutend für die heutige Welt ist, sind nicht die astronomischen, sondern die spirituellen Aspekte des Mayakalenders. Durch die spirituell begründeten nicht-astronomischen Kalender, den Tun (360-tägige Periode) und den Tzolkin (260-tägige Periode), kann der wahre und beispiellose Beitrag der Maya zur modernen Menschheit gefunden werden.

Der Tzolkin, was soviel bedeutet wie „Zählung der Tage" in Yucatec-Maya, ist auch bekannt als der Heilige Kalender. In Guatemala haben die Quiché-Maya diesen Kalender über einen Zeitraum von 2.500 Jahren intakt gehalten durch die ständige Beobachtung des Kalenders von so genannten Tageshütern, Männern und Frauen mit der besonderen Verantwortung, diese Tage zu verzeichnen. Durch Vergleiche der Daten auf alten Stelen war es Archäologen möglich, nachzuweisen, dass nicht ein einziger Tag in 2.500 Jahren verloren gegangen war.

Der Mayakalender wird immer noch verwendet. In den vergangenen zwei Jahrzehnten ist das Interesse am Mayakalender weltweit gewachsen, und die Arbeit, ihn zu rekonstruieren und einen wahren spirituellen Kalender zu entwickeln, der die Zukunft der Menschheit aufzeichnet, hat begonnen. Das Wiederbeleben begegnet teilweise bei Forschern, die als Ausgangspunkt nehmen, dass die Weltanschauung der Maya näher an der Wahrheit war und ist, als die moderne Fassung. Dies geschieht auch unter den lebenden Maya, von denen viele ihre Kinder in der alten Art und Weise erziehen. Im Kernpunkt des Unterrichts steht der Heilige Kalender.

Die Zählung der Tage: Der Tzolkin

Im Heiligen Kalender werden die Tage anders gezählt als in Kalendern, die in anderen Teilen der Welt entwickelt wurden. In diesem Kalender werden die Tage auf zwei Weisen gezählt. Die Zahlen 1 bis 13 (Abb. 1.7) ergeben eine Dreizehn-Tage-Zählung oder „Dreizehnnacht" (das Englische hat kein Wort dafür, aber das Spanische: Trecena). Parallel dazu ist jeder Tag einem von zwanzig verschiedenen Zeichen zugeordnet, die stets in einer besonderen Ordnung gezählt werden und sich aus einem zwanzigtägigen Zyklus ergeben, den die Maya *Uinal* nennen. Die zwei Zählungen, die Trecena und das Uinal, laufen zusammen, so dass jeder Tag von sowohl einer Zahl als auch einem Zeichen charakterisiert wird. Eine übliche Art und Weise, dies zu veranschaulichen, ist das Bild zweier Zahnräder, eines mit dreizehn Zahlen und das andere mit zwanzig Tageszeichen, von denen jedes sich jeden Tag einen Zahn weiter bewegt, um eine neue Kombination hervorzubringen (Abb. 1.8).

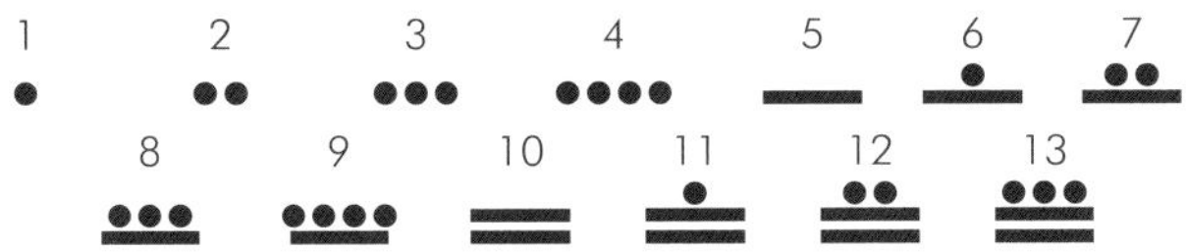

Abb. 1.7. Die Zahlen 1–13 in Mayaschrift. Ein Punkt stellt eine 1 und ein Balken eine 5 dar.

Da jeder Tag durch eine Zahl und ein Zeichen charakterisiert wird, entstehen 13 x 20 = 260 verschiedene Kombinationen von Zahlen und Zeichen nacheinander. Der erste Tag ist 1 Imix, der zweite 2 Ik, dann 3 Akbal, 4 Kan, 5 Chicchan, 6 Cimi, 7 Manik, 8 Lamat, 9 Muluc, 10 Oc, 11 Chuen, 12 Eb, 13 Ben, und dann nicht 14, sondern 1 Imix, weil die dreizehn Zahlen von neuem beginnen. Jede dieser Kombinationen einer Zahl und einer Glyphe kehrt alle 260 Tage wieder. Das Diagramm dieser 260 Kombinationen der Dreizehn-Tage-Zählung und zwanzig Tageszeichen, das auf den Abbildungen 1.9 und 1.10 dargestellt ist, wurde als das *Tonalpouhalli* bei den Mexica und als Tzolkin bei den Yucatec-

Maya bezeichnet. Es wird noch immer als der Heilige Kalender unter den lebenden Maya betrachtet, der einen Prozess göttlicher Schöpfung spiegelt, die sich ohne Unterbrechung fortsetzt.

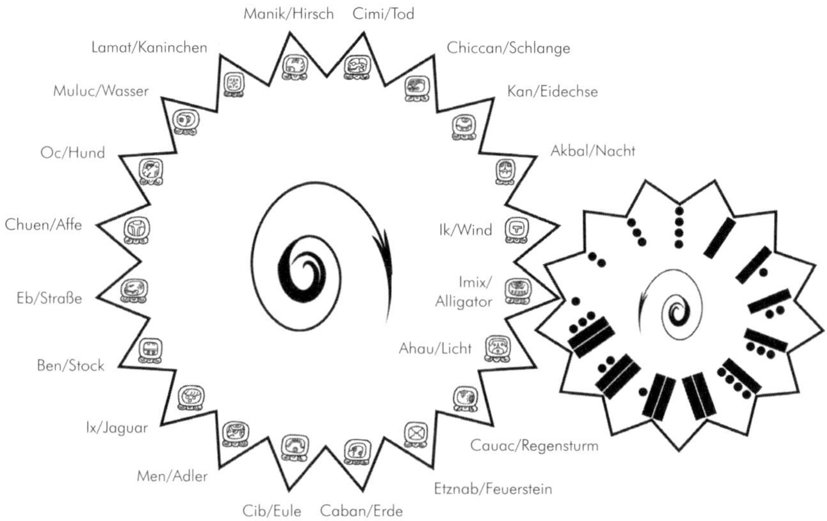

Abb. 1.8. Ein Modell sich drehender Zahnräder, wie die verschiedenen Tzolkin-Kombinationen (hier 1 Imix) aus den zwanzig Tageszeichen und den dreizehn Zahlen entstehen.

Obgleich die Maya und die Mexica unterschiedliche Tageszeichen verwendeten (Abb. 1.9) und andere Namen für sie hatten, hatten diese im Wesentlichen dieselben Bedeutungen. Der Tag 4 Manik auf Yucatán war 4 Mazatl unter den Mexica, doch in beiden Kulturen bedeutete dies: 4 Hirsch. Man glaubte, dass die Tage von verschiedenen Gottheiten oder „Energien" beherrscht wurden, und deshalb wurden sie durch verschiedene Glyphen symbolisiert. Jeder Tag hatte seine eigene Energie oder seinen Tagesherrn, und in der ganzen Region gab es mit einigen Ausnahmen Übereinstimmung darüber. Die Bedeutung dieser Tagesherren wird ausführlich in Anhang B besprochen.

Warum zählten die alten Maya die Zeit in genau dieser Art und Weise? Warum haben die Maya trotz des Drucks, sich dem Gregorianischen Kalender anzupassen, ihn bis zum heutigen Tag am Leben

Tzolkin-Diagramm 1

Tageszeichen der Maya														Tageszeichen der Azteken
Imix	1	21	41	61	81	101	121	141	161	181	201	221	241	Cipactli
Ik	2	22	42	62	82	102	122	142	162	182	202	222	242	Ehecatl
Akbal	3	23	43	63	83	103	123	143	163	183	203	223	243	Calli
Kan	4	24	44	64	84	104	124	144	164	184	204	224	244	Cuetzpallin
Chicchan	5	25	45	65	85	105	125	145	165	185	205	225	245	Coatl
Cimi	6	26	46	66	86	106	126	146	166	186	206	226	246	Miquiztli
Manik	7	27	47	67	87	107	127	147	167	187	207	227	247	Mazatl
Lamat	8	28	48	68	88	108	128	148	168	188	208	228	248	Tochtli
Muluc	9	29	49	69	89	109	129	149	169	189	209	229	249	Atl
Oc	10	30	50	70	90	110	130	150	170	190	210	230	250	Itzcuintli
Chuen	11	31	51	71	91	111	131	151	171	191	211	231	251	Ozomatli
Eb	12	32	52	72	92	112	132	152	172	192	212	232	252	Malinalli
Ben	13	33	53	73	93	113	133	153	173	193	213	233	253	Acatl
Ix	14	34	54	74	94	114	134	154	174	194	214	234	254	Ocelotl
Men	15	35	55	75	95	115	135	155	175	195	215	235	255	Cuauhtli
Cib	16	36	56	76	96	116	136	156	176	196	216	236	256	Cozcacuahtli
Caban	17	37	57	77	97	117	137	157	177	197	217	237	257	Ollin
Etznab	18	38	58	78	98	118	138	158	178	198	218	238	258	Tecpatl
Cauac	19	39	59	79	99	119	139	159	179	199	219	239	259	Quiahuitl
Ahau	20	40	60	80	100	120	140	160	180	200	220	240	260	Xochitl

Abb. 1.9. Dieses Tzolkin-Diagramm zeigt die zwanzig Tageszeichen der Maya ganz links und ganz rechts die entsprechenden Tageszeichen der Azteken. Dargestellt sind auch die dreizehn Zahlen, mit denen sich die Zeichen verknüpfen. Jeder Tag sollte in der Folge seiner Tageszahl, oder Kin, in der unteren rechten Ecke jeder Zahl gelesen werden, oder wie in dem Tzolkin-Diagramm 2 (Abb.1.10).

Tzolkin-Diagramm 2

Tageszeichen der Maya														Tageszeichen der Azteken
Alligator	1	21	41	61	81	101	121	141	161	181	201	221	241	Alligator
Wind	2	22	42	62	82	102	122	142	162	182	202	222	242	Wind
Nacht	3	23	43	63	83	103	123	143	163	183	203	223	243	Haus
Eidechse	4	24	44	64	84	104	124	144	164	184	204	224	244	Eidechse
Schlange	5	25	45	65	85	105	125	145	165	185	205	225	245	Schlange
Tod	6	26	46	66	86	106	126	146	166	186	206	226	246	Tod
Hirsch	7	27	47	67	87	107	127	147	167	187	207	227	247	Hirsch
Kaninchen	8	28	48	68	88	108	128	148	168	188	208	228	248	Kaninchen
Wasser	9	29	49	69	89	109	129	149	169	189	209	229	249	Wasser
Hund	10	30	50	70	90	110	130	150	170	190	210	230	250	Hund
Affe	11	31	51	71	91	111	131	151	171	191	211	231	251	Affe
Straße	12	32	52	72	92	112	132	152	172	192	212	232	252	Gras
Stock	13	33	53	73	93	113	133	153	173	193	213	233	253	Ried
Jaguar	14	34	54	74	94	114	134	154	174	194	214	234	254	Ozelot
Adler	15	35	55	75	95	115	135	155	175	195	215	235	255	Adler
Eule	16	36	56	76	96	116	136	156	176	196	216	236	256	Geier
Erde	17	37	57	77	97	117	137	157	177	197	217	237	257	Bewegung
Feuerstein	18	38	58	78	98	118	138	158	178	198	218	238	258	Messer
Regensturm	19	39	59	79	99	119	139	159	179	199	219	239	259	Regen
Licht	20	40	60	80	100	120	140	160	180	200	220	240	260	Blume

Abb. 1.10. Dieses Tzolkin-Diagramm zeigt die zwanzig Tageszeichen der Maya und Azteken mit ihrer deutschen Bedeutung. Dargestellt sind auch die 260 Kin-Zahlen, die wiederum auf das Tzolkin-Diagramm 1 (Abb. 1.9) bezogen werden können.

erhalten? Und warum wird dieser Kalender als heilig angesehen? Dieses Buch hat vor, diese Fragen zu beantworten. Zeit und Zeitbeachtung sind blinde Flecken in unserer modernen Kultur, und so werden die Antworten darauf manchem überraschend erscheinen. Vorerst werden die meisten Menschen wahrscheinlich nicht denken, dass es eine Rolle spielt, ob sie die Tage mit einer siebentägigen Woche in Verbindung mit einem Monat von achtundzwanzig, dreißig oder einunddreißig Tagen zählen wie im Gregorianischen Kalender, oder mit dreizehn Tagen und zwanzig Glyphen wie im Heiligen Kalender. Doch ich hoffe, der Leser wird dem bald zustimmen, dass es tatsächlich ein sehr bedeutender Unterschied ist und dass die Art und Weise, wie wir die Tage zählen, einen tiefgreifenden Einfluss auf unsere Weltanschauung hat. In Wahrheit beeinflusst es tief unsere Vorstellungen darüber, was es bedeutet, ein menschliches Wesen zu sein.

Womit sollen wir beginnen? Mit der Zahl 13!

2

●●

Die Dreizehn Himmel

Die Lange Zählung und ihr Beginn

Um den Heiligen Kalender und seine tiefere Bedeutung zu verstehen, ist es am einfachsten, mit einer umfassenderen Sichtweise an das kalendarische System der Mayas heranzugehen.

Die Maya des klassischen Zeitalters gaben der Chronologie den Namen Lange Zählung, um sich zurechtzufinden. An fast allen alten Pyramiden und Stelen wurden Daten nach dieser Langen Zählung eingemeißelt. Die Lange Zählung bestand aus dreizehn *Baktuns*, die Zeiträume von 400 Tuns (360-tägige Zeiträume) ausmachen. Ein Baktun ist deswegen 400 x 360 = 144.000 Tage, was sich auf 394,3 Sonnenjahre beläuft.

Heutzutage stimmen die meisten Archäologen damit überein, dass das Anfangsdatum der dreizehn Baktuns der Langen Zählung der Tag war, den wir heute 11. August 3114 v. Chr. nennen würden. Fügen wir dreizehn Baktuns zu diesem Datum hinzu, so gelangen wir zum 21. Dezember 2012 n. Chr., dem Datum, das als das Ende des Mayakalenders bekannt geworden ist. Dieses Datum hat das Interesse der Menschen auf der ganzen Welt geweckt, da es unserer gegenwärtigen Zeit sehr nahe liegt, und viele Diskussionen und Spekulationen haben sich darauf konzentriert, was dann geschehen wird.

Bevor wir das System des Mayakalenders prophetisch nutzen können, müssen wir erst einmal seine Fähigkeit demonstrieren, die Vergangenheit zu beschreiben. Die Lange Zählung von dreizehn Baktuns läuft

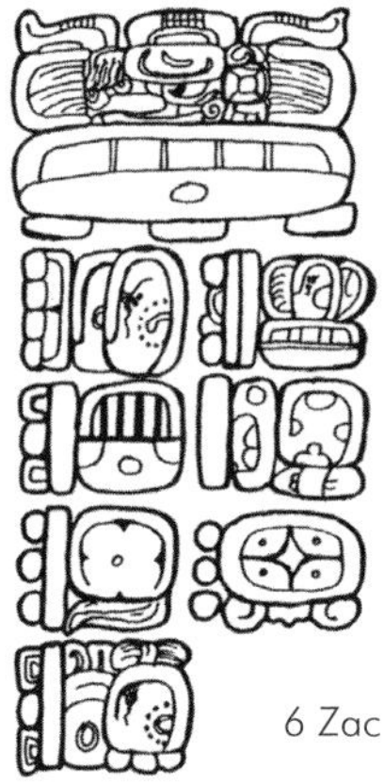

Abb. 2.1. Die komplette Beschreibung des klassischen Zeitalters in Maya-Hieroglyphen eines Datums der Langen Zählung (9.12.6.5.8 3 Lamat). Oben ist die Glyphe, die darauf hinweist, dass dies ein Lange-Zählung-Datum ist, und darunter sind die verschiedenen Zahlen der Baktuns, Katuns usw. Die unterste Glyphe bezeichnet den Tag im *Haab*-Monat (landwirtschaftlich), 6 Zac.

parallel zu der Trecena oder der Zählung von dreizehn Tagen im Tzolkin. Ein bedeutender gemeinsamer Faktor in den beiden Kalendern ist deshalb die Zählung mit der Dreizehn, einer Zahl, die eine entscheidende Rolle in vielen alten Zivilisationen gespielt hat. Sie wurde nicht nur im alten Mexiko als heilig angesehen, sondern auch in religiösen Systemen auf der ganzen Welt. In der christlichen Religion spielte die Zahl 13 eine bemerkenswerte Rolle, da Jesus und seine Jünger eine Gruppe von dreizehn Mitgliedern bildeten.

Seit die Maya anfingen, die Lange Zählung zu verwenden (um die Zeit, als Quetzalcoatl, der Schöpfer des Kalenders, seine Herrschaft im Himmel antrat, Abb. 2.5, Seite 27), etwa um dieselbe Zeit, als Jesus seine zwölf Jünger um sich scharte, kamen womöglich Menschen in verschiedenen Teilen der Erde zu der Einsicht, dass es etwas Besonderes mit der Zahl 13 auf sich hat. In ganz Mittelamerika teilten Menschen die Ansicht, dass es dreizehn Himmel gibt. In letzter Zeit wurde die Dreizehn jedoch als Zahl betrachtet, die auf Unglück hindeutet. Ungeachtet dessen, wie wir ihre Bedeutung auslegen, scheint es bei der Zahl Dreizehn immer eine Ladung zu geben.

Tag	Herrschende aztekische Gottheit	Vogelsymbol	Wachstumszustand
1	**Xiuhtecuhtli,** Gott des Feuers und der Zeit	Blauer Kolibri	Säen
2	**Tlaltecuhtli,** Gott der Erde	Grüner Kolibri	
3	**Chalchiuhtlicue,** Göttin des Wassers	Falke	Keimen
4	**Tonatiuh,** Gott der Sonne und der Krieger	Wachtel	
5	**Tlacolteotl,** Göttin der Liebe und der Geburt	Habicht	Sprießen
6	**Mictlantecuhtli,** Gott des Todes	Eule	
7	**Cinteotl,** Gott des Mais' und des Unterhalts	Schmetterling	Wachstum
8	**Tlaloc,** Gott des Regens und des Krieges	Adler	
9	**Quetzalcoatl,** Gott des Lichtes	Truthahn	Knospen
10	**Tezcatlipoca,** Gott der Finsternis	Horneule	
11	**Yohualticitl,** Göttin der Geburt	Scharlachroter Papagei	Blühen
12	**Tlahuizcalpantecuhtli,** Gott vor der Dämmerung	Quetzal	
13	**Ometeotl/Omecinatl,** Dualer Schöpfergott	Papagei	Frucht

Abb. 2.2. **Gottheiten und evolutionäre Symbole in Verbindung mit jedem der dreizehn Tage/Himmel der Trecena mit der Bestimmung ihrer spirituellen Qualitäten. Jeder Tag in der dreizehntägigen Zählung wurde für einen Schritt in einem Wachstumsprozess gehalten und wurde von einem Vogel symbolisiert. Während diese dreizehn Tage fortschreiten, symbolisieren diese Vögel eine Entwicklung von denen, die klein sind – so wie der Kolibri – bis zu jenen, die eindrucksvoller sind, so wie der Quetzal oder der Papagei.**

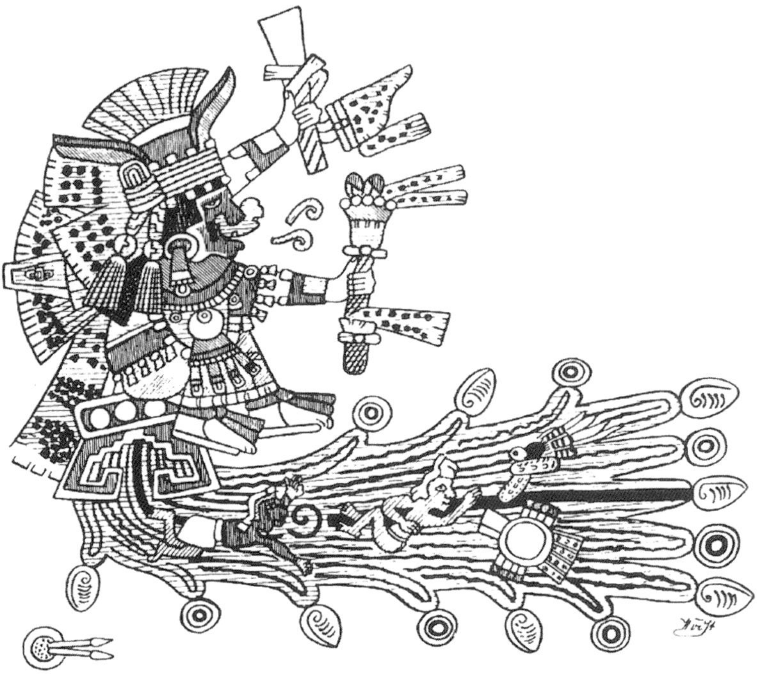

Abb. 2.3. Chalchiuhtlicue, die aztekische Göttin des Wassers und Herrscherin des dritten Tages der Trecena. Sie ist hier zu sehen, wie sie Säuglinge gebärt, was als symbolische Handlung für die Qualität des Tages gesehen werden kann, den sie beherrscht.

Woher kam diese Vorstellung von dreizehn Himmeln? Was war ihre Grundlage? Ein erster Anhaltspunkt ist, dass die dreizehntägige Zählung des Tzolkin in alten Zeiten als Spiegelbild eines Schöpfungsprozesses gesehen wurde, nämlich der Entfaltung des Samens bis zur reifen Frucht, die in dreizehn Schritten erfolgte (Abb. 2.2). Auch wurde jeder dieser Schritte von einer bestimmten Gottheit herbeigeführt. Da die Namen, die von den Maya für die über die Himmel herrschenden Gottheiten verwendet wurden, uns nicht mehr bekannt sind, verwenden wir im folgenden die Namen, die ihnen von den Azteken gegeben wurden.

Im alten mittelamerikanischen Universum der Heiligen Zeit wurde jeder Tag von einem eigenen Gott beherrscht und von einem Vogel mit magischen Qualitäten symbolisiert. Die Energie oder göttliche Kraft jeder dieser Götter korrespondierte mit der des jeweiligen der Dreizehn Himmel, den er oder sie beherrschte. Mittelamerikanische Götter sind sehr vielfältig und sind Bestandteil einer größeren Anzahl von Geschichten, jedenfalls ist es nicht immer so einfach, was sie in ihren Gestalten als Herren der Zeit symbolisieren sollten. Aus einer Studie über aztekische Mythologie aus anderen Quellen kann der interessierte Leser mehr über das Wesen der Götter und Energien erfahren, die jene Dreizehn Himmel beherrschen. Es ist wesentlich zu wissen, dass diese Dreizehn Himmel die Schöpfungsprozesse auf ganz verschiedenen Ebenen beherrschten, nicht nur die dreizehn Tage der Trecena, sondern beispielsweise auch die dreizehn Baktuns der Langen Zählung.

Der Gesamteindruck – dargestellt in Abb. 2.2 – ist, dass die Götter, die die ungeraden Himmel beherrschen, eher nährend und weiblich sind als die Götter, die die geraden Himmel beherrschen; sie sind meistens kriegerisch und männlich. Es sollte darauf hingewiesen werden, dass die Gottheiten, die den Ersten, Siebenten und Dreizehnten Himmel beherrschen, als ein und dieselbe Gottheit in verschiedener Gestalt betrachtet wurden. Xiuhtecuhtli ist die Manifestation des Schöpfergottes auf Erden – der Nabel der Welt –, wobei Ometeotl sein Aspekt im höchsten Reich oben ist. Cinteotl, der Gott, der den Siebenten Himmel regiert, ist dieselbe Gottheit, aber in seinem Aspekt ist er der Maisgott. Diese drei Gottheiten, die ein und derselbe sind, sind alle duale Götter, vereint mit weiblicher Begleitung.

Spielten diese „Gottheiten" wirklich eine Rolle im menschlichen Leben? Die bedeutende Frage, der wir nun gegenüberstehen, ist, ob sie ihre Energien tatsächlich den Dreizehn Himmeln auferlegten, oder ob sie, wie die meisten Menschen heute wahrscheinlich mutmaßen werden, nur Aberglaube waren. Um dies herauszufinden, lasst uns als ein Experiment die Weltsicht vergessen, die uns von unseren Schulen, Universitäten, Kirchen und Fernsehprogrammen auferlegt wurde, und die Wirklichkeit unter der Führung des mittelamerikanischen Kalenders erforschen.

Das Auftauchen höherer Zivilisationen

Wir sehen allmählich, wie sich diese Dreizehn Himmel im Schöpfungsprozess der dreizehn Baktuns der Langen Zählung manifestiert haben. In solch einer umfassenden geschichtlichen Perspektive wird es uns vielleicht möglich, Merkmale zu erkennen, die in einer Spanne von nur dreizehn einzelnen Tagen nicht so offensichtlich sind. Bisher wurde das Anfangsdatum der Langen Zählung, 11. August 3114 v. Chr., von Archäologen jedoch traditionell als „mythisches" Datum ohne wirkliche Bedeutung angesehen. In den letzten Jahrzehnten haben einige Forscher damit begonnen, dieses Datum anders zu sehen. Wenn wir den Mayakalender als einen Kalender für den ganzen Planeten betrachten und nicht nur für eine einzelne Kultur, entdecken wir neue und interessante Dinge.

Es ist bekannt, dass sehr bedeutende Ereignisse, einige der bedeutendsten in der Geschichte der Menschheit, zur Zeit des Beginns der mayanischen Langen Zählung stattfanden. Das obere und untere Ägypten beispielsweise wurde um 3100 v. Chr. zu einer Nation vereint. König Menes, der dies vollbrachte, wurde Begründer der ersten Dynastie Ägyptens und, als ein Zeichen seiner neuen Macht, der erste Träger der Pharaonischen Doppelkrone. So entstand Ägypten als erste Nation auf Erden und wurde von seinem ersten Pharao um fast genau die Zeit regiert, als die mayanische Lange Zählung begann. Um etwa dieselbe Zeit wurden auch die ersten größeren Monumentalbauten auf diesem Planeten gebaut. Die älteste Pyramide Ägyptens, die des Pharao Djoser (Abb. 2.4), wurde anhand der Carbon-14-Methode auf etwa 2975 v. Chr. datiert. Stonehenge in England wurde auf etwas früher datiert, wie auch die sumerischen Pyramiden und die große Newgrange-Anlage in Irland. Auch begann die erfolgreiche Nutzung von Metallen in Form der Bronze auf Kreta und in Sumer, und so tat die Menschheit zu dieser Zeit ihren ersten Schritt heraus aus der Steinzeit.

Aber da gibt es noch mehr. Die Sumerer, die im heutigen Irak lebten und von denen oft angenommen wird, dass sie die erste höhere

Abb. 2.4. Eine der weltweit ältesten, großangelegten Bauten, die Pyramide des Pharao Djoser (ca. 2975 v. Chr.) in Saqqâra, Ägypten, wurde ursprünglich in sieben Stockwerken gebaut.

Zivilisation auf diesem Planeten geschaffen haben, hatten nur ein wenig früher mit der Verwendung der Schrift angefangen als der Beginn der Langen Zählung, nämlich um 3200 v. Chr. Der Beginn dessen, was wir als geschichtliche Ära bezeichnen – die Periode, als die Menschheit eine Schriftsprache hatte –, deckt sich mit dem der mayanischen Langen Zählung. Als der Erste Himmel der Langen Zählung seine Herrschaft am 11. August 3114 v. Chr. antrat, begann auch die Menschheitsgeschichte.

Die alten Ägypter betrachteten die Vereinigung des unteren und oberen Ägyptens, die Geburt ihrer eigenen Nation, als einen Akt göttlichen Eingreifens. Die Ägypter sahen den Beginn der Langen Zählung als eine Zeit kosmischer Schöpfung, die von den Göttern herbeigeführt wurde, wie es auch die Maya später taten. Ist diese Übereinstimmung der ägyptischen und der Maya-Kosmologien wirklich ein Zufall, oder könnte es eine Art wirkenden kosmischen Schöpfungsplan geben, der geschichtliche Prozesse auf Erden lenkt?

Um das herauszufinden, schauen wir uns zuerst einmal die Gottheit an, die den Vorsitz über diese Woge der Schöpferkraft am Beginn der Langen Zählung hatte. Gemäß dem Tempel der Inschriften in Palenque wurde der Erste Himmel der Langen Zählung vom Ersten Vater eingerichtet, der daraufhin den Weltenbaum wachsen ließ und so die Vier Richtungen begründete. Gemäß den Mexica (Abb. 2.5) herrschte der Gott des Feuers und der Zeit, Xiuhtecuhtli, der sowohl männliche als auch weibliche Aspekte hatte, über diesen Ersten Himmel. Die Ansichten der beiden mittelamerikanischen Völker sind jedoch nicht widersprüchlich. Wie der Erste Vater bei den Maya war auch Xiuhtecuhtli ein Gott der Zeugung, der seit Anbeginn der Zeit existierte und Licht in die Dunkelheit brachte.

Die Plötzlichkeit, mit der die erste höhere Zivilisation vor rund fünftausend Jahren auftauchte, hat die Historiker lange erstaunt. Doch wenn wir bereit sind zu akzeptieren, dass ein kosmischer Zeitplan existiert, ist dieses plötzliche Auftauchen gar nicht überraschend. Das Auftauchen menschlicher Zivilisation wird tatsächlich am besten durch die Zeitenergien erklärt, die in den Gottheiten des Mayakalenders veranschaulicht sind. Das plötzliche Auftauchen der ersten höheren menschlichen Zivilisationen kann als der erste Schritt eines Entwicklungsprozesses betrachtet werden, der sich ständig in den dreizehn Baktuns der Langen Zählung fortgesetzt hat. Der erste dieser Dreizehn Himmel pflanzte nur die Samen für eine menschliche Zivilisation, die in einer Reihe von dreizehn Schritten zur Frucht gereift ist. Die Maya symbolisierten diesen Wachstumsprozess in den Stufen von siebenstöckigen Pyramiden (Abb. 2.6), wie in der Pyramide des Hohepriesters in Chichén Itzá.

Wenn wir das Auftauchen der ersten höheren Zivilisationen auf der Erde betrachten, sollten wir beachten, dass diese Entwicklung auch einige negative Aspekte hatte, die besonders wichtig werden, wenn wir später über den derzeitigen Weg der Menschheit zur Erleuchtung sprechen. Die Erfindung der Schrift und der Bau von Pyramiden und Denkmälern werden normalerweise als Fortschritte auf dem Weg der Menschheit angesehen, aber diese Phänomene weisen auch darauf hin, dass nach Anfang der Langen Zählung die Menschen nicht mehr fähig

Herrschende aztekische Gottheit	Himmel-zahl	Beginn des Himmels	Ende des Himmels
Xiuhtecuhtli, Gott des Feuers und der Zeit	1	3115 v. Chr.	2721 v. Chr.
Tlaltecuhtli, Gott der Erde	2	2721 v. Chr.	2326 v. Chr.
Chalchiuhtlicue, Göttin des Wassers	3	2326 v. Chr.	1932 v. Chr.
Tonatiuh, Gott der Sonne und der Krieger	4	1932 v. Chr.	1538 v. Chr.
Tlacolteotl, Göttin der Liebe und der Geburt	5	1538 v. Chr.	1144 v. Chr.
Mictlantecuhtli, Gott des Todes	6	1144 v. Chr.	749 v. Chr.
Cinteotl, Gott des Mais' und des Unterhalts	7	749 v. Chr.	355 v. Chr.
Tlaloc, Gott des Regens und des Krieges	8	355 v. Chr.	40 n. Chr.
Quetzalcoatl, Gott des Lichtes	9	40 n. Chr.	434 n. Chr.
Tezcatlipoca, Gott der Finsternis	10	434 n. Chr.	829 n. Chr.
Yohualticitl, Göttin der Geburt	11	829 n. Chr.	1223 n. Chr.
Tlahuizcalpantecuhtli, Gott vor der Dämmerung	12	1223 n. Chr.	1617 n. Chr.
Ometeotl/Omecinatl, Dualer Schöpfergott	13	1617 n. Chr.	2011 n. Chr.

Abb. 2.5. Die herrschenden Gottheiten der Dreizehn Himmel des Großen Zyklus und ihre (korrigierte) Dauer in Gregorianischen Jahren.

waren, in der Gegenwart zu leben. Schrifttum taucht nur in einer Zivilisation auf, die einem Wandel in einem solchen Maße unterzogen wird, dass ein Bedarf entsteht, Informationen aufzubewahren. Ähnlich wurden die ägyptischen Pyramiden und Denkmäler teilweise gebaut, um die Pharaonen unsterblich zu machen; die Sorge über das Hinterlassen eines Eindrucks bei den Sterblichen und Darstellungen für kommende Generationen anzufertigen, kommt in einer zeitlosen Kultur nicht auf.

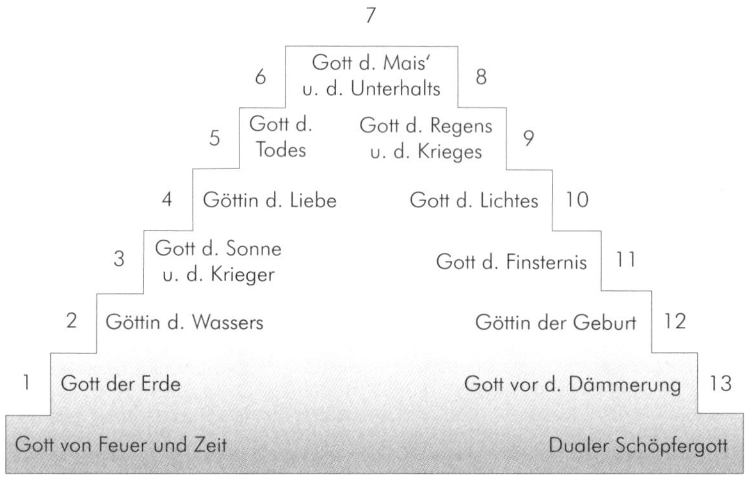

Abb. 2.6. Der Fortschritt durch die Dreizehn Himmel, symbolisiert durch den siebenstufigen Aufstieg und Abstieg der siebenstöckigen Pyramide.

Vielleicht haben die Steinzeitmenschen, die den ersten höheren Zivilisationen vorangingen, weitaus mehr in der Gegenwart gelebt.

Überdies weist das Auftauchen vergöttlichter Herrscher und einer Gesellschaft, die in Klassen aufgeteilt ist, darauf hin, dass die Menschen in dieser Zeit begannen, in Begriffen von Beurteilung, Bewertung und hierarchischen Klassifizierungen zu denken. Ein System, in dem eine Person über viele andere herrschte, ersetzte die eher gleichberechtigten, vielleicht matriarchalischen Gesellschaften, die davor existiert hatten. Der Gebrauch von Metallwaffen und die erste organisierte Kriegführung sind auch ein Beweis dafür, dass eine Mentalität, die von Konflikten regiert wird, aufgetaucht war, eine Mentalität, die uns immer noch plagt. Der Beginn der Langen Zählung der Maya bedeutete tatsächlich, dass sich ein Niedergang ereignet hatte, ein Sündenfall, von dem in vielen Traditionen die Rede ist. Der Beginn des jüdischen Kalenders nur ein wenig früher, im Jahr 3761 v. Chr., verzeichnet beispielsweise die Vertreibung der ersten Menschen aus dem Paradiesesgarten Eden. Was wenn der Garten Eden eine Ebene des nichtdualen Bewusstseins war und sein Baum der Erkenntnis von Gut und Böse identisch mit dem

Weltenbaum, der von dem Ersten Vater der Maya hochgezogen wurde? Aber dazu später mehr.

Wenn diese Perspektive – also eine Verbindung zwischen der schöpferischen Energie des Ersten Himmels der Langen Zählung und dem Auftauchen menschlicher Zivilisation – wahr ist, müssen die Maya, die eine Chronologie erfanden, um diesen Prozess zu beschreiben, einige tiefe Einsichten über Zeit und Prophezeiung gehabt haben, von denen der Rest der Welt keine Kenntnis hatte. Im alten Mittelamerika war das Interesse an Zeit immer hauptsächlich prophetisch, und die Lange Zählung stellt den Beginn eines kosmischen Schöpfungszyklus dar, der eine Grundlage für Prophezeiung bot. Wenn diese Chronologie der Langen Zählung Informationen auch über die menschliche Kreativität in anderen Teilen der Welt als Mittelamerika beinhaltet, muss es wirklich auch ein globaler Kalender sein, der nicht nur für die Maya von Interesse ist, sondern für uns alle. Menschen auf der ganzen Welt werden heute aus genau diesem Grund intuitiv vom Mayakalender angezogen. Dieser Kalender kann etwas über die Richtung aussagen, in die sich das Leben auf der Erde entwickeln wird; ein Wissen, das in der heutigen Zeit dringend benötigt wird.

Die Geschichte der schriftlichen Kommunikation

Um noch mehr über das Wesen der spirituellen Energien des Mayakalenders zu erfahren, müssen wir erforschen, wie diese sich überall im Laufe der Menschheitsgeschichte gezeigt haben. Nur wenn wir davon überzeugt sind, dass der Mayakalender einen größeren kosmischen Schöpfungsplan beschreibt, der unser Bewusstsein formt und unsere Kreativität bedingt, wird es bedeutungsvoll zu lernen, was dieser Kalender über den zukünftigen Kurs der Menschheit aussagen kann.

Bis jetzt ist der einzige Aspekt, für den wir Unterstützung gefunden haben, die Idee, dass der erste der Himmel der Langen Zählung von einer spezifischen Schöpfungsenergie beherrscht wurde: der des Säens. Was waren die Resultate der folgenden zwölf Himmel in diesem Zyklus? Um dies herauszufinden, müssen wir erst einmal die Zeitspannen untersuchen – die 394 Jahre langen Baktuns –, in denen die Energien dieser Dreizehn Himmel der Langen Zählung vorherrschten. (Aus Gründen, die zum Teil in Kapitel 7 erläutert werden, wurden diese leicht von der klassischen Mayaform abgeändert; der korrigierte Zyklus wird ab hier als der Große Zyklus bezeichnet). An diesem Punkt sollte der Leser innehalten, um die Zeitspannen zu betrachten (Abb. 2.5, Seite 27), die diese Himmel betreffen, um festzustellen, ob ihm irgendwelche bedeutenden Ereignisse in der Menschheitsgeschichte um die Jahre in den Sinn kommen, in denen ein neuer Himmel und eine neue Gottheit ihre Herrschaft angetreten haben. Wenn der Mayakalender wirklich prophetisch ist, können wir große Veränderungen in der spirituellen Energie der Welt an solchen Verschiebungen von Baktuns erwarten. Allerdings müssen wir herausfinden, ob es eine Beziehung gibt zwischen dem, von dem wir wissen, dass es sich während dieser Zeiträume ereignet hat, und dem spezifischen Wesen dieser Gottheiten, die sie beherrscht haben.

Was auch immer der Leser festgestellt hat (und es wäre gut, es für künftige Betrachtungen aufzuschreiben), fahren wir fort mit einer Besprechung der Entwicklung der Schrift während des Großen Zyklus. Die Geschichte der Schrift wird hier nicht willkürlich aufgegriffen. Die Maya sahen die Schrift als ein Geschenk der Götter an. Es kann also durchaus lohnend sein, zu studieren, was die verschiedenen spirituellen Energien und die entsprechenden Gottheiten der verschiedenen Baktuns mit ihrer Entwicklung zu tun hatten. Die Schrift gilt allgemein als ein Kennzeichen menschlicher Zivilisation; es ist schwierig, sich komplexe, untergliederte Gesellschaften ohne sie vorzustellen. Es muss auch hervorgehoben werden, dass sie als intellektuelle Aktivität die linke Gehirnhälfte beschäftigt. Beim Studium der Schriftentwicklung sollten wir jedoch die Diskussion auf die ungeraden Himmel beschränken, deren herrschende Gottheiten, entsprechend ihren Namen und

Eigenschaften, für Energien sorgen, die hilfreich sind, das Wachstum des Samens zu einer Frucht zu fördern. Aus Abb. 2.7 ist klar ersichtlich, dass die größeren Schritte zur Erleichterung der schriftlichen Kommunikation in ungeraden Himmeln unternommen wurden.

Himmel/ Wachstum	Herrschende aztekische Gottheit	Zeitraum	Entwicklung
Himmel 1 Säen	**Xiuhtecuhtli,** Gott des Feuers und der Zeit	3115–2721 v. Chr.	1. sumerische Logogramme auf Tontafeln (3200 v. Chr.); ägypt. Hieroglyphen (3100 v. Chr.)
Himmel 3 Keimen	**Chalchiuhtlicue,** Göttin des Wassers	2326–1932 v. Chr.	Schrittweise Entwicklung der mesopotamischen Keilschrift
Himmel 5 Sprießen	**Tlacolteotl,** Göttin der Liebe und der Geburt	1538–1144 v. Chr.	Konsonantenalphabet in Kanaan (1600 v. Chr.); chines. Schrift der Shang-Dynastie (1538 v. Chr.)
Himmel 7 Wachstum	**Cinteotl,** Gott des Mais' und des Unterhalts	749–355 v. Chr.	Vollständiges Alphabet in Griechenland und Etrurien (750 v. Chr.)
Himmel 9 Knospen	**Quetzalcoatl,** Gott des Lichtes	40–434 n. Chr.	Papyruscodices in Rom (70 n. Chr.); Erfindung des Papiers in China (105 n. Chr.); Schrift der Maya (250 n. Chr.)
Himmel 11 Blühen	**Yohualticitl,** Göttin der Geburt	829–1223 n. Chr.	1. gedrucktes Buch in China (868 n. Chr.): Die Diamantsutra
Himmel 13 Frucht	**Ometeotl/Omecinatl,** Dualer Schöpfergott	1617–2011 n. Chr.	1. Tageszeitung in Holland (1618); 1. nationaler Postdienst in Dänemark (1624 n. Chr.)

Abb. 2.7. Schritte in der Entwicklung der schriftlichen Kommunikation in den ungeraden Himmeln des Großen Zyklus.

Die Schritte der Schriftentwicklung veranschaulichen eine neue (aber in Wahrheit sehr alte!) Art, die Menschheitsgeschichte zu betrachten, während es eine sehr oberflächliche Betrachtungsweise ist, das Auftreten verschiedenartiger Erfindungen als das Ergebnis zufälliger Entdeckungen von einzelnen Genies zu sehen. Stattdessen werden Neuerungen in der Schrift als Widerspiegelungen spiritueller Energien verstanden, die die Kreativität nähren. Schritt für Schritt haben die Energien (oder Gottheiten) der sieben ungeraden Himmel die Kreativität und Entwicklung der Menschheit in eine bestimmte Richtung unterstützt.

Die globale Entwicklung der Schrift, angetrieben von diesen ungeraden Himmeln, ist ein Hinweis, dass die Lange Zählung ein Kalender für die historische Entwicklung des ganzen Planeten ist, gegründet auf der Tatsache, dass die Manifestationen ihrer Energie von globaler Art sind. Deshalb wurden Fortschritte in der Entwicklung der Schrift an mehreren verschiedenen Orten gemacht, erst in Ägypten und Sumer, durch einige bedeutsame Schritte in China, bis nach Nord- und Nordwesteuropa zu ihrer reifen Frucht. Die kulturelle Entwicklung vom Samen zur Frucht, die von den Dreizehn Himmeln genährt wird, konnte deshalb nur in einem globalen Zusammenhang erfolgen.

Wie wir der Abb. 2.7 entnehmen können, scheint die kosmische Schöpfung zyklisch zu sein, und zwar in dem Sinn, dass es einen erkennbaren Zyklus in der menschlichen Kreativität gibt. Nah am Beginn der ungeraden Himmel wurden bedeutsame Neuerungen in der Entwicklung der schriftlichen Kommunikation gemacht. Die geraden Himmel dazwischen scheinen Zeiträume darzustellen, in denen die Geschichte ruht. Aktivitäten und Neuheiten, die in den ungeraden Himmel auftauchen, wechseln sich so mit Zeiträumen der Ruhe in den geraden Himmeln in einer Weise ab, die uns an ein Oszillieren erinnert. Dieses Oszillieren ist in der Tat dasselbe Thema bei Geburt und Tod, das üblicherweise in alten mittelamerikanischen Mythen seinen Ausdruck fand. Die Dreizehn Himmel des Großen Zyklus erzeugen eine zyklische Wellenbewegung der Geschichte.

Ich warne vor einer engen Interpretation des Ausdrucks *zyklisch*. Die Wellenbewegung der Geschichte ist nicht zyklisch im Sinne von identischen Zyklen, die sich endlos wiederholen (wie es der Fall bei vielen physischen und astronomischen Zyklen ist). Der Mayakalender beschreibt eher evolutionäre als streng zyklische Prozesse, also ist die Geschichte mehr wie eine Spirale der Evolution, in der ähnliche Arten von Ereignissen zu bestimmten Punkten in dem Zyklus begünstigt werden – zum Beispiel am Beginn der ungeraden Himmel. Die Ergebnisse dieser zyklisch auftretenden Aufbrüche der Kreativität sind nie identisch; eine Wiederholung identischer Zyklen führt zu keiner Evolution. Geschichte ist vielmehr ein Prozess, der sich aus stufenweise wachsenden Bewusstseinsebenen ergibt, die besonders von den kosmischen Energien der sieben ungeraden Himmel genährt werden. Die prophetische Wissenschaft der Zeit des alten Amerika und des Mayakalenders wurde entwickelt, um diese Bewusstseinsentwicklung zu beschreiben und zu verstehen.

Tägliche Resonanz mit kosmischen Schwingungen

Man bedenke nun, dass die übliche dreizehntägige Zählung, die sich zwanzig Mal im 260-tägigen Heiligen Kalender wiederholt, nur eine komprimierte Version der Wellenbewegung ist, die von den sieben ungeraden und sechs geraden Himmeln des viel längeren Großen Zyklus erzeugt wird. Die reguläre dreizehntägige Zählung des Tzolkin wird dann zu einer Art mikroskopischem Spiegelbild des Energiewechsels, der die langfristige Entwicklungsspirale der Menschheitsgeschichte beherrscht. Das erklärt auch, warum jeder Tag seine eigene spirituelle Energie hat und warum manche Tage als förderlicher für kreative Aktivitäten gelten als andere. Wie in Anhang B zu sehen ist, ist dies genau die Weise, in der die lebenden Maya den Heiligen Kalender betrachten.

Wir können auch eine Analogie mit der Musik herstellen. Die übliche dreizehntägige Zählung (Trecena) könnte als ein Oberton mit einer Schwingung betrachtet werden, die 144.000 Mal höher ist als der Grundton des Großen Zyklus (es gibt 144.000 dreizehntägige Zählungen im gesamten Großen Zyklus). Der Energiewechsel der üblichen dreizehntägigen Zählung ist dann genauso wirklich, nur weniger kraftvoll, als die des Großen Zyklus. Es ist ein kleines Kräuseln auf der Oberfläche des Ozeans des Wechsels der Entwicklung. Und genau so wie es Töne mit einer so hohen Schwingung gibt, dass sie nicht jeder hören kann, gibt es vielleicht auch Zeitzyklen mit Schwingungen, die so hoch sind, dass die meisten modernen Menschen Schwierigkeiten haben, sie wahrzunehmen. Der Dreizehntägige Zyklus, der als ein integraler Bestandteil des Heiligen Kalenders festgelegt ist (20 x 13 Tage), ist genau ein solch hoch schwingender Entwicklungszyklus, dessen sich die Maya bewusst waren, und den jene unter uns zurückholen möchten, die sich vielleicht selbst in die kosmischen Prozesse einklinken wollen. Aber wie können wir es wieder lernen? Zum größten Teil wurden unsere Sinne abgestumpft, weil wir in einer Gesellschaft und in einer Umwelt leben, die unsere Sensibilität für den göttlichen Zeitfluss nicht unterstützt. Diese Abstumpfung der Sinne wurde von der fast allgemeinen Sitte astronomisch – das heißt physisch – begründeter Kalender verstärkt. Wie können wir dann empfindsamer dafür werden, und uns selbst ausrichten nach dem Fluss der kosmischen Energien, die Menschen helfen, sich zu entwickeln? Logischerweise ist der beste Weg, um in Einklang mit der kosmischen Schöpfung zu kommen, der uralten klassischen Tzolkin-Zählung der Quiché-Maya, Azteken und Cherokee als einem täglichen Kalender zu folgen und sie dann mit dem Tun-Kalender der kosmischen Wellenbewegung zu verbinden. Auf diese Weise können wir uns in die göttliche Schöpfung einstimmen und Teil ihrer Entfaltung werden.

Das Tun: Pfeiler der prophetischen Zeit

Es mag als widersinnig erscheinen, dass prophetische Zyklen nicht physisch sind. Immerhin, wechseln unsere Stimmungen etwa nicht mit den Jahreszeiten? Werden wir nicht vom Vollmond beeinflusst? Besonders für die unter uns, die in höheren Breitengraden leben, sei es im Norden oder im Süden, ist es ein fast biologisches Bedürfnis, an den Sonnenwenden und Tagundnachtgleichen Festlichkeiten abzuhalten. Und doch beeinflussen die jahreszeitlichen Zyklen die Menschen auf unterschiedlichste Weise in verschiedenen Teilen der Welt. Was in der nördlichen Hemisphäre der Frühlingsanfang ist, ist der Beginn des Herbstes in der südlichen Hemisphäre, und am Äquator ist es schwierig, überhaupt von Jahreszeiten zu sprechen. Wie auch immer sie verteilt sind – die jahreszeitlichen Zyklen des Sonnenjahres erzeugen keine gleichzeitigen globalen biosphärischen Veränderungen. Es ist wahr, dass der Mondzyklus von 29,5 Tagen jeden beeinflusst (weil dies vermutlich die natürliche Dauer des weiblichen Zyklus in Kulturen ist, die ohne künstliches Licht und Hormone leben). Doch der bedeutende Punkt dabei ist, dass endlos wiederholte, identische, astronomische Zyklen nie die Evolution des Bewusstseins erklären können. Im nächsten Kapitel werden wir sehen, dass die Evolution des Bewusstseins unmittelbar mit dem Herzschlag von Mutter Erde verbunden ist, und der Mayakalender uns dabei hilft, ihn zu hören. Dieser Herzschlag kommt aus dem Inneren unseres Planeten und nicht von außerhalb. Vor allem spiegeln astronomische Zyklen, wie das Sonnenjahr, der Mondzyklus oder der fortschreitende Zyklus endlos wiederholte Lebens- und Todeszyklen wieder, so wie Sommer und Winter in bestimmten Teilen der Welt. Trotzdem haben sie, wie wir noch sehen werden, nichts mit dem Göttlichen Plan zu tun, der den Menschen hilft, sich in höhere Bewusstseinsebenen zu entwickeln.

Mehrere alte Völker in verschiedenen Teilen der Welt scheinen viele ähnliche Vorstellungen über prophetische Zeiträume gehabt zu haben. Sowohl die Ägypter als auch die Maya sahen, von sehr unterschiedlichen Standpunkten aus, die Zeit um den Beginn des Großen Zyklus als entscheidenden Punkt im kosmischen Schöpfungsplan. Hatten ihre jeweiligen Kalender Ähnlichkeiten? Tatsächlich hatten der ägyptische und der Mayakalender, obgleich zwischen ihren Anfangszeiten rund dreitausend Jahre liegen, einen herausragenden Punkt gemeinsam. Die alten Ägypter folgten einem Kalender auf der Basis von 360 Tagen, zu denen „die fünf Tage auf ein Jahr", die fünf Tage, „an denen die Götter geboren wurden", hinzugefügt wurden. Während dieser fünf Tage sollten die Menschen keine Gefühle der Freude oder der Trauer zeigen. Ähnlich folgten sowohl die Maya als auch die Mexica einem landwirtschaftlichen Kalender, *Haab* genannt, der aus 360 Tagen plus fünf Tagen, an denen „die Götter ruhten", bestand. Dies waren fünf gefürchtete Tage, an denen die Menschen nicht auf die Unterstützung der Götter zählen konnten, und es wurden Zeremonien durchgeführt, um sich für ihre Rückkehr vorzubereiten. Deshalb scheint es, dass sowohl die Ägypter als auch die Mittelamerikaner das Wissen zum Ausdruck bringen wollten, dass das 360-tägige Tun göttlicher war als das 365-tägige physische landwirtschaftliche Jahr.

In der Tat war bei den von alten Völkern zu religiösen und spirituellen Zwecken gebrauchten Kalendern die Verwendung des 360-tägigen Zeitraumes eher die Regel als die Ausnahme. Das 360-tägige Jahr für spirituelle Zwecke ist bekannt aus dem alten Indien, aus Peru, Skandinavien, Israel und Rom. Die Chinesen verwendeten einen religiösen Kalender auf der Basis eines 360-tägigen Jahres parallel zum bürgerlichen Kalender mit 365 Tagen. In diesem Unterschied zwischen dem 360-tägigen religiösen Jahr und dem 365-tägigen landwirtschaftlichen oder astronomischen Jahr können wir eine Parallele mit den Maya und Mexica erkennen, die daran glaubten, dass es fünf Tage im Jahr gäbe, an denen die Götter abwesend seien.

Damit ergibt sich das Bild, dass wir die 365-tägige Periode als einen physischen Erdenzyklus betrachten können, während die 360-tägige Periode ein spiritueller Zyklus im Universum der Heiligen Zeit ist. Obgleich die spirituelle Bedeutung des Tun in der heutigen Welt weitgehend verloren gegangen ist, können wir viel davon durch das Studium des Systems des Mayakalenders, angewandt auf die Menschheitsgeschichte, zurückholen. Es ist sehr wichtig zu beachten, dass im prophetischen Kontext der Langen Zählung der Maya ein Tun immer einem anderen folgt ohne einem dazwischenliegenden fünftägigen Zeitraum. Für Prophezeiungen müssen wir einem Kalender folgen, der einzig auf den spirituellen Zyklen der Schöpfung basiert und nicht an die physikalischen Eigenheiten unseres eigenen Planeten angepasst ist. Wenn Prophezeiung auf der spirituellen Wirklichkeit gründen soll, muss sie mit einem Kalender verknüpft sein, der genau diese Wirklichkeit beschreibt.

Abb. 2.8. Der Schamanenkönig 18 Kaninchen (von dem Hauptplatz in Copán, Honduras), gewidmet einem neuen Tun. Mehrere solcher Steinskulpturen wurden von diesem König errichtet, um den Beginn einer neuen prophetischen Zeitperiode zu kennzeichnen.

Es gibt viele zusätzliche Beweise dafür, dass in alten Zeiten der 360-tägige Zeitraum, Tun genannt, von den Maya als eine Zeit der Prophezeiung betrachtet wurde. (Tun bedeutet „Stein", weil der Beginn eines neuen Tun mit dem Verrücken eines Steines oder dem Errichten einer Stele gekennzeichnet wurde). Wir wissen z. B., dass sich zur Zeit der spanischen Eroberung die Mayapriester am Beginn eines neuen Tun und nicht am Beginn eines neuen periodischen 365-tägigen Jahres versammelten, um Prophezeiungen anhand ihrer Kalenderbücher zu erstellen. In den wenigen Büchern, die überlebt haben, Chilam-Balam-Bücher genannt, wurden die Prophezeiungen der Maya ausnahmslos für die Tuns oder Katuns (= zwanzig Tun oder 19,7 Jahre) entwickelt.

Da sich das Interesse der Maya an der Zeit hauptsächlich auf das Verständnis der wechselnden kosmischen Energien und wie sie das menschliche Leben beeinflussen, also auf die kosmische Schöpfung allgemein konzentrierte, war die Verwendung von auf Tun basierenden Zeitperioden – wie beispielsweise Baktuns, Katuns und Tuns – nur logisch. Das Tun wurde zur grundlegenden Einheit der prophetischen Kalender der Maya, und so spielt es dieselbe Rolle in der Langen Zählung. Wenn wir heute eine Weltanschauung annehmen wollen, in der Bewusstsein wichtiger ist als Materie, müssen wir unsere Zeitrechnung auf die nichtphysische, unsichtbare Wirklichkeit und nicht auf die physische Wirklichkeit gründen. Den Unterschied zwischen den 360-tägigen und den 365-tägigen Zeiträumen zu erfassen ist ein erster und entscheidender Schritt für die Rettung der alten prophetischen Wissenschaft der Zeit.

3

●●●

Die Kosmologie des Weltenbaumes

Die vier Hauptrichtungen

Wenn die Geschichte eine zyklische Wellenbewegung menschlicher Kreativität ist, wie werden dann ihre Wellen erzeugt? Um dies zu verstehen, müssen wir die Kosmologie des Weltenbaumes studieren, die in Mittelamerika vor der Ankunft der Europäer weit verbreitet war. Als die Spanier im Jahr 1517 zum ersten Mal das Land der Maya betraten, trafen sie an den Mittelpunkten der Götterverehrung der Maya auf große bemalte Kreuze. Auf der Insel Cozumel nahe der Halbinsel Yucatán hatte beispielsweise eine Pyramide in ihrem Hof ein drei Meter hohes, stehendes Kalkkreuz. Die Spanier erfuhren, dass solche Kreuze Darstellungen des Weltenbaumes waren, und aus diesem Grund wurden die Kreuze grün angemalt (wie es die christlichen Kreuze in der Region heute noch gelegentlich sind). Gemäß den Maya ist es der Weltenbaum (Abb. 3.1), der die Vier Richtungen der Welt erschafft und aufrechterhält. Nach der spanischen Eroberung wurde dieser Weltenbaum mit dem katholischen Kreuz vermischt, aber im Glauben der Maya bewahrt dieses neue christliche Kreuz noch viel von seiner alten Bedeutung als das Zentrum des Kosmos.

Diese Anschauung der Welt mit vier Richtungen und vier Ecken haben die Kosmologien aller alten amerikanischen Völker gemeinsam, z. B. auch in dem allgemein bekannten Medizinrad ausgedrückt, das weiter nördlich auf diesem Kontinent verwendet wurde. Die Vier Rich-

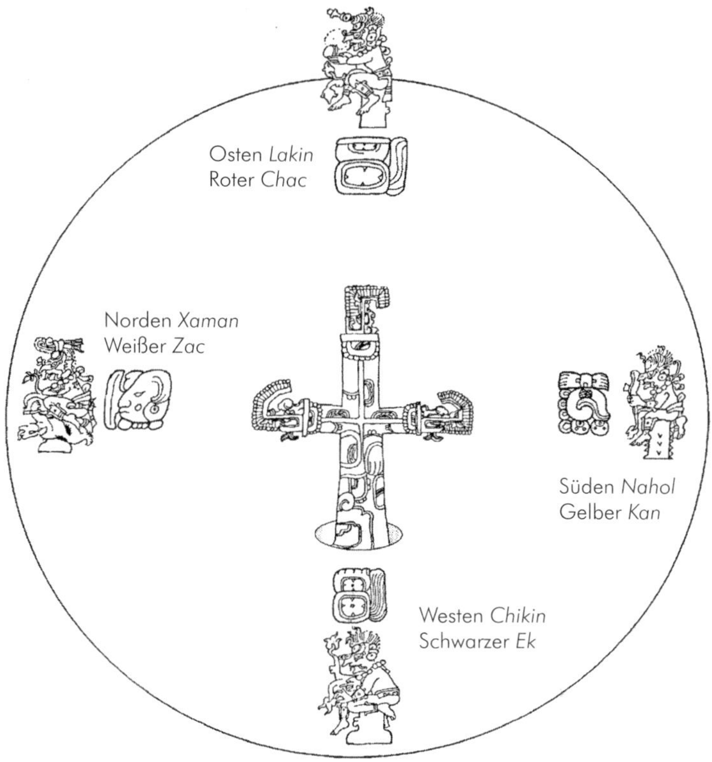

Abb. 3.1. Der Weltenbaum der Maya in der Mitte der Vier Richtungen. Alte amerikanische Traditionen statteten die geografischen Richtungen üblicherweise mit verschiedenen spirituellen Qualitäten aus (wie beim Medizinrad). Bei den Maya wurden die Vier Richtungen von Richtungsgottheiten, so genannten Bacabs, symbolisiert, wie in dieser Illustration zu sehen ist.

tungen sind mit verschiedenen Energien und Farben verbunden, die ihnen verschiedene Qualitäten verleihen. Die Vier Richtungen haben eine Beziehung zum Mittelpunkt der Welt, von den Maya Yaxkin genannt. Auf den ersten Blick mag dies nicht viel anders erscheinen als die allgemein übliche Sicht der Europäer, aber die Bedeutung, die diesen Richtungen gegeben wurde, unterscheidet sich deutlich von dem, was heute üblich ist. In der Sicht der alten Amerikaner verkörpern die Vier Richtungen geistige Qualitäten, die das menschliche Leben je nach dem herrschenden Zeitzyklus unterschiedlich beeinflussen. Die spirituellen Winde, die von den Vier Richtungen erzeugt werden und die verschiedene Zeitzyklen beherrschen, sind das Wesentliche in der Sicht der Maya, während in der typisch europäischen Sicht die Vier Richtungen lediglich als ein passives Koordinatensystem, angewendet auf die Erde, angesehen werden.

Und doch kann die Aufteilung der Welt nach den Vier Richtungen, die mit verschiedenen Qualitäten verbunden sind, für uns alle natürlich klingen. Die meisten von uns erkennen zumindest beträchtliche mentale und spirituelle Unterschiede zwischen den Richtungen Ost und West. Während wir den Osten als von kollektiven Strukturen und einer meditativen Neigung beherrscht sehen, wird der Westen als individualistisch, extrovertiert und handlungsorientiert gesehen. Was ist der Hintergrund dieser Unterscheidung? Wo ist die Linie, die den Osten vom Westen trennt? Wo ist im geografischen Sinne der Mittelpunkt des planetarischen Medizinrads?

Einer oben ausgesprochenen Hypothese über die Trennlinie zwischen Ost und West zufolge liegt sie bei 12° östlicher Länge und geht durch Zentraleuropa und Zentralafrika, das ist die Mittellinie der irdischen Kontinentalmasse, die sich von dem westlichsten Punkt Alaskas bis zum östlichsten Punkt Sibiriens hin erstreckt. Doch weil wir nicht vorwiegend an physikalischer, sondern an spiritueller Geografie interessiert sind, müssen wir die Existenz einer solchen hypothetischen Mittellinie auf andere Weise überprüfen. Um die Trennlinie zwischen Ost und West im spirituellen Sinn zu identifizieren, müssen wir stattdessen den Mayakalender anwenden und die Richtungen studieren, in denen die spirituellen Winde geweht haben, als sich die Energien der Dreizehn Himmel des Großen Zyklus verändert haben. Wir können dann die historischen Ereignisse verfolgen, die an den Baktun-Verschiebungen des Großen Zyklus in Bezug zu einer hypothetischen Mittellinie des Planeten auftraten, die durch 12° östlicher Länge verläuft.

Die Winde der Geschichte

Wie vorhin erwähnt, tauchten die ersten patriarchalischen Zivilisationen mit Schrift, Monarchien, groß angelegten Bauwerken und religiösem Glauben an einen Schöpfergott am Beginn des Großen Zyklus auf. Dieses Auftauchen fand in dem Gebiet statt, das fruchtbarer Halbmond genannt wird und sich von Ägypten über Israel und Syrien bis nach Mesopotamien erstreckt. Innerhalb der ersten Hälfte des Großen Zyklus blieb dieses Gebiet an der Spitze der zivilisierten Entwicklung.

Erst zu Beginn des siebenten der Dreizehn Himmel des Großen Zyklus, der im Jahr 749 v. Chr. zu herrschen begann, entwickelte sich bei 12° östlicher Länge eine höhere Zivilisation. Ein Zeichen des Erwachens einer Zivilisation, genährt von diesem Siebenten Himmel, war, dass die Etrusker in Norditalien (siehe Abb. 2.7, Seite 31) in der zweiten Hälfte des achten Jahrhunderts v. Chr. ein Schreibsystem entwickelten. Um etwa dieselbe Zeit wurden die ersten Stallsiedlungen auf dem Palatin gegründet, was sich im mythischen Jahr der Gründung Roms 753 v. Chr. widerspiegelt. Bei den Mexica wurde manchmal über diesen Siebenten Himmel gesagt, er würde von Tonacatecuhtli/Tonalaciuatl beherrscht werden, der männlich/weiblichen Dualität, die den Menschen Lebensunterhalt bietet, und manchmal von Cinteotl, dem Gott des Mais‘ und des Unterhalts.

Nach der Gründung einer historischen Kultur auf der hypothetischen Mittellinie wird es möglich, den historischen Winden an Baktun-Veränderungen in Verbindung mit dieser Linie zu folgen. So begann der nächste Himmel im Jahr 355 v. Chr. mit dem Vormarsch des persischen Königs Artaxerxes III. Ochus nach Westen, um Ägypten und Kleinasien zurückzuerobern und die Athener zu unterjochen (Abb. 3.3). Eine Bewegung aus dem Osten in Richtung planetarischer Mittellinie initiierte so den Achten Himmel.

Etwa um die folgende Verschiebung am Beginn des Neunten Himmels im Jahr 40 n. Chr. (Abb. 3.4) herrschte eine Expansionspolitik im neu organisierten Römischen Reich, so dass es sich in dem darauffolgenden Zwanzig-Tun-Zeitraum so weit ausdehnte, dass es das heutige England und Wales, Marokko, Algerien und Bulgarien umfasste. Diese Expansion von der Mittellinie begann übrigens zeitgleich mit dem Antritt der Missionsreisen des Apostel Paulus, um den christlichen Glauben in Kleinasien und Griechenland zu verbreiten. Gemäß den Mexica beherrschte Quetzalcoatl, der Gott des Lichts, diesen Himmel.

Abb. 3.2. Europa bei Beginn des Katuns (749–729 v. Chr.) von Himmel Sieben im Großen Zyklus umfasst den Aufstieg Etruriens als historische Kultur und die mythische Gründung Roms (753 v. Chr.).

Abb. 3.3. Europa beim Beginn des Katuns (355 – 335 v. Chr.) von Himmel Acht im Großen Zyklus umfasst Kampagnen des persischen Königs Artaxerxes III., was auf die Bewegung von Osten in Richtung planetarische Mittellinie hinweist.

Abb. 3.4. Europa beim Beginn des Katuns (40 – 60 n. Chr.) von Himmel Neun umfasst die Expansion des Römischen Reiches durch die Eroberung des heutigen Englands und Wales, Marokko, Algerien und Bulgarien. Es ereignet sich eine Bewegung weg von der planetarischen Mittellinie.

Im Jahr 434 n. Chr. trat der Zehnte Himmel (Abb. 3.5) seine Herrschaft an. In genau diesem Jahr wurde Attila König der Hunnen, einem nomadischen Volk aus Zentralasien, und er der mächtigste Herrscher seiner Zeit. Als das neue Baktun begann, griff er Zentraleuropa aus dem Osten her an und trieb die germanischen Stämme dazu, Rom zu plündern, was zum endgültigen Zusammenbruch des Weströmischen Reiches führte, gerade als dieser Himmel zu herrschen begann. Wir haben schon vermutet, dass die sich verändernden Energien der Dreizehn Himmel sehr viel mit dem Aufstieg und Niedergang verschiedener Zivilisationen zu tun haben. Der Zeitraum, der in Europa auf die Angriffe der Hunnen folgte, wurde bekannt als das Dunkle Mittelalter, weil es in den folgenden paar Jahrhunderten hier kein Zentrum höherer Zivilisation gab. In der Kosmologie der Mexica beherrschte Tezcatlipoca, der Gott der Dunkelheit, diesen Himmel.

Abb. 3.5. Europa am Beginn des Katuns (434–454 n. Chr.) von Himmel Zehn im Großen Zyklus umfasst die Invasion der Hunnen unter Attila und den Zusammenbruch des Weströmischen Reiches. Es gibt eine Bewegung von Osten in Richtung der planetarischen Mittellinie in diesem geraden Himmel.

Europa wachte bis zum Beginn des neunten Jahrhunderts n. Chr. nicht aus dem Dunklen Mittelalter auf, bis einige Jahre nach Beginn des Elften Himmels die Sprösslinge der modernen Nationen Frankreichs und Deutschlands durch die Teilung des Reichs Karls des Großen sichtbar wurden. Die Herrschaft dieses neuen Himmels führte auch zu einer Verschiebung nordwärts in der Entwicklung von Zivilisationen, was in die Belebung eines vorher ruhenden Teils der Welt mündete: Skandinavien. Dies ist unmittelbar bedeutend für unsere Verfolgung von Bewegungen zu und von der Mittellinie, die den Osten vom Westen teilte.

Mit diesem Himmel begannen auch die Reisen der Wikinger (Abb. 3.6). Nachdem sie für einige tausend Jahre gesiedelt hatten, fingen die in Skandinavien lebenden Völker plötzlich damit an, auf kühne Fahrten zu gehen, die sie womöglich den ganzen Weg bis nach Grönland und Amerika führten. Im Zuge dieses Überbordens überfielen die Vorfahren der heutigen Norweger und Dänen die Britischen Inseln, und der dänische König Knud eroberte England. In der anderen Richtung machten sich schwedische Wikinger auf in das russische Flusssystem und erreichten Byzanz im Jahr 839. Die traditionelle historische Wissenschaft hat noch nie eine zufriedenstellende Erklärung dafür gegeben, warum die Wikinger anfingen, sich für diese Überfälle einzuschiffen. Die Mayachronologie jedoch wirft neues Licht auf dieses Phänomen; die Wikingerüberfälle fingen an, als gerade ein neuer ungerader Himmel an die Herrschaft kam. Deshalb scheinen am Beginn von Himmel Elf die Winde der Geschichte Menschen von der planetarischen Mittellinie weggetrieben zu haben.

Abb. 3.6. Europa am Beginn des Katuns (829–849 n. Chr.) von Himmel Elf im Großen Zyklus umfasst die Überfälle der Wikinger in Richtung Westen und Osten. Es gibt in diesem ungeraden Himmel eine Bewegung weg von der planetarischen Mittellinie.

Dieses Erwachen im Norden fand übrigens zeitgleich mit dem Zusammenbruch der klassischen Mayastätten in Chiapas und Guatemala statt und liefert uns damit ein weiteres Beispiel, wie eine Zivilisation an Baktun-Verschiebungen verschwinden kann. Dies ist das früher erwähnte berühmte „Verschwinden" der Maya, das sich, wie der Zusammenbruch des Römischen Reiches, an einer Verschiebung der Himmel ereignete. Die klassische Mayakultur verschwand, weil die Winde der Geschichte ihnen nicht mehr gewogen waren. Am Beginn des neuen Himmels verschob sich die Grenze der Menschheitsgeschichte deutlich nach Norden, sowohl in Europa als auch in Mittelamerika. In der Zeitkosmologie der Mexica beherrschte Yohualticitl, die Göttin der Geburt, diesen Elften Himmel, und in Europa war eine Wiedergeburt deutlich. Auch bei den Maya rund um Chichén Itzá auf der nördlichen Halbinsel Yucatán und bei den Tolteken von Tula war dies eine Zeit der Wiedergeburt. Dies wird belegt durch die herausragenden Rolle, die der Verehrung von Quetzalcoatl, dem Gott des Lichtes, entgegengebracht wurde.

Ein Ereignis, das von einer traditionellen historischen Perspektive vielleicht noch schwerer zu verstehen ist als die plötzlichen Überfälle der Wikinger oder das Verschwinden der Maya, ist der Mongolensturm, der zu Beginn des nächsten Himmels im Mittelpunkt stand. Am Beginn des Zwölften Himmels trafen die Mongolen – die wenige Jahre zuvor noch ein kleiner Stamm gewesen waren, der Schafe in der Wüste Gobi gehütet hatte, – in Osteuropa ein, nachdem sie inzwischen ganz China und Asien erobert hatten. Diese Horden setzten ihre Ausbreitung fort, bis sie bei der planetarischen Mittellinie ankamen (Abb. 3.7). Dieser gerade Himmel, der mit einer gewaltigen Bewegung aus dem Osten in Richtung der Mittellinie begann, wurde beherrscht von Tlahuizcalpantecuhtli (eine gute Sprechübung!), dem Gott, der vor der Dämmerung herrschte.

Hier sollten wir unterbrechen, um zwei Dinge zu bedenken: Erstens, wir verwenden in dieser Entwicklung eine Chronologie, nämlich die des Großen Zyklus', die im Grunde auf dem Tun basiert, dem gött-

Abb. 3.7. Europa zu Beginn des Katuns (1223–1243 n. Chr.) von Himmel Zwölf im Großen Zyklus. Der Mongolensturm erreicht Osteuropa aus Zentralasien.

lichen 360-tägigen Jahr. Genau an diesen Verschiebungen von Baktuns geschah es, dass diese Bewegungen aus dem Osten auf Europa trafen. Im selben Jahr, in dem der Zehnte Himmel begann, wurde Attila der König der Hunnen; im Jahr 1223, in dem der Zwölfte Himmel begann, erreichte der Mongolensturm dasselbe Gebiet in Osteuropa. Hätten wir einen Kalender verwendet, der auf dem physischen Jahr basiert, würden diese Momente, an denen die Wanderungen aus dem Osten auf Europa trafen, nicht in ein genaues Muster passen. Diese Winde der Geschichte, die von den Gottheiten der Vier Richtungen erzeugt werden, folgen einer auf Baktuns basierenden Chronologie.

Zweitens sollten wir den starken Charakter dieser gewaltigen Bewegungen beachten. Das von Dschingis Khan geschaffene Reich und seine Erben um den Beginn des Zwölften Himmels hinterließen für einige Jahrhunderte in Russland und Asien ihre Spuren. Im Jahr 1995 wählte die *New York Times* Dschingis Khan zum Mann des (vergangenen) Jahrtausends, und das vermutlich nicht aufgrund seiner guten Taten, sondern wegen der Wirkung, die das von ihm geschaffene Reich auf die Geschichte hatte. Der Mongolensturm schaffte ein einheitliches Feld des eurasischen Kontinents, was ermöglichte, dass eine Vielzahl von Dingen von Ostasien nach Europa gebracht wurde, wie das Schießpulver, der Buchdruck, der Kompass und die Pest. Die Bewegungen, die sich mit den Baktun-Verschiebungen decken, sind keine unbedeutenden Ereignisse, die ausgegraben wurden, um eine Theorie zu belegen. Der Mongolensturm schuf das größte Reich in der Menschheitsgeschichte, und die Bewegungen, die zu Beginn der anderen Baktuns stattfanden, hatten einen ähnlich großen Einfluss.

Schließlich kommen wir in dieser Entwicklung durch die späteren Baktun-Verschiebungen des Großen Zyklus zu der Herrschaft des Dreizehnten Himmels (Abb. 3.8). Dieser Himmel wurde von Ometeotl/Omecinatl beherrscht, der höchsten dualen Schöpfergottheit, die als ein dualer Gott angesehen wurde, sowohl männlich als auch weiblich, Yang und Yin gemeinsam, auch der Gott und die Göttin der Dualität bei den Mexica genannt (Abb. 3.9).

Abb. 3.8. Europa am Beginn des Katuns (1617–1637 n. Chr.) von Himmel Dreizehn im Großen Zyklus; es umfasst die Expansion Schwedens und die Eingriffe der nordischen Länder in den Dreißigjährigen Krieg.

In Zentraleuropa, auf 12° östlicher Länge, wurde der Beginn der Herrschaft dieses Himmels im Jahr 1618 vom Dreißigjährigen Krieg zwischen Katholiken und Protestanten gekennzeichnet, der das Überleben und die Vorrangstellung des letzteren Glaubens in Nordwesteuropa sicherte. Im Norden wurde Schweden als Teil dieses Szenarios zeitweise zu einer europäischen Großmacht durch seine Eroberung der baltischen Küste Russlands im Jahr 1617 und der Besetzung des heutigen Lettlands und Teilen Preußens in Polen. Eine kleine Expansion westwärts war auch zu erkennen in der Gründung einer Kolonie in Nordamerika im Jahr 1638, und so begann auch der Dreizehnte Himmel mit Bewegungen weg von der Mittellinie. Aufgrund der Intervention Schwedens

Abb. 3.9. Das Schöpferpaar, Ometeotl und Omecinatl, der Gott und die Göttin der Dualität, Herrscher von Himmel Dreizehn. Diese Gottheit aus zwei Göttern in einem symbolisiert die Yin/Yang-Polarität, die in diesem Himmel eingeführt wurde.

und Frankreichs in der zweiten Hälfte des Dreißigjährigen Krieges und dem holländischen Kampf für die Unabhängigkeit von Spanien verlor das Heilige Römische Reich Deutscher Nation – das vom Papst eingerichtet worden war und Europa in den vorhergehenden beiden Baktuns beherrscht hatte – seine Macht. Auf der Ebene des Bewusstseins schuf dies eine Öffnung für den Ausdruck einer neuen Mentalität – die der modernen Welt.

Die vorhergehende Darstellung hat sich deutlich vorwiegend mit Europa befasst und könnte so den falschen Eindruck vermitteln, dass der Mayakalender sich nicht auf andere Teile der Welt anwenden lässt. Es gibt verschiedene Gründe dafür, dass ich die Besprechung auf Europa beschränkt habe. Der erste ist der Platz. Der zweite ist, die Existenz der planetarischen Mittellinie zu zeigen, ein Entwurf des Weltenbaumstammes, der Zentraleuropa zu einem Gebiet gemacht hat, in dem die Auswirkungen der Energieveränderungen des Mayakalenders besonders deutlich sind. Drittens, da der Mayakalender nicht in diesem Teil der Welt verwendet wurde, wissen wir mit Sicherheit, dass die Bewegungen, die wir beobachtet haben, nicht die Ergebnisse einer sich selbst erfüllenden Prophezeiung sind. Stattdessen sind sie objektive Ergebnisse der Richtungswinde, die vom Weltenbaum erzeugt werden.

Wenn wir die verschiedenen Bewegungen von und zu der planetarischen Mittellinie an den Baktun-Verschiebungen des Großen Zyklus zusammenfassen, taucht das ganz klare Muster der historischen Winde auf, das in Abb. 3.10 dargestellt wird. Dort können wir sehen, dass die Himmel mit ungeraden Zahlen Bewegungen von der planetarischen Mittellinie in Richtung Osten und Westen einleiten, während Himmel mit geraden Zahlen Bewegungen von Osten in Richtung Mittellinie einleiten.

Die mittelamerikanische Vorstellung, dass die verschiedenen Himmel von Gottheiten beherrscht werden, die in vier Richtungen Winde blasen, wurde so nun unmittelbar überprüft. Um nach dem Muster der gewaltigen Wanderungen zu urteilen, das in Abb. 3.10 dargestellt wird, scheint es auch so, als würde eine göttliche Gewalt die sieben Himmel

Himmel	Zeit	Bewegungen von der zentralen Linie des 12. Längengrads	Bewegungen vom Osten
7	749–729 v. Chr.	Gründung Roms	
8	355–335 v. Chr.		Die Perser gehen nach Westen
9	40–60 n. Chr.	Ausbreitung des Römischen Reiches	
10	434–454 n. Chr.		Die Hunnen ziehen nach Westen
11	829–849 n. Chr.	Raubzüge der Wikinger	
12	1223–1243 n. Chr.		Mongolensturm
13	1617–1637 n. Chr.	Schweden	

Abb. 3.10. Heftige Wanderbewegungen weg von und in Richtung der planetarischen Mittellinie genau zu Beginn jedes späteren Himmels des Großen Zyklus.

mit ungeraden Zahlen beherrschen, und dass diese Energie von denen, die die sechs Himmel mit geraden Zahlen beherrscht, irgendwie verschieden ist.

Zusätzlich zu diesen Winden zu und weg von der Mittellinie in westlicher und östlicher Richtung scheint die Geschichte mit jedem neuen Himmel nordwärts geblasen worden zu sein, zumindest, soweit wir etwas über die nördliche Hemisphäre wissen. Das Zentrum der zivilisatorischen Entwicklung bewegte sich von den südlichen Standorten Ägypten, Sumer und Kreta am Beginn des Großen Zyklus während der Himmel Sieben und Neun nach Griechenland und Rom und während Himmel Elf nach Deutschland. Typischerweise wird Dänemark zu einer Großmacht während Himmel Elf, während Schweden, das sogar noch weiter nördlich liegt, genau am Beginn des Dreizehnten Himmels zu einer Großmacht wird. Diese Nordwärtsbewegung der Grenze der europäischen Geschichte hatte Parallelen in anderen Teilen der Welt. In Amerika bewegten sich neue Zivilisationen weg von Chiapas und Guatemala während Himmel Neun und Zehn, nach Yucatán während Himmel Elf, nach Zentralmexiko während Himmel Zwölf und nach Nordamerika entsprechend während des Dreizehnten Himmels.

Dieses Muster der Winde der Geschichte kann erklärt werden, wenn wir annehmen, dass ein Kreuz aus unsichtbaren Bewusstseinsfeldern von der Erde jedes Mal eingeführt wird (Abb. 3.11a, Seite 52) wenn ein neuer Himmel mit ungerader Zahl seine Herrschaft beginnt. Dieses Unsichtbare Kreuz ist ein Ausdruck des Weltenbaumes. Gemäß den Maya ließ der Erste Vater den Weltenbaum am Beginn des ersten der ungeraden Himmel des Großen Zyklus sprießen, wobei die Vier Richtungen entstanden. Da der unsichtbare Weltenbaum kraftvolle Wanderbewegungen überall im Großen Zyklus erzeugt, macht es Sinn, dass die Maya das Wachsen oder Aktivieren des Weltenbaums durch den Ersten Vater als das entscheidende Eingangsereignis der Schöpfung beschrieben.

Der Weltenbaum hat eine Yin/Yang-Polarität, die eine kreative Spannung entlang der Linien mit sich bringt, an denen er oszilliert, was abwechselnd Bewegungen in verschiedene geografische Richtungen entstehen lässt. Die Zweige des Weltenbaums erzeugen so „Winde", was vollständig mit der mittelamerikanischen Mythologie übereinstimmt. Während der ungeraden Himmel werden Bewegungen nach Norden (und wahrscheinlich auch nach Süden) vom Äquator aus erzeugt, sowie in östlicher und westlicher Richtung weg von der planetarischen Mittellinie. Entgegengesetzt werden Bewegungen in Richtung der planetarischen Mittellinie gelenkt, wenn dieses Kreuz am Beginn von Himmeln mit geraden Zahlen verschwindet.

Aufgrund dieser Untersuchung gehen die Arme dieses Kreuzes, wie angenommen, durch 12° östlicher Länge und durch den Äquator. Der Arm (Stamm), der den Planeten in eine westliche und eine östliche Hemisphäre unterteilt, geht durch Rom und Kopenhagen, wobei der Arm (Zweig), der die nördliche von der südlichen Hemisphäre trennt, der Äquator ist. Wenn wir akzeptieren, dass das Schöpfungsfeld des Planeten im Grunde auf diese Weise organisiert ist, müssen wir daraus schließen, dass das Zentrum des Weltenbaumes in Zentralafrika liegt, in einem Gebiet, das gegenwärtig das Land Gabun ist.

Vielleicht verstehen wir jetzt, warum Ometeotl/Omecinatl auch „Zwei Götter" genannt wurde, denn wenn er/sie die Welt beherrschte,

Abb. 3.11. Das globale Schöpfungsfeld während der Herrschaft von (A) ungeraden und (B) geraden Himmeln.

war sie in zwei Hälften unterteilt, Westen und Osten, die jeweils von Yang (Licht) und Yin (Dunkelheit) dominiert wurden. Die alte mittelamerikanische Sicht hat eine viel größere Erklärungskraft als unsere heutige Weltanschauung. Für unser Verständnis der Vergangenheit scheinen die Begriffe des Weltenbaumes, der Vier Richtungen und der dreizehn Gottheiten, die die Baktuns des Großen Zyklus beherrschen, tatsächlich sehr bedeutungsvoll zu sein.

Die Geschichte der Menschheit, wie sie sich durch die Dreizehn Himmel des Großen Zyklus entwickelt hat, kann deshalb als ein Wellenmuster beschrieben werden, und es ist der Weltenbaum oder das Unsichtbare Kreuz, das als Wellenerzeuger gedient hat, um die Menschheitsgeschichte zu steuern. So ist es nicht überraschend, dass der Weltenbaum – und die Zahlen 7 und 13 – eine zentrale Bedeutung in den Mythologien der Völker auf der ganzen Welt hatten. Dieser Weltenbaum schafft wellenartige Schwankungen zwischen dualistischen und einheitlichen Himmeln. Die daraus hervorgehenden zwei Arten von Schöpfungsfeldern werden in Abb. 3.11 dargestellt. Die Schwankungen zwischen diesen beiden Arten von Himmeln erzeugen das kosmische Drama, das von den Kräften des Lichts und der Dunkelheit aufgeführt wird, von männlich und weiblich, Westen und Osten, Yang und Yin.

Und wie bereits erwähnt, waren bei den Mexica die Gottheiten, die den ungeraden Ersten, Siebenten und Dreizehnten Himmel beherrschten – bzw. Xiuhtecuhtli, Tonacetecuhtli und Ometeotl – alle duale, männlich-weibliche Schöpfergötter.

Das polarisierte Schöpfungsfeld von Himmel Dreizehn (Abb. 3.11a), das von den Zwei Göttern beherrscht wird, bedeutete im Jahr 1617 den Beginn eines Zeitraums von fast vierhundert Jahren zunehmender Vorherrschaft des Westens und eine Trennung der Kulturen von West und Ost. Der Aufbau des Britischen Empires begann mit seinem ersten Handelsposten in Indien im Jahr 1615 und der Ankunft der Pilger in Massachusetts im Jahr 1620, dem Ausgangspunkt für die Entwicklung der Vereinigten Staaten. Verbunden mit dieser westlichen Vorherrschaft sind eine Reihe von Phänomenen, die zu Beginn des Dreizehnten Himmels auftauchten, wie Protestantismus, Kapitalismus und Naturwissenschaft, Ausdrucksformen der linken Hälfte des menschlichen Gehirns. Es ist im Grunde diese Dualität, die initiiert wurde, als der Erste Vater den Weltenbaum im Jahr 3115 v. Chr. hochzog, die den patriarchalischen, urteilenden und wertenden Verstand geschaffen hat. Obgleich jeder in der modernen Welt in Resonanz mit dem globalen Schöpfungsfeld des Dreizehnten Himmels ist, hat es den Westen begünstigt, weil sein Licht vorzugsweise auf diese Hemisphäre schien. Die Siege der protestantischen Armeen im Dreißigjährigen Krieg waren ein Ergebnis der Einrichtung dieses neuen Schöpfungsfeldes, und es ist kennzeichnend, dass die wissenschaftliche Revolution, beginnend mit dem Dreizehnten Himmel, von Menschen wie Kepler in Prag und Galileo in Florenz, also genau unter der Mittellinie, angestoßen wurde. Später bewegte sich, wie wohl zu erwarten war, das Gravitationszentrum dieser Denkweise allmählich westwärts durch das Frankreich eines Descartes, Pascal und Fermat, und durch Isaac Newtons England, um nach der zweiten Hälfte des zwanzigsten Jahrhunderts in den Vereinigten Staaten zu enden.

Am Beginn des Dreizehnten Himmels formulierte der französische Wissenschaftler und Philosoph René Descartes seine neue Philosophie, die uns manchmal als Kartesianischer Bruch vorgestellt wird.

Descartes argumentierte, dass das Materielle und das Geistige zwei getrennte Bereiche der Existenz seien, und in den letzten Jahrzehnten wurde Descartes mehr oder weniger persönlich für die Trennung von Mensch und Natur oder von Körper und Geist verantwortlich gemacht. Aber nicht Descartes schuf diesen Bruch, der über viele Generationen für selbstverständlich gehalten wurde. Der Weltenbaum schuf den Bruch. Descartes fand lediglich die überzeugendste Formulierung einer Philosophie, die diesen Bruch in der Wahrnehmung beschrieb, die den Menschen vom Dreizehnten Himmel auferlegt wurde. Erst vor kurzem ist die negative Seite dieser Wahrnehmung einer breiteren Gruppe von Menschen klar geworden, und wir werden später verstehen warum.

Das Unsichtbare Kreuz und seine polarisierenden Auswirkungen auf das Bewusstseinsfeld des Planeten haben auch ein inneres Gefühl der Unzufriedenheit im modernen Geist geschaffen, ein Erleben des Nicht-Ganz-Seins. Erinnerungsbilder an eine frühere Ganzheit und Mythen über einen Sündenfall gibt es in fast allen alten Kulturen der Welt. Das Hochziehen des Weltenbaums vom Ersten Vater am Beginn des Großen Zyklus kam einem solchen Sündenfall genau gleich. Gleichzeitig tauchte ein Glaube an einen strafenden Gott auf, mit dem die Menschen in gewissem Maße im Konflikt waren, was in den hebräischen Schriften ziemlich klar erkennbar ist. Alle großen monotheistischen Religionen, die sich im Laufe des Großen Zyklus entwickelten, waren zutiefst beeinflusst von ihrem dualistischen Bewusstsein und waren dazu geneigt, die Welt durch eine Dichotomie von Gut und Böse, Richtig und Falsch zu sehen, die von ihrer Yin/Yang-Polarität erzeugt wurde. Deswegen sind alle diese Religionen in unterschiedlichem Grad kompromisslos und gewillt, sich in manchmal gewalttätige Konflikte über Richtig und Falsch einzulassen. Aus demselben Grund haben Religionen, die von diesem Bewusstseinsfeld erzeugt wurden, hierarchische Strukturen unter ihren Anhängern geschaffen, und das oft im unmittelbaren Gegensatz zu der von ihnen erklärten Botschaft der Gleichheit.

Wir können dann den modernen Geist, der durch eine holografische Resonanz mit dem Dreizehnten Himmel geschaffen wurde, als die Frucht eines Prozesses verstehen, der mit dem Sündenfall begann. Die alten Mythen über einen Sündenfall, die Vertreibung von Adam und Eva aus dem Garten Eden in der Bibel, die Jagd auf den Sieben-Ara im Popol Vuh, Seth und Osiris in Ägypten und Ask und Embla bei den Nordvölkern (mit den meisten bekannten Rollen für den Weltenbaum) sind deshalb Metaphern für einen Prozess, der auf der Ebene des Bewusstseins tatsächlich stattfand. Das Ergebnis dieses Sündenfalls ist die „Halbheit" des modernen Geistes, eines Geistes, der sich selten damit begnügt, einfach zu sein, und stattdessen immer nach Mitteln und Wegen sucht, sich zu verändern und etwas anderes zu werden. Die Hälfte des menschlichen Erlebens, jene Qualitäten, die durch die östliche Hemisphäre vermittelt werden, wurde in der Tat missbilligt und vom Großen Zyklus herausgefiltert.

Die Idee eines solchen Dramas, das die männlichen und weiblichen Kräfte des Kosmos betrifft und sowohl Trennung als auch Einheit zwischen diesen beiden, wird von vielen alten Philosophien geteilt. Der chinesische Begriff von Yang und Yin ist vielleicht am bekanntesten, doch die Abenteuer der Heldenzwillinge der Maya, Hunahpu und Xbalanque, und die entsprechenden Zwillinge der Tolteken und Azteken, Quetzalcoatl und Tezcatlipoca, sind alles Metaphern für dieselbe Polarität. Die grundlegende Wahrheit, dass das Bewusstseinsfeld der Erde eine Grundstruktur hat, die in Abbildung 3.11a dargestellt wird, scheint allen alten Völkern auf irgendeiner Ebene bekannt gewesen zu sein. Wir sehen dies beispielsweise ausgedrückt im Symbol des Sonnenrades für die Erde, das in der babylonischen Astrologie verwendet wurde (Abb. 3.12), im Keltischen Kreuz oder im Medizinrad in Nordamerika.

Trotz der allgemeinen Symbolik dieser Polarität und den vielen Parallelen, die man zwischen den verschiedenen Mythologien ziehen kann, sollten wir beachten, dass die Mayachronologie etwas Einzigartiges anzubieten hat, das die Welt in ein ganz neues Licht rückt. Das ist die Verbindung zu der wahren Welt und zur wahren Geschichte. Die Yin/Yang-Kosmologie ist nicht länger bloß ein abstraktes philosophisches Prinzip. Stattdessen ist es nun aufgrund der genauen Bestim-

Abb. 3.12. Das Wotans-Kreuz oder Sonnenrad (ein Grabstein aus der Bronzezeit von Kivi, Schweden)

mung der Zeitperioden, die das pulsierende Drama bedingen, das von dem Weltenbaum erzeugt wird, klar, dass die Yin/Yang-Kosmologie eine echte Grundlage hat. Diese Grundlage wird von den Wellenmustern von Licht und Dunkelheit erzeugt, die, wie wir im vorigen Kapitel gesehen haben, eine spiralförmige Entwicklung der menschlichen Kreativität nähren. Dies ist sehr nützlich für das Verständnis der Menschheitsgeschichte und unserem Platz in ihr. Alles was nötig ist, um diesen wellenartigen Prozess der Geschichte – und das sich ergebende Spiel von Yin und Yang – zu verstehen, ist die Existenz eines Weltenbaumes zu akzeptieren, der als ein allumfassender Oszillator dient, der gemäß dem Rhythmus der Mayachronologie funktioniert, nämlich der Langen Zählung. Warum nicht? Alle wellenartigen Bewegungen und Schwingungen brauchen schließlich einen Wellengenerator. Die grundlegende Wahrheit über den Mayakalender ist, dass er den genauen Rhythmus der Impulse und Schwingungen beschreibt, die vom Weltenbaum ausströmen und die Entwicklung des menschlichen Bewusstseins bestimmen.

Wenn dieses Wellenmuster der Geschichte durch die Mayachronologie sichtbar wird, stehen wir vor einer Wahl. Wenn wir weiterhin astronomische Kalender verwenden, werden wir auch weiterhin die Geschichte als eine Reihe chaotischer, zufälliger Ereignisse sehen. Wenn wir uns aber entscheiden, den Mayakalender anzuwenden, werden wir uns der Muster und Umrisse eines kosmischen Plans bewusst.

In der Tat können wir jetzt eine echte Basis für Prophezeiungen in den Winden sehen, die von dem Weltenbaum erzeugt werden. Deshalb ist es völlig verständlich, dass die Ankunft der Europäer und des Christentums in Mittelamerika prophezeit worden war. Diese Ankunft war nur logisch nach dem, was wir jetzt über die Winde wissen, die von dem Weltenbaum erzeugt wurden, und das Gleiche kann über die folgende europäische Kolonisierung eines Großteils der Welt gesagt werden. Der Verlauf der Ereignisse und der genauen physischen Umsetzungen war vielleicht nicht im Detail vorhersehbar. Doch das große Bild war schon in den Himmeln festgelegt, und so waren diejenigen, die im Heiligen Universum der Zeit der mittelamerikanischen Kalender lebten, imstande zu prophezeien, was kommen würde.

Das Hermetische Prinzip und das globale Gehirn

Das Modell, das ich vorgeschlagen habe und das auf den Vier Richtungen basiert – mit einer Mittellinie, die die beiden globalen Hemisphären trennt – stimmt überein mit dem so genannten Hermetischen Prinzip: wie oben, so unten. Die Qualitäten der Vier Richtungen zeigen eine Anzahl von Parallelen zwischen dem „globalen Gehirn" des Planeten und dem menschlichen Gehirn. Unsere beiden Gehirnhälften, rechts und links, haben unterschiedliche Funktionen, weil sie mikrokosmische Reflexionen der östlichen und westlichen Hemisphären des Planeten sind (Abb. 3.13).

Globales Gehirn	Menschliches Gehirn
Westliche Hemisphäre	**Linke Gehirnhälfte** (Analyse und Logik)
Östliche Hemisphäre	**Rechte Gehirnhälfte** (Synthese und Intuition)
Deutschland	**Hypothalamus** (Zentrale Koordination)
Italien	**Hypophyse** (Zentrale Koordination)
Nördliche Länder	**Epiphyse** (Überwachung des Lichtes)
Zentralafrika	**Kleinhirn** (Willentliche Bewegung und Gefühle)
Hawaii-Inseln	**Augen** (Vision)

Abb. 3.13. Die angenommenen Parallelen zwischen dem globalen Gehirn und dem menschlichen Gehirn.

Die rationale, handlungsorientierte, westliche Hemisphäre entspricht der linken, „männlichen" Gehirnhälfte mit ihrem analytischen Denken und dem Zentrum für Sprache, Rechnen und logischem Denken. Die meditative, östliche Hemisphäre entspricht andererseits der rechten, intuitiven, ganzheitlichen, „weiblichen" Gehirnhälfte, die auch das Zentrum für unsere räumlichen und künstlerischen Fähigkeiten ist. Das heißt, dass die verschiedenen Mentalitäten, die wir als charakteristisch für Menschen des Ostens und des Westens betrachten, im Grunde vom Weltenbaum erzeugt wurden.

In dieser globalen Gehirnstruktur, die in etwa am Stamm des Weltenbaums geteilt ist, entspricht das Gebiet Deutschland-Italien dem Hypothalamus-Hypophyse-Komplex, dem Regulierungszentrum des Säugetiergehirns. Heutzutage denkt man vielleicht nicht mehr so oft, dass Italien und Deutschland eine so zentrale Stellung haben, aber während der Renaissance und der Reformation hatten sie es gewiss. Durch das Römische Reich und das Römischen Reich Deutscher Nation sowie das Papsttum beherrschte diese Gegend die Geschichte Europas rund zweitausend Jahre lang. Weiter nördlich auf derselben Mittellinie stehen die nordischen Länder, besonders Schweden, für die Zirbeldrüse oder Epiphyse. Zentralafrika, der Ursprung der Menschheit, entspricht dem Kleinhirn, dem ältesten Teil des Gehirns mit seiner entscheidenden Rolle für das Gleichgewicht, die Motorik und Emotionalität. Auf der gegenüberliegenden Seite der Welt entspricht Hawaii mit seiner internationalen Ansammlung von Teleskopen am Rande des Vulkans Mauna Kea und den riesigen Teleskopen auf Maui den Augen, durch die das planetarische Gehirn in den Kosmos blickt.

Ebenso hat die Welt – wie Menschen normalerweise ihre linke Gehirnhälfte für äußere Handlungen nutzen – zumindest bis jetzt für eine Führung meistens auf den Westen geschaut, und besonders auf die Vereinigten Staaten. Während die meisten Menschen in der östlichen Hemisphäre in einem mehr historischen Kontext leben, leben Nordamerikaner typischerweise in der Gegenwart und zeigen mehr Betriebsamkeit gegenüber dem Leben. Im Rahmen des globalen Gehirns können die verschiedenen Mentalitäten in den verschiedenen Gegenden der Welt leicht als Ergebnis eines Schöpfungsprozesses verstanden werden, der verschiedene Yin/Yang-Felder im planetarischen Zusammenhang erzeugt. Je nachdem wo wir leben, ist unser individuelles Bewusstsein durch die Mentalität der Vier Richtungen bedingt. Gemäß den Maya war der Weltenbaum die Quelle allen Lebens, einschließlich des menschlichen, und so verwandelte er die Erde in eine lebendige, pulsierende Welt, in der alle Teile miteinander verbunden und voneinander abhängig sind. (Siehe Abb. 3.14).

Aus dieser Perspektive ist es nicht verwunderlich, dass die wissenschaftliche Revolution ihren Anfang nahm, als der dualistische Dreizehnte Himmel seine Herrschaft begann. Dieser neue Himmel bedeutete, dass Licht nicht nur auf die westliche Hemisphäre fiel, sondern auch – infolge holografischer Resonanz – auf die linke Gehirnhälfte der Menschen. Als Ergebnis wurden die Funktionen, die normalerweise mit der linken Gehirnhälfte in Verbindung gebracht werden – Analyse,

Mathematik, logisches Denken usw. –, hervorgehoben, als der Dreizehnte Himmel seine Herrschaft begann. Dies waren genau die Funktionen, die Voraussetzungen für die Entwicklung des wissenschaftlichen Geistes und die Revolution im Denken waren, die dies hervorgebracht haben. Keplers drei Gesetze planetarischer Bewegung, vorgestellt in

Abb. 3.14. Der Sarkophagdeckel vom Grab im Tempel der Inschriften in Palenque – eines der berühmtesten aller Kunstgegenstände der Maya. Der Große Pacal ist hier dargestellt, wie er in die Wurzeln des Weltenbaumes sinkt, um später als seine Zweige wiedergeboren zu werden.

Harmonices Mundi im Jahr 1619, waren bahnbrechend. Dies waren die ersten mathematischen Naturgesetze.

Es ist wichtig, darauf hinzuweisen, dass in der Kosmologie der Vier Richtungen alle verschiedenen Teile des globalen Gehirns gebraucht werden und jeder eine Rolle in der Gesamtaktivität und Ausgewogenheit des größeren Ganzen zu spielen hat. Um eine weitere Parallele mit dem menschlichen Gehirn zu ziehen: neues kreatives Denken entspringt typischerweise in einem Zusammenspiel zwischen den beiden Gehirnhälften, wobei die rechte Hälfte die neuen Ideen erzeugt und die linke Hälfte sie bewertet. Leider arbeiten die beiden Hemisphären unseres Planeten jedoch nicht in dieser Weise zusammen. Obwohl die Technologie des Westens sicherlich in den Osten exportiert wurde und in den vergangenen Jahrzehnten viel Philosophie vom Osten in den Westen kam, sind die beiden Denkarten bis heute nicht übereinstimmend; sie existieren lediglich nebeneinander. Fruchtbare, kreative Zusammenarbeit ist mangels eines gemeinsamen Rahmens behindert, nämlich der Erkenntnis, dass beide Arten des Denkens von derselben Quelle erzeugt werden. Die Kosmologie des Weltenbaumes und der Kalender des alten Mittelamerikas können dabei helfen, einen solch ganzheitlichen Rahmen entstehen zu lassen. Das Denken moderner Menschen ist aus dem Gleichgewicht, weil es den ursprünglichen Westen ausgeschlossen hat.

Die physische Biologie der holografischen Resonanz

Wie werden diese Yin/Yang-Felder des globalen Gehirns erzeugt und was ist ihre Natur? Warum wird die Wirklichkeit im Osten und Westen unterschiedlich wahrgenommen und warum drückt sich Kreativität auf solch unterschiedliche Weise in den beiden Hemisphären des Planeten aus? Obgleich diese Yin/Yang-Felder nicht zu den allgemein anerkannten Feldern der Physik gehören, kann eine Diskussion über holografische

Resonanz in Begriffen der physikalischen Biologie wertvoll sein, um die Mechanik zu erfassen, nach der Informationen aus dem globalen Schöpfungsfeld im Denken der Menschen ausgedrückt werden.

Ein interessanter Schlüssel zur holografischen Resonanz ist die Tatsache, dass das menschliche Gehirn in einem entspannten oder meditativen Zustand Alpha-Wellen mit einer Frequenz von 7 bis 13 Hz (Schwingungen pro Sekunde) aufweist und dass der untere Wert nahe an der so genannten Schumann-Frequenz von 7,8 Hz liegt, die die Erde einhüllt. Die Schumann-Frequenz ist eine stehende elektrische Welle, erzeugt im ionosphärischen Raum zwischen der Erde und der Ionosphäre, der reich an elektrischen Entladungen aufgrund von Gewittern usw. ist. Die Schumann-Resonanz ist eine Konstante genau dieses Planeten und verändert sich nicht mit der Zeit, ausgenommen für eine unbedeutende Abweichung von ± 0,5 Hz aufgrund veränderter Sonnenaktivität (im Gegensatz zu den Gerüchten, die in der New-Age-Gemeinde ausgebrütet wurden, nämlich dass sie sich erhöhe). Der Grund für die Stabilität der Schumann-Frequenz ist, dass ihr Wert nur von zwei einfachen Zahlen abhängig ist: der Lichtgeschwindigkeit von 186.000 Meilen pro Sekunde (300.000 km/s) und dem Umfang der Erde von 24.450 Meilen (40.000 km). Daher hat sie einen Wert nahe bei 186.000 : 5.000 = 7,5 Schwingungen/s = 7,5 Hz.

Da der Umfang der Erdoberfläche unmittelbar von ihrem Radius abhängig ist ($r = 24.450 : 2\pi = 3.893$ Meilen), hat der untere Wert der Alpha-Frequenz beim Menschen wie auch bei anderen Säugetierhirnen dieselbe Frequenz wie ein elektrisches Feld, das von einer stehenden Welle erzeugt wird, die mit diesem Radius schwingt. Deshalb ist der menschliche Geist offenbar in einem entspannten Zustand, wenn er in Resonanz ist mit dem Feld an der Erdoberfläche, unabhängig davon, welche Bedeutung wir vielleicht der Hirn-Frequenz bei einem Gewitter, gemessen an der Schumann-Frequenz, geben. Dass diese Oberfläche der Ort ist, wo wir leben, ist vermutlich kein Zufall; und in diesem Sinn können wir den meditativen Alpha-Zustand als ein Mittel sehen, nach Hause zu kommen.

Wenn es nun natürlich eine einfache reziproke Proportionalität gibt zwischen dem Radius einer Sphäre und der Frequenz der stehenden elektromagnetischen Welle, die diese Sphäre einhüllt (siehe Abb. 3.15), wird es interessant, andere Sphären um die Erde zu untersuchen (siehe Abb. 3.16). Einige Sphären, in denen eine elektrische Spannung stehende elektrische Ströme hervorbringt, sind in der Tabelle unten mit den entsprechenden Frequenzen aufgelistet.

Spähre	Radius vom Erdmittelpunkt	Frequenz
Magnetopause/Plasmaschild	60.000 km	0,8 Hz
Äußerer Van-Allen-Gürtel	25.000 km	2 Hz
Innerer Van-Allen-Gürtel	12.000 km	4 Hz
Erdkruste/-mantel	6.370/6.360 km	7,5 Hz
Äußerer Kern	3.500 km	13,5 Hz
Innerer Kern	1.200 km	40 Hz

Abb. 3.15. Der Radius der Sphären, die die Erde umgeben, mit den entsprechenden Frequenzen der stehenden elektromagnetischen Wellen.

Was wir haben, ist eine Reihe von Sphären von sowohl geologischer als auch atmosphärischer Natur, die alle die Erde als gemeinsames Zentrum haben. Diese Sphären sind wahrscheinlich die bedeutendsten Bereiche zwischen den verschiedenen konzentrischen Segmenten, die die Erde ausmachen. In einer mehr esoterischen Sprache könnten sie vermutlich ätherische Körper genannt werden. Die Abb. 3.17 und 3.18 vergleichen die Wellenfrequenzen in diesen Bereichen mit dem, was über die verschiedenen Arten von elektromagnetischen Wellen des menschlichen Gehirns bekannt ist.

Die Übereinstimmung zwischen diesen üblichen Bereichen für die Frequenzen verschiedener Arten von Gehirnwellen und den Radien der Erdsphären ist bemerkenswert. Außerdem müssen wir diese Übereinstimmung nicht anhand obskurer Wissenschaftsjournale überprüfen.

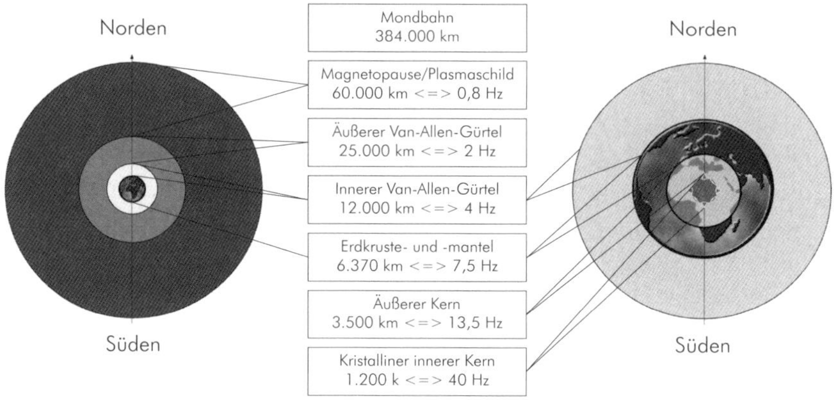

Abb. 3.16. Entfernungen verschiedener sphärischer Felder von der Erde mit ihren entsprechenden Frequenzen.

Es gehört zu dem einfachsten Grundwissen von Studenten der jeweiligen Fachrichtungen; und für einen Wissenschaftler, der an experimentelle Schwierigkeiten gewohnt ist, ist die Übereinstimmung verblüffend. Man ist geneigt, den Schluss zu ziehen, dass die verschiedenen mentalen Zustände des Menschen einfache Funktionen der Resonanzen mit den verschiedenen sphärischen Schichten sind, die die Erde umgeben. Wenn wir uns beispielsweise im Alpha-Zustand befinden, sind wir in Resonanz mit einem Bewusstseinsfeld des Erdmantels (der sich von der Erdkruste bis zum äußeren Kern erstreckt), und wenn wir uns im Tiefschlaf befinden, sind wir in Resonanz mit dem äußersten Resonanzkörper der Erde. Damit meine ich durchaus nicht, dass die Resonanz

Wellenart	Geistiger Zustand	Frequenz
Delta	Tiefschlaf	1–4 Hz
Theta	Leichter Schlaf; Dösen	4–7 Hz
Alpha	Entspannung; Meditation	8–13 Hz
Beta	Geistige Konzentration	13–40 Hz

Abb. 3.17. Die Hauptarten von Gehirnwellen mit ihren entsprechenden mentalen Zuständen und Frequenzen.

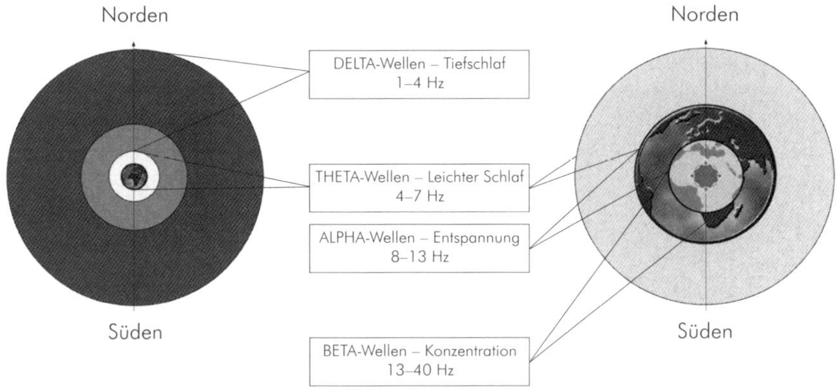

Abb. 3.18. Die physischen und nichtphysischen sphärischen Segmente entsprechen verschiedenen Zuständen mentalen Bewusstseins.

selbst elektromagnetischer Natur sei, sondern vielmehr dass, wenn wir in Resonanz sind oder uns in diese verschiedenen mentalen Erdfelder *einklinken*, elektromagnetische Ströme mit denselben Frequenzen in unserem Gehirn aktiviert werden.

Die Frequenzen der verschiedenen Gehirnwellen, die im Menschen entdeckt wurden, scheinen von den meisten Organismen geteilt zu werden, und so ist diese Feststellung vielleicht letztlich gar nicht so überraschend. Wenn diese Gehirnwellen ihren Ursprung nur in inneren Abläufen des Organismus ohne Bezug zu äußeren Feldern hätten, würde man eine erheblich größere Abweichung zwischen den Spezies bei der Frequenz von Gehirnwellen erwarten als das, was beobachtet wurde. Die bemerkenswerte Entsprechung von oben weist deshalb stark auf eine Beziehung zwischen verschiedenen geistigen Zuständen und verschiedenen Sphären der Erde hin. Eine solche Beziehung wäre ein Beweis dafür, dass menschliches Denken und geistige Tätigkeiten überhaupt nicht aus dem Innern des Individuums kommen, sondern aus dem Zusammenspiel mit Bewusstseinsfeldern der Erde und des Kosmos erwachsen.

Die Wissenschaft des Bewusstseins oder die geologische Psychologie

Der Schlafzustand, sei er tief oder leicht, Delta oder Theta, bedeutet, in Resonanz mit den geistigen Schichten der Atmosphäre zu sein, der Wachzustand aber in Resonanz mit der festen Erde zu sein. Aus dieser Sicht ist es nicht überraschend, dass wir im Schlaf tief hinaus in den Raum gehen, da es in diesen Schichten die am wenigsten geerdete und strukturierte Kontrolle unserer Gedanken oder Visionen gibt. In einem Traumzustand können Verbindungen hergestellt werden, die wir nicht immer durch Anwendung der Logik verstehen können. Wie bereits erwähnt, scheint es auch verständlich, dass der entspannte Alpha-Zustand der Biosphäre entspricht.

Vielleicht ist der interessanteste Aspekt dieser Beziehung jedoch, dass die Beta-Gehirnfrequenzen aus der holografischen Resonanz mit dem inneren Erdkern entstehen. Wie passt dies in die Perspektive, die vom Mayakalender, wie in diesem Buch dargestellt, vermittelt wird? Erstens beschrieben die alten Völker der Erde nicht nur einen Weltenbaum, sondern auch einen Weltenberg. Der Weltenbaum ist die polarisierende Achse, die senkrechte Ebenen (Zweige) auf die Oberfläche der Erde projiziert, doch er ist im Weltenberg im Zentrum der Erde verankert. Die planetarische Mittellinie ist nur die bedeutendste dieser Zweige des Weltenbaums und schafft die abwechselnden Yin/Yang-Polaritäten, die die Entwicklung des Bewusstseins antreiben. Obgleich der Weltenberg üblicherweise seltener als eine Metapher als der Weltenbaum verwendet wurde, heißt es, dass ihn die Pyramiden und viele Erdhügel symbolisieren sollten. Und wenn die Mayapyramiden die Unterwelten symbolisieren sollten, wird es vielleicht auch eine Verbindung zwischen diesen und dem Erdkern geben. Was würde es nützen, eine solche Verbindung zu erklären?

Es ist schwierig, diese Verbindung näher auszuführen, denn wir haben wenig Gewissheit über die Natur des inneren Kerns der Erde – den Weltenberg. Es wurde kürzlich geschätzt, dass er so heiß wie die Oberfläche der Sonne ist. Dieser extrem dichte Eisenkern, der womöglich mit anderen Elementen vermengt ist, steht unter einem Druck von über 10 Millionen Tonnen pro Quadratfuß (1 Million Tonnen pro Quadratmeter). Wissenschaftler von Harvard haben eine Anisotropie (Unregelmäßigkeit) in seiner Form entdeckt, was bedeutet, dass dieser Kern keine vollkommene Kugel ist, aber mindestens eine symmetrische Linie vorweist. Die Forscher sind zu dem Schluss gekommen, dass der enorme Druck, der auf dem Eisen im Erdzentrum lastet (man stelle sich das Gewicht einer Million Autos über einem vor), ihm eine kristalline Struktur verliehen hat.

Obgleich wir die genaue Natur dieser kristallinen Struktur nicht kennen, ist die Tatsache bedeutend, dass sie existiert. Anhand dessen, dass die Alten, mit ihrer oft hoch entwickelten Intuition, Pyramiden als Symbole des Weltenberges bauten (und möglicherweise, um erhöhte Resonanz mit ihm herzustellen), können wir spekulieren, dass er acht Flächen hat. Durch Projektion nach außen könnte eine solche Struktur mit rechten Winkeln die planetarische Mittellinie und die entsprechenden Yin/Yang-Felder des globalen Gehirns erschaffen, auf denen ein Großteil der Besprechung dieses Buches aufgebaut ist. Eher als an einen wirklichen Oktaeder denke ich jedoch an eine pseudo-achtflächige Struktur, eher wie eine Mischung aus Pyramide und Stupa (die auch ein Symbol für den Weltenberg mit einer Weltachse an ihrer Spitze ist), was eine mehrseitige Oberfläche ergibt. Dies kann auch der Grund sein, dass die alten Mittelamerikaner die größeren Schöpfungszyklen als „Unterwelten" bezeichneten, wie wir später besprechen werden. Diese Unterwelten, worauf die terrassenartigen pyramidalen Modelle des Weltenberges hinzuweisen scheinen, entspringen womöglich der kristallinen Struktur des inneren Erdkerns, wo verschiedene Schichten entsprechend dem vorhandenen Muster des Mayakalenders aktiviert werden. Könnten die Neun Unterwelten den neun nacheinander aktivierten Schichten aus Eisenkristallen im inneren Erdkern entsprechen?

Die Yin/Yang-Polaritäten der Schöpfung würden dann an den verschiedenen Seiten dieser grundsätzlich achtflächigen Struktur entstehen und nach außen strahlen, um die Menschen auf der Kruste zu erreichen und zu beeinflussen. Durch die zugrunde liegende synchrone Ordnung des Äthers würde dieser kristalline Kern Informationen über Polaritätsbewegungen vom galaktischen Kern empfangen, der sie seinerseits von einer hypothetischen, universellen Zentralsonne jenseits des Horizonts der Zeit in unserem sichtbaren Universum empfangen würde. Obgleich Veränderungen in Ying/Yang-Feldern überall im Universum synchron auftreten würden, würde der innere Erdkern dazu dienen, sie zu verankern und auszustrahlen.

Ich spekuliere hier völlig frei. Alles, was wir mit Sicherheit wissen, ist, dass der innere Eisenkern der Erde kristallin ist und dass er eine symmetrische Linie vorweist. Doch wenn er eine solche Linie hat, warum dann nicht viele? Der kristalline Zustand weist auf symmetrische Linien hin. Bei dem ungeheuren Druck und der ungeheuren Temperatur des inneren Erdkerns zeigt die Materie vermutlich Eigenschaften, die unserer täglichen Erfahrung auf der Erdkruste völlig unbekannt sind.

In diesem Zusammenhang ist es auch von Interesse, dass laut Rutengängern die Oberfläche der Erde von Gittern mit geraden Linien überzogen ist – Curry- und Hartmann-Gitter genannt –, die mit den allgemeinen physikalischen Feldern des Elektromagnetismus und der Gravitation nicht in Verbindung stehen. Da die einzigen Objekte in der Natur, die gerade Linien aufweisen, Kristalle sind, ist es nicht unvernünftig, zu spekulieren, dass diese Gitternetze Projektionen eines Bewusstseinsgitters des inneren Kristallkerns der Erde sind. Wer mit den Energien solcher Gitternetze und deren Kreuzungen vertraut ist, mit männlichen und weiblichen Heilungspunkten usw., kann ihren starken Einfluss auf das Bewusstsein bestätigen.

Wenn wir nun akzeptieren, dass das menschliche Gehirn ein Mikrokosmos des globalen Gehirns ist, wäre es nur logisch, dass die Gehirne von Menschen ebenfalls von einem mikroskopischen Gitternetz bedeckt sind. Dieses Gitternetz würde unser Bewusstsein schaffen, das wir letztlich der Erde und dem Kosmos zu verdanken haben. Im Beta-, also Wachzustand, wären unsere Gehirne in Resonanz mit dem inneren

Erdkern. Beta-Wellen bei 40 Hz sind, gemäß den Experten auf diesem Gebiet, eng mit der Wahrnehmung und dem Bewusstsein verbunden. Es kann kaum ein Zufall sein, dass die am höchsten strukturierten und zielgerichteten Tätigkeiten des menschlichen Gehirns im Beta-Bereich in Resonanz mit dem inneren Kristallkern der Erde sein sollen, der der am meisten strukturierte Teil der Erde ist. Das Denken auf der Beta-Ebene ist am meisten logisch, strukturiert und folgernd. (Man beachte, dass wir manchmal den Begriff *kristallklar* verwenden, um logische Argumente zu beschreiben!) Der Gedanke, dass Menschen Informationen von der Erde bekommen, verliert nun viel von seinem Mystizismus. Wie wäre es möglich, die Erde nicht zu channeln? Wir alle tun es. Die Kreativität einer Person hängt womöglich nur von seiner oder ihrer Fähigkeit ab, in Resonanz mit verschiedenen Erdsphären zur passenden Zeit zu sein.

Die Folgen dieser Überlegungen würden sicher ein neues Buch füllen, und ich will hier nur andeuten, wie das Bewusstseinsgitter die verschiedenen Mentalitäten von Ost und West erklären kann. Richard Nisbett hat in *The Geography of Thought* (Die Geografie des Denkens, Anm. des Übers.) gezeigt, dass die Unterschiede im Denken zwischen Menschen des Ostens und Menschen des Westens nicht nur auf abweichenden Philosophien basieren, sondern auf Unterschieden in ihrer ganzen Psychologie und Wahrnehmung der Welt. Wo Menschen aus dem Westen Gegenstände mit Eigenschaften sehen (Bäume), sehen Menschen aus dem Osten größere Zusammenhänge und Beziehungen (Wälder). Könnte die atomisierende westliche Denkweise, die hinter dem Aufkommen der Naturwissenschaft stand, als der Dreizehnte Himmel im Jahr 1617 seine Herrschaft begann, eine Funktion des Bewusstseinsgitters sein, das aktiviert wurde, als das Licht begann, auf die westliche Hemisphäre in der Ying/Yang-Dualität dieses Himmels zu scheinen? Könnte die Erfindung der Algebra mit dem neuen Gitter in Verbindung gestanden haben, wie auch die viel genauere Zeiteinteilung durch die Pendeluhr? Wäre es einfacher, Dinge zeitlich zu ordnen und eine folgernde Logik anzuwenden, wenn das eigene Gehirn ein genaueres eingebautes Zeitgitter hätte? Könnte die Erfindung des phonetischen Alphabets im Westen, das Klänge in der Zeit linear teilt, eine Funktion eines kraftvolleren inneren Gitters sein, das während ungeraden Himmeln klarer wird? Ist es ein Zufall, dass frühe europäische Barockgemälde aus der Zeit etwa zu Beginn des Dreizehnten Himmels die naturgetreusten sind, die jemals angefertigt wurden, oder steht es in Verbindung mit der Genauigkeit eines inneren Gitters, das die menschliche Wahrnehmung bestimmt? Wenn der Kristallkern der Erde ein resonantes Bewusstseinsgitter erzeugt, würde dies eine große Anzahl von Phänomenen erklären, die mit den Unterschieden zwischen Gehirnhälften und globalen Hemisphären in Verbindung stehen.

Wenn starke geistige Tätigkeit durch die Resonanz mit dem inneren Erdkern entsteht, wirft dies womöglich auch ein neues Licht auf die gestiegene Sensibilität gegenüber der Elektrizität in den vergangenen zehn Jahren. Während unsere Zivilisation zunehmend elektrifiziert wurde, ist es möglich, dass sich die weitverbreitete Nutzung von Wechselstrom (50 Hz in Europa und 60 Hz in den Vereinigten Staaten) zunehmend störend auf die natürliche Resonanz der Menschen mit dem Erdkern, dem Weltenberg, auswirkt. (Es gibt auch eine Reihe von Gehirnströmen, so genannte Gamma-Wellen im Bereich von 30 bis 90 Hz, die sogar noch mehr gestört sein können.) Beim gegenwärtigen Erwachen können diese Wechselströme in manchen Menschen im Konflikt mit ihrer Bewusstseinsentwicklung stehen, was zu unangenehmen geistigen Zuständen führen kann, die auch körperliche Symptome erzeugen.

Die hier beschriebene Beziehung zwischen Gehirnfrequenzen und verschiedenen Segmenten der Erde hat vermutlich Folgen für die Meditation, denn Erleuchtung oder Erwachen ist eine Sache der Frequenzerhöhung des Geistes. Das dramatisch gestiegene Interesse an Kristallen in den vergangenen zwei Jahrzehnten steht wahrscheinlich auch mit dieser Beziehung in Verbindung. Heute, da wir uns der Universalen Unterwelt nähern (mehr darüber in Kapitel 9), laufen Erhöhungen unserer Frequenz und Erwachen unseres Geistes durch Resonanz mit dem inneren Erdkern auf den Weg zur Erleuchtung hinaus. Die Steigerung unserer Frequenzen bedeutet auch, tiefer mit Mutter Erde in Resonanz zu stehen – mit ihrem ganzen Kern in Resonanz zu stehen. Wenn es bei der Bewusstseinsentwicklung um die Resonanz mit dem inneren Erdkern geht, dürfte es klar sein, dass astronomischen Kalendern die prophetische Relevanz fehlt.

4

●●●●

Gott und die historischen Religionen

Das größte Rätsel

Existiert Gott, eine universelle Intelligenz hinter allen Dingen? Dies ist eine der am häufigsten gestellten wesentlichen Fragen, und die Antwort hat mit Sicherheit sehr beträchtliche Folgen, wenn es um den Sinn des Lebens geht und das, was wir daraus machen. Kann der Mayakalender uns helfen, die Antwort zu finden? Wenn wir die Beschreibung der Mayareligion durch Archäologen und Anthropologen als eine polytheistische annehmen, wäre dies unwahrscheinlich. Ich betrachte jedoch die verschiedenartigen Gottheiten, die in den mittelamerikanischen Schöpfungsgeschichten vorkommen, als verschiedene Manifestationen der Einen Intelligenz. Obgleich die Alten nicht hier sind, um sie zu fragen, ist es weise, für die Möglichkeit offen zu sein, dass zumindest einige von ihnen eine solche Anschauung hatten.

Ein Großteil der Diskussion um die Existenz Gottes wird übrigens von der Tatsache gefärbt, dass diese universelle Intelligenz des Kosmos für gewöhnlich mit der Darstellung Gottes in Verbindung gebracht wurde, die von einer bestimmten historischen Religion und ihren heiligen Schriften angeboten wird. In der westlichen Welt wird Gott beispielsweise durch den christlichen Filter gesehen und mit den genauen Formen der Verehrung verknüpft, die von dieser Tradition vorgeschrieben werden. Besonders mit dem Dreizehnten Himmel ist diese Gottesanschauung sehr abstrakt geworden und die Hingabe an den lebendigen Kosmos und verschiedenartige geistige Kräfte wurde als Götzendienst oder Polytheismus verurteilt.

Mit unserem Wissen über den Mayakalender können wir jetzt jedoch feststellen, dass das Bewusstseinsgitter, durch das wir die göttliche Wirklichkeit erleben, einer Entwicklung unterliegt. „Gott" wird in einer Zeit, die die linke Gehirnhälfte begünstigt, anders wahrgenommen als in einer Zeit, die sie nicht begünstigt. Der Weltenbaum hat den kraftvollsten und entscheidendsten Einfluss auf die Entwicklung der Religionen ausgeübt, oder zumindest den einleitenden Impuls erzeugt, der ihr Wachstum angetrieben hat. Jede historische Religion verleiht uns nur eine bestimmte Anschauung, gesehen durch einen bestimmten Rahmen des Bewusstseins, der von dem bestimmten Himmel erzeugt wurde, der herrschte, als diese entstand. Deshalb ist es sinnvoll, die Natur Gottes von der allgemeinen Perspektive des Mayakalenders aus zu erforschen, der die Natur der Filter in der menschlichen Wahrnehmung des Göttlichen hervorhebt.

Indem wir untersuchen, wie die Wellenbewegung des menschlichen Bewusstseins die menschliche Religiosität und später ihre Abwesenheit beeinflusst hat, können wir etwas über das größte Rätsel, die Existenz Gottes, von dem Mayakalender lernen. Wir müssen anerkennen, wo Menschen in Beziehung mit dem Unsichtbaren Kreuz gelebt haben, wurde ihre Wahrnehmung der göttlichen Wirklichkeit davon tief beeinflusst. Deswegen gibt es klare Unterschiede zwischen den traditionellen Religionen, die ihren Ursprung im Osten haben, und denen, die im Westen – und dazwischen – entstanden sind.

Die chaldäisch-jüdisch-christliche Tradition

Unsere Untersuchung darüber, wie die Dreizehn Himmel die Entwicklung der Religionen beeinflusst haben, beginnt mit der Tradition, die die größte Anzahl von bekennenden Anhängern angezogen hat. Das ist die so genannte chaldäisch-jüdisch-christliche Tradition (Chaldea ist der biblische Name für Sumer), die im Laufe des Dreizehnten Himmels nicht nur die ganze westliche Hemisphäre beherrschte, sondern auch andere Teile der Welt. Diese Tradition wurde von einer Reihe von Impulsen vorangetrieben, die jeweils ihren besonderen Ausdruck entwickelt haben. Indem wir die historische Entwicklung dieser Tradition verfolgen, die der Entwicklung der Schrift entspricht, konzentrieren wir uns wieder auf die ungeraden Himmel, weil diese es sind, die deutlich von einer kreativen Ying/Yang-Polarität beeinflusst wurden. In Abb. 4.1. wurde dieser Tradition die Mitte zugewiesen, etwa bei der Ost-West-Mittellinie durch Europa, obgleich ihr Ursprung etwas weiter östlich davon zu finden ist.

Es ist schwierig, etwas mit Bestimmtheit darüber zu sagen, welche religiösen Überzeugungen die Menschen vor Beginn des Großen Zyklus hatten, denn es gibt keine historischen Berichte über diese Zeit. Wir wissen jedoch, dass die Vorstellung eines allmächtigen Schöpfergottes erst während des Ersten Himmels des Großen Zyklus auftauchte. Bereits in dieser frühen Zeit scheinen die Sumerer einen allmächtigen Gott im Himmel verehrt zu haben, der unter dem Namen An bekannt war. Im alten Sumer teilte dieser Schöpfergott seinen Platz jedoch mit einer Fülle von Ernte-, Haus- und Städtegöttern, wie auch mit vielen anderen.

Von den biblischen Patriarchen, die im Dritten Himmel den Glauben an diesen Schöpfergott von Chaldea nach Kanaan brachten, erfahren wir, dass das ausgedehnte Pantheon der Sumerer bereits viel von seiner vorhergehenden Rolle verloren hatte. Und doch geschah es erst durch Moses (in Resonanz mit Himmel Fünf) und die Zehn Gebote, die Moses als eine Botschaft Gottes den Juden brachte, dass ein konsequenter monotheistischer Glaube auftauchte. Das erste dieser Zehn Gebote ist: „Du sollst keine anderen Götter haben neben mir.“ Obgleich dieses Gebot einen reinen monotheistischen Glauben ausdrückt, war es begrenzt, weil es nur an das jüdische Volk gerichtet zu sein schien. Gott wurde daraufhin als der Gott der Juden gesehen, und zu dieser Zeit

Himmelszahl Wachstumszustand Zeitspanne	Westen/ Amerika	Zentrum/Europa	Osten/Asien
Himmel 1 **Säen** 3115–2721 v. Chr.		An der Sumerer	
Himmel 2 2721–2326 v. Chr.			
Himmel 3 **Keimen** 2626–1932 v. Chr.		Abrahams Gang nach Kanaan (2300 v. Chr.)	
Himmel 4 1932–1538 v. Chr.			
Himmel 5 **Sprießen** 1538–1144 v. Chr		Moses (1480 v. Chr.)	Traditionelles Chinesisch (Shang); Vedische Tradition
Himmel 6 1144–749 v. Chr.			
Himmel 7 **Wachstum** 749–355 v. Chr.	Tzolkin der Zapoteken (ca. 550 v. Chr.)	Jesaja (748 v. Chr.); Zarathustra (ca. 550); Deutero-Jesaja (ca. 550); Pythagoras (ca. 550)	Laotse; Buddha (552 v. Chr.); Wiedergeburt in Indien; Konfuzius (551 v. Chr.)
Himmel 8 355–40 n. Chr.			
Himmel 9 **Knospen** 40–434 n. Chr.	Quetzalcoatl in Teotihuacán	Jesus/Paulus (33–37 n. Chr.); Christentum Talmudisches Judentum	Buddhismus in China (60 n. Chr.)
Himmel 10 434–829			Islam (632 n. Chr.)
Himmel 11 **Blüte** 829–1223 n. Chr.	2. Quetzalcoatl in Chichén Itzá und Tula	Ausbreitung des Christentums in Nord- u. Osteuropa; Kreuzzüge; Höhepunkt der päpstlichen Macht	
Himmel 12 1223–1617 n. Chr.			2. Welle des Islam
Himmel 13 **Frucht** 1617–2011 n. Chr.		Ausbreitung des Christentums; Pilgrimsväter (1620)	

Abb. 4.1. Die Entwicklung der historischen Religionen, besonders in den ungeraden Himmeln des Großen Zyklus (siehe auch Abb. 4.6, Seite 92)

gab es unter den Juden kaum eine Sorge darüber, ob andere Menschen an ihn glaubten. Das *Du* im Ersten Gebot bezieht sich deshalb auf die Juden, die als von Gott auserwähltes Volk gesehen wurden.

Die Vorstellung von Gott als einem ausschließlichen Gott der Juden änderte sich nicht bis zum Beginn des Siebenten Himmels. Von da an begannen die großen jüdischen Propheten – Jesaja, Amos und Hosea – zu lehren; der Prophet Jesaja wurde genau im ersten Jahr (748 v. Chr.) dieses Baktuns zu seiner Mission berufen. Jesaja, der in der jüdischen Tradition als wichtigster der Propheten nach Moses betrachtet wird und eine ähnliche Rolle in der christlichen Tradition spielt, lehrte, dass Gott einfallende Völker wie die Ägypter und die Assyrer benutzte, um die Juden für ihr gottloses Verhalten zu bestrafen. So kam es dazu, dass der Gott der Juden als einer gesehen wurde, der auch über andere Menschen herrscht und sogar den Lauf der Weltgeschichte bestimmt. Im zweiten Teil des Buches von Jesaja – von dem angenommen wird, es sei von einem anderen Propheten geschrieben worden, der für gewöhnlich als Deutero-Jesaja (der zweite Jesaja) bezeichnet wird – war dieser Denkwandel gänzlich entwickelt. Deutero-Jesaja lebte um 550 v. Chr., genau im Mittelpunkt des Siebenten Himmels. Er lehrte, dass die Juden in den Augen Gottes zwar etwas Besonderes sind, er aber trotzdem der Gott aller Menschen sei.

Diese Einsicht – dass es nur einen Gott gibt, den Gott der ganzen Menschheit – ist vielleicht die grundlegendste religiöse Einsicht des Großen Zyklus, der ganze Kern des geistigen Verstehens, das er mit sich bringt. Obgleich die chaldäisch-jüdisch-christliche Tradition weiterhin einem Wandel unterzogen war, als der Große Zyklus durch seine späteren Himmel fortschritt, blieb dies ihre grundlegendste Wahrheit. Und wir sollten beachten, dass dieser Glaube an einen allgemeinen Gott erstmals am Mittelpunkt des Siebenten Himmels zum Ausdruck kam, der auch der Mittelpunkt des gesamten Großen Zyklus der Maya ist.

Lasst uns daran erinnern (siehe Abb. 2.2, Seite 21), dass der Siebente Himmel eher von einem Schmetterling als von einem Vogel dargestellt wurde. Dieses Symbol für Verwandlung und Umformung ist besonders geeignet auf dieser Stufe am Höhepunkt der siebenstöckigen Pyramide. Im Siebenten Himmel begann dieser neue Rahmen des Bewusstseins wirklich zu herrschen, und auf dieser Stufe verwandelte sich die vorhergehende Anschauung eines verzauberten Kosmos mit einer Vielzahl von Geistern und Gottheiten in einen Glauben an einen Allgemeinen Gott. Im vorhergehenden Kapitel haben wir auch gesehen, dass im Siebenten Himmel die kreative Spannung des Weltenbaumes begann, sich auf klar erkennbare Weise zu manifestieren und dabei Winde erzeugte, die Glaubensüberzeugungen über den ganzen Planeten verbreiten sollten.

Was in der Entwicklung der chaldäisch-jüdisch-christlichen Tradition zu Beginn des Neunten Himmels geschah, scheint auch ziemlich klar zu sein. Das Christentum spaltete sich vom Judentum ab (die Dualität, die vom Weltenbaum geschaffen wird, führt oft zu Trennungen). So wird angenommen, dass Jesus während der Jahre 30-33 n. Chr. gelehrt hat und in dem letzten dieser Jahre gekreuzigt wurde. Paulus, der auf vielerlei Art der Gründer und Organisator der christlichen Religion wurde, konvertierte im Jahr 37 n. Chr. Er ging auf seine ersten Missionsreisen um das Jahr 40 n. Chr. Der entscheidende Bruch zwischen Christentum und Judentum scheint beim Apostelkonzil in Jerusalem im Jahr 49 n. Chr. stattgefunden zu haben, nur wenige Jahre in den Neunten Himmel hinein. Dort entschieden die Apostel, dass Nicht-Juden, die sich nicht in allen Einzelheiten an das Gesetz Moses‘ hielten, Teil der christlichen Gemeinde sein durften. Dieser Schritt führte zu einem endgültigen Bruch mit dem Judentum, einer Religion, in der das mosaische Gesetz eine herausragende Rolle spielte, und von da an begann das Christentum sich als eine eigene Religion zu verbreiten.

Unterschiede zwischen dem christlichen und dem jüdischen Glauben trugen ebenfalls zu dem Bruch bei. Die Christen, die in der Mentalität eines neuen Himmels antraten, betonten Vergebung im Gegensatz zu den alten Ideen von „Aug‘ um Auge“. Jesus Christus lehrte auch ein Ende aller Formen von Opfern. Weiter würde es in der christlichen Anschauung am Ende der Zeit ein Königreich Gottes geben, in dem

Menschen ein ewiges Leben hätten, und in dieses Königreich würden die Seelen der Menschen gehen. Die Vorstellung, dass das Leben auf Erden einen Zweck und die Geschichte ein Ziel hat, ist zuvor noch nirgends so klar dargelegt worden wie im Neuen Testament.

Andererseits wurde die chaldäisch-jüdisch-christliche Tradition nicht nur in der Theorie allgemein, sondern auch in der Praxis als das Ergebnis der starken Winde, die vom Neunten Himmel erzeugt wurden. Jesus sagte: „Gehet also hin und lehret alle Völker!" Das Christentum wurde zu einer proselytischen Religion (Proselyten waren zum Judentum übergetretene Nicht-Juden, Anm. des Übers.), die danach trachtete, von der ganzen Welt umarmt zu werden. Als einen Schritt in diese Richtung wurde in Rom eine Pfarrei auf der planetarischen Mittellinie bereits im vierten Jahrzehnt n. Chr. gegründet, und später sollte dort die Institution des Papsttums entstehen. Den ganzen neuen Himmel über sollten die Anhängerschaft des christlichen Glaubens und die politische Macht ihrer Kirche weiter wachsen. Gegen Ende dieses Himmels wurde das Christentum zur Staatsreligion des Römischen Reiches, und in gewisser Weise könnte der Neunte Himmel als ein Durchbruch in ein neues Licht gesehen werden.

Während des Zehnten Himmels, dem dunklen Mittelalter unter der Herrschaft von Tezcatlipoca, wurde die führende Rolle des Papsttums jedoch von der irischen und byzantinischen Kirche und vor allem vom Islam herausgefordert. Als dieser Himmel zu Ende ging, erstarkte die Bedeutung des Papsttums wieder, angesiedelt unter der Mittellinie des Kreuzes, und ergriff die Initiative bei der Wiederherstellung des Heiligen Römischen Reiches. Im Laufe des Elften Himmels (829-1223 n. Chr.), wurden viele Völker in Nord- und Osteuropa zum christlichen Glauben bekehrt.

Schließlich führte, wie bereits erwähnt, am Beginn des Dreizehnten Himmels der Dreißigjährige Krieg zur Einrichtung des protestantischen Glaubens (als ein Ergebnis des Westfälischen Friedens von 1648, der festsetzte, dass jedes Volk souverän ist und seinen eigenen Glauben wählen darf). Zu dieser Zeit wurde der Protestantismus auch von den

Pilgrims in Nordamerika eingeführt. Während des Dreizehnten Himmels wurde die Bekehrung zum christlichen Glauben aller Americas abgeschlossen, und das Christentum verbreitete sich durch den Kolonialismus und die Missionen auch in anderen Teilen der Welt, bemerkenswerterweise sogar in Afrika, Sibirien und Ozeanien.

Das Christentum im Zusammenhang

Das Christentum vergrößerte die Schar seiner Gläubigen und seine institutionelle Macht besonders während der ungeraden Himmel Neun, Elf und Dreizehn des Großen Zyklus, genau die Himmel, die, wie wir vorher herausgefunden haben, vom Weltenbaum beherrscht wurden, dem Unsichtbaren Kreuz in den Himmeln (siehe Abb. 3.11a, Seite 52). So kam es nicht überraschend, dass in den späteren Himmeln des Großen Zyklus, das Papsttum in Rom, Calvin in Genf und Luther in Worms (alle liegen unter der Mittellinie) die einflussreichsten Lehren des christlichen Glaubens formulierten. Aufgrund der kreativen Spannung, die vom Unsichtbaren Kreuz verursacht wurde, wurden diese Lehren erst entlang einer seiner Arme ins Leben gerufen und haben sich seitdem von dort aus verbreitet. Deshalb war es nicht wirklich die christliche Kirche, die das Kreuz verbreitet hat, sondern das Unsichtbare Kreuz verbreitete die christliche Kirche. Oder vielleicht wäre es genauer zu sagen, dass die christliche Kirche imstande war, auf den Wellen zu reiten, die vom Weltenbaum erzeugt wurden.

Diese Entwicklung der chaldäisch-jüdisch-christlichen Tradition bringt mindestens drei Tendenzen klar zum Ausdruck.

Erstens ist es ein Fortschreiten von polytheistischen zu monotheistischen Glaubenssystemen. Während im alten Sumer am Beginn des Großen Zyklus der Schöpfergott seinen Platz mit vielen weiteren Gottheiten teilte, hat sich die Rolle letzterer mit jedem ungeraden Himmel fortschreitend verringert.

Zweitens hat sich im Großen Zyklus zunehmend ein Glaube an einen Gott entwickelt, der allgemein ist – der Gott aller Menschen. Als der Zyklus begann, hatte jedes Volk seine eigenen Götter und besondere Arten, sie zu verehren, doch allmählich entwickelten sich Religionen, die danach strebten, die ganze Menschheit ungeachtet der Nationalität einzubeziehen.

Drittens hat es eine zunehmende Tendenz gegeben, einen transzendenten Gott zu verehren. Am Beginn des Zyklus verehrten die Menschen viele Arten von Göttern, die den physischen Phänomenen Leben verleihen sollten – Stadtgötter, Erntegötter, Hausgötter usw. –, doch gegen Ende des Zyklus herrschte die Anschauung Gottes als einem alle physischen Manifestationen der Schöpfung transzendierenden Wesen vor.

Die Unterschiede zwischen dem katholischen und dem protestantischen Glauben liegen am deutlichsten in dieser Beziehung zur physischen Welt. Der Protestantismus, der erst gefestigt war, als der Dreizehnte Himmel seine Herrschaft begann, hat Reliquien von Heiligen oder andere physische Manifestationen der Schöpfung als heilige Objekte der Verehrung nicht im gleichen Maße gehabt wie der Katholizismus. Vielmehr hat er die unmittelbare Beziehung zwischen dem Individuum und einem Gott im Jenseits betont.

Um diese Entwicklung zusammenzufassen: der Dreizehnte Himmel schuf eine zunehmend monotheistische, allgemeine und transzendente Gottesanschauung. In der chaldäisch-jüdisch-christlichen Tradition wie auch bei der Entwicklung der Schrift sind es die ungeraden Himmel des Großen Zyklus, die Puls für Puls mehr und mehr ausgeprägte Ausdrücke des anfänglichen Samens geschaffen haben.

Diese sieben Pulse der Dualität haben mehr bewirkt, als einen monotheistischen Glauben an einen Gott im Jenseits zu begünstigen. In gewissem Sinne ist der Protestantismus auch ein Ausdruck der Vollendung eines Prozesses, der die Menschheit von Gott trennte und das Erleben eines lebendigen Kosmos verschwinden ließ. Das Gefühl für spirituelle Energien verschwand, und auf der Bewusstseinsebene vervollständigte der Dreizehnte Himmel die Vertreibung der Menschen aus dem Garten Eden. Und so musste ein Preis gezahlt werden für das abstrakte Wissen der linken Gehirnhälfte vom Einen Gott: die Erfahrung des Getrennt-Seins vom Göttlichen.

In der jüdisch-christlichen Tradition war diese pulsartige Entwicklung der Trennung der Menschen vom lebendigen Kosmos im ganzen Großen Zyklus die Folge eines Konflikts zwischen den Menschen und einem gefürchteten Gott, der oft als strafend wahrgenommen wurde. Da sich die Menschen im herrschenden Schöpfungsfeld (siehe Abb. 3.11a, Seite 52) mit nur einer Hälfte ihres Bewusstseins als unvollständig erlebten, konnten sie leicht zu einem Denken hin manipuliert werden, dass irgendetwas falsch mit ihnen sei. Daher kommt die Vorstellung von der „Erbsünde", die förmlich von Augustinus um 420 n. Chr. eingeführt wurde, als Tezcatlipoca, der Herr der Dunkelheit, seine Herrschaft aufnahm.

Früh in dem Zyklus brachten Menschen Opfer dar, um Gott zu besänftigen oder den Bruch mit ihm zu heilen. Später entwickelte die christliche Theologie einen neuen Weg für die Versöhnung der Menschheit mit Gott, indem sie darauf hindeutete, dass Gott seinen einzigen Sohn in der Absicht einer solchen Versöhnung geopfert habe. Wenn wir in Betracht ziehen, dass das Kreuz Jesu auf Golgatha der Legende nach aus dem Baum des Lebens im Garten Eden (dem Weltenbaum) angefertigt wurde, wird es möglich, diesen grundlegenden Gedanken des Christentums zu verstehen. Die ungeheure Anziehung, die das Christentum hatte, kam vielleicht daher, dass Gott durch sein Opfer zu sagen schien: „Ich bedauere die Dualität, die ich für euch durch den Weltenbaum geschaffen habe; doch wenn ihr an mich glaubt und wie mein einziger Sohn zu werden sucht, dann wird es schließlich einen Weg zum ewigen Leben jenseits dieser Dualität geben." In dieser Interpretation ist es sinnvoll, dass Jesus, wie im Neuen Testament angedeutet wird, zur Kreuzigung bestimmt war, um so das Elend der Menschheit, das vom Weltenbaum verursacht worden war, symbolisch zu teilen, aber auch ihre Dualität zu überbrücken. Durch die Auferstehung wurde ein

Weg zum ewigen Leben offenbart, das von einem zeitlosen kosmischen Bewusstsein herbeigeführt wird.

Der Grund, dass die Mythen über einen Sündenfall allgemein in der Menschheit sind, ist, dass die Menschen überall von der Dualität betroffen waren, die während des Großen Zyklus geherrscht hat. Das Erleben des Abgespaltet-Seins führte zu dem Gedanken, dass mit den Menschen oder mit Gott etwas falsch war, was durch die Geschichte eines Sündenfalls erklärt wurde, der sich in einer früheren Phase der Schöpfung ereignet hatte. Die Religionen haben sich so als eine Reaktion auf das Bedürfnis entwickelt, mit der Polarität umzugehen, die vom Weltenbaum geschaffen wurde. In verschiedenem Maße wurden alle Religionen von der Trennung beeinflusst, die er verursacht hat. In Mittelamerika beispielsweise führte das Bedürfnis, die Götter zu besänftigen, zu Menschenopfern.

Doch wir sollten beachten, dass das bloße Bedürfnis nach Religion (lateinisch: *re* + *ligare* = rückbinden) nur in Zivilisationen auftaucht, in denen der unmittelbare geistige Kontakt mit dem Göttlichen bereits teilweise verlorengegangen ist. Religionen entwickeln Rituale, um den Menschen zu helfen, den verlorenen Kontakt mit ihrer göttlichen Quelle wieder zu entfachen. Solche Rituale sind indessen am besten zum Verschleiern. In den Zeiträumen, in denen das globale Bewusstseinsfeld einen unmittelbaren Kontakt verhindert hat, neigen die Religionen dazu, ihre ursprüngliche Bedeutung zu verlieren.

Gottes Schöpfungsgleichung

Im vorhergehenden Kapitel haben wir gesehen, dass die Entwicklung des menschlichen Bewusstseins und die Geschichte wirklich eine Wellenbewegung sind und dass diese Bewegung von dem Weltenbaum erzeugt wird. Wir haben nun auch gesehen, dass Propheten besonders am Beginn von ungeraden Himmeln dazu inspiriert waren, mit bedeutsamen neuen Lehren über die Natur Gottes und den Zweck der Schöpfung voranzuschreiten. Diese Übereinstimmungen zwischen der Erleuchtung von Propheten und dem Beginn von ungeraden Himmeln sind insbesondere bei Moses, Jesaja und Jesus/Paulus jeweils zu Beginn des Fünften, Siebenten und Neunten Himmels erkennbar. Warum wurden die bedeutendsten Schritte in der Entwicklung der chaldäisch-jüdisch-christlichen Tradition am Beginn der ungeraden Himmel unternommen?

Ein Teil dieser Erklärung wird von der Schöpfungsgeschichte der Maya gegeben, die sagte, dass als der Weltenbaum spross, das Licht hereinkam. In allen ungeraden Himmeln (siehe Abb. 3.11a, Seite 52) gibt es einen Yang-Aspekt. Im Großen Zyklus gibt es deshalb sieben Himmel, in denen göttliches Licht Propheten und ihren Anhängern erlaubt, die göttliche Wirklichkeit in einer neuen Weise zu sehen, und sechs dazwischenliegende Zeiträume der Dunkelheit (siehe Abb. 3.11b, Seite 52), in denen das Unsichtbare Kreuz nicht offenbar ist.

Die Folgerung ist natürlich: Die sieben ungeraden Himmel und die sechs geraden Himmel der Maya sind nichts anderes als die jeweils sieben Tage und sechs Nächte von Gottes Schöpfung. Diese werden im Ersten Buch Moses beschrieben und werden auch symbolisch vom siebenarmigen Kerzenleuchter, der jüdischen Menora dargestellt (Abb. 4.2).

Abb. 4.2. Die jüdische Menora (siebenarmiger Kerzenleuchter) ist ein bekanntes Symbol für die Schöpfung Gottes, die in sieben Tagen und sechs Nächten vollendet wurde.

Das Wellenmuster des Großen Zyklus kann als eine sehr einfache Gleichung formuliert werden:

sieben Tage + sechs Nächte = Dreizehn Himmel

Diese Gleichung ist die „Lösung“ für den Mayakalender, eine Lösung, die den Schlüssel zu seiner Entmystifizierung liefert und es ermöglicht, dass seine mathematische Sprache von anderen Traditionen oder Linien des menschlichen Denkens verstanden wird, als von seiner eigenen. Dass es eine solche Lösung gibt, sollte nicht besonders überraschend sein. Wenn die Bewohner der westlichen und der östlichen Hemisphäre schließlich eins und alle Teil derselben Schöpfung sind, und wenn Gottes Schöpfung allgemein ist, muss es gemeinsame Züge in der Art geben, wie die Schöpfung auf den zwei verschiedenen Kontinentalblöcken des Planeten verstanden wurde. Wenn wir alle Teil derselben Schöpfung sind, Kinder desselben Gottes, dann müssen Schöpfungsgeschichten in verschiedenen Teilen der Welt, jede auf ihre eigene Art, die gemeinsame Wirklichkeit zu beschreiben suchen. Die obige Gleichung ist ein Beispiel dafür. Sie ist die entscheidende Brücke zwischen dem mittelamerikanischen Kalender mit seinen Dreizehn Himmeln einerseits und ein paar Milliarden Menschen – Juden, Christen und Muslime – auf der anderen Seite, deren Schriften sagen, dass Gott die Welt in sieben Tagen und sechs Nächten geschaffen hat.

Nebenbei ist es etwas ironisch, dass die Bücher der Maya, die von den katholischen Mönchen als das „Werk des Teufels“ verbrannt wurden, nun als die zeitlichen Karten für die Entwicklung der göttlichen Schöpfung betrachtet werden können. Das Wissen der Maya widersprach der jüdisch-christlichen Vorstellung der Genesis und der Geheimen Offenbarung nicht (in der dasselbe Thema behandelt wird). Im Gegenteil, mit ihrem Kalender entwickelten die Maya eine genauere Wissenschaft der Schöpfung, die sie durch die Ereignisse der Geschichte verständlich macht. Sogar noch ironischer ist, dass der Mayakalender nun die Existenz desselben Gottes beweist, an den nach dem Willen der spanischen Bischöfe die Eingeborenen glauben sollten.

Doch gibt es einen direkten Beweis in der Mayakultur darüber, dass sie sich dieser Gleichung bewusst waren? Wenn wir bedenken, wie sehr sich die Maya mit solchen Fragen beschäftigten, wäre es sehr überraschend, wenn sie nichts davon gewusst oder kein Zeichen ihrer Kenntnis hinterlassen hätten. Und es gibt ein solches Zeichen, das, obgleich es einmalig ist, umso mehr darüber aussagt, dass die Maya, zumindest jene unter dem Elften Himmel in Chichén Itzá, die Dreizehn Himmel mit den sieben Tagen und sechs Nächten der Schöpfung gleichgesetzt haben. Dieses Zeichen ist der Abstieg der Gefiederten Schlange entlang der Treppen der Pyramide von Kukulcan, das nur an den Tagundnachtgleichen im Frühling und Herbst sichtbar wird (Abb. 4.3).

Dort wird auf die für die alten Maya spektakulärste Weise der Rhythmus des Schöpfungsprozesses als sieben Dreiecke aus Licht auf dem Rücken der Schlange sichtbar. Zusammen mit den sechs dreieckförmigen Schatten, die von den Terrassen gebildet werden, bringen diese sieben Dreiecke aus Licht ein wellenartiges Muster hervor, das aus

Abb. 4.3. An den Tagundnachtgleichen im Frühling und Herbst bilden sich sieben Dreiecke aus Licht entlang der Treppen der Pyramide von Kukulcan in Chichén Itzá.

dreizehn verschiedenen Dreiecken besteht, den Dreizehn Himmeln. In der sonst „schweigenden" Stadt von Chichén Itzá – in der es überhaupt keine Inschriften gibt – war der Abstieg des Quetzalcoatl von der Pyramide von Kukulcan die spektakulärste und lehrreichste Art, durch eben diese Architektur der Pyramide darzustellen, dass sieben Schuppen der Schlange hell und sechs dunkel sind. Dass die Astroarchitekten der Maya imstande waren, den Bau der Pyramide in solch einer Weise zu planen, dass diese Botschaft des wellenartigen Abstiegs der Himmel zur Erde einzig an den Tagundnachtgleichen sichtbar wurde, ist wirklich erstaunlich. Es sagt uns, dass dieses Muster aus Licht, das wir heute noch beobachten können, als eine sehr tiefsinnige Offenbarung angesehen wurde.

Dadurch wird das Schöpfungsepos vollkommen. Die Dreiecke an der Seite der Pyramide von Kukulcan bringen die Schöpfungsgeschichten der Alten und der Neuen Welt zusammen. Was der Abstieg der Gefiederten Schlange offenbart, ist, dass sich die Maya, die die Pyramide in Chichén Itzá am sechsten Tag des Großen Zyklus bauten, sich der Geschichte als eines wellenartigen Prozesses bewusst waren, der aus sieben Pulsen des Lichts, die mit sechs Zeiträumen der Dunkelheit abwechseln, geschaffen wurde.

Die Gleichung auf Seite 84, wie einfach sie auch sein mag, bietet auch eine Brücke zur empirischen Wissenschaft, da die Existenz der Dreizehn Himmel, die die dreizehn Baktuns beherrschen, empirisch überprüft werden kann. Wir haben bereits einige Beispiele gesehen. Damit haben wir, vielleicht zum ersten Mal, einen Beweis für die Existenz Gottes, der nicht nur auf Empfindungen oder abstrakten philosophischen Begründungen beruht, sondern auf dem Mayakalender, entsprechend der sachlichen Grundlage der modernen Geschichtsforschung und Wissenschaft. Jeder mit Zugang zu einer Enzyklopädie und der Zeitfolge des Großen Zyklus der Maya kann erforschen, wie sich die göttliche Schöpfung in der Wirklichkeit abgespielt hat (siehe Abb. 4.4) und was für einen Einfluss ihre Himmel auf das menschliche Bewusstsein gehabt haben. Die Existenz Gottes ist wissenschaftlich nach-

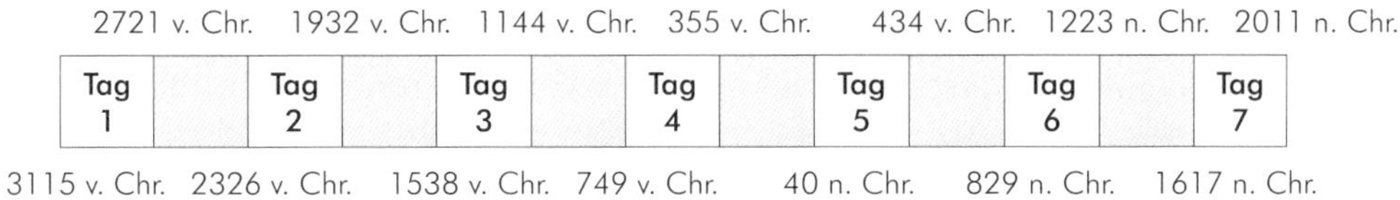

Abb. 4.4. Die Tage und Nächte des Großen (Nationalen) Zyklus in Verbindung mit den Gregorianischen Jahren. Die Jahre stellen bedeutsame Veränderungen (Tage/Nächte) in der spirituellen Energie dieses Zyklus dar. Jeder der dreizehn Schritte ist ein Baktun (ungefähr 394 Jahre).

gewiesen worden, und wir können jetzt die tatsächlichen Arbeitsabläufe des kosmischen Plans untersuchen.

Das Einzigartige in der Kosmologie der Maya ist deshalb nicht die Vorstellung, dass wir in einer göttlichen Schöpfung leben oder sogar in einem göttlichen Schöpfungsprozess, der durch abwechselnde Zeiträume von Licht und Dunkelheit fortschreitet. Zumindest auf einer unbewussten Ebene scheinen auch die Anhänger all der großen monotheistischen Religionen das gewusst zu haben. Tatsächlich scheint es, dass dieses Bewusstsein auf irgendeiner Ebene in alten Zeiten von allen Völkern geteilt wurde, die die Zahl Sieben, die Zahl der Pulse des göttlichen Lichts in den Dreizehn Himmeln, als heilig betrachtet haben. Der außergewöhnliche Beitrag der Maya war, die Dauer dieser sieben Tage und sechs Nächte des göttlichen Schöpfungsprozesses genau zu bestimmen.

Das Wissen, dass wir in einer fortschreitenden Schöpfung leben, die sich nach einem bestimmten Rhythmus entwickelt, hat bedeutsame Folgen auf die Art, wie wir das Leben sehen. Die wichtigste Folgerung ist, dass unser Leben wirklich in einem Zusammenhang steht, nämlich in einer göttlichen Schöpfung, die eine Richtung und einen höheren Sinn hat. Je nachdem wie wir imstande sind, unser individuelles Leben an dem größeren Sinn dieser fortlaufenden Schöpfung auszurichten, wird es ebenfalls bedeutungsvoll werden. Später besprechen wir, wie dies erreicht werden kann. Eine weitere Folgerung ist, dass unsere Bewusstseinsentwicklung nicht so unter unserer Kontrolle steht, wie viele zu glauben scheinen oder gerne glauben würden, sondern vielmehr, dass ein Entwurf Gottes die Bewusstseinsentwicklung durch unsichtbare Mechanismen außer Reichweite unserer Manipulationen kontrolliert.

Die Religionen des Westens

Der religiöse Glaube der westlichen Hemisphäre weist auch starke Entwicklungen in den Tagen des Großen Zyklus auf. Die älteste bekannte Kultur in Mittelamerika, die der Olmeken an der Golfküste von Mexiko, begann beispielsweise am Beginn des Fünften Himmels aufzublühen. Der Tzolkin selbst ist seit dem Mittelpunkt des Siebenten Himmels bekannt. Der Tzolkin tauchte dann als Teil eines weltweiten Aufbruchs religiösen Denkens auf (Abb. 4.5), von den Historikern Achsenzeit genannt. Dieser älteste Nachweis der Verwendung des Heiligen Kalenders stammt aus dem Jahr 600 v. Chr. von Zapotek am Monte Albán in Oaxaca, Mexiko. Zur selben Zeit, da die Juden zu der Vorstellung kamen, dass es einen Gott gäbe, der über die ganze Schöpfung herrsche, fingen die Mittelamerikaner an, ihre Zeitmuster aufzuzeichnen. Diese geografische Teilung des Wissens hängt damit zusammen, dass die linke Gehirnhälfte durch holografische Resonanz die lineare Zeit und aufeinanderfolgende Ordnung erkennt.

Später scheint der Kult der Gefiederten Schlange, von den Maya Kukulcan und von den Mexica Quetzalcoatl genannt, sich besonders während der Tage der Himmel Neun und Elf entwickelt zu haben. Die Verehrung dieser Gottheit wurde erst in der riesigen Stadt Teotihuacán bekannt, außerhalb des heutigen Mexico City, wo auch ein spezieller Tempel der Gefiederten Schlange gewidmet wurde. Tatsächlich wurde der Neunte Himmel, der übrigens auch das Auftauchen des Christentums in der Alten Welt erlebte, als von Quetzalcoatl beherrscht angesehen. Nach dem Ruin von Teotihuacán und der klassischen Mayakultur wurde der Kult des Quetzalcoatl während des Elften Himmels sehr bekannt, als er die Rolle einer offiziellen Religion sowohl in Chichén Itzá als auch in der Toltekenstadt Tula spielte.

Tzolkin-Diagramm 3

Tageszeichen der Maya	3115 v. Chr.	272	2327	1932	1538	1144	749	355	40 n. Chr.	434	829	1223	1617	Tageszeichen der Azteken
Imix	3095	2701	2307	1913	1518	1124	730	336	60	454	848	1243	1637	Cipactli
Ik	3076	2681	2287	1893	1499	1104	710	316	79	474	868	1262	1656	Ehecatl
Akbal	3056	2662	2267	1873	1479	1085	690	296	99	493	888	1282	1676	Calli
Kan	3036	2642	2248	1853	1459	1065	671	276	119	513	907	1302	1696	Cuetzpallin
Chicchan	3016	2622	2228	1834	1439	1045	651	257	139	533	927	1321	1716	Coatl
Cimi	2997	2603	2208	1814	1420	1025	631	237	158	553	947	1341	1735	Miquiztli
Manik	2977	2583	2189	1794	1400	1006	611	217	178	572	967	1361	1755	Mazatl
Lamat	2957	2563	2169	1775	1380	986	592	198	198	592	986	1381	1775	Tochtli
Muluc	2938	2543	2149	1755	1361	966	572	178	217	612	1006	1400	1794	Atl
Oc	2918	2524	2129	1735	1341	947	552	158	237	631	1026	1420	1814	Itzcuintli
Chuen	2898	2504	2110	1715	1321	927	533	138	257	651	1045	1440	1834	Ozomatli
Eb	2878	2484	2090	1696	1301	907	513	119	277	671	1065	1459	1854	Malinalli
Ben	2859	2465	2070	1676	1282	887	493	99	296	691	1085	1479	1873	Acatl
Ix	2839	2445	2051	1656	1262	868	474	79	316	710	1105	1499	1893	Ocelotl
Men	2819	2425	2031	1637	1242	848	454	60	336	730	1124	1519	1913	Cuauhtli
Cib	2800	2405	2011	1617	1223	828	434	40	355	750	1144	1538	1932	Cozcacuahtli
Caban	2780	2386	1991	1597	1203	809	414	20	375	769	1164	1558	1952	Ollin
Etznab	2760	2366	1972	1577	1183	789	395	AD I	395	789	1183	1578	1972	Tecpatl
Cauac	2740	2346	1952	1558	1163	769	375	20	415	809	1203	1597	1992	Quiahuitl
Ahau	2721	2327	1932	1538	1144	749	355	40	434	829	1223	1617	2011	Xochitl

Abb. 4.5. Das Grundmuster von sieben Tagen und sechs Nächten ist ein wesentlicher Bestandteil der göttlichen Energien des Tzolkin. Dieses Muster kann auf mehrere verschiedene Schöpfungszyklen angewendet werden, so wie die dreizehn Baktuns (260 Katuns, als Gregorianische Jahre dargestellt) des Großen Zyklus, die oben zu sehen sind.

Es ist nicht überraschend, dass sich der Kult des Quetzalcoatl während ungeraden Himmeln entwickelte, da diese Gottheit ein Symbol des Lichtaspekts der Yin/Yang-Dualität dieser Himmel war. Noch unmittelbarer war die Gefiederte Schlange ein Symbol der Dualität, die den Unterschied zwischen Licht und Dunkelheit aufrechterhielt; in gewissem Sinne war es diese Dualität, die das Licht schuf. Die meisten Mythen über den Weltenbaum, einschließlich der norwegischen und der jüdischen, beschreiben eine Schlange, die sich am Weltenbaum auf und ab bewegt, und in vielen Kulturen war die Schlange ein Symbol für Dualität.

Ich vermute, dass die Gefiederte Schlange für die Maya tatsächlich ein ähnliches Symbol einer Energie war, die sich während der ungeraden Himmel am Stamm des Weltenbaums wand (12° östlicher Länge), als Licht auf die westliche Hemisphäre fiel. (Daher die mittelamerikanische Prophezeiung, dass Quetzalcoatl aus dem Osten zurückkehren würde.) Da der Kult des Quetzalcoatl seine bedeutendsten Schritte in den ungeraden Himmeln unternahm und das erste Mal am Beginn des Neunten Himmels erschienen ist, wurde oft vermutet, dass Christus und Quetzalcoatl dieselben göttlichen Symbole – oder Inkarnationen – des Lichtprinzips sind, die in solchen Zeiten auftauchen. Aus der hier entwickelten Perspektive ist dies völlig sinnvoll.

Die Azteken andererseits, die nach Mexiko zogen und es aus dem Norden während der Nacht von Himmel Zwölf eroberten, sahen sich selbst als in einer von Dunkelheit beherrschten Zeit lebend. In ihrer Zeit war es nicht mehr möglich, die göttliche Wirklichkeit mit der Klarheit zu sehen, die die Mayas vorher genossen hatten. Trotzdem, wie in Kapitel 6 besprochen, hatten die Azteken auch das Wissen, ausgedrückt durch ihren Kalender, von einem Grundmuster von sieben Tagen und sechs Nächten der Schöpfung. Durch das, was wir über die geraden Himmel als Zeiträume wissen, in denen die menschliche Kreativität blühte und Propheten auftauchten, werden die Charaktere der verschiedenen Götter der Azteken, die diese Himmel beherrschten (siehe Abb. 2.2, Seite 21), auch verständlich.

Im Westen, in den Americas, scheint die Schöpfung am häufigsten als das Ergebnis einer Zusammenarbeit zwischen den Göttern betrachtet worden zu sein, die für Gottheiten mit oft menschlichen Eigenschaften angesehen wurden. Da die Schöpfungsgeschichte der Maya in der westlichen Hemisphäre entstanden ist, war sie auch typischerweise mathematischer und analytischer als die Schöpfungsgeschichten, die von ihren Zeitgenossen in anderen Teilen der Welt entwickelt wurden. Und doch war die Anschauung der Maya nicht ein analytischer Gesichtspunkt, der die Menschen von Schöpfung und Natur trennte. Es war eine Wissenschaft der Zeit, die die Menschheit als einen integralen Teil des Gewebes der Natur sah und versprach, ihre Rolle als Mitschöpfer im kosmischen Prozess wieder herzustellen.

Die Religionen des Ostens

In der östlichen Hemisphäre war der Mittelpunkt des Großen Zyklus um 550 n. Chr. ein Punkt neuen religiösen Denkens (Abb. 4.1, Seite 75). Etwa um diese Zeit wurden all die Philosophien des Buddha, Konfuzius, Zarathustra, der Jainismus und Taoismus und das hinduistische Konzept der Wiedergeburt entwickelt. Tatsächlich liegen die Geburtsdaten von Konfuzius und auch von Buddha genau am Mittelpunkt des Großen Zyklus, nämlich 551 und 552 v. Chr. Selbst wenn diese Daten mythisch sind, weist es zumindest auf ein unbewusstes Wissen ihrer Anhänger hin, dass dies ein bedeutender Zeitpunkt war (Abb. 4.6).

Im Allgemeinen scheinen auch der Buddhismus und einige andere große östliche Religionen eine bedeutsame Entwicklung während der Tage des Großen Zyklus erlebt zu haben. Was die Rolle eines einzigen Schöpfergottes angeht, gibt es jedoch einen recht bemerkenswerten Unterschied zwischen den traditionellen Religionen des Ostens und jenen der Mittellinie. Die Rolle eines höchsten Schöpfergottes war wesentlich stärker um die Mittellinie ausgeprägt im Vergleich zum Osten, wo der Glaube an einen alleinigen Gott nie weit verbreitet war, zumindest

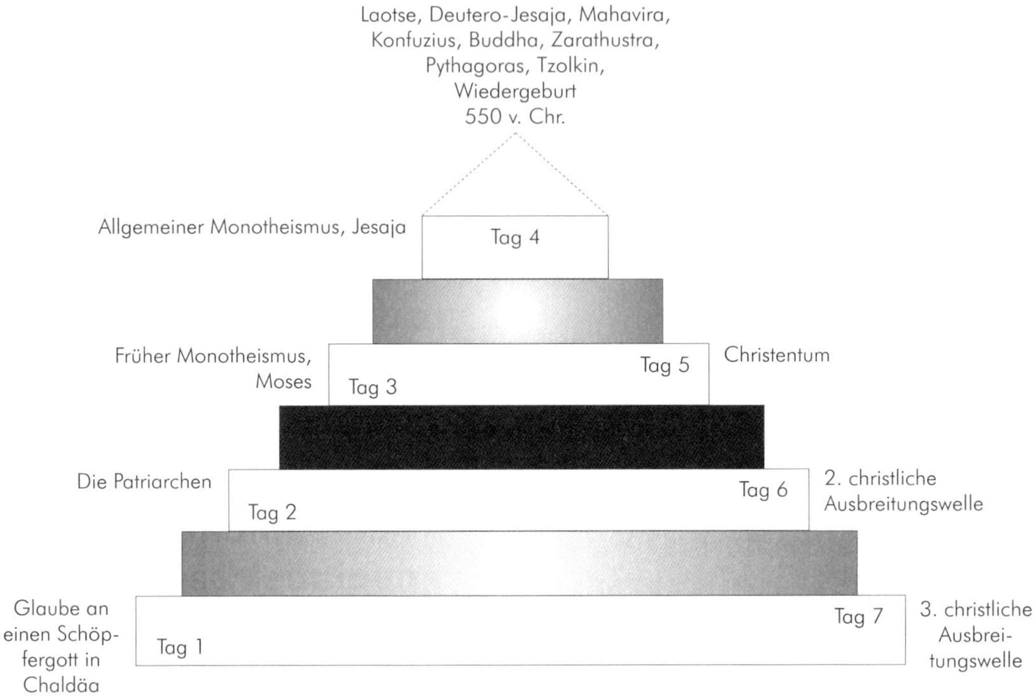

Abb. 4.6. Die pyramidale Entwicklung der chaldäisch-jüdisch-christlichen Tradition während der Tage des Großen Zyklus. Man beachte den weltweiten Aufbruch von religiösen Lehren an der Spitze der siebenstöckigen Pyramide, die dem Mittelpunkt (Tag 4) des Großen Zyklus entspricht (um 550 v. Chr.). Die verschiedenen Nächte in diesem Zyklus haben etwas unterschiedliche Qualitäten: Die Nächte 2 und 5 (mit dunklerer Farbe markiert) sind eher zerstörerisch oder reaktionär als die anderen, die als Zeiträume historischer Ruhe beschrieben werden können.

nicht im Sinne eines persönlichen Gottes. Selbst wenn Brahma als der Schöpfer angesehen wird, ist er sicher nicht der einzige oder sogar der bedeutendste Gott im Pantheon der Hindus; und der Unmanifestierte, Höchste Brahman, der nicht erschafft, ist zu abstrakt, um persönlich zu sein. In den buddhistischen Traditionen ist ein Schöpfergott völlig unbekannt. Weiter im Osten, im alten China, hielt man in einer ähnlichen Gedankenfolge den Kosmos für eher von sich selbst erschaffen als von einem Schöpfergott.

Der Islam scheint eine Mittelrolle zwischen dem Bewusstsein des Großen Zyklus der Mitte und des Ostens zu spielen. Er ist eine tief monotheistische Religion. Doch seine Symbole sind der zunehmende Mond und der Abendstern Symbole der Nacht. Tatsächlich wurde diese Religion gegründet, als der Koran im Jahr 632 n. Chr. fertig gestellt war, zum genauen Mittelpunkt der Nacht des Zehnten Himmels. Deshalb kann seine Rolle als Lichtbringer in der Dunkelheit gesehen werden. Da der Islam von einer Nacht formuliert und geformt wurde, hat er sich vor allem während der Nächte, wenn das Unsichtbare Kreuz nicht erkennbar war, verbreitet.

Die Botschaft des Islam ist etwas anders als die des Christentums, weil sie östlich der Mittellinie formuliert wurde und sich während einer Nacht entwickelt hat. Der Islam spiegelte eine östliche Mentalität mit seiner Betonung kollektiver Verehrungsformen wie Gebete und Pilgerfahrten wider, wobei das westlichere Christentum individuelle Ausdrucksformen hervorhob. Da das Christentum während eines Tages entwickelt wurde, was üblicherweise eine Zeit ist, in der die menschliche Kreativität blüht, lag seine Betonung mehr auf der individuellen Erarbeitung seines eigenen Schicksals; während der Islam, der während einer Nacht entstanden ist, die Unterwerfung unter den Willen Gottes betonte.

Wenn wir erkennen, dass sich das menschliche Bewusstsein während des Großen Zyklus als in Resonanz mit den Schwingungen des Weltenbaumes entwickelt hat, wird die historische Entwicklung der Religionen verständlich. Das Bewusstsein der Völker in Europa und dem Mittelmeerraum wurde viel unmittelbarer von den auf Baktun fußenden Pulsschlägen des Kreuzes beeinflusst als das der Völker weiter im Osten. Bei den Völkern Europas und des Mittelmeerraums entwickelte sich ein Glaube an einen persönlichen Schöpfergott als die Quelle der Pulse, die vom Weltenbaum erzeugt wurden. Im Gegensatz dazu wurde im Osten bei den Hindus, Buddhisten, Konfuzianern und Taoisten der Kosmos nicht auf diese Weise wahrgenommen. Das lag teilweise daran, dass die Anhänger dieser Religionen und ihre Propheten während des Großen Zyklus auf der dunklen Seite lebten, und teilweise, weil sie in einer solch weiten Entfernung vom senkrechten Arm des Kreuzes lebten. Es scheint, dass es, je weiter wir uns in alten Zeiten nach Osten hin bewegen, desto weniger einen Glauben an einen Schöpfergott gab. In der chinesischen Philosophie beispielsweise scheinen Yin und Yang mehr als schöpferische Kräfte der Natur statt als Aspekte des Göttlichen betrachtet worden zu sein. Ähnlich bedeutete dies auch, besonders in Indien, dass eine spirituelle Tradition mit der Anschauung eines lebendigen, göttlichen Kosmos und nicht der eines abstrakten und entfernten Gott Vaters überlebt hat. Wenn wir davon ausgehen, dass der Große Zyklus Teil eines kosmischen Zeitplans für die Erleuchtung der Menschheit ist, verdient sein Mittelpunkt sicher unser besonderes Interesse. Genau im Mittelpunkt des Großen Zyklus sollen Buddha und sein weniger bekannter Zeitgenosse Mahavira den Zustand der Erleuchtung erreicht haben. Selbst wenn die Erleuchtung Buddhas nicht von derselben Art war, als die, der sich die Menschen heute nähern, ist ihre Verknüpfung zu der zeitlichen Entwicklung des Großen Zyklus trotzdem sehr bemerkenswert. Sie schuf eine Tradition, die einen großen Einfluss auf das Denken haben sollte, ursprünglich im Osten und erst seit kurzem im Westen.

Bei der Untersuchung der Religionen haben wir herausgefunden, dass der Mayakalender ein globaler Kalender ist, der die Höhen und Tiefen des historischen Prozesses und der Entwicklung seiner Religionen beschreibt. Die verschiedenen Religionen und geistigen Traditionen sind deshalb das Ergebnis ein und desselben göttlichen Schöpfungsprozesses, und so ist es nur natürlich, dass sie sich alle auf dieselbe geistige Wirklichkeit zu beziehen suchen. Eine große Bedeutung des Mayakalenders liegt in seiner Möglichkeit, die verschiedenen religiösen Standpunkte zu vereinen, indem er zur Erkenntnis führt, dass sie alle diese eine Wirklichkeit beschreiben. Das erlaubt uns, die Dinge aus einer höheren Warte zu sehen, in der die Unterschiede zwischen den Religionen überschritten werden können.

Die tiefere Einsicht, die vom Mayakalender geschaffen wird, kann jedoch nicht in ein neues Dogma oder eine neue Religion mit Organisation und Ritus führen, die Proselyten sucht. Vielmehr bietet der Mayakalender einen möglichen Rahmen für die gemeinsame Erforschung der geistigen Wirklichkeit durch Individuen, die Achtung für die Leistungen und Anschauungen anderer haben. Der Mayakalender, richtig verstanden, ist in seinem Wesen fern von allem Fundamentalismus, von jedem, der glaubt, dass es nur eine wahre Religion gibt, die die ganze Wahrheit für sich hat. Leider ist dies der Grund, warum die katholischen Priester alle Bücher der Maya verbrannt haben: Sie bedrohten das Monopol der Wahrheit, die der Katholizismus dieser Zeit durchsetzen wollte. Heute wendet sich jedenfalls eine zunehmende Anzahl von Menschen von den organisierten Religionen ab, um die Wahrheit für sich selbst zu suchen. Dies erleichtert die Wiederbelebung des Mayakalenders in weltweitem Maße bei allen, die nach der Einheit der Menschheit trachten.

(1 + 12) ist nicht dasselbe wie 13

Nun ist wohl klar, warum bestimmte Zahlen eine solch große Rolle in der mittelamerikanischen Kosmologie spielen, weil diese Zahlen nämlich sehr bedeutend im größeren Schema der Schöpfung sind. An der Art, wie verschiedene Religionen ihre heiligen Zahlen betrachten, lässt sich erkennen, wie sie die Schöpfung betrachten. Lasst uns nun den Unterschied zwischen den Zahlen 12 und 13 betrachten und die Bedeutung, die ihnen in verschiedenen Kulturen beigemessen wurde. In Mexiko bei den Maya und den Mexica war die Zahl 13 am konsequentesten als heilige Zahl anerkannt. In Mittelamerika bildete sie einen Teil der Dreizehntägigen Zählung und der Dreizehn Himmel der Schöpfung. Weiterhin feierten Könige typischerweise ihr dreizehntes Tuniversarium als wichtiges Ereignis ihres Lebens.

Im Gegensatz dazu wurde die Bedeutung der Zahl 13 im Rest der Welt fast verheimlicht, und in den letzten Jahrhunderten wurde sie für eine Unglückszahl gehalten (Freitag, der Dreizehnte). Noch früher überschattete die Zahl 12 häufig die Zahl 13, und in der europäischen Tradition müssen wir einen (Jesus) zu den zwölf Jüngern hinzufügen, um auf die Zahl 13 im babylonisch-griechischen Astrologiesystem zu kommen. Eins (wir selbst) wird auch zu den zwölf Tierkreiszeichen hinzugefügt, um auf Dreizehn zu kommen. Im chinesischen Astrologiezyklus von zwölf Jahren ist es sogar fraglich, ob es ein Individuum in der Mitte gibt, das hinzugefügt wird. So wird die Zahl 12 sogar noch mehr hervorgehoben.

Während also die Zahl 13 in Mittelamerika verehrt wurde, legte der Rest der Welt die Betonung auf 1 + 12. Diese Verborgenheit der Zahl 13 in der Alten Welt wird auch erkennbar, wenn wir die Beschreibung des Schöpfungsprozesses im Buch Genesis überprüfen. Dort heißt es, dass Gott am siebenten Tag ruhte, was auf eine Unterscheidung zwischen den zwölf Zeiträumen der aktiven göttlichen Schöpfung und dem dreizehnten hindeutet.

Obgleich der Unterschied zwischen 13 und 1 + 12 auf den ersten Blick unbedeutend erscheinen mag, hebt er den großen Unterschied zwischen den philosophischen Anschauungen darüber hervor, was es bedeutet, ein Mensch zu sein und über die menschliche Rolle in der Schöpfung. Wenn wir 1 + 12 als mathematisches Ordnungsprinzip unserer religiös-kosmologischen Weltanschauung verwenden, bedeutet dies, dass das Individuum (eins) als getrennt vom Rest der Schöpfung (zwölf) angesehen wird. In einer solchen Anschauung wird auch das Individuum als Mitte der Schöpfung angesehen, als Auserwählter. Es ist ein zentraler Glaubenssatz des Christentums, dass seine Anhänger dem Vorbild von Jesus Christus in Gedanken und Werken nacheifern sollen. Dies würde dann bedeuten, ein Auserwählter zu werden, der außerhalb der anderen Aspekten der Schöpfung steht (zwölf).

Natürlich würden die meisten Menschen sagen, dass 1 + 12 gleich 13 ist, doch in mittelamerikanischer Sicht sind Zahlen eigentlich keine Quantitäten sondern Qualitäten. Wenn also eine Zahl als verschieden von der anderen gesehen wird, können die Zahlen eigentlich nicht addiert werden. Obwohl 1 + 12 mathematisch gleich 13 ist, die höchste Zahl der Schöpfung, hat uns die Kosmologie von 1 + 12 in die Irre geführt. Das auf 1 + 12 beruhende astrologische System der Mitte und des Ostens z. B. wurde nie auf seinen Bezug zur fassbaren Wirklichkeit oder auf klar erkennbare Manifestationen der Bewusstseinsentwicklung hin überprüft. Im Gegensatz dazu ist die auf 13 fußende Astrologie der Maya das einzige System seiner Art, das eine erwiesene Grundlage in der Wirklichkeit hat, weil es den sich verändernden Energien der Menschheitsgeschichte entspricht. Und doch ist es seltsamerweise das vermutlich am wenigsten bekannte aller göttlichen Systeme (siehe Abb. 4.7).

Westen	Mitte	Osten
Analyse		Synthese
Individualität		Kollektiv
Vielzahl von Schöpfergöttern	ein einziger Gott	kein Schöpfergott
13	1 + 12	1? + 12
13 Himmel	12 individuelle Tierkreiszeichen; Jesus und 12 Jünger	12 Jahre

Abb. 4.7. Züge der Kosmologie im Westen, im Mittelpunkt und im Osten.

Seit etwa dem zehnten Jahrhundert n. Chr. hat sich die Katholische Kirche an die Babylonische Astrologie angepasst (die in der modernen Welt einfach als Astrologie bekannt geworden ist). Es ist deshalb nicht sehr überraschend, dass diese physikalisch begründete Astrologie zusammen mit dem Christentum die Maya vergewaltigte, da beide auf derselben 1 + 12-Philosophie gründen. Verbunden damit ist die Vorstellung in den jüngsten Jahrzehnten der Erde, dass sie durch die verschiedenen Zeitalter – Wassermann, Fische u.s.w. – aufgrund ihrer fortschreitenden Bewegung geht. Dies wiederum fußt auf einer geozentrischen Sicht der Erde als einem besonders auserwählten Planeten (eins), abgesetzt von der sie umgebenden Galaxis (12).

Trotz der Botschaft von Liebe und Mitleid ist das Christentum ebenfalls eine Religion der Mittellinie mit einer 1 + 12-Philosophie, die in und durch sich selbst das Individuum vom Geflecht der Schöpfung, dessen Teil es ist, trennt. Das ist ein Aspekt der religiösen Intoleranz, die oft typisch ist für Europäer (Menschen von der Mittellinie), deren vorherrschende Vorstellung war, dass es nur einen richtigen Weg gibt, den man anderen auferlegen muss (zwölf). Wenn wir stattdessen unser kosmologisches System auf dreizehn Zahlen stützen, wie es die Maya getan haben, dann kann das menschliche Wesen als ein integraler Bestandteil des Geflechtes der Schöpfung gesehen werden. Ein kosmologisches System, das auf 1 + 12 gründet, bedeutet, dass die Menschen als getrennt gesehen werden von der Schöpfung und der Natur, während jene, die auf der 13 fußen, als Teil davon erkannt werden. Da die Schöpfungsphilosophien, die auf der Zahl 13 gründen, dem Menschen keine besondere Stellung bieten, kann es sein, dass deshalb in der europäischen Kultur die Zahl 13 als eine Unglückszahl angesehen wird. (Diese Negativität wurde später in die Vereinigten Staaten exportiert, wo Hotels nicht immer ein 13. Stockwerk oder eine Zimmernummer 13 haben).

In lak'ech – Ich bin ein anderes Du

Der Konflikt zwischen den europäischen Christen und den eingeborenen Völkern der Americas – den eigentlichen Westlern – war nicht einfach ein Konflikt der Rasse, sondern der Mentalität und des Kalenders. Die Europäer waren getrieben von der planetarischen Yin/Yang-Polarität, die dort eingeführt wurde. So entstand ein Impuls zu einer ausgedehnten schöpferischen Spannung, was schließlich der Grund war, dass Europa das globale Zentrum des Kolonialismus wurde. Andererseits brachte Europa die Welt zusammen. Zugegeben, die Konquistadoren lebten in der 1 + 12-Wirklichkeit, die sie dazu brachte, das Geflecht der Schöpfung zu zerbrechen und andere Völker ihrer eigenen Herrschaft zu unterwerfen. Eins plus Zwölf ist symbolisch für die Trennung von der wahren Quelle der Kreativität und betrachtet das Universum und seine lebendigen Teile als etwas von sich Getrenntes, etwas, das erobert und kontrolliert werden muss.

Wir können jetzt allmählich begreifen, wie wichtig das in Mittelamerika entwickelte Kalendersystem für die Zukunft der Menschheit sein kann. Kalendarische und astrologische Systeme, die auf der Zahl Zwölf fußen, verleiten uns, das komplexe Geflecht der Schöpfung und der Natur zu verleugnen, dessen Teile wir alle sind. Die Verwendung eines auf der Zahl Dreizehn fußenden Kalendersystems führt im Gegensatz dazu zur Resonanz mit der Natur und den kosmischen Prozessen. Es ergibt eine ganz andere Sicht der Welt mit einem System, das einen als einzeln und getrennt betrachtet, als mit einem System, wo alles als gleich angesehen wird. Die Wiederkehr des Heiligen Kalenders bedeutet also die Betonung eines Prozesses, wo die Menschen im Geflecht der Natur als gleich gesehen werden.

Liebe bedeutet Beziehung, Verflechtung, Teilnahme, Gleichheit und Gemeinschaftssinn. Liebe ist Dreizehn. Die Maya haben lange Zeit eine besondere Grußformel verwendet: *in lak'ech*, was bedeutet: „ich bin ein anderes Du." Eine ganze Philosophie hat sich entwickelt um diese wundervollen Worte, die nicht nur gegenüber menschlichen Wesen verwendet wurden, sondern auch für Tiere, Blumen, Steine und Geister. Das heißt, dass wir nicht getrennt sind; wir sind alle Teile desselben Geflechts; und wenn irgendein Teil dieses Geflechts verletzt wird, leidet der Rest. Der Gebrauch des Tzolkins und seiner 13-Tage-Zählung ist Teil dieser in-lak'ech-Philosophie. Die Verwendung des Heiligen Kalenders bedeutet einen Akt der Verehrung für das Geflecht der Natur und Schöpfung.

5

Die Neun Unterwelten

Sich erweiternde Bewusstseinsebenen

Wir haben uns bis jetzt Einzelheiten des Großen Zyklus angeschaut und gesehen, wie die Dreizehn Himmel, hervorgebracht vom Weltenbaum, ebenso menschliche Kreativität inspiriert haben wie auch unser Verständnis des Göttlichen. Jedoch gab es in der mittelamerikanischen Mythologie nicht nur Dreizehn Himmel, sondern auch Neun Unterwelten, und wir wollen sie jetzt erforschen.

Obwohl es nicht möglich ist, ein vollkommenes Verständnis des Ursprungs dieser Unterwelten zu bekommen, können wir vermuten, dass es sich um neue Bewusstseinsrahmen handelt, die nacheinander aktiviert werden, vermittelt durch den inneren Erdkern.

Heute wissen wir, dass die Welt nicht einfach vor fünftausend Jahren begann, als die erste geschriebene Sprache aufkam, die ersten Pyramiden gebaut und die ersten Völker von den Pharaonen geeint wurden. Die moderne Wissenschaft bezweifelt, ob das jetzige Universum viel früher entstand, als der Große Zyklus begann. Es wurde vor etwa 15 Milliarden Jahren geboren, als die Materie zum ersten Mal im so genannten Urknall von Licht geschaffen wurde. Seither entstanden dann unsere Galaxis, das Sonnensystem und unser Planet mit seinen biologischen Organismen. Deshalb begann der Große Zyklus nicht aus dem Nichts. Es gab eine beachtliche Entwicklung, auf die er aufbaute.

Wie passt der Mayakalender mit diesem hohen Alter des Universums zusammen? Interessanterweise waren sich die Maya bewusst, dass die Welt viel älter ist als 5.125 Jahre. Auf einer Stele, die in der alten Anlage von Coba auf der Halbinsel Yucatán (Abb. 5.1) entdeckt wurde, ist das Schöpfungsdatum der Langen Zählung in Beziehung gesetzt zu einer Hierarchie der Schöpfungszyklen von 13 x 20^n Tuns (13 Mal 20, *n* Mal multipliziert mit sich selbst). Es gibt also eine ganze Reihe von Schöpfungszyklen wie der Große Zyklus (er umfasst selbst 13 x 20^2 Tuns). Die Schöpfung kann demnach als eine Zusammensetzung mehrerer Schöpfungen betrachtet werden, jede auf der Spitze einer anderen, um eine pyramidale Struktur zu bilden (Abb. 5.2), und der Große Zyklus ist nur einer von diesen Zyklen. Noch heute können wir die Vorstellung verschiedener Schöpfungen in den Zeremonien der Maya sehen, wenn

Abb. 5.1. Die Stele von Coba mit den Anfangsdaten einiger Schöpfungen (Unterwelten). Obwohl die Stele sogar längere Perioden umfasst (bis zu Million Milliarden Mal, dem bekannten Alter des Universums), decken sich die Perioden, für die die Maya Namen hatten mit der bekannten Entwicklung des Universums (16,4 Milliarden Jahre).

z. B. manchmal Affen einer „früheren Schöpfung" dargestellt werden. Jede der Neun Unterwelten der mittelamerikanischen Mythologie ist eine andere „Schöpfung", geschaffen von einem Zyklus, der jeweils zwanzig Mal kürzer ist als der, auf dem er aufbaut. Deshalb sind die wichtigsten Pyramiden der Maya alle in einer hierarchischen Struktur mit neun Ebenen gebaut: der Tempel der Inschriften in Palenque, die Pyramide des Jaguar in Tikal und die Pyramide von Kukulcan in Chichén Itzá.

Obwohl diese Unterwelten (Abb. 5.2) manchmal mit „Höllen"

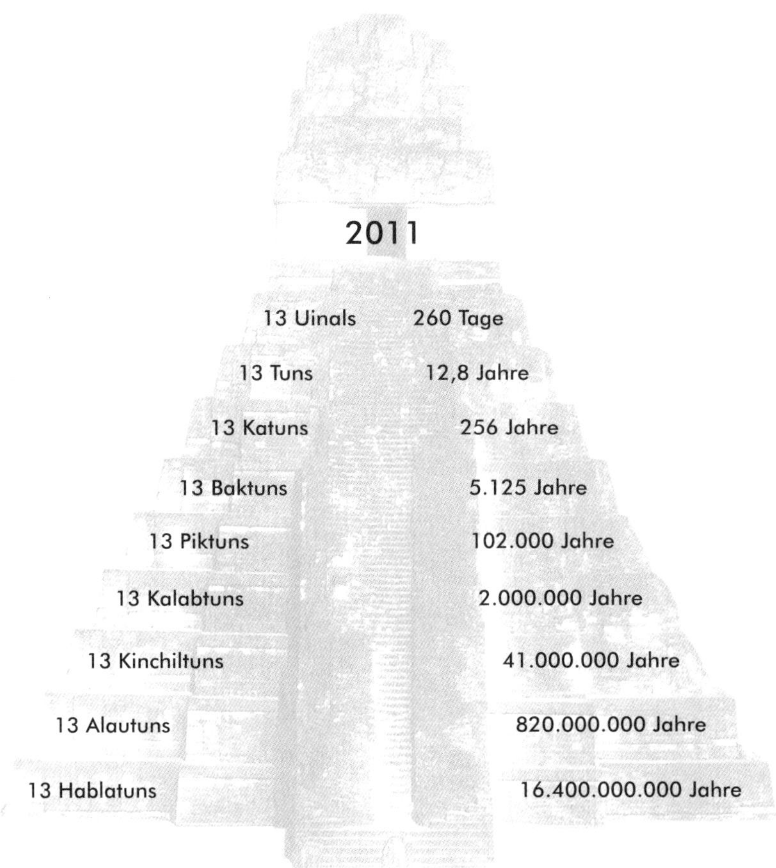

Abb.5.2. Die neunstöckige Kosmische Pyramide ist symbolisch für die Neun Unterwelten der Schöpfung. Jede entfaltet eine bestimmte Bewusstseinsebene, und alle erreichen ihre Vollendung an dem Tag 13 Ahau, am 28. Oktober 2011.

übersetzt wurden, bin ich überzeugt, dass dies irreführend ist. Es ergibt keinen Sinn, dass die Maya ihre neunstöckigen Pyramiden zu Ehren irgendwelcher „Höllen" gebaut haben. Unterwelten stehen in Beziehung zu den nacheinander aktivierten kristallinen Strukturen des inneren Erdkerns. (Der Ursprung der christlichen Hölle war die nordische Erdmutter Hel, die die Unterwelt beherrschte und im patriarchalischen Großen Zyklus als furchterregende Kraft dargestellt wurde). Die Anfangsdaten der Schöpfungszyklen, die die Neun Unterwelten schaffen und einige Begleiterscheinungen (Samen), die im Einklang mit der modernen wissenschaftlichen Datierung am Beginn der Unterwelten stehen, sind in Abb. 5.3 zusammengefasst.

Der Große Zyklus, der die sechs Unterwelten schuf und einen nationalen Bewusstseinsrahmen schafft, dem wir bis jetzt alle Aufmerksamkeit geschenkt haben, ist nur einer unter mehreren Schöpfungen oder Unterwelten. Diese besondere Unterwelt war auf dem Fundament von fünf niederen Unterwelten gebaut, die begrenztere Bewusstseinsrahmen geschaffen hatte. Die neunstöckige Pyramide der Maya sagt uns

Unterwelt	Geistig-kosmische Zeit	Physische Erdzeit	Anfangsphänomene	Ihre wissenschaftliche Datierung
Universale	13 x 20 Kins	260 Tage	?	
Galaktische	13 x 20^0 Tuns	4.680 Tage (12,8 Jahre)	?	
Planetarische	13 x 20^1 Tuns	256 Jahre	Industrialismus	1769 n. Chr.
Nationale	13 x 20^2 Tuns	5.127 Jahre	Schrift	3100 v. Chr.
Regionale	13 x 20^3 Tuns	102.000 Jahre	Sprache	100000 v. Chr.
Sippen-	13 x 20^4 Tuns	2 Mio. Jahre	1. Menschen	2 Mio. Jahre
Familiale	13 x 20^5 Tuns	41 Mio. Jahre	1. Primaten	40 Mio. Jahre
Säugetier-	13 x 20^6 Tuns	820 Mio. Jahre	1. Tiere	850 Mio. Jahre
Zelluläre	13 x 20^7 Tuns	16,4 Mrd. Jahre	Materie; Urknall	15 - 16 Mrd. Jahre

Abb. 5.3. Die Dauer der Neun Unterwelten in geistiger und physischer Zeit und einige ihrer Anfangsphänomene.

also, dass das Bewusstsein in hierarchischer Form geschaffen wurde und dass jede Unterwelt auf dem Fundament einer anderen steht.

Bevor wir fortfahren, sollten wir die verschiedenen Zeiträume zusammenfassen, die Teil des auf dem Tun (360 Tage) fußenden Kalendersystems der Maya sind (Abb. 5.4). Jede der neun größeren Schöpfungszyklen fußt auf einer Periode, die ein Vielfaches des Tuns ist. Das Tun wird mit der Zahl Zwanzig mit verschiedenen Potenzen multipliziert, und zwar so, dass ein hierarchisches System von Zeiträumen entsteht. (Beachte dennoch die Ausnahme, dass es eher achtzehn als zwanzig Uinals in einem Tun gibt.)

Jede der Neun Unterwelten wird entwickelt durch eine Folge von Dreizehn Himmeln mit sieben Tagen und sechs Nächten, beginnend mit dreizehn *Hablatuns* in der Zellulären Unterwelt, was sich nach oben fortsetzt mit *Alautun, Kinchiltun* usw. Deshalb dienen auf jeder neuen Ebene die Dreizehn Himmel (von jeweils zwanzigmal kürzerer Dauer als die Ebene darunter) dazu, einen höheren Bewusstseinsrahmen zu

Bezeichnung der Maya	Geistig-kosmische Zeit	Physische Erdzeit
Kin	1 Kin	1 Tag
Uinal	20 Kins	20 Tage
Tun	1 Tun	360 Tage
Katun	20 Tuns	7.200 Tage oder 19,7 Jahre
Baktun	20^2 Tuns	144.000 Tage oder 394 Jahre
Piktun	20^3 Tuns	2.880.000 Tage oder 7.900 Jahre
Kalabtun	20^4 Tuns	158.000 Jahre
Kinchiltun	20^5 Tuns	3,15 Mio. Jahre
Alautun	20^6 Tuns	63,1 Mio. Jahre
Hablatun	20^7 Tuns	1,26 Mrd. Jahre

Abb. 5.4. Zusammenfassung der Zeitzyklen in Verbindung mit den Tuns (360-Tage-Jahre) und ihrer entsprechenden Dauer in physischer Zeit.

entwickeln. Somit ist jede Unterwelt verbunden mit einem bestimmten Bewusstseinsrahmen: zellulär, Säugetier usw. Jede Unterwelt ist also verbunden mit einer gewissen Schöpfungsfrequenz, die Frequenz, mit der sich der Energiewandel vollzieht. Auf allen Ebenen ist der Energiewandel das Ergebnis des Wechsels zwischen sieben Tagen und sechs Nächten. So hatte z. B. die sechste Ebene (der Große Zyklus oder die Nationale Unterwelt), beherrscht von einer allgemein als Sechs-Himmel-Herr erwähnten Gottheit, einen Baktun-Zeitraum (394 Jahre) des Energiewechsels, der dazu diente, den nationalen Bewusstseinsrahmen zu entwickeln. In Abb. 5.5 werden die verschiedenen Energiewechsel der Regionalen, Nationalen und Planetarischen Unterwelt, jeweils mit einer bestimmten Frequenz, in einer genauen Vergleichsskala gezeigt. Dort sehen wir, dass die Nationale Unterwelt zur angegebenen Zeit begann, nachdem der Siebente Tag der Nationalen Unterwelt eingerichtet war, und dann wie umgekehrt die ganze Planetarische Unterwelt mit dem Siebenten Tag der Nationalen Unterwelt fällt. In der Skala in Abb. 5.5 würde der längste Schöpfungszyklus, die Zelluläre Unterwelt, sich über 25 Meilen (40 km) ausdehnen. Das ist eine gute Veranschaulichung, dass die Entwicklung sich beschleunigt.

Abb. 5.5. Die Beziehungen zwischen der Regionalen, Nationalen und Planetarischen Unterwelt, dargestellt in einer genauen Zeitskala, und die Veranschaulichung der Zunahme der Wandlungsenergie. Alle Zyklen enthalten sieben Tage und sechs Nächte und bringen die Entwicklung vom Samen zur Frucht. In dieser Skala würde die unterste Unterwelt (die Zelluläre) gut 40 km messen.

Während dieser Niederschrift (2003) sind wir beim Dritten Schöpfungstag der Achten Unterwelt, der Galaktischen, angekommen (s. Abb. 7.1, Seite 155), die ihrerseits wieder auf der Planetarischen steht. Es gilt jetzt nur noch zwei Unterwelten zu durchschreiten – die Galaktische (12,8 Jahre) und die Universale (260 Tage) –, bis wir die höchste Ebene der Schöpfung erreichen. In dieser hierarchischen Struktur ersetzen die Bewusstseinsrahmen nicht einander (regional, national, planetarisch usw.) noch folgen sie aufeinander. Nein, sie addieren sich, so dass die Schöpfung aller Unterwelten und somit der Aufstieg der neunstöckigen Kosmischen Pyramide zur selben Zeit vollendet sein wird: am 28. Oktober 2011 nach dem Gregorianischen Kalender. Wie wir bald sehen werden, ist jede Unterwelt mit einer bestimmten Yin/Yang-Polarität verbunden.

So bringt die Schöpfung die Entwicklung des Kosmos durch neun unterschiedliche Unterwelten hervor, beginnend mit den unteren Unterwelten, wo sich die Bewusstseinsentwicklung in physischer Form zeigt – wie die galaktische Materie und die biologischen Arten –, und wächst zu mehr ätherischen oder geistigen Ausdrucksformen der höheren Unterwelten. Wenn wir den Anstieg der Kosmischen Pyramide aus der Sicht der modernen Wissenschaft betrachten, können wir eine Folge verschiedener Bewusstseinsrahmen feststellen, jeder verbunden mit einer eigenen Unterwelt. Da diese Rahmen sich von der Zellulären bis zur Universalen ausdehnen, scheint der Sinn der Schöpfung zu sein, mit jeder Unterwelt diesen Rahmen zu erweitern und zu erhöhen, um schließlich die Ankunft des universalen Menschen zu ermöglichen.

Der Urknall

Die erste der Unterwelten, erzeugt von den dreizehn Hablatuns, begann vor 16,4 Milliarden Jahren. Das ist sehr nahe an dem Zeitpunkt, der für den Urknall geschätzt wird, dem Ausdruck, den die modernen

Naturwissenschaftler verwenden, um den Urbeginn der Schöpfung zu beschreiben. Diese Erste Unterwelt schuf die materielle Grundlage für den Rest der Schöpfung: Materie, Galaxien, Sonnensysteme und Zellen. Diese Unterwelt wird in Abb. 5.3 (Seite 103) Zelluläre genannt, weil die höheren Zellen, die zu Beginn ihres Siebenten Tages auftauchten und die höchste Ebene des Bewusstseins darstellen. Die anderen Unterwelten bekamen ihre Namen in entsprechender Weise.

Dass die Entwicklung der Ersten Unterwelt mit dem Urknall beginnt, hat weitreichende Folgen, die man nicht unerwähnt lassen sollte. Erstens haben wir hier den klaren Beweis, dass das auf dem Tun fußende Kalendersystem der Maya nicht in astronomischen Bewegungen oder biologischen Zyklen gründet. Dieses Kalendersystem macht es möglich, den Schöpfungsprozess von einer Zeit an zu beschreiben, da es noch keine Sonnensysteme oder sogar Galaxien gab. Das auf dem Tun fußende Kalendersystem beschreibt also die göttliche Schöpfung, die früher ist, als ihre materielle Verwirklichung, und ist auf einer sehr hohen Skala entstanden. Die Prozesse, die das auf dem Tun fußende System beschreibt, gehen zurück zu einer Zeit, als das Wort Gottes die Schöpfung begann, oder – in der Ausdrucksweise der Maya –, als der Erste Vater den vibrierenden Universalen Weltenbaum sprießen ließ. (Der in Kapitel 3 besprochene Weltenbaum, ist nur der örtliche Vertreter des Universalen Weltenbaums auf unserer eigenen Erde).

Natürlich ist es nicht wahrscheinlich, dass die Maya dieselben Kenntnisse über die erste Schöpfung hatten wie die heutigen Naturwissenschaftler, die durch quantenmechanische Überlegungen in der Lage sind, Ereignisse Sekunde für Sekunde zu beschreiben. Auf jeden Fall lag wohl ein solches physikalisches Wissen nicht im Interesse der Gelehrten der Maya, da einiges davon lediglich dazu dient, die Tatsache zu verschleiern, dass wir in einer Schöpfung mit einem göttlichen Sinn leben. Die Maya wussten jedenfalls – und dazu wurden sie durch das tiefe Verständnis des Heiligen Kalenders geführt –, dass es da einen bestimmten Rhythmus gab, mit dem sich die Schöpfung entfaltete, und dass es neun unterschiedliche, größere Schöpfungszyklen gab, die jeweils eine bestimmte Unterwelt des Bewusstseins schuf.

Da zweitens die Erste Unterwelt die ganze Zeit seit dem Urknall abdeckt, ist alles, was wir kennen – die gesamte Schöpfung – das Ergebnis des Schöpfungsprozesses, der von den Neun Unterwelten erzeugt wird, jede entwickelt durch die Dreizehn Himmel. Wie in Abb. 5.6 dargestellt, sind die Arten der Phänomene, die jede dieser Unterwelten entwickelt, sehr unterschiedlich und spezifisch zu jeder Unterwelt.

Der Mensch

Obwohl es hier nicht im Einzelnen dargestellt werden kann, lässt sich aber durch die Erforschung der vier untersten Unterwelten beweisen, dass lebende Organismen nicht einfach so durch Zufall entstanden sind, wie die Neodarwinistische Schule, die derzeit die Biologie beherrscht, es haben will. Stattdessen ist die biologische Entwicklung das Ergebnis der göttlichen Entwicklungszyklen, wie sie der Mayakalender beschreibt. Auf der biologischen Entwicklung, die die drei unteren Unterwelten geschaffen hatten, baute die Vierte, die Sippen-Unterwelt, auf und begann mit dem Auftreten der ersten menschlichen Wesen. Nach der fast einstimmigen Meinung anthropologischer Forschung erschienen Menschen zum ersten Mal vor etwa zwei Millionen Jahren in Zentralafrika. Etwas östlich vom Zentrum des Weltenbaums wurden die ältesten Überreste von echten Mitgliedern der menschlichen Rasse, dem *homo habilis*, gefunden, und ihre hominiden Vorfahren wurden noch näher an der Mittellinie gefunden (im Tschad). Wir können jetzt die alte Sage der Maya verstehen, nach der das erste menschliche Wesen aus dem Weltenbaum geboren wurde. (Dieselbe Vorstellung begegnet zufällig in der nordischen Sage, wo der erste Mensch Ask – „Esche" – vom Weltenbaum geboren wurde, der riesigen Esche Yggdrasil).

In den Unterwelten oberhalb der Vierten Unterwelt erschien das menschliche Wesen, um schöpferisch die Materie zu verändern, die in

Unterwelt	Dauer	Bewusstseinsebene Entwickelte Phänomene Lebensrahmen
Universale (Neunte)	13 Uinals	**Entwicklung des kosmischen Bewusstseins** Keine begrenzenden Gedanken, Zeitlosigkeit Keine Grenzen durch eine Organisation
Galaktische (Achte)	13 Tuns	**Entwicklung des galaktischen Bewusstseins** Überwindung materieller Lebensrahmen, Telepathie, Leben im Licht, Gentechnik Galaktische Organisation
Planeta-rische (Siebente)	13 Katuns	**Entwicklung des globalen Bewusstseins** Materialismus, Industrialismus, Amerikanismus, Demokratie, Republiken, Elektrotechnologie Planetarische Organisation
Nationale (Sechste)	13 Baktuns	**Entwicklung des kultivierten Bewusstseins** Schrift, größere Konstruktion, historische Religionen, Wissenschaft, Kunst Nationale Organisation
Regionale (Fünfte)	13 Piktuns	**Entwicklung des menschlichen Bewusstseins** Der *homo sapiens* mit der Fähigkeit, komplexe Werkzeuge herzustellen, Sprache, Kunst, frühe Religion Organisiert in regionalen Kulturen
Sippen-(Vierte)	13 Kalabtuns	**Entwicklung des Hominidenbewusstseins** Menschen *(Homo)*, die komplexe Werkzeuge herstellen und einfache mündliche Kommunikation kennen Organisiert in Sippen
Familiäre (Dritte)	13 Kinchiltuns	**Entwicklung des anthropoiden Bewusstseins** Lemuren, Affen, Australopithecinen mit der Fähigkeit aufrecht zu gehen und Werkzeuge zu benutzen Organisiert in Familien
Säugetier-(Zweite)	13 Alautuns	**Entwicklung des Säugetierbewusstseins** Entwicklung mehrzelliger Organismen, sexuelle Polarität, eine kontinentale Struktur und ein Pflanzenreich, um höheres Leben zu ermöglichen Höhere Säugetiere
Zelluläre (Erste)	13 Hablatuns	**Entwicklung des Zellenbewusstseins** Stufenweise Entwicklung des physischen Universums Galaxien, Sterne und Planeten; Entwicklung der chemischen Elemente Höhere Zellen

Abb. 5.6. Die wichtigsten Phänomene, die von jeder der Neun Unterwelten entwickelt wurden, und ihre Dauer. Wir haben den Siebenten Tag in den sieben unteren Unterwelten erreicht und werden die Neunte und letzte Unterwelt im Februar 2011 betreten.

den unteren Unterwelten bereits geschaffen war; und wachsend mit jeder höheren Bewusstseinsebene hat es sich dann voll entwickelt zum Mitschöpfer mit dem Schöpfer. In dieser Hinsicht stellt die Fünfte (oder Regionale) Unterwelt, die etwa vor 102.000 Jahren begann, den entscheidenden Wendepunkt dar. In dieser Unterwelt begannen die Menschen eine vielseitige Sprache zu sprechen und ausgeklügelte Werkzeuge und Künste zu schaffen.

Offenbar sind die Geburt des Universums, der Urknall, und die Geburt des Menschen die größten Ereignisse in der kosmischen Entwicklung. Wenn wir dann bedenken, dass das Auftauchen der ersten menschlichen Zivilisationen zusammenfällt mit dem Beginn eines größeren Schöpfungszyklus, dem Großen Zyklus, wird klar, dass jede der Neun Unterwelten tatsächlich der Entfaltung einer sehr deutlich neuen Bewusstseinsebene dient (Abb. 5.6, Seite 109).

An solchen Beispielen sehen wir, dass der Mayakalender wirklich ein Mittel ist, Brücken des Verstehens zu bauen – nicht nur, wie im vorigen Kapitel zu sehen war, zwischen den unterschiedlichen Religionen und geistigen Traditionen der Welt, sondern auch zwischen der Spiritualität und der Naturwissenschaft. Deshalb kann die Gültigkeit

Abb. 5.7. Ein Mensch, der vom Weltenbaum geboren wird.

der göttlichen Schöpfung durch wissenschaftliche Tatsachen über die Evolution überprüft werden. Es gibt nur zwei unterschiedliche Wege, sich denselben Prozess anzuschauen.

Der Mensch ist somit selbst ein Ergebnis der kosmischen Schöpfung, die auf recht verschiedenen Wegen durch den Tzolkin geformt wurde. So gibt es z. B. dreizehn verschiedene wichtige Gelenke im menschlichen Körper, sieben über und sechs unter der Gürtellinie, und wir haben insgesamt zwanzig Zehen und Finger. Es gibt im Menschen zwanzig verschiedene Aminosäuren, die unsere Proteine bilden, die treibende Kraft des Zellstoffwechsels, und 260 verschiedene Zelltypen.

Einige dieser Zahlen sind spezifisch für den Menschen. Kein Tier hat dreizehn Mal einen Eisprung im Jahr oder 260 Zelltypen und schon gar nicht dreizehn Gelenke und eine Summe von zwanzig Zehen und Fingern. Das bedeutet sehr wahrscheinlich, dass der Mensch mehr als irgendein anderes Lebewesen die Schöpfungsmuster des Tzolkin in seinem Bauplan trägt. Deshalb kann der Mensch in einem außerordentlichen Grade eine Resonanz mit dem Heiligen Kalender entwickeln und sich einstimmen in die göttlichen Schöpfungszyklen, die seinen zugrunde liegenden Energiemustern folgen. Diese Resonanz stak hinter dem alten mittelamerikanischen Gedanken, dass es eine Verbindung gibt zwischen den Energien der Tageszeichen und den Körperteilen des Menschen, eine Auffassung, die wesentlich war für ihre Medizin (Abb. 5.8).

Wir sollten auch eine andere, sehr wichtige Parallele zwischen dem Menschen und dem Kalendersystem der Maya betrachten. Die Entwicklungsphasen, die Menschen als Individuen durchlaufen, spiegeln die neun Bewusstseinsebenen des Kosmos wider. Der Orgasmus der Eltern und die daraus folgende Empfängnis – die Vereinigung der unsichtbaren männlichen und weiblichen Kräfte des Kosmos – ist eine Parallele zum Urknall, der zum Entstehen der ersten Zellen durch das Wirken der Zellulären Unterwelt geführt hat. Wenn der menschliche Fetus durch die verschiedenen Stufen, die an Fische und Tiere erinnern, geht, spiegelt seine Entwicklung, was während der Säugetier-Unterwelt geschaffen wurde usw., bis bei der Geburt und in der frühen Kindheit

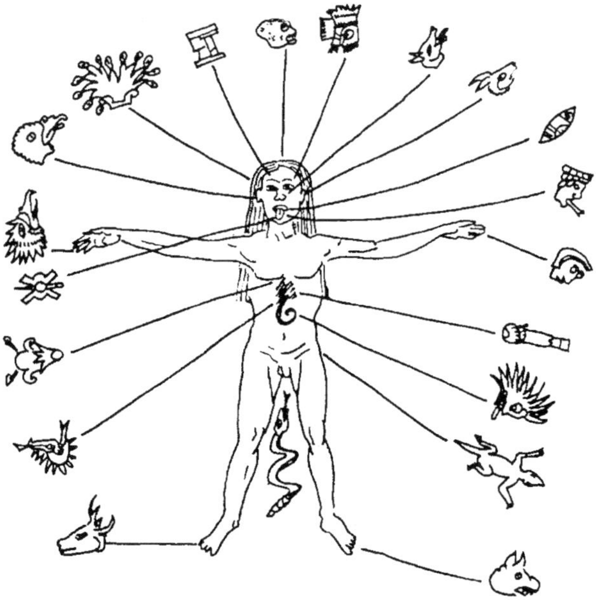

Abb: 5.8. Die Beziehungen zwischen den verschiedenen Körperteilen und den zwanzig Tageszeichen.

das menschliche Bewusstsein dem erleuchteten Bewusstsein der Steinzeitmenschen der Regionalen Unterwelt entspricht. Im Alter von drei bis sieben Jahren, wenn ein Kind Lesen und Schreiben lernt, beginnt es den Unterschied zwischen Gut und Böse zu sehen und sich selbst und andere zu beurteilen und es wird im Rahmen seiner natürlichen Entwicklung den Sündenfall erleben. Das entspricht dem Erreichen des dualistischen Bewusstseins der Nationalen Unterwelt, usw. Wir wollen zu unserem persönlichen Aufstieg durch die Unterwelt in Kapitel 8 zurückkehren.

Die Gedanken Gottes und seiner menschlichen Geschöpfe

Einstein hat einmal gesagt, das Interesse an der Wissenschaft entspringe dem Wunsch, die Gedanken Gottes zu verstehen. Wie kann also der Mayakalender uns helfen, die Gedanken Gottes zu beschreiben? Abb. 5.9 ist ein Modell für die holografische Übermittlung von Informationen vom Kosmos an uns. Da eine spiralförmige Galaxis in zwei unterschiedliche Hälften geteilt ist wie unser Gehirn, ist es uns möglich, durch eine holografische Resonanz die Gedanken Gottes zu empfangen, die kosmische Information, erzeugt vom Universalen Weltenbaum, der die Galaxis und die Erde als Relais benutzt. Ein Teil der Erklärung dafür, dass das Universum von der Polarität beherrscht wird – Polarität der Geschlechter, Polarität des Gehirns und Polarität des Bewusstseins –, ist die Tatsache, dass die Polaritäten einen Mechanismus brauchen, um Informationen aus der göttlichen Quelle zu übermitteln. Resonanz setzt Polarität voraus, und aufgrund der Polarität unserer Gehirnhälften können sie als Antennen für die Aufnahme neuer Information dienen.

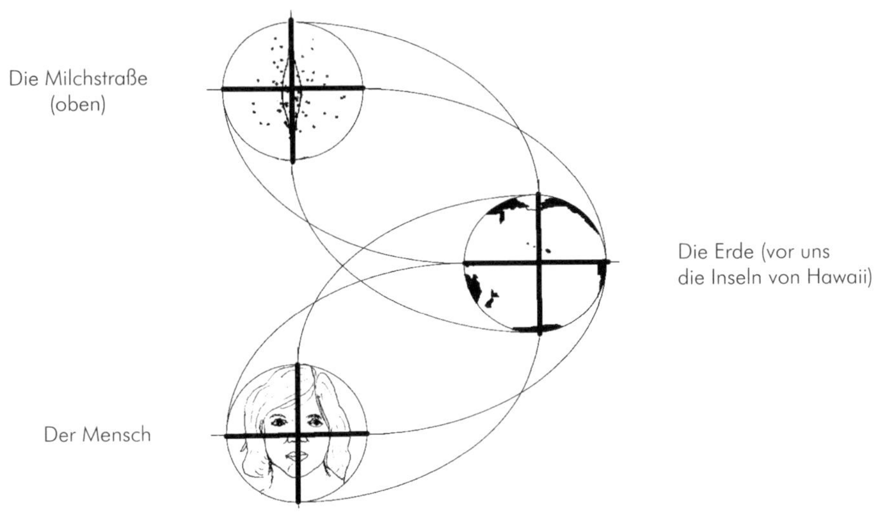

Abb. 5.9. Die holografische Resonanz zwischen der Galaxis und dem Menschen, wobei die Erde als Relais dient.

Es ist also durchaus möglich, dass die Sonne als Relais für kosmische Information zur Erde dient. Aufgrund der Geschwindigkeit, mit der sich die Sonne um ihre eigene Achse dreht, steht ein Punkt auf der Sonne ungefähr dreizehn Tage lang der Erde gegenüber. Das Trecena kann also eine Reflektion eines unsichtbaren Weltenbaumes auf der Sonne sein, was bewirkt, dass die Erde über einen Zeitraum von dreizehn Tagen wechselnden Energien ausgesetzt ist. Das könnte teilweise durch das Zusammenspiel des Sonnenwindes mit den verschiedenen konzentrischen Schichten der Erde vermittelt werden (Kapitel 3). Es dürfte kein Zufall sein, dass auf der Oberflächen der Sonne dieselbe Temperatur herrscht wie im Erdkern (6.000° C).

Aus der hier vorgetragenen Sicht unserer Existenz dient das menschliche Gehirn als Schaltstelle für die Übertragung von Information von den nicht-physischen Himmeln in den physischen Bereich. Das menschliche Gehirn ist nicht nur „Kanal" für die Information, sondern auch ein Mittel, sie voranzubringen. Die Zeiten, zu denen das „Herunterladen" eines solchen Programms günstig ist, sind im Mayakalender genau beschrieben. Das lässt sich sehr einfach durch die Tatsache zeigen, dass es da eine Reihe von Aspekten eines hemisphärischen Vorzugs gibt, der parallel in den globalen und menschlichen Skalen arbeitet. Beispiele sind die Fähigkeit des Sprechens und Schreibens, die bei über 90% der Menschen in der linken Gehirnhälfte entwickelt ist. Dies ist eine Parallele zur Fähigkeit der Menschheit in ihrer Gesamtheit, durch Schreiben zu kommunizieren, was entwickelt wurde als das Ergebnis einer Reihe von geistigen Impulsen (Tage im Großen Zyklus), als das Licht die westliche Hemisphäre des Planeten beschien (verbinde Abb. 2.7, Seite 31, mit Abb. 3.11a, Seite 52, und Abb. 5.9!).

Mathematik (die in diesem Buch nicht besprochen wird) folgt demselben Schema der Entwicklung, da sie eine abstrakte Denkweise ist, vermittelt durch die linke Gehirnhälfte. Es ist dann kaum zu verwundern, dass während der letzen vierhundert Jahre (der Dreizehnte Himmel) der Kapitalismus – das ökonomische System, das auf der Abstraktion von Wert für Massen beruht – im Westen die treibende

Kraft war, anfänglich in den Niederlanden und in Großbritannien und später in den Vereinigten Staaten. Und es ist ebenso kaum zu verwundern, dass das Auf und Ab dieser abstrakten Ökonomie sehr genau die Energieschwankungen des Mayakalenders wiedergibt. Deshalb sind ökonomische Zyklen ebenfalls Spiegelungen der Bewusstseinszyklen, die dem globalen Weltenbaum entspringen (Anhang A bietet weitere Information zur Ökonomie).

Schreiben und abstraktes Rechnen sind nur zwei Beispiele für den hemisphärischen Vorzug für Information, weitergegeben von unserem Gehirn aus dem nicht-physischen Bereich. Es gibt zahllose andere. Gottes Gedanken schaffen die geistigen Archetypen, die durch unser Gehirn nach dem genauen Zeitplan der Dreizehn Himmel und Neun Unterwelten vermittelt werden. Das kann man sich vorstellen wie eine kosmische Projektion durch das Licht Gottes.

Wie hier dargelegt, ist der Mayakalender grundsätzlich ein Zeitplan für die Bewusstseinsentwicklung. José Argüelles hat in seinem Buch *The Mayan Factor* (Der Maya Faktor) den Weg für diesen grundlegenden Gedanken geebnet. Argüelles war der Erste in der modernen Zeit, der den Symbolgehalt des Tzolkin ernst nahm, weil er vermutete, dass die Tagesherren archetypische Einflüsse geistiger Natur auf den Lauf der Menschheitsgeschichte ausdrückten. Bis zu dieser Niederschrift haben sich die meisten Forscher, die den Mayakalender untersucht haben, stattdessen auf das vermutete Ende des Großen Zyklus versteift, was zu einer zu verengten Sicht dieses Kalender geführt hat. Folgerungen über das Enddatum von Ereignissen physischer Natur neigen meines Erachtens dazu, die ungeheure Erklärungskraft zu schmälern, die der Mayakalender bewiesen hat als eine Beschreibung der Bewusstseinsentwicklung. Dies bedeutete, dass der Kernpunkt des Weges zur Erleuchtung verloren gegangen ist.

Trotz einer allgemeinen Bewegung in Richtung einer ganzheitlichen Weltsicht hängen besonders im Westen noch viele metaphysisch ausgerichtete Menschen an solchen physikalischen Erklärungen für das, was in der Welt geschieht. Statt anzuerkennen, dass das Bewusstsein vor der Materie kommt und dass die Bewusstseinsentwicklung alles steuert, suchen viele noch den letzten Strohhalm physikalischer Erklärung festzuhalten, sei es der Photonengürtel, die Präzession des Frühlingspunktes (nirgendwo in den Quellen der Mayas wird ein Zyklus von 26.000 Jahren erwähnt), hypothetische Planeten wie Nibiru oder Maldek, eine Verlagerung des magnetischen Poles oder etwas Ähnliches, um den Lauf der Ereignisse zu erklären. Erkennen wir aber an, dass der Lauf der Schöpfung 16 Milliarden Jahre zurückgeht, bevor irgendeine Materie existierte, dann müssen wir erkennen, dass ein in sich ruhendes Bewusstsein, eine alles durchdringende Intelligenz die letztendliche Quelle aller Entwicklung ist.

Die von der New-Age-Gemeinschaft vorgeschlagenen physikalischen Phänomene sind natürlich immer als die von der akademischen Gemeinschaft akzeptierten (sonst würden sie ja ihren mystischen Reiz verlieren). Die einen teilen aber dennoch dasselbe Ursache-Wirkung-Prinzip, dass die Materie vor dem Bewusstsein da war. Dieses Prinzip fordert, dass eine annehmbare Theorie der Naturwissenschaft letztendlich mit den Begriffen der Materie erklärbar sein müsse. In der laufenden Galaktischen Unterwelt jedoch wird eine Vorstellung von der Welt bevorzugt, in der alles, was ist, als Produkt einer fortschreitenden Bewusstseinsentwicklung gesehen wird. Diese Entwicklung wird erzeugt vom unsichtbaren Weltenbaum, der nach den Mythen der Maya vor allem anderen existierte. Wer bereit ist, den Sprung zu dieser Weltsicht zu tun, für den wird die Welt viel leichter zu verstehen sein.

Natürlich ist dies genau dieselbe grundsätzliche Voraussetzung, die schon früher bei der Betrachtung des Kalendersystems der Maya selbst gezeigt wurde. Um den kosmischen Plan zu verstehen, müssen wir unterscheiden zwischen geistigen und physischen Zeitzyklen; alle Versuche, die Bewusstseinsentwicklung astronomischen Zyklen unterzuordnen, versagen, wenn sie ein notwendiges Verständnis liefern sollen. Dass die Schöpfungszyklen der Maya zurückgehen auf eine Zeit, in der es nur ein in sich ruhendes Bewusstsein gab, sollte unmittelbar deutlich machen, dass dieses ruhende Bewusstsein früher ist als alle materiellen Manifestationen der Schöpfung.

Die Übermittlung kosmischer Information durch den Äther ist offenbar nicht durch die Lichtgeschwindigkeit begrenzt, und wir müssen deshalb annehmen, dass der Wechsel der Yin/Yang-Polarität in allen Strukturen des Universums gleichzeitig geschieht: in den Galaxien, im Sonnensystem, bei den Planeten, Organismen, Zellen, Atomen und Nukleonen. Die Information, die das Bewusstsein formt wird ausgestreut durch holografische Resonanz, die auch fraktale Ausdehnung genannt werden könnte. Schließlich werden alle Bewusstseinsveränderungen vom Universalen Weltenbaum erzeugt, der vermutlich die Galaxien des Universums in eine geschlossene Struktur bringt, die uns noch nicht klar ist. (Denn die konstante Lichtgeschwindigkeit begrenzt unsere Möglichkeit, das ganze Universum zu sehen. Unglücklicherweise gehen Wissenschaftler oft von einem sich ausdehnenden Universum aufgrund der Annahme aus, dass der Teil, den wir sehen, das ganze Universum sei.) Im Mittelpunkt des Universalen Weltenbaums mag das sein, was in der esoterischen Tradition die Zentralsonne genannt wird. Für den geistigen Sucher ist vielleicht das Verständnis der Natur der ätherischen Yin/Yang-Felder in physikalischen Begriffen nicht so wichtig. Es ist aber wichtig, genug über den Mayakalender zu erfahren, um zu erkennen, dass er die Entwicklung aller Dinge beschreibt, und um seine prophetischen Inhalte zu verstehen.

Dieser Universale Weltenbaum ist weiter identisch mit dem, was in der Mayatradition Hunab-Ku genannt wird, manchmal als der Eine Geber von Maß und Bewegung bezeichnet, aber sicherlich besser übersetzt mit die Eine Quelle der Beschränkungen und der Energie (Abb. 5.10). Die Beschränkungen sind zurzeit die Grenzen, die die Yin/Yang-Polaritäten erschaffen (speziell auf unserem Planeten z. B. die planetarische Mittellinie). Die Energie ist die schöpferische Energie, die der Zentralsonne entströmt. Wie bereits erwähnt, liegt der Universale Weltenbaum jenseits unseres Vorstellungsvermögens, doch der galaktische und irdische Mikrokosmos sind in ihm, und jeder von uns ist ein individueller Ausdruck des Hunab-Ku.

Unsere Wahrnehmung der neuen Himmel, der neuen Gedanken

Abb. 5.10. Hunab-Ku (wörtlich Hun Ahau, ein Herr), das Yin/Yang-Symbol der Maya für die Zentralsonne des Universalen Weltenbaums, die Eine Quelle von Beschränkungen und Energie.

Gottes, treibt uns teilzunehmen am Bau der Unterwelten als Ausführende des Göttlichen Planes. Wir sind vielleicht mehr Marionetten des Schöpfungsprozesses, als manche denken möchten. Doch wenn wir unsere Erkenntnis von der Wirkweise der Schöpfung erweitern und den Weg zur Erleuchtung finden, tun wir genau das Nötige, uns vom Marionettendasein zu befreien und die Wahlmöglichkeiten in unserem Leben zu vergrößern. Wenn wir die nächste Stufe der Pyramide erklimmen wollen, müssen wir tatsächlich diese Erkenntnis annehmen. Wenn es unser Ziel ist, nach dem Bilde Gottes geschaffen zu sein, dann können wir keine Marionetten bleiben. In dieser Zeit, in der Galaktischen Unterwelt, nach dem Bilde Gottes geschaffen zu sein, bedeutet, werdender Schöpfer zu werden; und die Schöpfung zu verstehen ist eine klare Stufe, die wir an der kosmischen Pyramide nehmen müssen. Die Verantwortung als Mitschöpfer mit Gott zu übernehmen setzt ein grundsätzliches Verständnis für die Wirkweise der Schöpfung voraus.

Das holografische Modell des Universums, das hier vorgestellt wurde, macht es uns jetzt möglich, das Phänomen der *Synchronizität* zu verstehen, ein Ausdruck, der von dem Schweizer Psychiater Carl Jung eingeführt wurde, um statistisch unwahrscheinliche „Zufallsereignisse" zu beschreiben, die als bedeutungsvoll erfahren wurden. Da die Himmel, die Gedanken Gottes, uns alle gleichzeitig berühren, können verschiedene Individuen unabhängig voneinander mit denselben Ideen auftreten etwa zur selben Zeit, zu der ein Wechsel in den Himmeln stattfindet. Bei einem kosmischen Projektor, der bei Veränderungen des Kalenders automatisch Archetypen verändert und dabei das Bewusstsein beeinflusst, wäre es viel überraschender, wenn Ideen *nicht* gleichzeitig an verschiedenen Orten auftauchen würden.

Es gibt natürlich viele andere Arten von Gleichzeitigkeit. Ein Beispiel ist, wenn sie gerade in dem Augenblick auf eine Person stoßen, wenn sie an sie denken. Eine solche Begegnung wird verständlich, wenn zwei Personen in Resonanz sind mit demselben Himmel. Scheinbar zufällige Begegnungen kommen vor, weil sie Teil eines Prozesses sind, der dem Fluss des göttlichen Lichtes entspringt, der sich bei kalendarischen Veränderungen in eine bestimmte Richtung lenkt. Sie sind somit die Ergebnisse der Gedanken Gottes, und natürlich nutzen viele Menschen solche Synchronizitäten als eine Quelle göttlicher Führung. Da die Frequenz der göttlichen Schöpfung sich zurzeit beschleunigt, sind solche statistisch unmöglichen Ereignisse eine Selbstverständlichkeit geworden, und zumindest die unterbewusste Kenntnis wächst, dass da ein tieferer Plan am Werk ist.

Doch einige unter uns murren immer über die Idee, dass Synchronizitäten seltsam und bemerkenswert sind. Diese Haltung ist die logische Folge der materialistischen Weltsicht, von der wir umgeben sind. Dies schließt die Ablehnung eines Göttlichen Planes für die Bewusstseinsentwicklung durch die meisten Menschen ein. Obwohl unser Bewusstseinsrahmen für uns ist wie das Wasser für einen Fisch, neigen wir dazu, die Existenz des Bewusstseins zu verneinen und beachten nicht, dass es sich verändert, wenn sich der Göttliche Plan entfaltet. Dieser Plan steuert alle Aspekte unserer Existenz, einschließlich der unsichtbaren Veränderungen des Bewusstseins, das unwahrscheinliche Zufälle schafft, so wie erwartungsgemäß viele Ereignisse in der physischen Welt sich den Gesetzen der Statistik widersetzen. Doch blind für unser eigenes Bewusstsein werden wir die Beute der Illusion, dass die materielle Welt wirklich ist. Mit dieser Illusion müssen Synchronizitäten immer als seltsam und unerklärlich erscheinen. Die Intuition zu entwickeln ist wie ein sich *Einstimmen* in die Gedanken Gottes und der Blick durch die Schleier des Materialismus, so dass wir den Synchronizitäten erlauben, für uns zu spielen.

Die Erweiterung des menschlichen Lebensbereiches: Die Entwicklung der Telekommunikation

Nach diesem kurzen Abriss über die niederen Unterwelten können wir vielleicht unseren Aufstieg zur Kosmischen Pyramide fortsetzen. Die Unterwelt, die auf der Spitze der 13 x 400 = 5.200 Tuns langen Nationalen Unterwelt geschaffen wurde, ist die Planetarische Unterwelt. Da die Schaffung jeder neuen Unterwelt zwanzigmal schneller vollendet wird als die Schöpfung der darunter, ist die Schöpfung der Planetarischen Unterwelt in 13 x 20 = 260 Tuns vollendet oder – in anderen Worten – in 256,4 physischen Jahren. Diese Unterwelt begann ihre Herrschaft am 24. Juli 1755, und ihre entsprechenden Tage und Nächte sind Katun-Zeiträume von jeweils 20 Tuns oder 19,7 Jahren (Abb. 5.11).

Abb. 5.11. Die Dreizehn Himmel der Planetarischen Unterwelt mit ihren herrschenden Gottheiten. Die Götter des Lichts stehen oben, und die Götter der Dunkelheit sind unten mit der Dauer der entsprechenden Katuns.

Der Beginn dieser Planetarischen Unterwelt in der Mitte des 18. Jahrhunderts war also eine Zeit sehr großer Veränderungen. Eine neue Zeit, eine neue Zivilisation – die Zivilisation des planetarischen Industrialismus' – wurde gesät. Sein Beginn in Europa sah das Aufkommen der Aufklärung und die ersten Kosmopoliten – Menschen, die sich nicht ausschließlich mit ihrem eigenen Volk, sondern mit der Menschheit insgesamt identifizierten. Der Erste Tag der Planetarischen Unterwelt erlebte den Beginn der politisch und philosophisch bedeutenden Amerikanischen Revolution. Viel bedeutender war jedoch der Beginn der Industriellen Revolution, den man üblicherweise mit der Erfindung der Dampfmaschine durch James Watt im Jahre 1769 datiert. Später entwickelte die Planetarische Unterwelt einige technische Erfindungen, die bis jüngstens nur wenige für das Ergebnis eines kosmischen Planes halten würden.

Dieses Buch bietet nur wenige Beispiele, wie der Mayakalender evolutionäre Wellenbewegungen des Bewusstseins beschreibt: Schrift, Religionen, Wirtschaft (Anhang A) und jetzt die Telekommunikation. Diese Kürze ist nicht durch die Kargheit der Beispiele bedingt, vielmehr weil es die Absicht dieses Buches ist, eher die Grundgedanken zu beleuchten als die volle Vielseitigkeit des Mayakalenders zu beschreiben. Alles, was sich entwickelt, ist stark beeinflusst durch die Muster der Sieben Tage und Sechs Nächte und meistens unmittelbar untergeordnet. Leser, die an mehr Beispielen interessiert sind, verweise ich auf mein Buch *Solving the Greatest Mystery of Our Time: The Mayan Calendar* (Die Lösung des größten Geheimnisses unsere Zeit: Der Mayakalender), um ein vollkommeneres Bild zu erhalten.

Wenn man die Entwicklung der Telekommunikation verfolgt, hat man einen klaren Weg, die Entwicklung der Technologie und des planetarischen Bewusstseinsrahmens in der Planetarischen Unterwelt zu sehen. Als wir die Nationale Unterwelt besprochen haben, habe ich die wichtige Rolle der Schrift in ihrer Entwicklung herausgearbeitet. Solange Menschen innerhalb eines Volkes lebten – was sich in einem ziemlich langsamen Rhythmus, der auf einem Baktun fußte, entwickelte – reichte schriftliche Kommunikation leicht aus. Völker waren meistens so klein, dass ihr gesamtes Siedlungsgebiet durch einen Kurier in wenigen Tagen erreicht werden konnte, und selten war es nötig, schneller als so zu kommunizieren. In der Planetarischen Unterwelt jedoch waren verschickte Papiere nicht länger mehr ausreichend schnelle Kommunikationsmittel, da der Schöpfungsprozess und deshalb auch die technologische Entwicklung auf einen zwangzigfachen Rhythmus beschleunigt wurde, der jetzt auf einem Katun beruht. Als Ergebnis der Entwicklung des planetarischen Bewusstseinsrahmens und seiner erhöhten Frequenz hat der gesamte Planet stufenweise ein allgemeines Kommunikationsnetzwerk entwickelt. In diesem Prozess spielt die Telekommunikation – wobei sie das elektrische Feld benutzt, das in der Nationalen Unterwelt allgemein unbekannt war – eine entscheidende Rolle.

Die Abb. 5.12 zeigt, wie die Telekommunikation ihre größten Schritte sehr nah am Beginn der Tage unternommen hat, die wiederum zu den ungeraden Himmeln der Planetarischen Unterwelt gehören. Wir können auch feststellen, wie das Potenzial für globale Kontakte, bereitgestellt durch diese verschiedenen Arten der Kommunikation, sich Tag für Tag erweiterte. Schritt für Schritt hat sich der Same der Idee einer Telegrafie bis zur Frucht des Internets entfaltet, unterstützt durch eine Wellenbewegung, die eine neue Ebene menschlicher Kreativität vorantrieb. Wenn diese Information auf dem Tisch liegt, sind wir vielleicht gespannt, wer Recht hat. Der durchschnittliche Mensch denkt heute, dass die technische Entwicklung führungslos und ungeplant und das Ergebnis zufälligen menschlichen Erfindungsgeistes ist. Oder haben die Maya und Mexica Recht, die die Geschichte als Ergebnis von Schöpfungszyklen gesehen haben, gesteuert von verschiedenen Gottheiten? Es scheint, dass da die alte westliche Welt ein echtes Problem hat.

In Abb. 5.12 ist ein Entwicklungsprozess so nachgewiesen, eine genau Parallele zu dem in Abb. 2.7 (Seite 31) beschriebenen, freilich auf einer höheren Ebene. Entwickelte Kommunikationsmittel der Schrift, die passend innerhalb eines Volkes waren, begannen mit den ersten auf Tontafeln eingeritzten Symbolen bis zu täglichen Zeitungen.

Wachstumsstadium Zahl von Tag und Himmel Herrschende Gottheit	Zeitspanne	Erfindung oder Entwicklung
Säen Tag 1, Himmel 1 Gott des Feuers und der Zeit	1755–1775	**Theorie des Telegrafen** Anonymus (1753) Bozolus (1767)
Keimen Tag 2, Himmel 3 Göttin des Wassers	1794–1814	**Optischer Telegraf** Chappe, Paris-Lille (1794) Schweden (1794)
Sprießen Tag 3, Himmel 5 Göttin der Liebe und der Geburt	1834–1854	**Elektrischer Telegraf** Morse (1835) Washington-Baltimore-Verbindung (1843)
Wachsen Tag 4, Himmel 7 Gott des Mais' und des Unterhalts	1873–1893	**Telefon** Bells Patentantrag (1876) 1. Telefonstation (USA, 1878)
Knospen Tag 5, Himmel 9 Gott des Lichtes	1913–1932	**Radio** 1. reguläre Sendung (USA 1910; Deutschland 1913)
Blühen Tag 6, Himmel 11 Göttin der Geburt	1952–1972	**Fernsehen** 1. öffentliche Sendung (Großbritannien 1936) 1. Farbfernsehen (USA 1954)
Frucht Tag 7, Himmel 13 Dualer Schöpfergott	1992–2011	**Computer-Netzwerk** Internet (1992) Globale TV-Kanäle Mobilfunk

Abb. 5.12. Die Entwicklung der Telekommunikation von der Theorie des Telegrafen (Same) zu den Zellen im Telefon und dem Internet (Früchte) in den Tagen der Planetarischen Unterwelt.

Die Telekommunikation dagegen entwickelte sich von der Anfangsidee eines Telegrafen bis zum Internet. Beide sind offensichtlich die Folge der ungeheuren Geschwindigkeitszunahme der Kommunikation, doch das Internet stellt eine Entwicklung der Kommunikationsmittel dar, die der Integration des ganzen Planeten dient. Dadurch können wir klar sehen, dass die beiden Unterwelten, die Nationale und die Planetarische, zwei verschiedenen Bewusstseinsrahmen entsprechen. Ja beide folgen demselben Grundmuster der Entwicklung vom Samen zur reifen Frucht, das in sieben Schöpfungstagen stattfindet.

Wie in Abb. 5.11 zu sehen ist, sind es dieselben dreizehn Gottheiten (die dieselben Energien ausstrahlen), die die Folge der dreizehn Katuns in der Planetarischen Unterwelt beherrschen, die auch die dreizehn Baktuns der Nationalen Unterwelt regierten (s. Abb. 2.5, Seite 27). Dieses Muster, das allen Unterwelten gemeinsam ist, ist die wahre Grundlage der Prophetie des Mayakalenders. Aufgrund der Wiederkehr derselben Folge von Gottheiten – und Energien – in den verschiedenen Unterwelten ist es möglich, Voraussagen für die Zukunft zu machen. Davon später mehr.

Die Zunahme der Frequenz und die Beschleunigung der Zeit

Der Weltenbaum ist der erste Verursacher von Veränderungen zwischen Tagen und Nächten. Weiter können wir feststellen, dass die Frequenz solcher Veränderung um das Zwangzigfache mit jeder höheren Unterwelt zunimmt. Unsere Erfahrung der Zeit ist somit verbunden mit einer bestimmten Frequenz auf jeder Bewusstseinsebene der Kosmischen Pyramide. Die Geschwindigkeit der verschiedenen Kommunikationsmittel z. B. (s. Abb. 2.7, Seite 31, und Abb. 5.12, Seite 123) sind einfach Ausdruck dieser Frequenzen. Jede Unterwelt ist somit beherrscht von einer Grundfrequenz für die Bewusstseinsentwicklung, und die Frequenzen nehmen vom allerniedrigsten von 1/Hablatun bis zum allerhöchsten 1/Uinal zu, wenn die neunstöckige Pyramide erklommen ist. Diese 25-milliardenfache Zunahme der Grundtöne der Schöpfung (da gibt es sicherlich auch eine Zahl von Obertönen) berührt die Art der Phänomene, die von den verschiedenen Unterwelten erzeugt werden. So kann das Unsichtbare Kreuz als ein programmiertes Instrument gesehen werden, um eine kosmische Symphonie zu erzeugen, bei der die Töne von immer höherer Frequenz im augenblicklichen Muster zum Klingen kommen. (Eine bessere Metapher als eine Symphonie wäre ein Dirigent, der zuerst die Trommeln einsetzen lässt und dann ein Instrument nach dem andern und diese zu denen hinzufügt, die schon spielen).

Diese pyramidale Struktur der Schöpfungsfrequenzen steckt hinter der allgemeinen Erfahrung, dass die Zeit jetzt viel schneller läuft – bis zu dem Punkt, dass sie manchmal zu verschwinden scheint. Jede Ebene, jede Terrasse der Pyramide entspricht einer bestimmten Bewusstseinsebene, aber sie entspricht offenbar auch einem bestimmten Frequenzwechsel (s. Abb. 5.5, Seite 105). Mit jeder höheren Ebene der Pyramide des kosmischen Bewusstseins findet eine zwanzigfache Beschleunigung der spirituellen Zeit statt. Je häufiger der Wechsel zwischen Tagen und Nächten, je höher die Veränderungsfrequenz desto schneller erleben die Menschen den Lauf der Zeit. So entsprechen z. B. in der Galaktischen Unterwelt die Veränderungen in einem einzigen Tun (360 Tage) denen eines Katun (19,7 Jahre) der Planetarischen Unterwelt oder eines Baktun (394 Jahre) in der Nationalen Unterwelt.

Heute sollten wir die Ursache der Zeitbeschleunigung kennen. Das so genannte Burn-out-Syndrom hat in einigen Ländern dramatisch zugenommen, wo die Leute Opfer des Stress‘ sind scheinbar wegen der hohen Arbeitsbelastung um sie herum. In Wirklichkeit ist das Burn-out-Syndrom das Ergebnis der immer deutlicheren Konflikte zwischen dem Bewusstsein der materialistischen Planetarischen Unterwelt und dem Bewusstsein, das jetzt aufkommt und von der mehr Galaktischen Unterwelt geschaffen wurde. Das wird dazu führen, dass das Bournout-Syndrom noch schwerer werden wird. Das einzige echte Heilmittel ist, dass wir unser Leben mit der kosmischen Entwicklung hin zur Erleuchtung verbinden und unsere gesamte Existenz – Denken, Handeln, Sein – darauf ausrichten. Im kosmischen Plan gibt es keine Umkehr. Die Werte der Planetarischen Unterwelt müssen so oder so denen der Galaktischen weichen.

Schließlich kommt das Phänomen des Stress‘ vom persönlichen Konflikt zwischen der kosmischen, göttlichen und der physischen Zeit. Manche meinen, dass eine gewöhnliche Armbanduhr einen hindert, mit dem Fluss der Zeit zu gehen; ohne ein solches Ding begegnen einem aber die Synchronizitäten leichter. Göttliche Zeit ist der Fluss der Galaktischen Unterwelt, der entsprechend dem auf dem Tun fußenden Mayakalender zur Erleuchtung führt, während physikalisch gemessene Zeit den physischen Prozessen untergeordnet ist. Die Uhr ist ein mechanisches Gerät zur Zeitmessung und unterwirft uns einem ganzen Regelwerk eines typischen Lebens in einer industrialisierten Welt der Planetarischen Unterwelt. Wenn jemand mit dem Fluss der göttlichen Zeit gehen will, während seine Uhr – fußend auf der physischen Zeit – ihm oder ihr etwas anderes vorschreibt, entsteht ein stressiger Konflikt.

Im Grunde jedoch ist dieser Konflikt nichts anderes als der Konflikt, ob ich einerseits dem solaren Jahr folge, ohne Rücksicht darauf, wie es in Monate zerstückelt ist, oder andererseits dem Mayakalender. Die mechanischen Bewegungen der Uhr sind unmittelbar mit den mechanischen Bewegungen der astronomischen Zyklen verbunden, und die neigen ebenso dazu, die Menschen eher der physischen Wirklichkeit unterzuordnen als ein Denken zu schaffen, das die Menschen unterstützen würde, mit dem göttlichen Fluss der Zeit zu gehen. Die Befreiung der Menschen von den negativen Auswirkungen der Frequenzerhöhung, z. B. Stress, liegt darin, in den natürlichen, nichtphysischen, göttlichen Fluss der Schöpfung zu gehen, der zur Erleuchtung führt. Heute merken die Menschen mehr denn je zuvor, dass es zu Stress führt, wenn sie ihr Leben der physischen Zeit unterordnen.

Kalender, die auf der physischen Zeit aufgebaut sind wie der Gregorianische, islamische oder jüdische Kalender oder einfache Astrologie für diesen Bereich, können nicht die derzeitige Zeitbeschleunigung und die Zunahme von Stress erklären. Die Dauer des Sonnenjahres hat sich in den vergangenen Millionen Jahren kaum verändert. Nur das hierarchische, auf dem Tun aufgebaute Kalendersystem der Maya, das mehr auf den Schwankungen des Weltenbaums gründet als auf der Bewegung materieller Körper, ist imstande, die Zeitbeschleunigung zu erklären. Durch dieses Kalendersystem wird das zunehmende Tempo der Zeit eine logische Folge.

Schließlich steckt hinter der Frequenzerhöhung, hervorgebracht durch die nur dreizehn Tuns lange Galaktische Unterwelt, die derzeitige Wiederbelebung des Tzolkin und des Mayakalenders. Nur wenn der Wechsel von Tagen und Nächten auf einer sehr hohen Frequenz geschieht, merken die Menschen auf die Dauer, dass hinter der Strömung der menschlichen Kreativität geistige, kosmische Kräfte stecken. Da diese Wechsel sich zurzeit so häufig ereignen – alle 360 Tage –, scheint es, dass viele, zumindest auf einer unbewussten Ebene, ihrer gewahr werden. Diese Frequenzerhöhung wird nach und nach immer deutlicher werden, wenn die Galaktische Unterwelt beherrschender wird und eben mehr, wenn die Universale Unterwelt näher kommt. Doch mehr dazu später.

Die planetarische Lichtrunde und der Aufstieg zur Kosmischen Pyramide

Die neun verschiedenen Unterwelten, die die kosmische Bewusstseinspyramide bilden, wurden jetzt vorgestellt. Es wurde aber dennoch noch nicht angedeutet, dass diese Kosmische Pyramide die Menschheit zu dem Zustand der Erleuchtung führen kann. Dazu muss ein äußerst wichtiges Prinzip in das Gesamtbild des Kalendersystems der Maya eingeführt werden: Die planetarische Lichtrunde.

Das Prinzip besagt, dass jede der Neun Unterwelten beherrscht ist von einer Yin/Yang-Polarität (Dunkelheit, Licht) und dass diese Polaritäten entsprechend einem bestimmten Muster unterschiedlich sind. Der kosmische Plan muss solche Muster beinhalten, um in der Lage zu sein, die Menschheit auf den Pfad zur Erleuchtung zu führen. Der Grund für die sich verändernden Polaritäten ist offensichtlich, dass wenn alle Neun Unterwelten eine bestimmte Hemisphäre begünstigen würden, die Ereignisse auf der Erde schon vor langer Zeit aus dem Gleichgewicht gekommen wären. Um dem entgegenzuwirken, dient die Lichtrunde dazu, die Wirkung der verschiedenen Unterwelten im Gleichgewicht zu halten. Dies ist die grundsächliche Ursache dafür, dass, wenn uns wieder ein Sündenfall treffen sollte, es dennoch einen begehbaren Weg heraus zu einer ruhmreichen Zukunft gibt, wie es in vielen Religionen und geistigen Traditionen versprochen wurde.

Was allen früheren Versuchen, den Mayakalender zu verstehen gemein ist, ist das Versäumnis zu erkennen, dass dieses Kalendersystem die Entwicklung des Bewusstseins in neun unterschiedlichen Unterwelten beschreibt. Wenn wir die Energien der Dreizehn Himmel in diesen Unterwelten vergleichen, können wir etwas über diese Energien lernen; nur die Neun Unterwelten in ihrer Gesamtheit machen den Mayakalender zu einem prophetischen Führer auf dem Weg zur Erleuchtung. Der Mayakalender umfasst die ganze Schöpfung, die von den Neun Unterwelten gebaut wurde. Die herausragendsten Pyramiden im Gebiet der Maya stehen als Beweis für die Bekanntheit dieser Unterwelten. Um die Grundbotschaft dieser Pyramiden zu verstehen, müssen wir nur darauf schauen, was unmittelbar offensichtlich ist: sie haben neun Ebenen.

Die Yin/Yang-Polarität der planetarischen Lichtrunde in Abb. 5.13 abgebildet, wo die Erde von ihrer „Rückseite“ (das ist die „Seite“ gegenüber dem Pazifik, die in Resonanz steht mit den Augen und dem Gesicht) gezeigt wird und entsprechend von oben, vom Nordpol. Wenn die neunstöckige Pyramide bestiegen wird, dreht sich die Yin/Yang-Polaritität um 90° gegen den Uhrzeigersinn mit jeder neuen Bewusstseinsebene. Da der Weltenbaum, die Polachse, seine Wirkung durch eine Pendelbewegung ausübt (eine davon ist 12° östlicher Länge), erzeugt er ätherische Schöpfungsfelder mit wechselnder Yin/Yang-Polarität. Wie vorher besprochen, ist das hier vorgetragene Modell übereinstimmend mit der Hypothese, dass der Erdkern eine achtflächige Struktur hat. So wird mit jeder neuen Unterwelt eine neue Yin/Yang-Polarität zu den bereits bestehenden hinzugefügt als eine Trennungslinie gegenüber den bereits erzeugten durch die Drehung des Weltenbaums um 90°.

Da das Hirn und der Verstand der Menschen in holografischer Resonanz mit der Erde stehen, werden, wenn die Kosmische Pyramide

Abb. 5.13. Die Yin/Yang-Polaritäten der verschiedenen Unterwelten in der planetarischen Lichtrunde. Mit jeder neuen, höheren Ebene der Kosmischen Pyramide sieht man die Polaritätsänderung um 90° von der Polachse. Links sieht man die Erde von der „Rückseite" und rechts ist sie von oben, vom Nordpol aus gesehen.

Abb. 5.14. Quetzalcoatl beim Besteigen der fünfstöckigen Pyramide, die vielleicht den Auf- und Abstieg zu den Neun Unterwelten bezeichnet. Im Osten sind heilige Bauten, wie die Pyramiden, in fünf Stockwerken gebaut. Der Ahauob, der Schamanenkönig der Maya, würde auf die Spitze der neunstöckigen Pyramide steigen, um seine Zeremonien durchzuführen. Dabei dachten sie – mindestens symbolisch oder in Trance –, zur universalen Ebene des Bewusstseins aufzusteigen und so zur Einheit mit dem Kosmos zurückzukehren.

erstiegen ist, die daraus resultierenden Bewusstseinsrahmen beherrscht werden durch die entsprechenden Yin/ Yang-Polaritäten.

Einige dieser Yin/Yang-Polaritäten erzeugen eine Trennung zwischen den beiden Gehirnhälften der Menschen und schaffen so ein dualistisches Denken (die Wirklichkeit wird durch einen dualistischen Filter wahrgenommen), während andere Polaritäten ein ganzheitliches Denken erzeugen (die Wirklichkeit wird ganzheitlich gesehen). Die dualistischen Unterwelten können entweder die Wirklichkeitsaspekte filtern, die von der westlichen/linken Gehirnhälfte wahrgenommen wurden oder von der östlichen/rechten Gehirnhälfte. Wenn es zu den ganzheitlichen Unterwelten kommt, verschließen einige Aspekte den Menschen die Augen, während sie anderen die Erleuchtung bringen. Wie bei vielen anderen Behauptungen in diesem Buch ist jedoch kein Raum, einen empirischen Beweis für diese Lichtrunde zu erbringen. Deshalb ist der Leser einfach eingeladen, sich auf sein Sehen zu verlassen, um festzustellen, ob es mit seiner Intuition übereinstimmt.

Für einen kurzen Überblick über die planetarische Lichtrunde lasst uns mit dem ganzheitlichen Bewusstsein der Regionalen Unterwelt beginnen. (Bei dieser Übersicht ist es dienlich, sich den Kopf von der Erdkugel umgeben vorzustellen, so dass die Augen durch den Pazifik, das „Gesicht" unseres Planeten, schauen. Da die Yin/Yang-Polaritäten sich mit den verschiedenen Unterwelten verändern, wird man die Wirklichkeit durch verschiedene Filter sehen). Die Regionale Unterwelt entspricht etwa den ersten zivilisierten Menschen, die in der Eiszeit Rentierherden hielten, die Höhlenmalerei schufen und einige komplexe Werkzeuge herstellten. Die Menschen lebten hauptsächlich in gleichberechtigte Gemeinschaften mit strengen matriarchalischen Zügen. In dieser Unterwelt waren sie erleuchtet. Sie sahen keine Trennung zwischen sich und dem göttlichen, lebendigen Kosmos. Auch gab es keine Trennung zwischen Mann und Frau oder zwischen Menschen und der Natur. Diese Bewusstseinsebene wurde symbolisch als der Garten Eden beschrieben. In ihm lebten die Menschen ganz in der Gegenwart und machten sich keine Gedanken über Vergangenheit oder Zukunft. Es gab keine Pharaonen und keine Sklaven, aber auch keine Bewässerungssysteme und sicherlich auch keinen Komfort. Es war ein erleuchteter Zustand mit einem sehr engen Bewusstseinsrahmen. Durch die planetarische Lichtrunde hatte die göttliche Vorsehung jedoch größere Pläne für das Schicksal der Menschheit.

Der Beginn der Nationalen Unterwelt gipfelte im Sündenfall und dem Auftauchen eines dualistischen Bewusstseins, das zur Begründung des modernen Denkens führte. Die menschlichen Qualitäten der rechten Gehirnhälfte wurden ausgefiltert und unterdrückt, und die moderne Geisteshaltung war geschaffen. Die Menschen wurden als verschieden beurteilt; Frauen, Kinder, Handarbeiter ebenso wie Tiere wurden herabgestuft und in das Yin-Feld (Dunkelheit) der Wahrnehmung in diesem Bewusstseinsrahmen verbannt. Ja, die Menschen waren nur noch „halberleuchtet", und da ihre innere Sicht mindestens noch die Hälfte des Lichtes wahrnehmen konnte, hielten sie den Glauben an eine geistige

Wirklichkeit fest. Dennoch war der lebendige Kontakt mit dem Göttlichen nach und nach verloren, und die Spiritualität wurde zur Religion. Mehr und Mehr wurde die westliche/linke Gehirnhälfte bevorzugt, was sich in folgendem ausdrückte: Naturwissenschaft, Protestantismus und Kapitalismus.

Auf der nächsten Ebene, der Planetarischen Unterwelt, erwarben sich die Menschen, sich selbst völlig unbekannt, ein Bewusstsein, das gleichzeitig ganzheitlich und verblendet war. Da das Bewusstsein verblendet war, konnten die Menschen nicht mehr die göttliche Wirklichkeit sehen, und als Folge davon entwickelte sich ein strenger Agnostizismus und Atheismus. Die menschliche Existenz konzentrierte sich auf Produktion und Konsumption und die Kämpfe um die materiellen Gewinne der Industrie. In diesem Bewusstseinsrahmen waren für die Menschen nur noch die materiellen Aspekte der Wirklichkeit sichtbar; soweit die Religionen nicht völlig verschwanden, wurden sie zu kaum mehr als einem formalen Ritual reduziert. Der Bewusstseinsrahmen dieser Unterwelt war dennoch auch ganzheitlich, und so wurden die stärksten Erscheinungsformen der Unterscheidung zwischen Menschen gemäßigt. (Die grundlegende hierarchische Struktur blieb, aber ein gewisses Maß an Gleichheit kam auf, weil das verblendete Bewusstsein nicht länger mehr Ungleichheit projizierte.) So wurden Frauen Mitte des 19. Jahrhunderts zum ersten Mal eine politische Kraft, und die besonderen Bedürfnisse von Kindern wurden anerkannt. Demokratie tauchte auf, und die Sklaverei wurde in Europa verboten. Macht und Reichtum aufgrund ererbter Privilegien begannen zu schwinden. Zum ersten Mal in der menschlichen Geschichte wurde Friede, wenn auch selten verwirklicht, zu einem Ideal.

Mit der gerade erst beginnenden Galaktischen Unterwelt bekommt die Menschheit nun allmählich einen Bewusstseinsrahmen, der die östliche/rechte Gehirnhälfte begünstigt. Wir dürfen erwarten, dass dies einen Ausgleich schaffen wird zwischen Ost und West und auch zwischen der rechten und linken Gehirnhälfte. Die vierhundert Jahre lange Herrschaft über die Welt durch die westlich/linke Gehirnhälfte, entstanden durch den Dreizehnten Himmel der Nationalen Unterwelt, wird zu einem Ende kommen. Doch gibt es keinen Grund, überrascht zu sein, dass die auftauchende Unterwelt des dualistischen Bewusstseins am Anfang eine dramatische Zunahme der Feindseligkeiten zwischen Ost und West brachte. Das ist ebenfalls ein „halberleuchteter" Bewusstseinsrahmen, das heißt, dass die geistigen Aspekte der Wirklichkeit wieder einmal erkannt wurden. Die Auferlegung dieses Rahmens bedeutet einen Wechsel, der alle Aspekte unserer Existenz berühren wird. Die Frauen, die eine etwas bessere Kommunikation zwischen den beiden Gehirnhälften besitzen (was bis zu einem gewissen Grad auch bei homosexuellen Männern vorkommt), werden in vielerlei Hinsicht die Ersten sein, die diese neue Weise, die Wirklichkeit wahrzunehmen, umsetzen werden.

Mit der Universalen Unterwelt wird die Menschheit schließlich ein Bewusstsein erlangen, das ganzheitlich und erleuchtet ist, fußend auf dem Ausgleich, den die unteren Unterwelten geschaffen haben (wenn Sie die vier Yin/Yang-Polaritäten der Regionalen Unterwelt in die der Galaktischen Unterwelt einblenden, gleichen sie sich aus). Die Universale Unterwelt bedeutet, eine erleuchtete Yin/Yang-Polarität an die Spitze aller unteren Rahmen zu setzen, die sich bisher schon ereignet haben. Dies wird einen dauerhaften Frieden bedeuten, auf der äußeren und der inneren Ebene. Es wird auch das Ende der Trennung zwischen den Menschen und dem Göttlichen bedeuten und die Erreichung eines Erleuchtungszustandes, der nicht rückgängig gemacht werden kann. Das ist das Paradies am Ende der Zeiten, das in vielen Religionen prophezeit wurde. Da der Weltenbaum, der Wellenerzeuger der Energie, nicht länger eine Trennlinie zwischen den Hemisphären schaffen wird, wird die Geschichte – ebenso wie unsere Erfahrung der Zeit selbst – ein Ende finden.

Was es heißt, ein Mensch zu sein, unterscheidet sich sehr von Unterwelt zu Unterwelt, da die menschliche Natur zutiefst beeinflusst ist von den wechselnden kosmischen Energien und den Yin/Yang-Polaritäten. Diese Yin/Yang-Polaritäten begrenzen unseren Bewusstseinsrahmen, der die echten Filter liefert, durch die wir die Wirklichkeit wahrnehmen. Über die menschliche Natur als etwas Festgelegtes zu reden, entbehrt jeder Grundlage in der Wirklichkeit. Noch kann die menschliche Entwicklung einfach durch einen oberflächlichen Wandel des Denkens erklärt werden. Unterschiede im Bewusstsein von Menschen verschiedener Unterwelten sind wirklich, und deshalb sollten wir es vermeiden, über die Geschichte zu urteilen. Die Veränderung der Yin/Yang-Polaritäten erklärt, warum die Alten Dinge sehen konnten, die wir nicht mehr wahrnehmen können, und macht auch klar, warum wir heute etwas vom Mayakalender lernen müssen. (Ebenso gibt es einige Dinge, die moderne Menschen sehen können, die Alten aber nicht, deshalb sollten wir nicht das Kind mit dem Bade ausschütten.)

Wenn wir zu einer höheren Unterwelt an der Kosmischen Pyramide aufsteigen, ist unser Bewusstseinsrahmen verändert. Der Weg zur Erleuchtung bringt dann die Veränderung mit sich, wenn wir zum höchsten Bewusstsein der Universalen Unterwelt aufsteigen. Der Mayakalender erlaubt uns, die Bedeutung der Erleuchtung genau zu bestimmen, die ein zeitloses kosmisches Bewusstsein ist, in dem unsere Erfahrung der Wirklichkeit nicht mehr von einer Yin/Yang-Polarität beherrscht wird, die innere und äußere Konflikte erzeugt. Es ist das Ziel der Universalen Unterwelt und auch der gesamten Schöpfung, ein erleuchtetes Bewusstsein zu entwickeln. Für diesen Umwandlungsprozess ist der Mayakalender ein Zeitplan von unschätzbarem Wert, weil er die wechselnden geistigen Bereiche und Wahrnehmungen der Wirklichkeit beschreibt, ein Plan für unseren Aufstieg zur höchsten Stufe des Bewusstseins. Wer sich die Erleuchtung als Ziel seines Weges gesetzt hat, wird diesen Plan von unschätzbarem Wert finden.

In den Mythen der amerikanischen Eingeborenen waren die Yin/Yang-Polaritäten gewöhnlich durch ein Paar von Brüdern oder Zwillingen symbolisiert. So symbolisierten die Zwillinge Hunahpu/Xbalanque bei den Maya und Quetzalcoatl/Tezcatlipoca bei den Azteken die Polarität zwischen Yang und Yin. Ähnlich wird in der Hopi-Prophezeiung gesagt, dass der Ältere Bruder des Lichtes, der Wahre Weiße Bruder aus dem Osten, zurückkehren wird, um seinem jüngeren Bruder zu helfen, den Westen zu reinigen. Das klingt genau wie die Beschreibung der besonderen Yin/Yang-Polarität, die jetzt mit der Galaktischen Unterwelt hochkommt. Dieses neue Licht aus dem Osten würde dann die Welt wegführen vom augenblicklichen Zustand *Koyaanisqatsi*, Ungleichgewicht, zu einem Volk unter einer Macht, der des Schöpfers. Als Signal für den Wechsel wird eine tanzende Kachina ihre Maske abnehmen, um das Entfernen der Dunkelheit vom Gesicht der Welt anzuzeigen, ein Symbol für das, was geschieht, dann, wenn der erleuchtete Zustand der Universalen Unterwelt aufsteigt.

6

Der Tzolkin

Wie in den langen Zyklen, so in den kurzen

Nach diesem kurzen Umriss der längeren Schöpfungswellen und des Aufstiegs zur Erleuchtung, die durch die wechselnden Yin/Yang-Polaritäten der Kosmischen Pyramide erzeugt wird, kehren wir zur Untersuchung des Tzolkin zurück. Dieser Heilige Kalender ist ein Meisterkalender, der die vereinigenden Muster für die ganze Schöpfung liefert, und er ist gleichzeitig der Angelpunkt des Kalendersystems der Maya. Wer nach dem Verständnis des derzeitigen und künftigen Laufes der Ereignisse sucht, sollte sich mit seinen grundlegenden Mustern vertraut machen. Obwohl die Beziehungen zum Tzolkin bisher nur gelegentlich angesprochen wurden, ist er die zugrundeliegende Struktur für den prophetischen Gehalt des Kalendersystems der Maya.

Abb. 4.5 (Seite 89), wo die Sieben Tage und Sechs Nächte des Großen Zyklus mit den 13 x 20 Mustern des Tzolkin verbunden sind, zeigt, wie die längeren Schöpfungszyklen mit dem Tzolkin-Diagramm in Beziehung stehen. Der Tzolkin ist eine Matrix für die Energien des göttlichen Schöpfungsprozesses. Entscheidend für unser Verständnis des Tag-für-Tag-Tzolkin ist, was man Hermetisches Prinzip nennen könnte: „Wie in den langen Zyklen, so in den kurzen." Dieses Prinzip besagt, dass das grundlegende Energiemuster der Sieben Tage und Sechs Nächte, das empirisch in allen Neun Unterwelten festgestellt werden kann, sich auch im täglichen Tzolkin widerspiegelt.

Tzolkin-Diagramm 4 mit Uinals

Tageszeichen der Maya — Tageszeichen der Azteken

Tageszeichen der Maya														Tageszeichen der Azteken
Imix	1	21	41	61	81	101	121	141	161	181	201	221	241	Cipactli
Ik	2	22	42	62	82	102	122	142	162	182	202	222	242	Ehecatl
Akbal	3	23	43	63	83	103	123	143	163	183	203	223	243	Calli
Kan	4	24	44	64	84	104	124	144	164	184	204	224	244	Cuetzpallin
Chicchan	5	25	45	65	85	105	125	145	165	185	205	225	245	Coatl
Cimi	6	26	46	66	86	106	126	146	166	186	206	226	246	Miquiztli
Manik	7	27	47	67	87	107	127	147	167	187	207	227	247	Mazatl
Lamat	8	28	48	68	88	108	128	148	168	188	208	228	248	Tochtli
Muluc	9	29	49	69	89	109	129	149	169	189	209	229	249	Atl
Oc	10	30	50	70	90	110	130	150	170	190	210	230	250	Itzcuintli
Chuen	11	31	51	71	91	111	131	151	171	191	211	231	251	Ozomatli
Eb	12	32	52	72	92	112	132	152	172	192	212	232	252	Malinalli
Ben	13	33	53	73	93	113	133	153	173	193	213	233	253	Acatl
Ix	14	34	54	74	94	114	134	154	174	194	214	234	254	Ocelotl
Men	15	35	55	75	95	115	135	155	175	195	215	235	255	Cuauhtli
Cib	16	36	56	76	96	116	136	156	176	196	216	236	256	Cozcacuahtli
Caban	17	37	57	77	97	117	137	157	177	197	217	237	257	Ollin
Etznab	18	38	58	78	98	118	138	158	178	198	218	238	258	Tecpatl
Cauac	19	39	59	79	99	119	139	159	179	199	219	239	259	Quiahuitl
Ahau	20	40	60	80	100	120	140	160	180	200	220	240	260	Xochitl

Abb. 6.1. Das Tzolkin-Diagramm mit sieben Tagen Licht und sechs Tagen Dunkelheit. Das ist das Muster, das in Abb. 4.5. auf die Nationale Unterwelt angewendet wurde.

Wie wir sehen werden, ist das Muster der Sieben Tage und der Sechs Nächte in Abb. 6.1 genau der grundlegende Aspekt des Tzolkin-Musters. Das grundlegende Untermuster erzeugt die Wellenbewegung für die Bewusstseinsentwicklung in sieben Schritten wie es in Abb. 6.2 dargestellt ist. Dieses Muster gehört zu allen Entwicklungsprozessen, ganz gleich, welche Unterwelt sie entfaltet. So spiegelt der Mikrokosmos den Makrokosmos ebenso in der Dimension der Zeit wider.

Der einfache 260-Tage-Tzolkin-Umlauf ist ein zeitlicher Mikrokosmos der längeren Schöpfungszyklen, in dem das Muster des Energiewechsels der Tzolkin-Umläufe widergespiegelt wird. In Wirklichkeit bestimmt das Lichtmuster des Tzolkin, das für die unterschiedlichen Folgen der 260 aufeinanderfolgenden gleichen Zeiträume im auf dem Tun fußenden System angewendet werden kann, den Schöpfungsprozess in allen Unterwelten. Das Tzolkin-Muster ist damit eng verbunden mit der Entfaltung eines Bewusstseinsrahmens, und die vorhandene Tzolkin-Energie bezeichnet jeweils einen bestimmten Punkt in seiner Entwicklung. Der Tzolkin ist wirklich ein Filtermuster göttlichen Lichtes. Dieses Muster existiert in einem Bereich jenseits der Zeit im Geiste Gottes. Der Tzolkin an sich ist somit eher ein Muster für die Entfaltung kreativer Energie als ein Kalender.

Wie früher beschrieben, kann der Tzolkin auch als zwei miteinander verbundene Zahnräder dargestellt werden (s. Abb. 1.8, Seite 15). Eine ähnliche Art, auf die Schöpfung in ihrer Gesamtheit zu schauen, ist es, sie sich als eine Gruppe ineinander greifender Zahnräder mit übereinstimmenden Phasen vorzustellen (Abb. 6.3). Diese Zahnräder passen jedoch nur nach bestimmten Regeln zusammen. Jedes der achtzehn Uinals des Tuns z. B. muss genau zu den dreizehn Uinals passen, die eine Tzolkin-Runde ausmachen. Denn jedes Rad in dem auf dem Tun fußenden System (Tuns, Katuns, Baktuns usw.) hat zwanzigmal mehr Zähne als das innere Rad, und das innere Rad dreht sich zwanzigmal in derselben Zeitspanne, in der sich das äußere einmal dreht. Dadurch wird klar, dass jeder Zeitzyklus seine eigene Rotationsfrequenz hat und dass diese Frequenz in den unterschiedlichen Unterwelten verschieden

Himmel und herrschende aztekische Gottheit	Tag/Nacht	Phase oder Phänomen in der Bewusstseinsentwicklung
1. Himmel **Xiuhtecuhtli,** Gott des Feuers und der Zeit	Tag 1	**Säen** Erster Ausdruck neuen Bewusstseins
2. Himmel **Tlaltecuhtli,** Gott der Erde	Nacht 1	Innere Aufnahme des neuen Bewusstseins
3. Himmel **Chalchiuhtlicue,** Göttin des Wassers	Tag 2	**Keimen** Ausdehnung des neuen Bewusstseins
4. Himmel **Tonatiuh,** Gott der Sonne und der Krieger	Nacht 2	Reaktion gegen das neue Bewusstsein
5. Himmel **Tlacolteol,** Göttin der Liebe und der Geburt	Tag 3	**Sprossen** Festigung des neuen Bewusstseins
6. Himmel **Mictlantecuhtli,** Gott des Todes	Nacht 3	Innere Aufnahme des gefestigten neuen Bewusstseins
7. Himmel **Cinteotl,** Gott des Mais' und des Unterhalts	Tag 4	**Vermehrung** Das neue Bewusstsein kommt dem alten gleich. Starker dauernder Ausdruck des neuen Bewusstseins
8. Himmel **Tlaloc,** Gott des Regens und des Krieges	Nacht 4	Brückenbau, um die Ausbreitung des neuen Bewusstseins vorzubereiten
9. Himmel **Quetzalcoatl,** Gott des Lichtes	Tag 5	**Knospen** Durchbruch des stärksten Ausdrucks
10. Himmel **Tezcatlipoca,** Gott der Dunkelheit	Nacht 5	Zerstörung
11. Himmel **Youhalticitl,** Göttin der Geburt	Tag 6	**Blüte** Wiedergeburt und Urform des höchsten Ausdrucks des neuen Bewusstseins
12. Himmel **Tlahuizcalpantecuhtli,** Gott vor der Dämmerung	Nacht 6	Ausruhen und Feinabstimmung der Urform des neuen Bewusstseins
13. Himmel **Ometeotl/Omecinatl,** Dualer Schöpfergott	Tag 7	**Verwirklichung** Manifestation des höchsten Ausdruckes des neuen Bewusstseins

Abb. 6.2. Die Phasen in der Entwicklung eines Phänomens, das durch die Energien der Dreizehn Himmel geht. Das evolutionäre Voranschreiten ist auf jede der Neun Unterwelten anwendbar.

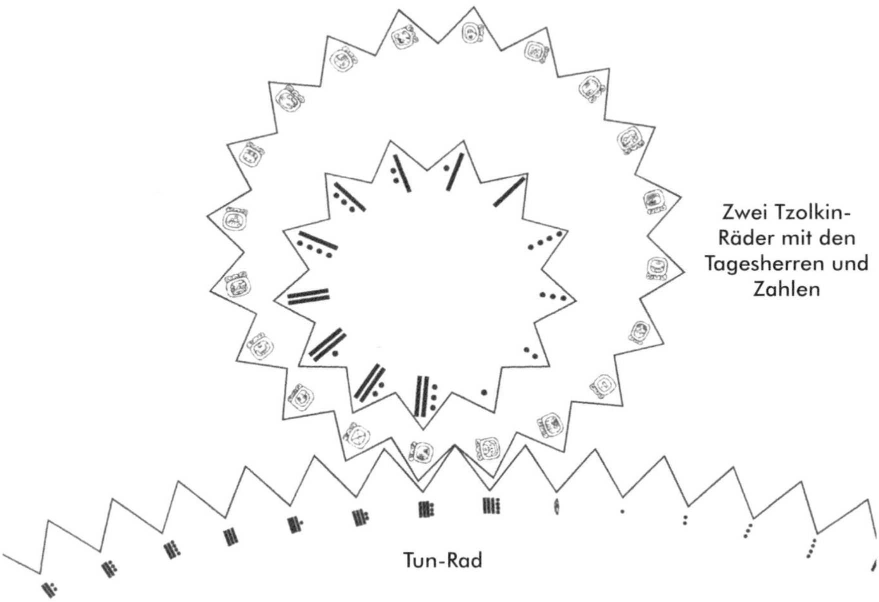

Abb. 6.3. Das Zahn-Modell, das die dreizehn Zahlen und die zwanzig Tageszeichen mit einem Tun-Rad verbindet.

ist. So sind alle Zyklen der spirituellen Zeit im Universum miteinander verbunden. Nichts geschieht getrennt vom großen kosmischen Plan, und alles ist denselben Zeitzyklen unterworfen.

Es wird nun auch offensichtlich, dass das Kalendersystem der Maya einer der Zyklen innerhalb von Zyklen ist, wobei der genauere Tag-für-Tag-Lauf der Ereignisse bedingt wird durch die kürzeren Zyklen. In der göttlichen Schöpfung ist alles miteinander verbunden, und die verschiedenen Kalenderzyklen, die ihre Entwicklung beschreiben, sind in klarer Weise miteinander verknüpft.

Das bedeutet auch, dass die kürzeren Zeiträume, z. B. die zwanzigtägigen Uinals oder die dreizehntägigen Trecenas des Tzolkin, höher frequente Obertöne der Töne sind, die vom Großen Zyklus und anderen Unterwelten von noch längerer Dauer erzeugt werden (wie in den langen Zyklen, so in den kurzen). Da wir aus der Menschheitsgeschichte wissen, dass die Wellenbewegungen, die diese längeren Schöpfungszyklen entwickeln, wirklich sind, müssen auch die mikrokosmischen Widerspiegelungen dieser Zyklen wirklich sein. Dasselbe hochfrequente Energiemuster des Tzolkin, das die längeren Zyklen beherrscht, wird wieder geschaffen in den 260-Tage-Zyklen. Als Folge gibt es eine wirkliche Basis für eine „Astrologie“ der Maya und eine Weissagung, wie es in Anhang B besprochen wird.

Die Natur des Tzolkin als ein primär spirituelles Energiemuster wird auch dadurch deutlich, dass bei den Maya und Mexica Götter oft als Tzolkin-Verbindungen symbolisiert und auch so genannt werden. Quetzalcoatl z. B. war 9 Wind (Bolon Ik). Obwohl der Tzolkin ursprünglich als eine 13 x 20-Tagezählung beschrieben wurde – so ist der Tzolkin primär bekannt – ist diese Sicht äußerst zwanghaft. In den alten Chilam-Balam-Büchern sind die 260 Kombinationen des Tzolkin manchmal verbunden mit Katuns, deren Voranschreiten eine Schöpfungsebene des Universums beschreibt. Das in diesem Buch beschriebene Modell liegt ganz auf dieser Linie. Der Schöpfer scheint beschlossen zu haben, dass der Tzolkin das beste Schöpfungsmuster ist, das Muster hinter der Entwicklung aller Dinge. Die Feststellung der Maya und Mexica, dass der Tzolkin ein Filtermuster ist für Licht, das das Universum durchdringt und auf ganz verschiedenen Ebenen seinen Ausdruck sucht, ist eine der größten Beiträge zur menschlichen Spiritualität.

Schließlich ist der Tzolkin ein Code, der ein göttliches Grundprogramm für die Oszillationen des Weltenbaums beschreibt, ein Programm, das jenseits von Raum und Zeit entworfen wurde. Der Tzolkin ist bei weitem breiter und tiefer als jeder Mondzyklus, Biorhythmus oder eine Sonnenphase. Auf einer tieferen Ebene ist der Tzolkin zeitlos. Seine Energiewechsel schaffen unsere Zeiterfahrungen, und es sollte auch klar sein, dass Zeit eine Illusion ist und nicht unabhängig von der göttlichen Schöpfung existiert. Der Tzolkin ist mehr als alles andere das letzte Muster hinter allen Rhythmen und allen Strukturen der Energie.

Die echte Tzolkin-Zählung

Das Zahnradmodell (Abb. 6.3, Seite 140) hat eine sehr wichtige Folge: Es kann nur eine echte Tzolkin-Zählung geben, so weit der Kosmos reicht. In der Abfolge von dreizehn Tagen z. B. kann nur einer dieser Tage in Resonanz sein mit dem Achten Himmel von allen unterschiedlichen Unterwelten (beherrscht von der Energie von Tlaloc in all jenen). Das ist der Tag Nummer 8 von den 13 Nummern der Tzolkin-Zählung. Obertöne müssen harmonische Beziehungen haben zu ihren Tönen. Wenn ein Baktun, ein Katun oder ein Tun nicht genau mit demselben Tag endet wie ein Uinal des Tzolkin, wäre eine Tzolkin-Runde nicht die genaue mikrokosmische Widerspiegelung der Energien der längeren Zyklen. Darüber hinaus müssen der Tzolkin und das auf dem Tun fußende System immer phasengleich sein.

Die klassische Zählung, die bei den Maya gute 2.500 Jahre in Gebrauch war, ist harmonisch verbunden mit den breiteren Zyklen. (Die ersten Tage – 1 Imix, *Kin* 1 – der Tzolkin-Runden dieser Zählung ist in der mittleren Reihe der Abb. 7.1, Seite 155 zu sehen.) Mit der Zeit jedoch haben kleinere Gruppen der Maya aus verschiedenen Gründen die klassische Zählung aufgegeben und durch eine neue ersetzt. (Der Tzolkin, der bei den Maya jetzt noch in Gebrauch ist, geht bis auf 584.283 Zählungen, eine Zahl, die manchmal bei den Rechnern für den Mayakalender im Internet eingegeben werden muss.)

Ebenso schafft eine erfundene Zahl der Tzolkin-Zählung Verwirrung, vor allem der so genannte Dreamspell-Kalender, geschaffen von José und Lloyadine Argüelles. Diese Zählung war nie von den Maya verwendet worden und unterscheidet sich von der Zählung, die die Maya benutzten. Denn ihre Erfinder wollten eine Zählung haben, in der ihr Geburtstag in eine Meisterzahl fällt (Kin 11 und 22). Von daher ist dieser Kalender nicht der göttliche Schöpfungsprozess, sondern fußt auf den persönlichen Energien ihrer Erfinder. Deshalb scheinen die Älteren der Maya ausnahmslos diesen Dreamspell/Dreizehn-Monde-Kalender abzulehnen. Ein wesentlicher Unterschied dieser Zählung ist, dass sie alle vier Jahre einen Schalttag enthält – im Gregorianischen Kalender der 29. Februar –, dem die Tzolkin-Energie fehlt. Ein solcher Tag, der nicht von einem Tageszeichen beherrscht wird (als wenn die Schöpfung hier eine Pause macht), ist den Tagwächtern der Maya völlig fremd. Da die Dreamspell-Zählung über Tage springt, hat sie keine ständige Beziehung zu dem auf dem Tun fußenden System der Neun Unterwelten, einschließlich der Dreizehn Himmel des Großen Zyklus. Deshalb ist sie keine entsprechende Widerspiegelung der Bewusstseinsentwicklung, wie sie in diesem Buch beschrieben wurde.

Der Tzolkin wird manchmal beschrieben als der Angelpunkt der Schöpfung. Das mag daher kommen, weil die Maya so großen Wert auf ihn gelegt haben und ihn unberührt und unverändert bis zum heutigen Tage hielten. Den Tzolkin zu ändern kann viel Verwirrung schaffen, und es ist sehr wahrscheinlich, dass er zu einer materialistischen Sicht der Zeit führt. Schließlich kann jemand, der eine ungenaue Tzolkin-Zählung verwendet, nicht die wahre Tzolkin-Energie seiner Geburt bestimmen und lernen, mit dem göttlichen Schöpfungsprozess zu fließen.

Die Unterteilung des Tzolkin: Die Schichten der Filtermuster des göttlichen Lichtes

Die Bedeutung des Zyklus der dreizehn Zahlen wurde ausführlich behandelt, und an einigen Beispielen wurde gezeigt, wie sie dem evolutionären Voranschreiten von der Saat zur reifen Frucht entsprechen. Die sieben Uinals des Lichtes und die sechs Uinals der Dunkelheit sind aber nur eine Möglichkeit, wie die schöpferische Kraft durch die Tzolkin-Muster eingeteilt werden kann (Abb. 6.1, Seite 137).

Der Tzolkin kann auch in einige andere wichtige Untermuster eingeteilt, und seine 260 Einheiten können auf folgende Weise in Faktoren zerlegt werden: 2 x 130, 4 x 65, 5 x 52, 10 x 26, 13 x 20, 20 x 13, 26 x 10, 52 x 5, 65 x 4 und 130 x 2. Jede dieser Zerlegungen in Faktoren schafft ein Untermuster göttlichen Lichtes eigener Art, so dass die gesamte Energie-Matrix des Tzolkins erst sichtbar wird, wenn alle dies Untermuster miteinander verbunden werden. Die überlebenden Bücher der Maya, besonders der Dresdener Codex, beschäftigen sich ausführlich damit, wie diese Untermuster des Tzolkins erzeugt werden, und dasselbe lässt sich über einige Codices der Mexica vor der Eroberung sagen, z. B. vom Codex Borgia. Erst wenn all diese Schichten übereinander gelegt sind, wird das volle Licht des Filtermusters des Tzolkins sichtbar.

In Abb. 6.4 sehen wir, wie das grundlegende Filtermuster der sieben Uinals des Lichtes und der sechs der Dunkelheit kombiniert sind mit einer Unterteilung in zwanzig Trecenas. Man nimmt an, dass die Energie jedes Trecena von seinem ersten Tageszeichen beherrscht wird, so dass sie eingeführt wurden in dieses Tzolkin-Muster.

Das Tzolkin-Muster in Abb. 6.5 ist entwickelter und detaillierter. Hier überlappen die Energieänderungen zwischen Tagen und Nächten in jedem Trecena einander, so dass dies näher an der Wahrheit ist als die in Abb. 6.1 und 6.4 Der nächste Abschnitt befasst sich mit zwei weiteren einander überlappenden Mustern, nämlich von der Welt Vier und Fünf.

Es sollte klar sein, dass der Tzolkin und die göttliche Schöpfung auf jeder Ebene der Komplexität untersucht werden kann. Tatsächlich, um es richtig zu verstehen, bedürfen viele Entwicklungsphänomene der kosmischen Geschichte komplexere Tzolkin-Muster als die von Sieben Tagen und Sechs Nächten. Interessanterweise lässt sich mathematisch nachweisen: legt man alle verschiedenen, durch Faktoren zerlegte Schichten auf den Tzolkin, dann hat jeder der 260 Einheiten seine eigene einzigartige Energie.

Tzolkin-Diagramm 4
mit Uinals und Trecenas

Tageszeichen der Maya														Tageszeichen der Azteken
Imix		21	41	61	81	101	121	141	161	181	201	221	241	Cipactli
Ik	2	22	42	62	82	102	122	142	162	182	202		242	Ehecatl
Akbal	3	23	43	63	83	103	123	143	163		203	223	243	Calli
Kan	4	24	44	64	84	104	124		164	184	204	224	244	Cuetzpallin
Chicchan	5	25	45	65	85		125	145	165	185	205	225	245	Coatl
Cimi	6	26	46		86	106	126	146	166	186	206	226	246	Miquiztli
Manik	7		47	67	87	107	127	147	167	187	207	227	247	Mazatl
Lamat	8	28	48	68	88	108	128	148	168	188	208	228		Tochtli
Muluc	9	29	49	69	89	109	129	149	169	189		229	249	Atl
Oc	10	30	50	70	90	110	130	150		190	210	230	250	Itzcuintli
Chuen	11	31	51	71	91	111		151	171	191	211	231	251	Ozomatli
Eb	12	32	52	72		112	132	152	172	192	212	232	252	Malinalli
Ben	13	33		73	93	113	133	153	173	193	213	233	253	Acatl
Ix		34	54	74	94	114	134	154	174	194	214	234	254	Ocelotl
Men	15	35	55	75	95	115	135	155	175	195	215		255	Cuauhtli
Cib	16	36	56	76	96	116	136	156	176		216	236	256	Cozcacuahtli
Caban	17	37	57	77	97	117	137		177	197	217	237	257	Ollin
Etznab	18	38	58	78	98		138	158	178	198	218	238	258	Tecpatl
Cauac	19	39	59		99	119	139	159	179	199	219	239	259	Quiahuitl
Ahau	20		60	80	100	120	140	160	180	200	220	240	260	Xochitl

Abb. 6.4. Ein Tzolkin-Diagramm mit zwei einander überlappenden Mustern: das Muster der sieben Uinals des Lichtes und der sechs der Dunkelheit und die Muster der zwanzig Trecenas, jedes gekennzeichnet durch sein Anfangszeichen und durch einen dicken Strich getrennt.

Tzolkin-Diagramm 5
mit Uinals, Trecenas, Tagen und Nächten

Tageszeichen der Maya														Tageszeichen der Azteken
Alligator		21	41	61	81	101	121	141	161	181	201	221	241	Alligator
Wind	2	22	42	62	82	102	122	142	162	182	202		242	Wind
Nacht	3	23	43	63	83	103	123	143	163		203	223	243	Haus
Eidechse	4	24	44	64	84	104	124		164	184	204	224	244	Eidechse
Schlange	5	25	45	65	85		125	145	165	185	205	225	245	Schlange
Tod	6	26	46		86	106	126	146	166	186	206	226	246	Tod
Hirsch	7		47	67	87	107	127	147	167	187	207	227	247	Hirsch
Kaninchen	8	28	48	68	88	108	128	148	168	188	208	228		Kaninchen
Wasser	9	29	49	69	89	109	129	149	169	189		229	249	Wasser
Hund	10	30	50	70	90	110	130	150		190	210	230	250	Hund
Affe	11	31	51	71	91	111		151	171	191	211	231	251	Affe
Die Straße	12	32	52	72		112	132	152	172	192	212	232	252	Gras
Stock	13	33		73	93	113	133	153	173	193	213	233	253	Ried
Jaguar		34	54	74	94	114	134	154	174	194	214	234	254	Ozelot
Adler	15	35	55	75	95	115	135	155	175	195	215		255	Adler
Eule	16	36	56	76	96	116	136	156	176		216	236	256	Geier
Erde	17	37	57	77	97	117	137		177	197	217	237	257	Bewegung
Feuerstein	18	38	58	78	98		138	158	178	198	218	238	258	Messer
Regensturm	19	39	59		99	119	139	159	179	199	219	239	259	Regen
Licht	20		60	80	100	120	140	160	180	200	220	240	260	Blume

Abb. 6.5. Tzolkin-Diagramm mit überlappenden Mustern wie in Abb. 6.4., zusätzlich eine Überlappung des täglichen Wechsels von Licht und Dunkelheit innerhalb der Trecenas.

Vier und Fünf Welten

Unter den möglichen Faktorisierungen des Tzolkins sind wohl die Einheiten 4 x 65 (Abb. 6.6) und 5 x 52 (Abb. 6.7) die herausragendsten. Diese Faktorisierungen erzeugen vier (oder fünf) verschiedene Welten, die gewöhnlich ein Teil der mittelamerikanischen und eingeborenen prophetischen Traditionen sind (obwohl viele dieser Prophezeiungen ihren unmittelbaren Bezug zum Tzolkin verloren haben). Nach den Codices scheint, dass ein in vier gleiche Teile geteilter Tzolkin (4 x 65 = 260), der in Vier Welten mündet (Abb. 6.7), eine sehr bedeutende Rolle in alten Zeiten gespielt hat. Wegen der Bedeutung der Energieänderungen zwischen diesen Vier Welten, ist ihre entsprechende Zeitspanne in vier unterschiedlichen Unterwelten in Abb. 6.8. angegeben.

Man beachte, dass in Abb. 6.8 in der Nationalen Unterwelt die dritte dieser Vier Welten auf ihrem Höhepunkt begann im Jahre 552 v. Chr. Wie erwähnt, war diese Zeit gekennzeichnet durch einen außerordentlich starken Aufbruch religiöser Gedanken weltweit (s. Abb. 4.6, Seite 92). Im Gegensatz dazu wurde in der Vierten Welt, die 730 n. Chr. begann, ein Bewusstsein mit entgegengesetzter Wirkung eingeführt (s. Abb. 5.13, Seite 129), das begann die Menschheit auf die Planetarische Unterwelt mit ihren Materialismus und Industrialismus vorzubereiten, der allerdings erst im Jahre 1755 allmählich sichtbar wurde.

Der Aztekische Kalenderstein

Die Kosmologie der Mexica war in hervorstechender Weise auf den Tzolkin aufgebaut. Dies wird besonders durch ihren Kalenderstein, der im anthropologischen Museum in Mexico City ausgestellt ist, deutlich. Der Stein selbst ist eines der berühmtesten Symbole des mexikanischen Volkes, und viele Untersuchungen wurden unternommen, um seine Symbole in den Ringen, die das Gesicht von Tonatiuh, dem Gott der

Tzolkin-Diagramm 6 mit Vier Welten

Tageszeichen der Maya														Tageszeichen der Azteken
Imix	1	21	41	61	81	101	121	141	161	181	201	221	241	Cipactli
Ik	2	22	42	62	82	102	122	142	162	182	202	222	242	Ehecatl
Akbal	3	23	43	63	83	103	123	143	163	183	203	223	243	Calli
Kan	4	24	44	64	84	104	124	144	164	184	204	224	244	Cuetzpallin
Chicchan	5	25	45	65	85	105	125	145	165	185	205	225	245	Coatl
Cimi	6	26	46	66	86	106	126	146	166	186	206	226	246	Miquiztli
Manik	7	27	47	67	87	107	127	147	167	187	207	227	247	Mazatl
Lamat	8	28	48	68	88	108	128	148	168	188	208	228	248	Tochtli
Muluc	9	29	49	69	89	109	129	149	169	189	209	229	249	Atl
Oc	10	30	50	70	90	110	130	150	170	190	210	230	250	Itzcuintli
Chuen	11	31	51	71	91	111	131	151	171	191	211	231	251	Ozomatli
Eb	12	32	52	72	92	112	132	152	172	192	212	232	252	Malinalli
Ben	13	33	53	73	93	113	133	153	173	193	213	233	253	Acatl
Ix	14	34	54	74	94	114	134	154	174	194	214	234	254	Ocelotl
Men	15	35	55	75	95	115	135	155	175	195	215	235	255	Cuauhtli
Cib	16	36	56	76	96	116	136	156	176	196	216	236	256	Cozcacuahtli
Caban	17	37	57	77	97	117	137	157	177	197	217	237	257	Ollin
Etznab	18	38	58	78	98	118	138	158	178	198	218	238	258	Tecpatl
Cauac	19	39	59	79	99	119	139	159	179	199	219	239	259	Quiahuitl
Ahau	20	40	60	80	100	120	140	160	180	200	220	240	260	Xochitl

1. Welt der Schlange — 2.Welt des Hundes — 3. Welt des Adlers — 4. Welt der Sonne

Abb. 6.6. Tzolkin-Diagramm des Filtermusters der Vier Welten. Die Vier Welten sind nach ihrem letzten Tageszeichen benannt.

Tzolkin-Diagramm 7 mit Fünf Welten

Tageszeichen der Maya														Tageszeichen der Azteken
Alligator	1	21	41	61	81	101	121	141	161	181	201	221	241	Alligator
Wind	2	22	42	62	82	102	122	142	162	182	202	222	242	Wind
Nacht	3	23	43	63	83	103	123	143	163	183	203	223	243	Haus
Eidechse	4	24	44	64	84	104	124	144	164	184	204	224	244	Eidechse
Schlange	5	25	45	65	85	105	125	145	165	185	205	225	245	Schlange
Tod	6	26	46	66	86	106	126	146	166	186	206	226	246	Tod
Hirsch	7	27	47	67	87	107	127	147	167	187	207	227	247	Hirsch
Kaninchen	8	28	48	68	88	108	128	148	168	188	208	228	248	Kaninchen
Wasser	9	29	49	69	89	109	129	149	169	189	209	229	249	Wasser
Hund	10	30	50	70	90	110	130	150	170	190	210	230	250	Hund
Affe	11	31	51	71	91	111	131	151	171	191	211	231	251	Affe
Straße	12	32	52	72	92	112	132	152	172	192	212	232	252	Gras
Stock	13	33	53	73	93	113	133	153	173	193	213	233	253	Ried
Jaguar	14	34	54	74	94	114	134	154	174	194	214	234	254	Ozelot
Adler	15	35	55	75	95	115	135	155	175	195	215	235	255	Adler
Eule	16	36	56	76	96	116	136	156	176	196	216	236	256	Geier
Erde	17	37	57	77	97	117	137	157	177	197	217	237	257	Bewegung
Feuerstein	18	38	58	78	98	118	138	158	178	198	218	238	258	Messer
Regensturm	19	39	59	79	99	119	139	159	179	199	219	239	259	Regen
Licht	20	40	60	80	100	120	140	160	180	200	220	240	260	Blume

Abb. 6.7. Tzolkin-Diagramm mit einer Überlappung des Filtermusters von Fünf Welten. Diese Fünf Welten werden beherrscht von verschiedenen mythologischen Themen: die 1. Welt war beherrscht von der Schöpfung, die 2. Welt vom Wasser. die 3. Welt von brennendem Wasser, die 4. Welt von blühendem Krieg und die 5. Welt von der Vereinigung der Gegensätze.

	Nationale Unterwelt (3115 v. Chr.–2011)	Planetarische Unterwelt (1755–2011)	Galaktische Unterwelt (1999–2011)	Universale Unterwelt (2011)
1. Welt	3115–1834 v. Chr.	1755–1819 n. Chr.	5. Jan. 1999–20. März 2002	11. Febr. 2011–16. Apr. 2011
2. Welt	1834–552 v. Chr.	1819–1883	20. März 2002–2. Juni 2005	16. Apr. 2006–20. Juni 2011
3. Welt	552 v. Chr.–730 n. Chr.	1883–1947	2. Juni 2005–15. Aug. 2008	20. Juni 2011–24. Aug. 2011
4. Welt	730–2011	1947–2011	15. Aug. 2008–28. Okt. 2011	24. Aug. 2011–28. Okt. 2011

Abb. 6.8. Die Zeitspanne der Vier Welten in der Nationalen, Planetarischen, Galaktischen und Universalen Unterwelt.

Sonne und der Krieger umgeben, zu verstehen. Touristen in Mexiko werden buchstäblich bombardiert mit Souvenirs dieses Kalendersteins, der manchmal mit dem Mayakalender verwechselt wird.

Der Kalenderstein (Abb. 6.9) ist eine Beschreibung der mexikanischen Kosmologie, die ein auf der Welt fußendes Schöpfungsschema hatte. Sie glauben, dass vier Welten vorausgegangen sind und sehen die jetzige als die Fünfte Welt an. In ihrer Sicht beherrscht Tonatiuh und das Tzolkinsymbol 4 Ollin (Bewegung), das identisch ist mit 4 Caban (Erdbeben) der Maya, die jetzige Welt im Mittelpunkt. Um diesen Mittelpunkt sind die vier verschiedenen Tzolkinsymbole 4 Ocelotl (4 Jaguar/Ix), 4 Ehecatl (4 Wind/Ik), 4 Quiauitl (4 Regensturm/Cauac) und 4 Atl (4 Wasser/Muluc). Jedes dieser Tzolkinsymbole entspricht dem, was sie für die frühere Welt halten, die in irgendeiner Katastrophe zerstört worden ist. Die Erste Welt begann mit der Tzolkinenergie 4 Jaguar und endete, als der Jaguar ihre Riesen fraß. Die Zweite Welt von 4 Wind wurde durch Wind zerstört, und ihre Bewohner wurden in Affen verwandelt. Die Dritte Welt, beherrscht von 4 Regensturm, wurde durch Feuer zerstört, und ihre Einwohner wurden in Truthähne verwandelt, während die Vierte Welt von 4 Wasser durch Fluten zerstört wurde,

Abb. 6.9. Der Aztekische Kalenderstein mit dem Sonnengott Tonatiuh in der Mitte, umgeben von den Tageszeichen der vorausgegangenen Vier Welten.

und ihr Volk wurde in Fische verwandelt. Danach wurde die jetzige, die Fünfte Welt erschaffen von 4 Ollin. Es ist prophezeit, dass sie durch Hunger und Erdbeben zerstört werden wird, was auch ihr Tzolkin-Zeichen anzudeuten scheint.

Was können wir damit anfangen? Zunächst: die Mexica wollten den Tzolkin als ein Werkzeug für Prophezeiung verwenden, doch nicht gerade erfolgreich, da die prophetische Information im Kalenderstein außerordentlich durcheinander ist. Die Mexica befanden sich in etwa derselben Lage wie wir heute, wenn wir versuchen, die wahre Bedeutung des Mayakalenders zu rekonstruieren. Sie hatten viel von deren kalendarischen Kenntnissen geerbt durch die Tolteken, deren Bücher sie verbrannt haben.

Doch auf einer tieferen Ebene ist der Grund, warum die Information der Mexica nicht als bare Münze genommen werden kann, dass das Bewusstsein von der Zeit in der Welt sich im Jahre 730 n. Chr. mit dem Beginn der wirklichen Vierten Welt des Großen Zyklus geändert hat – das heißt seine letzten fünfundsechzig Katuns. Nicht einmal die Maya konnten in dieser Vierten Welt die geistige Energie der Zeit klar sehen, so dass die Kalender materialistischen Illusionen unterlagen. Von diesem Punkt an verschlechterten sich die Kalender in Mittelamerika. Die Vierte Welt des Großen Zyklus bedeutete den ersten Schritt zur Verblendung des Bewusstseins der Planetarischen Unterwelt, dargestellt in Abb. 5.13, Seite 129. Als Folge wurde die Lange Zählung aufgegeben, und das auf dem Tun fußende System wurde schrittweise durch einen physisch begründeten Kalender von 52 Jahren ersetzt, was unglücklicherweise das mittelamerikanische Kalendersystem verkürzte. Deshalb müssen wir gegenüber der verwirrenden Wirkung in der Kalenderinformation vorsichtig sein, zu der die Vierte Welt des Großen Zyklus den Anfang gemacht haben könnte. Obwohl die Mexica, die weit in der Vierten Welt gelebt haben, gelegentliche Lichtblicke prophetischen Verständnisses hatten, haben sie keinen Kalender entwickelt, den wir heute als zuverlässige Beschreibung des kosmischen Planes erkennen könnten. Ein typisches Beispiel für die Verwirrung der Information durch den mexikanischen Kalenderstein ist, dass es unter einigen Tzolkin-Kombinationen, die die Fünf Welten bezeichnen 52er Einheiten gibt, während es bei anderen 65 sind. Die Kosmologie des Kalendersteins scheint wirklich eine Mischung der Vier Welten mit je 65 Einheiten und Fünf Welten mit je 52 zu sein.

Ein weiteres Beispiel für die Verwirrung der Information bei den Mexica ist ihre Datierung der früheren Welten. Die Erste Welt dauerte vermutlich von 955 bis 279 v. Chr. (im Gregorianischen Kalender), die Zweite Welt von 279 v. Chr. bis 85 n. Chr., die Dritte Welt von 85 bis 397 n. Chr. und die Vierte von 397 bis 1073 n. Chr., zu welcher Zeit die jetzige Welt von 4 Ollin vermutlich begann. Das bedeutet, dass sie der Meinung waren, die Erste Welt habe dreizehn 52-Jahr-Zyklen gedauert und die Vierte wiederum dreizehn 52-Jahr-Zyklen. Die Unterteilung in Welten war nicht gleichmäßig.

Dieses Schema ist offensichtlich keine echte Prophezeiung, weil es auf einem 52-Jahr-Zyklus gründet, der lediglich bei den späteren, nachklassischen Maya und Mexica eine hervorragende Rolle spielte. Da dieser 52-Jahr-Zyklus teilweise auf dem Tzolkin fußt, ist er grundsätzlich auf dem physischen 365-Tage-Jahr, dem *Haab*, aufgebaut und hat somit keine prophetische Bedeutung. In den Begriffen der Prophezeiung nahmen die Mexica somit eine Mittelstellung zwischen den klassischen Maya und der modernen Welt ein. Sie hielten etwas an prophetischer Kenntnis vom Tzolkin und den Energien ihrer Kalendergottheiten zurück. Doch der Beginn der Herrschaft physikalischer Zyklen, die in der heutigen Welt ausschließlich vorhanden sind, führte sie in die Irre, und so waren sie nicht in der Lage, den kosmischen Zeitplan genau zu beschreiben.

Aber es gibt dennoch ein interessantes Detail, das man aus dem aztekischen Szenario ableiten kann: die Zweite und Dritte Welt fußen auf der Gleichung: 7 + 6 = 13. So übermitteln uns die Azteken gewissermaßen den Gedanken, dass Dreizehn Himmel in sieben Tage und sechs Nächte unterteilt werden können. Es ist bemerkenswert, dass die Zweite Welt von sieben Zyklen beherrscht wird von Quetzalcoatl, dem Herrn des Lichtes, und der Dritte Himmel von einer Gottheit, von der wir wissen, dass sie die Dunkelheit vertritt, nämlich Tlaloc. Dies ist ein Hinweis, dass die Mexica auch wussten, dass die Dreizehn Himmel in sieben Zyklen Licht und sechs Zyklen Dunkelheit geteilt werden konnten. Die Methode, die Lichtpulse zu teilen, war vielleicht nicht richtig, auch die Datierung nicht, doch trotzdem ist dies der Beweis für ein anderes altes Volk, das intuitiv vom Grundrhythmus der göttlichen Schöpfung wusste.

7

Die Galaktische Unterwelt

Das Erscheinen der Galaktischen Unterwelt

Dieser Zyklus (von 13 Tuns) wird 1999 beginnen.
Und so wie eine Schriftsprache vor 13 x 20^2 Tuns
nur von einem geringen Teil der Weltbevölkerung benutzt wurde,
aber heute in der ganzen Welt verbreitet ist,
so wird vermutlich die Möglichkeit, die 1999 beginnen wird,
wenig bekannt sein,
aber sich dann rasch über den ganzen Planeten ausbreiten,
um das Ende des Zyklus im Jahre 2011 vorzubereiten.
Carl Johann Calleman, Maya-Hypothesen

So betrat die Menschheit am 5. Januar 1999 die Galaktische Unterwelt (Abb. 7.1). Dies ist die achte von Neun Unterwelten seit der Bewusstseinsrahmen in einer Folge von 13 Tuns = 4.680 Tagen entwickelt wurde. Wie wir früher gesehen haben, wird diese Unterwelt, beherrscht von der Yin/Yang-Polarität, dazu neigen, den Osten zu stärken und Aspekte der menschlichen Seele zu entwickeln, die mit der rechten Gehirnhälfte verbunden sind. Welche Art von Phänomenen wird dann in diesem Zyklus entwickelt sein? Da es nichts völlig Neues gibt unter der Sonne und viele Phänomene schon von früheren Zyklen vorbereitet wurden, lässt sich dies gut herausfinden, wenn man die Phänomene untersucht, die zu Beginn der Vierten Welt der Planetarischen Unterwelt aufgetaucht sind,

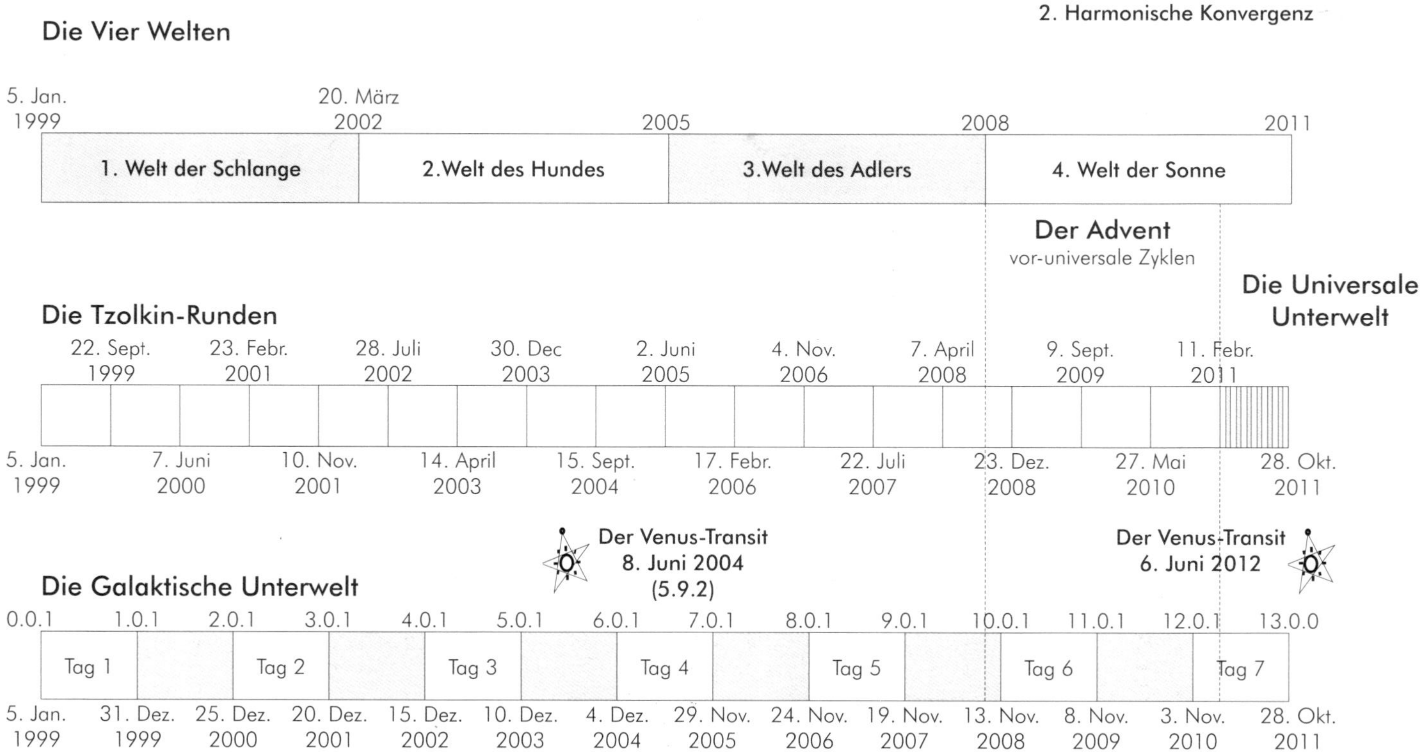

Abb. 7.1. Die Galaktische Unterwelt mit ihren Tagen und Nächten (untere Reihe), die parallel laufen zu ihren Tzolkin-Runden (mittlere Reihe) und Vier Welten (obere Reihe).

nämlich am 4. Oktober 1947 (s. Abb. 6.8, Seite 150). Die Vierte Welt war die Grundlage für die Galaktische Unterwelt, und deshalb können wir zu Beginn der Vierten Unterwelt Vorformen dessen finden, die dann die Galaktische Unterwelt dominieren werden.

Ein weiterer erkennbarer Aspekt in der Galaktischen Unterwelt, der leicht auf den Beginn der Vierten Welt zurückzuführen ist, ist die Informationstechnologie (IT) in unserer Gesellschaft. Die ersten elektronischen Rechner wurden in den Jahren 1946–1948 erfunden. Mit dem Ersten Tag der Galaktischen Unterwelt (5. Januar 1999–30. Dezember 1999) verbreitete sich diese Technologie derart, dass es zu einer Prägung unserer Zivilisation wurde („Neue Ökonomie"). Es ist bezeichnend, wenn gesagt wird, dass die durch diese IT-Revolution ausgelösten Veränderungen in ihrem Ausmaß mit der Industriellen Revolution in der Mitte des 18. Jahrhunderts vergleichbar sind. Aus der Sicht des Mayakalenders erscheint diese Parallele zwischen zwei Revolutionen als sehr zutreffend, da beide von Xiuhtecuhtli gesät wurden, als der erste Tag zweier verschiedener Unterwelten begann. Informationstechnologie ist ebenso sehr ein Teil des kosmischen Planes wie die Erfindung der Schrift oder des Telegrafen.

Die IT-Zivilisation ist vielleicht ein Aspekt der Galaktischen Unterwelt, der noch am meisten im Westen sichtbar ist. Sie baut auf einer Art von Naturwissenschaft und Technologie auf, die besonders von dieser Hemisphäre während der Nationalen und Planetarischen Unterwelt entwickelt wurde. Doch die Charakteristika der rechten Gehirnhälfte sind ebenfalls deutlich bei den IT-Phänomenen, die starke magische Elemente enthalten. Diese Phänomene wurden durch einen kreativen Prozess entwickelt, der intuitiver ist als die traditionelle wissenschaftliche Methode der Nationalen Unterwelt, und der Reiz der IT-Welt auf die Jugend ist für jeden offensichtlich. Schlag auf Schlag werden größere neue Erfindungen auf diesem Gebiet und Höhepunkte der „Neuen Ökonomie" geschaffen, und zwar während Zeiträumen, die Tage sind. Im Augenblick (2003) sind wir allerdings noch sehr am Anfang der Entwicklung dieser Unterwelt (entsprechend z. B. der Bildtelegrafie in Abb. 5.12, Seite 123).

Eine andere Technologie, die durch die Galaktische Unterwelt kommen wird, ist die Gentechnik, und wir können ihre embryonalen Formen zurückverfolgen bis zu den ersten Übertragungsversuchen von DNA in den späten 40ern. Die Vollendung des Projektes der menschlichen Genome ist ein früher Ausdruck der derzeitigen Unterwelt, und sicherlich wird die Anwendung genetischer Manipulationen ein Gegenstand heißer Debatten bleiben.

Die Medien haben ihr Interesse hauptsächlich auf technologisch und wirtschaftlich wichtige Aspekte der beginnenden Galaktischen Unterwelt gerichtet. Es wäre aber ein schwerer Fehler, daraus zu schließen, dass dies die wichtigsten Dinge sind. Wenn auch einige Technologien während der Tage dieser Unterwelt noch weiter voranschreiten werden, ist doch damit zu rechnen, dass die ungeheure Attraktion, die sie auf viele ausübt, nachlässt, wenn wir uns weiter in die Unterwelt bewegen.

Die Galaktische Unterwelt hat mehr mit Telepathie und Intuition zu tun als mit Technologie, und wenn auch viele sich dem Wechsel widersetzen, wird der Schwerpunkt der Zukunft weniger auf Gegenständen und Geräten liegen, als dies in der Planetarischen Unterwelt der Fall war. Wegen der Verdunkelung des Bewusstseins, das die Planetarische Unterwelt beherrschte, war man der Meinung, dass alle Natur nur für die Ausbeutung durch den Menschen aufgrund ökonomischer Berechnungen der linken Gehirnhälfte da sei. Obwohl die Intuition der rechten Gehirnhälfte in der Galaktischen Unterwelt tatsächlich zu technischen Fortschritten führen mag, ist der gesamte Schwerpunkt menschlicher Bemühung in der Veränderung. Trotz der bisherigen, ungeheuren Fortschritte der Menschheit in der Technik, ist doch der Fortschritt, um einen Zustand inneren Glücks zu erreichen, sehr gering, und das wird deutlich zunehmen. Das Hauptziel der augenblicklichen Unterwelt ist es, dieses Ungleichgewicht zu heilen, diesen Zustand des Koyaanisquatsi. Der Bewusstseinsrahmen, der jetzt kommt, wird einfach nicht zulassen, dass wir die Existenz eines lebendigen Kosmos leugnen. Sollten wir dies tun, würde es irgendeine Reaktion geben. Das ist der Grund für die Dringlichkeit, die Botschaft des Mayakalenders zu verbreiten.

Wegen der Yin/Yang-Polarität dieser Unterwelt werden seine Tage stark intuitive und weniger analytische Ausdrucksformen des menschlichen Geistes hervorbringen. Solche Ausdrucksformen können selten von einem engen rationalen Geist vorausgesagt werden und erscheinen oft offenbar aus dem Blauen heraus. Jedenfalls werden wir eine Rückkehr zu einem verzauberten Kosmos erleben, und wir werden durch unsere sich langsam öffnenden Sinne empfänglich werden für seine wahre geistige Kraft. Wegen der verschiedenen geographischen Verhältnisse zum Weltenbaum werden die verschiedenen Teile der Welt vermutlich jeweils anders von der Galaktischen Unterwelt berührt. So können wir erwarten, dass wenigstens am Anfang die Galaktische Unterwelt in der westlichen Hemisphäre eine Begeisterung für neue Technologie und neue Ökonomie erzeugt, während das Interesse im Osten – Indien, China und Russland (die führende Ecke bewegt sich langsam nach Osten) – mehr auf die geistige Erleuchtung gerichtet sein wird. Im Laufe der Galaktischen Unterwelt werden die Wirkungen der Energieänderungen zwischen den Tuns – Tage und Nächte im Sinne der Schöpfung – zunehmend deutlich werden.

Die aufgezählten Punkte der auftauchenden Galaktischen Unterwelt fußen auf der neuen Yin/Yang-Polarität, die sie beherrscht (Abb. 5.13). Ein anderer Aspekt ist die Erweiterung des menschlichen Bewusstseinsrahmens. Völker als politische und ökonomische Einheit verschwinden. Tag für Tag wird sich der menschliche Bewusstseinsrahmen in die Galaktische Unterwelt ausweiten, und begrenzende Strukturen, die aus unteren Unterwelten stammen, werden überschritten. In einer Welt ohne Grenzen werden Rufe des Patriotismus allmählich verhallen. Dieser Aspekt des „Galaktifizierung-Prozesses" schreitet zurzeit in Europa schnell voran, wo einzelne Nationen im herkömmlichen Sinne kaum mehr existieren. Die Europäische Union hat die Nationalstaaten in einem viel höheren Maße aufgesaugt, als ihre Bewohner vermutlich denken. Ihre Nationalität findet hauptsächlich in Fußballmannschaften, besonderen Feiertagen usw. Ausdruck, hat aber in der Welt der Politik und Ökonomie kaum eine Bedeutung. Wenn die nationalen Grenzen aufgelöst sind, gibt es viel weniger bewaffnete Auseinandersetzungen und Kriege auszufechten zwischen den verschiedenen Nationen und nach und nach zwischen Gruppen, die in Resonanz sind mit verschiedenen Energien, ganz gleich, in welchem Lande sie gerade leben (z. B. staatenloser Terrorismus gegen den Westen).

So geschieht alles in zunehmendem Maße. Die Nationen sind nicht länger die bedeutendsten Spieler in der Arena der Weltpolitik. Eine Reihe von Protesten, angefangen bei Seattle im Jahre 1999, am ersten Tag der Galaktischen Unterwelt, haben hervorgehoben, dass die Welthandelsorganisation, der Internationale Geldfonds, die Weltbank, die Gruppe der Acht, die Europäische Union, die Vereinigten Staaten (die in der Arena der Weltpolitik keine Nation im herkömmlichen Sinne sind), die NATO und verschiedene multinationale Organisationen die Nationen als die stärksten Spieler in der Arena der Weltpolitik ersetzt haben. Obwohl die neue Gegenbewegung meist als Globalisierungsgegner dargestellt wird, würde man sie im Licht der aufsteigenden Galaktischen Unterwelt vermutlich besser als eine Bewegung gegen die Vorherrschaft der materialistischen Werte auf unserem Planeten beschreiben.

Wenn die östliche Hemisphäre in den Tagen der derzeitigen Unterwelt in den Mittelpunkt gerückt wird, bedeutet dies auch, dass die Qualitäten der rechten Gehirnhälfte begünstigt werden und somit die augenblickliche Vorherrschaft der linken Gehirnhälfte und der westlichen Hemisphäre zu Ende gehen wird. Diese Veränderung wird jeden betreffen, gleichgültig wo er gerade lebt. Wir sind alle Eins und sind alle Geschöpfe desselben göttlichen Schöpfungsprozesses, und so tut es nicht Wunder, dass viele in jüngerer Zeit, unabhängig von ihrem Wohnort, daran gearbeitet haben, durch die Entwicklung ihrer Intuition einen Ausgleich zwischen den beiden Gehirnhälften zu schaffen. Als Folge der zurückweichenden Vorherrschaft der linken Gehirnhälfte wird auch die Kontrolle des Denkens, die sie mit sich bringt, zu einem Ende kommen. Wenn beide Gehirnhälften gleichwertig werden, werden es auch die Individuen, und folglich wird keine Seele eine andere kontrollieren können. Überhaupt wird eine nicht mehr umkehrbare Entwicklung zur

Ganzheit Platz greifen, wenn die Galaktische Unterwelt voranschreitet, und im Laufe dieses Prozesses werden alle auf Vorherrschaft fußenden Hierarchien – politisch, religiös oder anderswie – auf die oder jene Weise zusammenbrechen. Es erübrigt sich zu betonen, dass dieser Prozess kaum reibungslos sein wird oder ohne Widerstand seitens der etablierten Weltordnung.

Da ein dualistischer Bewusstseinsrahmen die Galaktische Unterwelt beherrscht, hat sie ein Potenzial für heftige Konflikte und Kriege, und wir geraten vielleicht in eine negative Spirale von Terrorismus und Terror gegen den Terrorismus, wobei sich jeder darüber seine Meinung bilden kann, wie viele überleben. Die Galaktische Unterwelt wird überall eine Wellenbewegung entwickeln, deren Tage wesentlich die rechte Gehirnhälfte und die östliche Hemisphäre hervorheben werden, während die linke Gehirnhälfte und die westliche Hemisphäre in den Nächten scheinbar verlorenes Terrain wieder zurückerobern werden. Die derzeitige materialistische Zivilisation wird zerbröckeln, und es wird keine Sicherheit geben, an den alten Lebensweisen zu hängen. Viel Chaos ist schon aus dem einfachen Grund zu erwarten, dass ein bedeutender Energiewandel mit jedem Tun stattfinden wird und die Welt in eine neue Richtung zu treiben scheint. Darüberhinaus wird die Galaktische Unterwelt sich auf einer hohen, auf dem Tun fußenden Frequenz entfalten, wobei die Kontrolle über die Welt durch die Hierarchien aus den unteren Unterwelten in einer sehr kurzen Zeitspanne enden wird, nämlich innerhalb von etwa zehn Jahren. Die Gleichheit wird das Endergebnis sein, weil, sobald diese Unterwelt endet, das Licht sich gleichmäßig über den Planeten verbreitet.

Führung anhand historischer Analogien

Natürlich wird sich die neue Yin/Yang-Polarität der Galaktischen Unterwelt nicht unbedingt in Terrorismus und Krieg zeigen. Aber wir haben Grund, ein allgemeines Konfliktpotenzial zwischen den Völkern zu erwarten, die primär in Resonanz sind mit einer der beiden Gehirnhälften, gleichgültig, wo auf dem Planeten sie gerade wohnen. Eine andere Sicht ist, dass die auftauchende Yin/Yang-Polarität in jedem Individuum als ein Konflikt zwischen den Aspekten unserer Existenz angesehen werden kann, die durch die linke oder rechte Gehirnhälfte vermittelt werden. Es muss nicht betont werden, dass dies ein Potenzial für ein apokalyptisches Szenario ist, und sehr wahrscheinlich hat der Dritte Weltkrieg schon begonnen; er sieht nur nicht so aus wie die vorhergehenden. Doch, wie ich später ausführen werde, gibt es auch die Möglichkeit, die gegensätzlichen Polaritäten zu vereinigen, und darin liegt eine Hoffnung für die Menschheit. Eine große Unbekannte ist, wie sehr und wie bald Menschen den Prozess der göttlichen Schöpfung und den Zeitplan dafür, den der Mayakalender liefert, wahrnehmen werden. Diese Wahrnehmung könnte an sich einen tiefen Einfluss auf den Lauf der Ereignisse haben.

Der Mayakalender ermöglicht es uns, Voraussagen für die Zukunft zu treffen, fußend auf historischen Analogien. Solche Voraussagen sind deshalb möglich, weil die dreizehn Gottheiten, die den Gang durch die Dreizehn Himmel einer Unterwelt regieren, immer dieselben sind. Das ist genau das Prinzip, auf dem die Weissagekunst der alten Maya fußt, wie es in den Chilam-Balam-Büchern beschrieben wird. Deshalb können wir vieles vom derzeitigen und künftigen Lauf der Dinge verstehen, wenn wir auf die Parallelen zwischen den Zeiträumen schauen, die die dreizehn Gottheiten in den verschiedenen unteren Unterwelten beherrscht haben (Abb. 7.2).

Das Lernen aus historischen Analogien erfordert freilich, dass die Anfangs- und Enddaten jeder Unterwelt richtig bestimmt sind. In unserer derzeitigen Galaktischen Unterwelt, wo die Wechsel zwischen Tagen und Nächten so häufig sind wie jedes Tun, wird dies noch viel wichtiger als in der Nationalen Unterwelt, wo beispielsweise Energieverschiebungen mit jedem Baktun stattfinden und ein kleinerer Fehler im Enddatum eine geringere Rolle spielt. Wenn jedoch das Enddatum der Ga-

Tag/Nacht Dauer	Herrschende aztekische Gottheit – Wachstumsstadium Phänomen oder Prophezeiung
Tag 1 5. Jan. 1999– 30. Dez. 1999	**Xiuhtecuhtli – Säen** IT-Revolution; Leben im Licht; Krieg des Westens gegen Irak u. Serbien; erste Proteste gegen Globalismus
Nacht 1 31. Dez 1999– 24. Dez. 2000	**Tlaltecuhtli** Rückgang der IT-Revolution; Ruheperiode nach dem Ersten Tag der Galaktischen Unterwelt
Tag 2 25. Dez. 2000– 19. Dez. 2001	**Chalchiuhtlicue – Keimung** Fortgesetzte Proteste gegen Globalisierung; Terrorangriff gegen das WTC und Pentagon; westlicher Krieg in Afghanistan
Nacht 2 20. Dez. 2001– 14. Dez. 2002	**Tonatiuh** Tiefe wirtschaftliche Rezession; Wiederherstellung der westlichen Vorherrschaft; Reaktion gegen die Ausdrucksformen der hohen Frequenz der Galaktischen Unterwelt; kulturelle Suche nach Antworten bei alten Kulturen
Tag 3 15. Dez. 2002– 9. Dez. 2003	**Tlacolteotl – Spriessen** Westlicher Krieg im Irak; verstärkte Bewegung gegen Globalisierung; Einrichtung neuer Ausdrucksformen der Spiritualität: intuitives Leben, Ruten (mit der Rute); Wiederbelebung des Mayakalenders; geistiges Heilen
Nacht 3 10. Dez. 2003– 3. Dez. 2004	**Mictlantecuhtli** 1. Venus-Transit (8. Juni 2004), wesentlich für die Vorbereitung der vereinigenden Synthese von Tag Vier
Tag 4 4. Dez. 2004– 28. Nov. 2005	**Cinteotl – schnelle Vermehrung** Formulierung des Kernstücks einer vereinigenden Synthese zwischen Ost und West und zwischen Spiritualität und Rationalität (s. Abb. 4.6., S. 92)
Nacht 4 29. Nov. 2005– 23. Nov. 2006	**Tlaloc** Verbreitung der vereinigenden Synthese
Tag 5 24. Nov. 2006– 18. Nov. 2007	**Quetzalcoatl – Knospen** Durchbruch einer neuen, fortgeschrittenen Form einer vereinigenden Synthese (Manifestationen des galaktischen Christusbewusstseins)
Nacht 5 19. Nov. 2007– 12. Nov. 2008	**Tezcatlipoca** Tiefe, globale Krise der materialistischen Kultur; zerstörerische Reaktion; Harmagedon; Europäische Union und Deutschland im Mittelpunkt des Dramas
Tag 6 13. Nov. 2008– 7. Nov. 2009	**Yohualticitl – Blühen** Wiedergeburt der vereinigenden Synthese; angespannte Koexistenz von Ost und West und zwischen Spiritualität und den Überresten der globalen materialistischen Macht
Nacht 6 8. Nov. 2009– 2. Nov. 2010	**Tlahuizcalpantecuhtli** Ruhephase der Vorbereitung, einen Ausgleich zwischen Ost und West zu erreichen; Zweite Harmonische Konvergenz (27. Mai 2010), die erste Erfahrung des galaktischen Pulsschlags des kosmischen Bewusstseins
Tag 7 3. Nov. 2010– 28. Okt. 2011	**Ometeotl/Omecinatl – Verwirklichung** Erreichung des Ausgleichs zwischen Ost und West; Ende gegenseitiger Kontrolle; Beginn der Universalen Unterwelt (11. Febr. 2011) und die Entfaltung eines nicht-dualen kosmischen Bewusstseins

Abb. 7.2. Prophetisches Voranschreiten durch die Galaktische Unterwelt

laktischen Unterwelt nicht richtig ist, können durch den Mayakalender vorausgesagte Bewusstseinsveränderungen völlig verloren gehen, und ihre praktische Verwendung wird bedeutungslos. (Dasselbe geschieht, wenn man eine Tzolkin-Zählung verwendet, die keine echte Widerspiegelung der göttlichen Schöpfung ist.) Eine Abweichung, wann ein Jahr zu Ende geht, bedeutet alles oder nichts für Menschen, die versuchen, sich mit der Wellenbewegung der kosmischen Entwicklung zu verbinden. Andere außer mir jedenfalls, wahrscheinlich nur Solara und Ken Carey, sind das Problem von einer eher intuitiven als gelehrten Sichtweise angegangen, haben aber klar den Zeitpunkt, wann die Einheit erreicht sein wird, auf Ende 2011 festgelegt.

Es muss hier festgestellt werden, dass das Erfüllungsdatum für die Schöpfung – der 28. Oktober 2011 – abweicht vom Ende der Langen Zählung der Maya am 21. Dezember 2012. Das letztere Datum hört man immer noch allgemein, und es ist tatsächlich richtig, wenn wir der Archäologie folgen. Um die Abweichung zwischen diesen beiden Daten zu verstehen, sei vermerkt, dass das Enddatum der Langen Zählung vom Anfangsdatum abhängt, das die Maya gesetzt haben. Die alten Inschriften der Maya sagen nichts darüber, was am Ende der Langen Zählung geschehen wird, aber was am Anfang geschah, als der Erste Vater den Weltenbaum sprießen ließ. Dieser Tag war der 11. August 3114 v. Chr., ein genaues Datum, das jedoch auf einer alten Überlieferung des Ortes Izapa zu fußen scheint, wo die Lange Zählung erfunden wurde. In Übereinstimmung mit dieser Überlieferung begann die Zeit an dem Tag des Jahres – entsprechend dem 11. August –, als die Sonne in diesem Ort im Zenit stand.

In dieser Wiege der Langen Zählung war dieser Tag bereits ein heiliger Tag geworden („als die Zeit begann"), der nicht in Frage gestellt werden kann (man denke, wie schwierig es wäre, das Datum für Weihnachten zu ändern, selbst wenn zweifellos feststünde, dass Jesus da gar nicht geboren wurde). Wenn das genaue Anfangsdatum der Langen Zählung nur an eine enge lokale Überlieferung in Izapa gebunden ist, hat dies keine Bedeutung, wenn wir den Mayakalender für eine globale

Skala anwenden. Durch sehr ausgedehnte Untersuchungen, die außerhalb der Absicht dieses Buches liegen, bin ich zu dem Schluss gekommen, dass das genaue Datum für die Vollendung der Schöpfung am 28. Oktober 2011 ist, an einem Tag, der die Energie 13 Ahau hat. Dieses 13 Ahau, das der letzte Tag einer Tzolkin-Runde ist, ist dann, wenn das Licht durch alle Unterwelten hindurchgeht ohne einen verdunkelnden Filter, der den Kontakt zwischen der Menschheit und dem Göttlichen verhindern würde.

Aufgrund dieses Datums für die Vollendung des Prozesses der göttlichen Schöpfung können wir anhand historischer Analogien etwas über die Wellenbewegung der Galaktischen Unterwelt durch ihre dreizehn herrschenden Gottheiten erfahren.

Die Entwicklung des neuen Bewusstseins in dieser Unterwelt wird wie in allen anderen durch eine Wellenbewegung erzeugt, die zwischen Tagen (äußerer Wandel, Kreativität) und Nächten (innerer Wandel) abwechselt. Während der Tage dieser Unterwelt werden intuitive Wege des Denkens und Handelns betont oder sichtbar werden, während in den Nächten das Denken der linken Gehirnhälfte, das schon von der Nationalen und Planetarischen Unterwelt bekannt war, wiederbelebt wird. Diese Beschreibung der Wellenbewegung heißt auch, dass die Entwicklung nicht gradlinig verläuft. Der Lauf der Ereignisse kann niemals verstanden werden, wenn man einfach Entwicklungstendenzen linear in die Zukunft verlängert.

Mit jedem Tag wird der neue galaktische Rahmen des Bewusstseins auf Kosten der eher begrenzten planetarischen und nationalen Rahmen verstärkt werden. Die Entfaltung der Galaktischen Unterwelt beinhaltet nicht nur das Potenzial für Konflikte zwischen Ost und West, sondern auch zwischen den Phänomenen, die von den unteren Unterwelten entwickelt wurden und denen, die mit der Galaktischen Unterwelt auftauchen. Die von der Galaktischen Unterwelt entwickelten Phänomene werden entsprechend dem Pulsieren des Tag-für-Tag-Musters veranschaulicht, wofür in diesem Buch einige Beispiele aus unteren Unterwelten wiedergegeben wurden. Die Nächte dazwischen dienen wesentlich für die Verarbeitung der Impulse der vorausgegangenen Tage und als Vorbereitung für die kommenden, und deshalb sind sie am ehesten für eine Betrachtung geeignet. Je weiter der Prozess in die Galaktische Unterwelt voranschreitet, desto deutlicher werden die Energiewechsel zwischen Tagen und Nächten zunehmend bemerkbar, und sie werden die Führung anhand der historischen Analogien immer klarer machen, wenn man die Matrix aufgrund meiner Untersuchung benutzt (ich habe sie hier mangels einer leichteren Bestimmungsmöglichkeit die Calleman-Matrix genannt).

Wenn wir das Wirrwarr und den Anstieg an Gewalt betrachten, die zu Beginn der Planetarischen Unterwelt begannen – der Siebenjährige Krieg, die Amerikanische und Französische Revolution und die Napoleonischen Kriege –, ist es offensichtlich, dass der Beginn einer neuen Unterwelt kaum sanft ist. Was können wir dann von der weiteren Entwicklung der jetzt auftauchenden Galaktischen Unterwelt erwarten, wenn wir die Kräfte der Dreizehn Himmel kennen? In meinem Buch *Solving the Greatest Mystery of Our Time: The Mayan Calendar* (Die Lösung des größten Geheimnis unserer Zeit: Der Mayakalender, Anm. d. Übers.), im Frühjahr 2001 veröffentlicht, aber schon vor Beginn der Galaktischen Unterwelt verfasst, habe ich anhand eines Vergleichs zwischen Unterwelten einige Voraussagen gemacht.

Erstens habe ich gesagt, dass man aufgrund des zunehmenden Frequenzwechsels dieses Schöpfungszyklus' die Empfindung haben wird, dass die Zeit sich beschleunigt (der Wechsel zwischen Licht und Dunkelheit findet jedes 360-Tage-Tun statt und nicht jedes 19,7-Jahre-Katun). Ereignisse werden sich deshalb in einem schnelleren Tempo entfalten als jemals zuvor erlebt. Viele Menschen werden wahrscheinlich zustimmen, dass es eine solche Zeitbeschleunigung gibt.

Zweitens habe ich vorhergesagt, dass die Welt mindestens in der nördlichen Hemisphäre sich in drei Hauptgebiete aufteilen wird: 1. die westliche Hemisphäre einschließlich der Britischen Inseln, 2. Mitteleuropa unter dem Stamm des Weltenbaumes, und 3. die östliche Hemisphäre einschließlich Russlands. Diese Aufteilung fand in den allerersten Wochen des ersten Tages der Galaktischen Unterwelt statt, als Großbritannien und die USA gemeinsam den Irak angriffen. Wir sehen diese Allianz auch im Krieg gegen die Taliban. Die Vorstellung des Westens wird deshalb spezieller und klarer auf den Weltenbaum bezogen. Um diesen Unterschied noch deutlicher zu machen, hat sich Mitteleuropa sehr schnell zu seiner Vereinigung in der Europäischen Union hin bewegt, und gerade jetzt scheinen die Einzelnen gegen einen Währungswechsel in Großbritannien zu sein und damit gegen eine völlige Mitgliedschaft in der EU.

Die dritte Voraussage, die ich gemacht hatte, war, dass die derzeitige Unterwelt dualistisch sei und damit Konflikte zwischen Ost und West hervorrufen würde. Das steht im Gegensatz zu dem Zeitraum 1992–1999, der bei weitem der friedvollste in der Geschichte der Menschheit war. In dieser Zeit gab es keinen Krieg zwischen verschiedenen Nationen (abgesehen von Bürgerkriegen). Der Grund für diese ziemlich friedvolle Zeit war, dass wir im Jahre 1992 den Siebenten Tag der Planetarischen Unterwelt erreicht hatten (die eine vereinigende Unterwelt war), während die dualistische Galaktische Unterwelt noch nicht begonnen hatte. Die Vorhersage wachsender Konflikte zwischen Ost und West nach 1999 hat sich bisher nicht nur durch den NATO-Krieg mit Jugoslawien an seinem Ersten Tag bewahrheitet, sondern auch durch den Angriff islamistischer Terroristen gegen das World Trade Center und das Pentagon in den USA, den westlichen Krieg gegen Afghanistan und durch die Verstärkung des israelisch-palästinensischen Konflikts am Zweiten Tag. Eine weitere Voraussage hat sich bewahrheitet, nämlich dass diese Kriege eher in Zeiträumen, die Tage waren, stattfanden als in Nächten. Der westliche Krieg im Irak am Dritten Tag hat dies weiter bestätigt. Anhand des Mayakalenders verstehen wir, dass die Ursache darin liegt, dass die Tage beherrscht werden von einer neuen Yin/Yang-Polarität, die ein Konfliktpotenzial enthält.

Die Galaktische Unterwelt begann also mit der Verschärfung der Konflikte zwischen Ost und West, einschließlich zwischen der westlichen chaldäisch-jüdischen-christlichen Tradition des Monotheismus und ihrer östlichen, islamischen Gegenspieler. Doch, wie wir später ausführen werden, könnte es auch zu einer Integration einiger alter geistiger Überlieferungen der beiden Hemisphären führen. Europa wird dann wahrscheinlich ab dem Tag Vier (der Siebente Himmel) eine besondere Rolle bei der Vereinigung dieser Polarität übernehmen. Ausdrucksformen der Harmonisierung der linken und rechten Gehirnhälfte werden in Europa auftauchen und sich über den Weltenbaum ausbreiten. Die Wirkungen des Weltenbaumes, im Wesentlichen unsichtbar in der Planetarischen Welt, werden in dieser Unterwelt wieder sichtbar.

Deshalb bedeuten *Licht* oder *Tag* nicht unbedingt „gut", und *Dunkelheit* oder *Nacht* nicht „schlecht". Es ist viel umfassender. In den unteren Unterwelten gibt es viele Beispiele, dass Kriege und Gewalttätigkeiten während Tagen ausgebrochen sind, also in Zeiten des Lichtes. So verliefen in der dualistischen Nationalen Unterwelt Kriege immer während der Tage. In der Planetarischen Unterwelt, in der zumindest das Ideal eines Friedens aufzukommen begann, fanden die Napoleonischen Kriege und der Erste Weltkrieg in Zeiten statt, die Tage waren, nämlich Tag Zwei (1794-1814) und Tag Fünf (1913-1932). Wie konnte dies geschehen? Die Antwort liegt teilweise darin, dass Energiewechsel, die mit einem Wechsel des Himmels zusammenfallen, meist das Potenzial einer Veränderung der irdischen Machtverhältnisse mit sich bringen. Zusätzlich müssen historische Ereignisse immer in den Begriffen des Zweckes der besonderen Unterwelt verstanden werden, deren Ergebnis sie sind. Der göttliche Schöpfungsprozess arbeitet wie der Hindu-Gott Shiva, der Schöpfer und Zerstörer, der zerstört, um einen höheren Zweck zu verfolgen, unabhängig davon, was sich die Menschen wünschen mögen. Schließlich unterliegt der Lauf der Dinge dem beabsichtigten Endergebnis des kosmischen Planes, der sich im Jahre 2011 zeigen wird.

Ein Teilzweck der Planetarischen Unterwelt war es beispielsweise, die Demokratie zu entwickeln, ein erster Schritt zur vollen Gleichheit aller Menschen, der erst erreicht werden wird, wenn die Universale Unterwelt zu Ende geht. Gleichheit wurde in der Nationalen Unterwelt völlig abgelehnt, wo man in eine im Wesentlichen statische Klassengesellschaft geboren wurde, eine Trennung der Menschen, durch den Sündenfall verursacht, der die menschlichen Gesellschaften seit Beginn der dualistischen Nationalen Unterwelt immer beherrschte. Aus der Sicht der Planetarischen Unterwelt ist leicht zu sehen, dass trotz der Tragödien und des Verlustes an Menschenleben die Napoleonischen Kriege und der Erste Weltkrieg den Raum für bedeutende Schritte für das Erscheinen eines neuen, demokratischen Herrschaftssystems schufen, einen ersten Schritt weg von der festen Klassengesellschaft der Nationalen Unterwelt. Die Napoleonischen Kriege an Tag Zwei, mit ihrem Ursprung in der Französischen Revolution, erschütterten die bestehende Ordnung der Königshäuser Europas so sehr, dass die Ordnung nicht mehr garantiert werden konnte. Napoleon wurde für einen Terroristen oder Schlimmeres gehalten, besonders von den Königshäusern, die zu dieser Zeit am meisten zu verlieren hatten (zu den Beinamen, die die königlichen Zeitungen der Zeit Napoleon gaben, gehörten „der Menschenfresser", „der Werwolf" und „die Bestie").

Der Erste Weltkrieg an Tag Fünf, in dem Abermillionen ihr Leben verloren, bedeutete den endgültigen Zusammenbruch der bestehenden Ordnung. Mehrere autokratische Reiche, die die Welt beherrscht hatten – das russische, chinesische, osmanische, österreichische und deutsche – gingen zu Ende, und als Nachwirkungen dieses Krieges wurde eine Welle von Demokratien in Europa eingerichtet. Es ist höchst fraglich, ob dies geschehen wäre, wenn der Krieg die Herrschaft dieser Reiche nicht beendet hätte. Das heißt nicht, dass Napoleon oder einige der Generäle des Ersten Weltkrieges als Männer der Demokratie oder Gleichheit bezeichnet werden könnten, doch der kosmische Plan arbeitet manchmal so, dass er seine Absicht durch Menschen verfolgt, die andere Ziele haben.

Und so könnte aufgrund der Parallelen zwischen den herrschenden Gottheiten die Wechsel, hervorgerufen durch die Tage Zwei und Fünf z. B. ebenso Gewalt in der Galaktischen Unterwelt erzeugt werden. Für den Tag Zwei (25.12.2000–19.12.2001) haben wir bereits Beispiele dafür gesehen. Da diese Zeitspanne von derselben Gottheit (Chalchiuhtlicue) der Dreizehn Himmel beherrscht war wie die Zeit (1794–1814) in der Planetarischen Unterwelt, ist es natürlich, über Parallelen zwischen Napoleon Bonaparte und Osama bin Laden zu sprechen. Zuallererst scheint das Maß der Ambitionen dieser beiden Personen nicht sehr unterschiedlich zu sein. Napoleons Ehrgeiz war es, für den Herrschaftsanspruch der Französischen Revolution die Welt zu erobern, und vermutlich wollte Bin Laden, dass der Islam dasselbe tut. In den Napoleonischen Kriegen starben Millionen, und einige Tausend unschuldige Zivilisten wurden durch Bin Ladens Terrorangriffe ermordet; wenn es ihren Idealen diente, scheinen beide die Rücksicht auf den Verlust von Menschenleben verloren zu haben, sowohl auf ihrem eigenen Gebiet wie unter Feinden.

Wesentlicher als diese Parallelen scheint zu sein, dass diese beiden Männer auf den ersten Wellen (Tag Zwei) der jeweiligen Unterwelt ritten, von denen sie maßgeblich beherrscht wurden. So entstanden mit ihnen verzerrte Ausdrucksformen für Phänomene, die jene Unterwelten entwickeln wollten. Während Napoleon ein Kind der Französischen Revolution war, verriet er selbst deren Ideale der Gleichheit, indem er Kaiser wurde. Mit anderen Worten: Napoleon hatte sehr wenig mit der Art von Demokratie zu tun, für deren Entwicklung er den Weg ebnete. Ähnlich könnte Bin Laden Teil eines Prozesses sein, der dazu dient, den Osten und die rechte Gehirnhälfte zu betonen, doch er und die Taliban nehmen nicht die Ideale einer globalen Einheit oder Gleichheit zwischen den Geschlechtern an, deren Entfaltung das letzte Ziel der Galaktischen Unterwelt ist. Genau wie Napoleon seinem Waterloo (1815) begegnete, als die Zweite Nacht der Planetarischen Unterwelt begann, verschwand Bin Laden von der politischen Bühne und wurde vielleicht etwa zu der Zeit getötet, als die Zweite Nacht der Galaktischen Unterwelt begann, nämlich am 20. Dezember 2001. Immerhin erschütterten beide die bestehende Ordnung am Zweiten Tag ihrer entsprechenden Unterwelt.

Der historische Zeitraum der Planetarischen Unterwelt, Tag Zwei (1814-1834) wurde „Die Reaktion" genannt. Nach dem Sturz von Napoleon versammelten sich die Großmächte Europas im Wiener Kongress von 1815. Dort wurden die Königshäuser, die vor all diesen Wirren Europa regiert hatten, wiederhergestellt. Dies war eine Reaktion auf all die vorausgegangenen Veränderungen, die die Industrielle Revolution ebenso wie die Amerikanische und Französische Revolution mit sich gebracht hatten innerhalb einer scheinbar sehr kurzen Zeitspanne. Kulturell war Nacht Zwei dieses Zyklus' charakterisiert durch die Romantik, eine Sehnsucht, zu einer mythischen Vergangenheit zurückzukehren als Reaktion auf die Neuerungen, die die Planetarische Unterwelt gebracht hatte. Dies war unter anderem die Zeit, in der die Sagen des vorindustriellen Europas allmählich wieder gelesen wurden.

In der Nacht Zwei der Galaktischen Unterwelt erschienen parallele Phänomene. Die alte Ordnung in der Wirtschaft, beim Militär und die Vorherrschaft der westlichen Medien waren wieder sicher hergestellt, und die Menschen wurden nostalgisch gegenüber der Zeit vor all den Veränderungen, die die IT-Revolution, der Terrorismus usw. in alarmierender Weise hervorgebracht hatten. *Der Herr der Ringe: Die Gefolgschaft des Ringes* hatte z. B. seine Weltpremiere am Ersten Tag der neuen Nacht, und *Harry Potter und der Stein der Weisen* eine Woche zuvor, beide Ausdruck des Romantizismus der Galaktischen Unterwelt – oder, um genauer zu sein, des Romantizismus von Tonatiuh (s. Abb. 2.2, Seite 21). Auch suchte man nach Lösungen bei den alten Kulturen der Menschheit, zusammen mit einer wirtschaftlichen Rezession und der zunehmenden Einsicht, dass ein ständiges wirtschaftliches Wachstum der Vergangenheit angehörte.

Der Dritte Tag in allen Unterwelten ist, wenn sie ihre Phänomene in der physischen Wirklichkeit verankern. In der Galaktischen Unterwelt umfasste diese Energie den Zeitraum vom 15. Dezember 2002 bis zum 10. Dezember 2003. Unter den Beispielen eines Fortschrittes in der Entwicklung, die oben angegeben wurden, waren der Monotheismus von Moses, das Alphabet und der elektrische Telegraf Ausdrucksformen des Bewusstseins von Tag Drei. Somit herrscht die Energie des Tages Drei (die Energie von Tlacolteol) unter den sieben Tagen einer Unterwelt, wenn dauerhafte und manchmal praktisch nutzbare Lösungen sich zeigen. In der Tat sind die oben erwähnten Beispiele von Manifestationen des Dritten Tages noch Teil der heutigen Welt, während andere Ausdrucksformen früherer Tage, z. B. die Keilschrift oder der optische Telegraf, nicht mehr verwendet werden. Solche Vergleiche sagen uns auch, dass wir noch früh in der Galaktischen Unterwelt sind und dass die vor dem Dritten Tag entwickelten Ausdrucksformen wirklich noch sehr rudimentär sind, verglichen zu dem, was kommen wird.

Es ist wahrscheinlich, dass sich die rechte Gehirnhälfte mehr in großen Zügen ausdrückt, einschließlich bei Menschen der westlichen Hemisphäre. Obwohl es auf einer bestimmten Ebene scheinen mag, dass für den Westen das wichtigste Ereignis in der ersten Hälfte des Dritten Tages der Gewinn eines weiteren Krieges war, ist jedoch die anhaltende Wirkung dieses Krieges vielleicht der große Gegensatz dazu. Dies gilt vor allem für die Länder, die traditionell als Verbündete des Westens gesehen wurden. Andererseits, wenn auch zurzeit eine genaue Vorhersage der Entwicklungen nicht möglich ist, wissen wir jedoch aus dem Mayakalender, dass sich während dieses Zeitraums die Mentalität der östlichen Hemisphäre so oder so durchsetzen wird, da es ein neuer Tag ist. Mehr noch: während des Dritten Tages der Galaktischen Unterwelt wird sie sich so stark durchsetzen, dass die westliche Vorherrschaft über die Welt allmählich als ein Fakt der Vergangenheit angesehen wird. Überall werden die Menschen feststellen, dass sie in einer neuen Wirklichkeit leben, in einer neuen Unterwelt. Viele alte Werte werden ihre Gültigkeit verlieren.

Es würde zu weit führen zu besprechen, was wir von allen Dreizehn Himmeln der Galaktischen Unterwelt zu erwarten haben. Der Leser wurde mit Werkzeugen versorgt, so dass er seine eigenen Forschungen anhand der Parallelen zwischen den Unterwelten anstellen kann. In den Abb. 7.3-7.5 wurden die Planetarische und Galaktische Unterwelt nach ihrer Energie mit den entsprechenden Zeiträumen verglichen. Die Beispiele, die ich für die Entwicklung der Planetarischen Unterwelt verwende, sind einige bedeutende Schritte in der Entwicklung der Demokratie, die während ihrer Tage stattfanden. Der Leser kann die parallele Reihe für die Galaktische Unterwelt nutzen, um die Stufen in der Entwick-

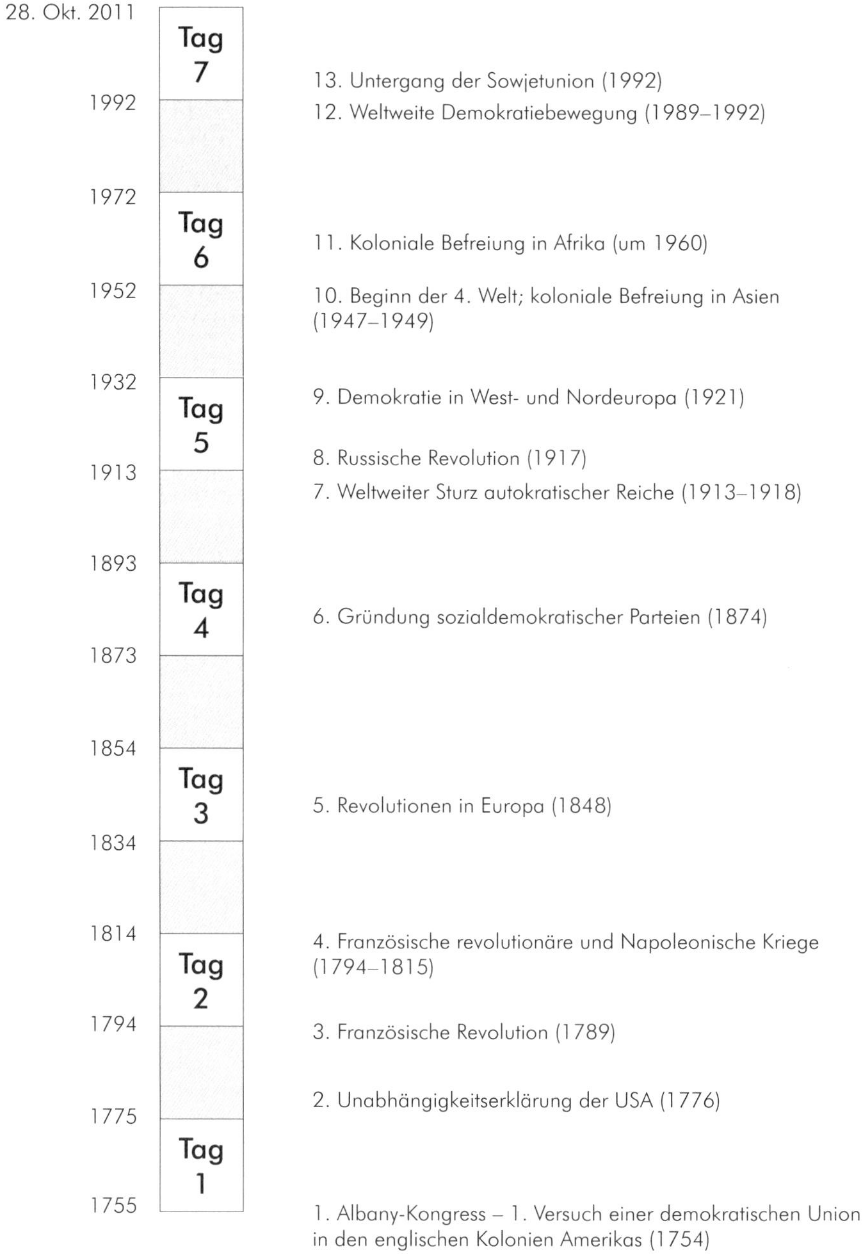

Abb. 7.3. Die pulsierende Entwicklung der Demokratie in der Planetarischen Unterwelt. Wenn auch manche Tage der Planetarischen Unterwelt scheinbar nicht vorhersagbare und grundverschiedene Ereignisse hervorgebracht haben, gibt es doch eine klare Bewegung, wobei Puls für Puls, Tag für Tag die alte Herrschaft der Monarchen und des Adels ersetzt wurden durch Demokratie, Republiken und nationale Souveränität früherer Kolonien.

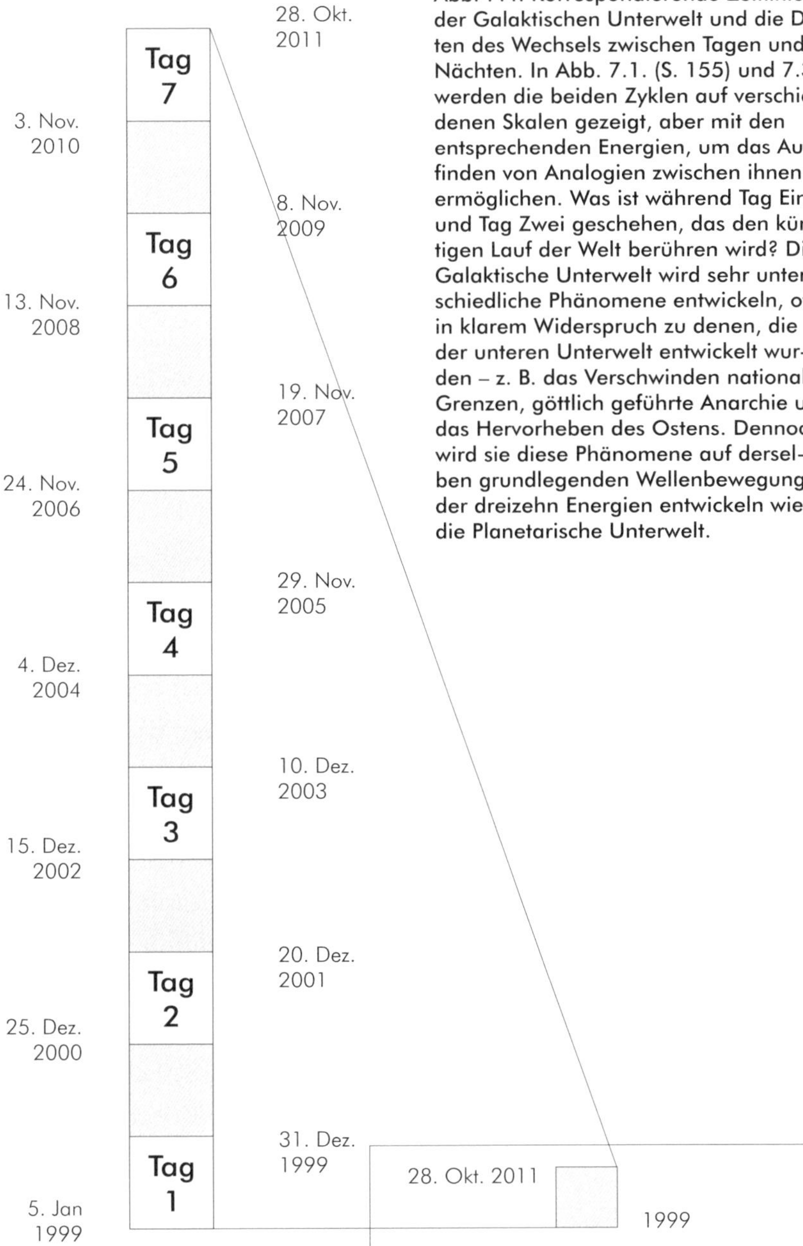

Abb. 7.4. Korrespondierende Zeitlinie der Galaktischen Unterwelt und die Daten des Wechsels zwischen Tagen und Nächten. In Abb. 7.1. (S. 155) und 7.3. werden die beiden Zyklen auf verschiedenen Skalen gezeigt, aber mit den entsprechenden Energien, um das Auffinden von Analogien zwischen ihnen zu ermöglichen. Was ist während Tag Eins und Tag Zwei geschehen, das den künftigen Lauf der Welt berühren wird? Die Galaktische Unterwelt wird sehr unterschiedliche Phänomene entwickeln, oft in klarem Widerspruch zu denen, die in der unteren Unterwelt entwickelt wurden – z. B. das Verschwinden nationaler Grenzen, göttlich geführte Anarchie und das Hervorheben des Ostens. Dennoch wird sie diese Phänomene auf derselben grundlegenden Wellenbewegung der dreizehn Energien entwickeln wie die Planetarische Unterwelt.

Abb. 7.5. Die Galaktische Unterwelt in derselben Zeitskala wie die Planetarische Unterwelt in Abb. A.3 (S. 258).

lung des Kontaktes mit außerirdischen Zivilisationen einzutragen, die Integration des östlichen Denkens oder irgendeine andere Entwicklung von Interesse.

Dennoch möchte ich ein paar weitere Beispiele besprechen, wie wichtig der Mayakalender für die religiöse Prophetie sein könnte. Die Verwendung historischer Analogien, um den Verlauf der Ereignisse in der derzeitigen Galaktischen Unterwelt zu verfolgen, könnte auch einige Hinweise über die prophezeite Wiederkunft Christi haben. Gibt es da einen Grund, die Wiederkunft Christi zu erwarten, wie es in der Bibel prophezeit ist? Aus der Sicht des Mayakalenders waren die Lehren Jesu und das Aufkommen des Christentums zunächst eine Funktion des Bewusstseins, das vom Fünften Tag des Großen Zyklus geschaffen wurde, ein Tag, der von Quetzalcoatl regiert wurde, dem Herrn des Lichtes. Die Veränderung des Bewusstseins durch den Himmel des Quetzalcoatl schuf bei den Menschen die Bereitschaft, die christliche Botschaft anzunehmen. Wir würden erwarten, dass im entsprechenden Zeitraum, dem Fünften Tag der Galaktischen Unterwelt (etwa das Gregorianische Jahr 2007) ein neuer Ausdruck des Christusbewusstseins aufkommen wird. Das könnte als Wiederkunft Christi bezeichnet werden, obwohl es klüger zu sein scheint, die Betonung eher auf einen Energiewechsel als auf das Auftreten einer bestimmten Person zu legen. Jedenfalls wird der Fünfte Tag in der Galaktischen Unterwelt die Yin/Yang-Dualität entgegengesetzt zu der der Nationalen Unterwelt mit sich bringen. So wird in der Galaktischen Unterwelt der Liebesimpuls nicht mehr von ihrem dualistischen Bewusstsein erzeugt. Stattdessen wird das galaktische Christusbewusstsein die Wirkungen der zwei Yin/Yang-Polaritäten vereinen und dazu dienen, uns ganz zu machen, individuell und kollektiv. Der Ursprung dieses Impulses wird sehr wahrscheinlich der Osten sein.

Es gibt einige interessante Fälle, wie bestimmte Personen in der verblendeten Planetarischen Unterwelt dennoch empfindsam gegenüber den Energien des kosmischen Planes und in auf einer intuitiven Basis in der Lage waren, genaue historische Analogien zu erstellen. Ein solches Beispiel sind die Zeugen Jehovas, und ein anderes ist Winston

Churchill. Die Zeugen Jehovas hatte vorausgesagt, dass Jesus im Jahre 1914 auf die Erde zurückkehren würde. Stattdessen, wie wir wissen, erlebte die Welt den Ersten Weltkrieg und in dessen Folge die Russische Revolution, und die Sekte verlor vermutlich eine hohe Anzahl von Anhängern aufgrund der offensichtlich falschen Prophezeiung. Doch aus der Sicht des Mayakalenders begann der Fünfte Tag (der des Christusbewusstseins) der Planetarischen Unterwelt genau im Jahre 1913, und in diesem Sinne war ihre Prophezeiung im Wesentlichen richtig – doch in der Planetarischen Unterwelt waren die Menschen verblendet, und das Bewusstsein von Quetzlcoatl zeigt sich viel mehr in materieller Weise, z. B. durch einen deutlichen Fortschritt der Demokratie, der Naturwissenschaften und der Massenkommunikation.

Das andere Beispiel ist Winston Churchill, der in seinen Radioansprachen während des Zweiten Weltkrieges von „Hitler und seine Hunnen" sprach. Die interessante Parallele ist hier, dass zu Beginn der Fünften Nacht (beherrscht von Tezcatlipoca, dem Herrn der Dunkelheit) der Nationalen Unterwelt (434-829) die Hunnen nach Mitteleuropa vordrangen. In der Nationalen Unterwelt schuf der Herr der Dunkelheit (Nacht Fünf) das Dunkle Mittelalter, während er in der Planetarischen Unterwelt die Große Depression schuf, den Nazismus, den Stalinismus, den Holocaust, den Zweiten Weltkrieg, den Korea-Krieg und die Atom- und Wasserstoffbombe. Obwohl die Phänomene der zwei Unterwelten unterschiedlichen Charakter hatten, ist es klar, dass der Zeitraum 1932-1952 bei weitem der dunkelste in der modernen Geschichte war (entsprechend dem Dunklen Mittelalter der Nationalen Unterwelt). Wir haben also Grund zu erwarten, dass die Nacht Fünf in der Galaktischen Unterwelt, im Wesentlichen das Gregorianische Jahr 2008, sich als eine sehr schwierige Zeit herausstellen wird.

Obwohl die Zerstörung, die sich in der Fünften Nacht ereignen wird dazu dient, Raum für eine neue Blüte zu schaffen, wird es wohl klug sein, sich für den Beginn des Sechsten Tages vorzubereiten, die Zeit der Herrschaft von Tezcatlipoca in der Galaktischen Unterwelt. Wenn wir für die Wirtschaft auf die Galaktische Unterwelt schauen, können wir erwarten, dass die Nächte zunehmend Niedergänge sein werden, während die Tage Zeiten sein könnten, in denen die „Neue Ökonomie" etwas günstiger sein wird. Der Beginn der Fünften Nacht wird wie der Zusammenbruch der römischen Wirtschaft in der Nationalen Unterwelt und die Große Depression in der Planetarischen Unterwelt ein größerer Absturz sein. Das bedeutet nicht nur einen größeren Absturz in der kapitalistischen Wirtschaft, wie es schon in der Zweiten Nacht der Galaktischen Unterwelt der Fall war, sondern eher einen völligen Zusammenbruch des internationalen Währungssystems und der Anfang des Endes der abstrakten Wertschöpfung, vermittelt durch die linke Gehirnhälfte (s. Anhang A).

Die Herrschaft von Tezcatlipoca (die Fünfte Nacht) bedeutet immer einen letzten zerstörerischen Versuch der Kräfte, die eine Rückkehr zu der Herrschaft zu der vorher herrschenden Unterwelt anstreben. Das hieß in der Nationalen Unterwelt eine zeitweilige Rückkehr zur Sippenwelt der nomadisierenden Hunnen und der plündernden germanischen Stämme, Zerstörung der sozialen Strukturen, die die untere Regionale Unterwelt beherrscht hatten. In der Planetarischen Unterwelt bedeutete dies in einer neuen Maske (Hitler) die Rückkehr zu autokratischen Herrschern, die ihre Macht auf angeblich „überlegenerem Blut" aufbauten. Im Prinzip waren Hitlers Ideale nicht verschieden von denen der königlichen Dynastien, die während der Nationalen Unterwelt ihre Macht auf der Vorstellung aufbauten, „blaues Blut" in ihren Adern zu haben. In Analogie dazu können wir erwarten, dass die Herrschaft von Tezcatlipoca in der Galaktischen Unterwelt zumindest heftige Angriffe der Kräfte bedeuten wird, die eine Rückkehr zu den materialistischen Werten der Planetarischen Welt anstreben. Auch in dieser Unterwelt wird der Kampf der Fünften Nacht vermutlich das zentrale Europa zum Mittelpunkt haben.

Der Fall der Prophezeiung der Zeugen Jehovas beleuchtet noch einen anderen Punkt: Auch wenn es für diese Sekte möglich gewesen wäre, intuitiv Zugang zur Energie von Quetzalcoatl, dem Christusbewusstsein zu bekommen, so drückt sich diese Energie doch in verschiedenen Unterwelten auf verschiedene Weise aus. In der Planetarischen Unterwelt war die Quetzalcoatl-Energie durch einen verblendeten Rahmen ausgedrückt. In der Galaktischen Unterwelt wird die Quetzalcoatl-Energie wahrscheinlich ihren Ausdruck finden durch die Integration des Neuen Impulses von Licht, das in der östlichen Hemisphäre scheint, mit dem bereits im Westen scheinenden. Deshalb wird sich die Energie des Christusbewusstseins wohl sehr unterschiedlich von dem ausdrücken, was die Prophezeiung erwarten lässt, z. B. das Buch der Geheimen Offenbarung (Apokalypse, Anm. d. Übers.), das durch die Augen der Nationalen Unterwelt entwickelt wurde.

Nach dem Beginn der Vierten Welt der Galaktischen Unterwelt am 15. August 2008 – gegen Ende der Nacht Fünf – werden die Dinge allmählich viel einfacher laufen für die, die den Pfad der Erleuchtung suchen. Zu diesem Zeitpunkt werden schon einige embryonale Ausdrucksformen der Universalen Unterwelt aufzutauchen beginnen und uns das Licht am Ende des Tunnels sehen lassen. Da die Nacht Sechs ein Teil der Vierten Welt sein wird, wird sie nicht so zerstörerisch sein wie die Nacht Fünf.

Galaktische Spiritualität

Zusätzlich zu den Auswirkungen der Galaktischen Unterwelt auf unserem eigenen Planeten, dürfen wir auch erwarten, dass die Erweiterung unsers Bewusstseinsrahmens auch unsere Sichtweise für unseren Platz unter den Zivilisationen unserer Galaxis verändert. Die erste wirkliche Welle von Berichten über UFOs kam im Jahre 1947 zu Beginn der Vierten Welt der Planetarischen Unterwelt. Obwohl ich nicht der Meinung bin, dass solche Berichte wirkliche Besuche von anderen Planeten widergeben, so spiegeln sie doch ein verändertes Interesse für die Möglichkeit, dass es Zivilisationen in anderen Sonnensystemen gibt. Besonders die Tage der Galaktischen Unterwelt werden weitere Informationen zu diesem Punkt liefern. Am ersten Tag, im August 1999, wurde der erste schlüssige Beweis für die Existenz von Planeten jenseits unseres Sonnensystems vorgelegt, und an ihren Zweiten Tag im Jahre 2001 war es möglich, chemische Zusammensetzungen auf einem solchen Planeten festzustellen. Die natürliche Vorhersage ist, dass am Dritten Tag des Zyklus, etwa im Jahr 2003, Sauerstoff – mit anderen Worten: Leben – auf einem Planeten außerhalb unseres Sonnensystems nachgewiesen wird. Von diesem Punkt an wird unser galaktisches Verständnis in einer pulsierenden Tag-für-Tag-Rhythmik wachsen. Der erweiterte Bewusstseinsrahmen der Galaktischen Welt wird unseren Blick in die richtige Richtung lenken, um Kontakt aufzunehmen mit dem Rest der Galaxis.

Bei welcher Art von Planeten jenseits unseres Sonnensystems können wir vermuten, dass sie Leben unterstützen? Darüber hat der Mayakalender etwas zu sagen. Angenommen alle Leben beherbergenden Planeten wären das Produkt derselben Schöpfung, die auf den Urknall zurückgeht, dann würden wir erwarten, dass das Leben in allen Sonnensystemen jetzt gleichzeitig die Galaktische Unterwelt betritt und sich gemeinsam der Erleuchtung nähert. Wenn die Bewusstseinsentwicklung in allen außerirdischen Zivilisationen durch denselben, auf dem Tun fußenden, göttlichen Schöpfungsprozess erzeugt wird, dann würden wir erwarten, dass Planeten mit Lebewesen, die ein menschenähnliches Bewusstsein haben, um ihren Stern in etwa 360 Tagen kreisen. Zweitens haben viele, wenn auch nicht alle, sonnenähnlichen Sterne einen vollen Sonnenfleckenzyklus von 20 bis 22 Jahren. Wenn diese Regelmäßigkeit wirklich eine Widerspiegelung der Tatsache ist, dass unsere Sonne und einige andere Sterne kosmische Information in einer Katun-Frequenz übermitteln, dann würde das bedeuten, dass wir sehr wahrscheinlich eine Bewusstseinsentwicklung ähnlich der unseres Planeten um Sterne finden könnten, die in etwa denselben Sonnenfleckenzyklus haben. (Beachte, dass die physischen Zyklen manchmal ungenaue Widerspiegelungen der zugrunde liegenden Bewusstseinszyklen sind. Unser physisches Jahr z. B. ist weniger Tage länger als das Tun. Der volle

Sonnenfleckenzyklus, der sich im letzten Jahrhundert auf etwa 20 Jahre verkürzt hat und seinen Höhepunkt 2011 erreichen wird, ist vielleicht ähnlich eine ungenaue Widerspiegelung der Katun-Frequenz.)

Was außerirdisches Leben angeht, so muss man sehen, dass die Menschen in der Planetarischen Unterwelt ein verdunkeltes Bewusstsein hatten und dass ihre Sicht für Spiritualität in mancher Hinsicht eher eigenartig war. Diese Unterwelt schuf die Vorstellung, dass nur abstoßende Dinge als spirituell anzusehen sind, und deshalb erregten ETs, Verschwörungen von blutsaugenden Reptiloiden, Lemuren usw. Aufmerksamkeit, üblicherweise ohne irgendeine empirische Überprüfung. Es ist verständlich, dass das verblendete Bewusstsein dieser Unterwelt solche Ideen hervorbrachte. Da die geistige Dimension der wirklichen Welt noch nicht offensichtlich war, nahm man an, dass es „irgendwo anders“ in irgendeinem verborgenen Reich existiere.

Als Ergebnis hat sich während der Planetarischen Unterwelt (seit 1755) durch eine Reihe von Propheten oder Möchte-Gern-Propheten eine Art esoterische Fantasiewelt entwickelt. Es ist typisch für die esoterische Tradition, dass, obwohl sie an der Kenntnis der Existenz eines geistigen Reiches festhielt, ihre Vorstellungen über den kosmischen Plan nicht in der Entwicklung der Ereignisse in der wirklichen Welt begründet waren. Im Gegensatz dazu wird die Spiritualität, die mit der Galaktischen Unterwelt auftaucht eine Veränderung unserer Wahrnehmung herbeiführen, die uns erlaubt, die geistige wie die wirkliche Dimension der Wirklichkeit zu sehen. Jetzt mit der Galaktischen Unterwelt werden nicht nur traditionelle materialistische Wissenschaften und organisierte Religiosität enden, sondern auch viele der esoterischen Traditionen.

Ich möchte auch einige Worte über mögliche Erdveränderungen in der Galaktischen Unterwelt verlieren. Es könnte so aussehen, dass der Mayakalender wenig über geophysikalische Prozesse zu sagen hätte, doch wenn unsere Sonne eine Rolle als Vermittler von Information aus dem galaktischen Zentrum spielt, können wir erwarten, dass die Sonne jetzt damit beginnt, die Tun-Periode der Galaktischen Unterwelt zu übermitteln, die zurzeit unser Denken beeinflusst. Da der Sonnenfleckenzyklus an sich schon deutlich unser Wetter und Klima beeinflusst, kann ein ähnlicher Zyklus, der mit der Tun-Frequenz arbeitet, allmählich auch einen Einfluss auf unsere Erde (im Original: Klima, Anm. d. Übers.) haben. Überhaupt, wenn alles miteinander durch einen alles durchdringenden Äther verbunden ist, wäre es überraschend, wenn der augenblickliche Wandel des allgemeinen Bewusstseinsfeldes nicht in irgendeiner Weise auch physikalische Auswirkungen hätte.

Mindestens einige kleine Erdveränderungen könnten sich durch den hochfrequenten Bewusstseinswechsel ergeben, den der Kosmos jetzt durchlebt. Nicht haltbar ist jedoch durch Verkehrung von Ursache und Wirkung ein Jüngstes Gericht zu beschwören, wo solche Erdveränderungen als der eigentliche Zweck dieser besonderen Phase der Schöpfung dargestellt werden. Jede mögliche physikalische Auswirkung sollte lediglich als ein Nebenprodukt des Wandels im Bewusstseinsfeld angesehen werden, denn die stärksten klimatischen Veränderungen werden immer noch vermutlich eher durch den Ausstoß von Kohlendioxid verursacht als durch einen angeblichen heimtückischen Göttlichen Plan zur Zerstörung der Erde durch geophysikalische Veränderungen.

Viele Diskussionen über Erdveränderungen gehen zurück auf den berühmten Sensitiven Edgar Cayce, der, als er in einem Reading gefragt wurde, was sich auf der Erde um die Jahre 2000-2001 ereignen würde, zur Antwort gab: „Es wird einen Polsprung geben oder ein neuer Zyklus beginnt." Aufgrund dessen, was wir jetzt wissen, ist es sehr wahrscheinlich, dass das, was er intuitiv empfangen hat, nicht den Wechsel der magnetischen Polarität der Erde meinte, sondern den Wechsel der Yin/Yang-Polarität des Bewusstseins und den Beginn der Galaktischen Unterwelt („neuer Zyklus"), wie es durch den Mayakalender deutlich wird.

Die esoterische Tradition mag voll sein von solchen richtigen intuitiv empfangenen Botschaften, die aber wegen der Mängel des Denkens, das in ihrer Entstehungszeit herrschte, missdeutet wurden. Nur als ein Beispiel: die Vorstellung von Helena P. Blavatsky, der führenden Theosophin, dass die Menschheit bei ihrer Entwicklung durch sieben Grundrassen geht, kann eine Vermischung einer richtigen intuitiven

Botschaft über die Tatsache sein, dass die Entwicklung der Menschheit durch sieben Stufen, Lichtpulse, läuft, mit einer materialistischen Deutung – verschiedene Rassen – , was gut zusammenpasst mit den allgemeinen Ideen ihrer Zeit. Um bei den verschiedenen esoterischen Überlieferungen der Planetarischen Unterwelt auszusortieren, was echt und was unecht ist, können wir nur ein Kriterium anwenden: den empirischen Nachweis.

Überhaupt ist es Zeit, bei der Diskussion um die Zukunft der Menschheit und des Universums sich vor der „physikalischen Falle" in Acht zu nehmen. Die Schwierigkeiten oder sogar Katastrophen in der vor uns liegenden Zeit werden weniger Naturkatastrophen sein als gesellschaftliche, geistige und psychische Folgen, weil die alten Werte infolge des Bewusstseinswandels zu Ende gehen. Der ständige Hinweis auf physikalische Faktoren als Ursache der Entwicklung geht auf die verblendete Planetarische Unterwelt zurück, als das Ideal der Naturwissenschaft war, alles auf Physik rückführbar zu machen. Sobald wir etwas weiter in die Galaktische Unterwelt vorrücken, wird die Naturwissenschaft einem vereinigenden Verständnis des Kosmos, der auf der Bewusstseinsentwicklung fußt, untergeordnet werden. Damit eine solche Vereinigung stattfindet, ist es wichtig, die Oszillationen des Weltenbaums aufzuzeichnen.

Schließlich haben wir jeden Grund, die Galaktische Unterwelt mit dem zu identifizieren, was in der christlichen Terminologie Apokalypse genannt wird, einem Szenario, das in der Endphase der Schöpfung stattfinden wird und metaphorisch in der Geheimen Offenbarung beschrieben wird. Dies ist vor allem wegen der häufigen Erwähnung der Zahl 7 (52 Mal) in der Geheimen Offenbarung wahrscheinlich: sieben Engel, sieben Wesen, sieben Posaunen usw. Diese Folge von Sieben ist wie pulsierende, fortschreitende Stufen beschrieben und scheint identisch zu sein mit den sieben Tagen der verschiedenen Unterwelten, die sich zur selben Zeit vollenden werden, nämlich am 28. Oktober 2011. Im Gegensatz zur allgemeinen Meinung ist die Apokalypse nicht das Weltenende oder ist zumindest nicht so gemeint. Da die lange Entwicklung des menschlichen Bewusstseins völlig durch den kosmischen Plan bestimmt ist, kann das Tier nicht siegen, und so endet die Geheime Offenbarung mit einer Welt frei von Mühsal und Leiden: das Weltenende, *wie wir es kennen.*

Durch das Verständnis der Neun Unterwelten der Schöpfung wird die zentrale Botschaft der Geheimen Offenbarung – dass Gott vielleicht das Böse vernichten will – nicht nur sinnvoll, sondern ein logisches Ergebnis. Da das Böse beim Betrachter durch äußere Projektionen des dualistischen Bewusstseinsrahmens geschaffen wird, wird es aufhören, wenn diese Rahmen überwunden sind. Selbstverständlich ist es wahr, dass die menschliche Geschichte und das derzeitige Leben voll sind von „Bösem", von Ereignissen mit schmerzvollen Folgen für die Betroffenen, doch ist es dennoch sehr wichtig festzustellen, dass Gut und Böse keine unabhängige Existenz „außerhalb" haben. Böse Taten sind lediglich das Ergebnis negativer Handlungsspiralen, die von den Projektionen einer dualistischen Wahrnehmung erzeugt werden. Trotz vieler Hollywood-Mythologien gibt es keine Kräfte des Guten und Bösen, und paradoxerweise tragen die, die eine solche Sichtweise verbreiten, dazu bei, dass das Leiden auf dem Planeten weiter geht.

8

Die Geschichte des menschlichen Geistes (Denkens)

Der moderne Geist (Das moderne Denken) und seine Überwindung

Da wir jetzt eine neue Unterwelt betreten und somit auf eine höhere Ebene der Kosmischen Pyramide steigen, ist es vielleicht angebracht, über die Ziele, die wir für unser individuelles Leben gesetzt haben, nachzudenken und die Strategien, die wir entwickelt haben, zu erreichen. In vielen Fällen sind die für die Planetarische Unterwelt typischen Ziele, z. B. seine Karriere zu verfolgen, wohl nicht mehr länger gültig. Obwohl viele vielleicht wünschen, ihr Leben wie bisher fortzusetzen, wird dies nicht möglich sein, vor allem wenn wir die hohe Frequenz des Wandels in der Galaktischen Unterwelt bedenken. Wer den Wechsel des Bewusstseins verneint, den der göttliche Schöpfungsprozess jetzt bringt – oder gerade uns auferlegt – und es versäumt, seine Intuition entsprechend zu entwickeln, wird sich früher oder später an einem toten Punkt befinden. Wenn wir dabei sind, die Spitze der Kosmischen Pyramide zu besteigen, ist das einzige wirkliche Ziel für uns und alle anderen, das kosmische Bewusstsein der Universalen Unterwelt zu suchen. Alle Ziele, die diesen Willen verfehlen, werden in wenigen Jahren überholt sein.

Nach meiner Meinung ist das Wesentliche der Unterwelt, die wir jetzt betreten, die Galaktische Unterwelt, das Heilen und der Ausgleich im globalen wie individuellen Rahmen. Es ist die Vereinigung von Ost und West, von Intuition und Logik, von Geist und Materie. Es ist auch die Vereinigung von Körper und Seele und die Heilung von Traumata, die uns daran hindern, völlig in der Gegenwart zu sein. Um zuzulassen, dass dies geschieht, müssen wir Wege wählen, die im Einklang mit der wellenartigen Entwicklung dieser Unterwelt stehen. So stehen wir vor der Wahl, ob wir die neuen Energien integrieren oder ablehnen wollen.

Wie bei jeder Heilung, kann die Heilwirkung zunächst in einer Verschlechterung des Zustandes des Patienten bestehen. Etwas Ähnliches kann das Ergebnis – individuell und allgemein – sein, wenn die Heilwirkungen der Galaktischen Unterwelt einsetzen. Solche anfänglichen Beeinträchtigungen spielen manchmal die Rolle eines Weckrufs. Für die, die gerufen wurden, ist es sehr wichtig, ein Verständnis zu haben für den kosmischen Plan als Grundlage für ihre Wahl. Andernfalls könnte in der Verzweiflung leicht eine negative Spirale das Ende sein.

Bevor wir uns darüber unterhalten, was eine Person tun könnte, um die Wirkungen des Ungleichgewichtes des individuellen und des globalen Geistes zu heilen (was untrennbar ist, da sie in einer holografischen Resonanz miteinander stehen), lasst uns kurz die Natur des menschlichen Geistes überprüfen. Die Unterscheidung zwischen dem Geist und dem Höheren Selbst, zweier Aspekte der menschlichen Existenz, ist in den östlichen Philosophien wesentlich für die Entwicklung und die Heilung. Das Höhere Selbst wird als unbegrenzt und ewig angesehen, während der Geist in Raum und Zeit begrenzt ist. Der Geist ist ein Gerät, um unsere Gedanken zu gliedern, einen ständigen Strom von Gerede zu produzieren, von Erklärungen, Bewertungen, Vergleichen und Beurteilungen. Diese Beurteilungen und Bewertungen führen den modernen Geist dazu, nach etwas Schlechtem zu schauen, in sich oder jemandem anderen oder in einer Situation. Der Geist kann nicht in der Gegenwart ruhen; stattdessen oszilliert er zwischen Vergangenheit und Zukunft, immer auf der Suche, Dinge zu ändern. Er konzentriert sich nicht auf das Sein, sondern das Werden, und so bleibt kein Raum für Friede oder Sättigung. Dieser moderne Geist sieht keinen Wert in sinnlicher Erfahrung an sich, sondern versucht sie nur für seine eigenen Zwecke zu gebrauchen. Mit der Ausnahme von vielleicht tausend Erleuchteten in Indien und einer Handvoll anderswo, beherrscht diese Mentalität jeden Einzelnen.

Aufgrund der Kenntnisse, die wir aus dem Mayakalender gewonnen haben, ist das moderne Denken offensichtlich ein Produkt des Bewusstseinsrahmens der Nationalen und Planetarischen Unterwelt. Durch die allgemeine Resonanz mit diesen Schöpfungsfeldern dieser Unterwelten ist dieses dualistische und unpersönliche Denken (s. Abb. 3.11, Seite 52) jedem menschlichen Wesen auferlegt. So ist der Geist, der unsere Gedanken gliedert, nicht persönlich. Obwohl es Abweichungen geben mag, sind wir alle im Wesentlichen demselben Geist untergeordnet.

Als Teil dieser Lage ist leicht zu sehen, dass eine tiefe Unzufriedenheit mit unserem Leben daher rührt, dass wir nur halb sind. Seit dem Beginn der Nationalen Unterwelt – dem Sündenfall – ist die Hälfte unserer Erfahrung, die durch unsere intuitive rechte Gehirnhälfte nur halb vermittelt wurde, zunehmend ausgefiltert worden. Ja viele, die diese „Halbheit" in jedem anderen sehen, denken, dass dies ein natürlicher, ja sogar ewiger Zustand ist und dass dies den Menschen ausmacht. Aufgrund der individuellen Annahme, dass so der Geist natürlich ist, führt seine Halbheit zu dem Schluss, dass etwas mit ihm oder ihr selbst oder bei anderen falsch ist. Die Vorherrschaft der Dualität der Nationalen Unterwelt bringt uns auch dazu, ständig Vergleiche, Verurteilungen und Beurteilungen von uns selbst und anderen zu machen, und deshalb können wir nicht als vollkommene Wesen völlig präsent sein. Für das Individuum ist der Geist unsichtbar, mehr als das Wasser für den Fisch. Die Reaktion des Geistes auf diese Halbheit, die der herrschende Bewusstseinsrahmen geschaffen hat, ist es, Dinge für den Einzelnen „werden zu lassen" oder Dinge in der äußeren Welt „zu verändern", nicht aber Frieden zu finden.

Zu dieser dualistischen Grundlage wurde das verblendete Bewusstsein der Planetarischen Unterwelt hinzugefügt, das uns in der materiellen Welt nach einem Heilmittel oder einem Ausgleich für unsere Halbheit Ausschau halten lässt. Eine Strategie des Lebens in dieser Unterwelt ist deshalb, Karriere zu machen oder reich zu werden. Doch diese Ausrichtung auf „das Werden“, sich in den leichten Aspekt der Dualität zu bewegen, ist nur das Produkt eines Geistes, der sich in Resonanz mit einer bestimmten Kombination der Unterwelten entwickelt hat. Obwohl wir vielleicht zeitweise Gewinne bei der Erfüllung solcher Lebensziele machen, bringen sie doch niemals volle Befriedigung. Das kommt daher, dass sie nicht vom Höheren Selbst stammen, sondern entstanden sind, um als Ausgleich für einen Geist zu dienen, der nicht vollständig ist. Überdies wird dieser Teil-Geist nicht weiter leben, da er ständig von den kosmischen Energien verändert wird. Selbst in denen von uns, die es „geschafft“ zu haben scheinen, lebt meistens eine starke unbewusste Furcht, weil unser Platz im Licht nie gesichert sein kann, denn die Yin/Yang-Polarität ist nicht dauerhaft. Sich gut fühlen, glücklich sein oder „im Licht leben“ ist nicht dasselbe wie erleuchtet zu sein. Es heißt nur, dass wir mindestens zeitweise uns selbst als im Yang-Aspekt der Polarität lebend wahrnehmen, die unseren Geist beherrscht.

Die „Halbheit“ des modernen Geistes, die aus der zugrunde liegenden Dualität der Nationalen Unterwelt stammt, ist die Ursache vieler der meisten Probleme, mit denen moderne Menschen konfrontiert werden. Hierarchien und Beziehungen, die auf Ungleichheit fußen, entstehen durch das Begehren eines Einzelnen, der halb ist, ganz zu werden, indem er oder sie seine oder ihre Halbheit mit der Halbheit eines anderen in der Illusion ergänzt, das würde beide dazu bringen, ganz zu werden. Dieses Gefühl des Mangels, das aus der Halbheit kommt, ist wirklich der Zement aller Herrschaftsstrukturen, ob demokratisch oder nicht. Auf der eher persönlichen Ebene ist es ebenso der Zement für viele gestörte Partnerschaften. In der coabhängigen Beziehung hat ein Partner hauptsächlich die unlösbare Aufgabe, einem anderen zu helfen, die Ganzheit zu erfahren und sobald einer von ihnen den Weg zur Ganzheit sucht, beginnt der Zement der Beziehung zu bröckeln.

Die Halbheit des dualistischen Bewusstseinsrahmens schafft bei den Menschen ein mehr oder weniger ständiges Gefühl des Mangels. Dies lässt in einem weiteren Rahmen den Gedanken aufkommen, dass man „wachsen“ müsse. Wir sehen dies im Bevölkerungswachstum in ärmeren Ländern, wo die treibende Kraft nicht immer der Wunsch nach Kindern an sich ist, sondern das Streben der Eltern, dem Gefühl des Mangels zu entkommen, das durch die Erfahrung der Halbheit entsteht. Wir sehen aber auch sein Ergebnis in der Verrücktheit einiger moderner Gesellschaften mit dem „Wirtschaftswachstum“, als wäre dies ein Ziel an sich. Dieser Drang nach einem abstrakten Wirtschaftswachstum ohne Rücksicht auf die derzeitigen Bedürfnisse der Menschen ist ein sehr gefährlicher Aspekt des modernen Geistes. Der Ehrgeiz mancher, das Gefühl der Halbheit durch ein idealisiertes „Wachstum“ zu erleichtern, droht das ökologische Gleichgewicht der Erde zu zerstören und den Raum für die Menschheit auf ihr.

Wenn wir eine solche vom Geist zur Verfügung gestellte Brille tragen, besonders wenn wir es gar nicht wissen, ist es kein Wunder, dass die Welt so aussieht wie zurzeit. Da schließlich alles, was wir tun, ein Ausdruck des Geistes ist, sind alle menschlichen Schöpfungen, intellektuell wie materiell, mit dieser Brille auf der Nase gemacht. So sind alle menschlichen Schöpfungen bedingt durch die Grenzen des Geistes der Person, die sie hervorgebracht hat. Durch diese Halbheit können wir vielleicht verstehen, warum es seit dem Sündenfall vor etwa 5.200 Tuns so viel Unzufriedenheit und Furcht im menschlichen Leben gegeben hat. Doch liegt im Verstehen all dieser Dinge auch Hoffnung. Wenn alles vom Geist kommt und jetzt ein ganzer Geist geschaffen wird, können wir heil werden, persönlich und als Rasse, wenn wir nur offen sind für das neue Licht der Galaktischen Unterwelt. Die Welt wird besser werden, wenn wir lernen, auf diesen neuen Wellen zu reiten.

Erst in den letzten Jahrzehnten haben westliche Menschen begonnen zu begreifen, dass es einen solchen Weg zu einem volleren Leben gibt und dass die Schritte zu einer tieferen Zufriedenheit im Loslassen des modernen Denkens bestehen. Der erste Einfluss dieser Art im Westen war vielleicht die Zen-Meditation, die mit ihren unerforschlichen

Koans im Denken einen Kurzschluss erzeugen will. Tranzendentale Meditation, Silva Mind Control, EST, Hare-Krishna-Bewegung, Tai Chi, Yoga und zahllose andere Methoden folgten. Viele Meditationstechniken wurden eingeführt, während andere außer Gebrauch kamen. Es ist nicht meine Absicht, hier die Anwendungen oder Wirkungen dieser verschiedenen Bewegungen und Praktiken zu vergleichen oder zu diskutieren. Was sie alle gemeinsam haben, ist der Versuch, auf die eine oder andere Weise wenigstens vorübergehend den Griff des modernen Denkens zu lösen, entweder durch Überhöhung oder ein Kurzschließen. Selbst eine kurze Erfahrung dieser Art kann einem ein geistiges Wahrnehmen des Höheren Selbstes vermitteln. Alles in allem haben diese Bewegungen Techniken entwickelt, die uns vorbereiten können für einen Bewusstseinsrahmen, der ganz und ausgeglichen ist.

Was jedoch nur wenige bemerken, ist, dass genau dieses Phänomen bei Menschen im Westen und in Europa, nämlich anzufangen Meditationstechniken zu lernen, die Widerspiegelung einer Energieverschiebung im Göttlichen Plan ist, wie wir anhand des Mayakalenders verstehen können. Dies geht auf den Beginn der Vierten Welt der Planetarischen Unterwelt im Jahre 1947 zurück und den anfänglichen Wechsel der Beziehungen zwischen Ost und West und zwischen den beiden Gehirnhälften, die dies schufen. Diese Vierte Welt ist mehr ein allgemeiner Einfluss als Vorbereitung für einen viel tiefer gehenden Bewusstseinswandel, der jetzt von der Galaktischen Unterwelt selbst entwickelt wird, wenn das Licht in der Yin/Yang-Polarität auf die rechte Gehirnhälfte scheint. Im Osten waren die Auswirkungen des Beginns der Vierten Welt sichtbar in der Unabhängigkeit von Indien (1947), Indonesien (1948) und China (Volksrepublik 1949). Während diese Nationen anfänglich zerbrechlich und wirtschaftlich schwach waren, führte die neue Welt zur Befreiung von etwa der halben Weltbevölkerung aus der unmittelbaren Kontrolle des Westens und zu einer allmählichen Einflussnahme des Ostens auf die Weltbevölkerung.

Im Westen war das Aufkommen der Vierten Welt meist unmittelbar in einer Zahl von Neuerungen zu sehen – in noch embryonalen

Formen –, die die Schranken zwischen Materiellem und Geistigem, Körper und Geist usw. niederrissen, was später zu einer mehr ganzheitlichen Weltsicht führte. Diese mehr ganzheitlichen Sichtweisen entstanden als eine Reaktion auf die Schwierigkeiten, die das moderne Leben mit sich brachte. Hans Selye, der Pionier der Stressforschung z. B., der eine Geist-Körper-Beziehung bei der Entstehung von Stress feststellte, benutzte im Jahre 1946 als Erster den Begriff *Stress*. Obwohl der Gedanke, dass psychologische Phänomene physiologische Auswirkungen von Stress sein könnten, der für heutige Praktiker der alternativen ja sogar der etablierten Medizin selbstverständlich ist, wurde dies aber zu jener Zeit nicht so gesehen. Dies bedeutete die erste größere Erkenntnis, dass der psychische Zustand einen schlechten Körperzustand auslösen kann. Und damit sahen wir, als die Vierte Welt begann, die ersten embryonenhaften Zeichen der Heilung der Kartesianischen Spaltung zwischen Körper und Seele, die der Menschheit auferlegt wurde, als im Jahre 1617 in der Nationalen Unterwelt Ometeotl/Omecinatl seine/ihre Herrschaft antrat.

Es ist kein Zufall, dass diese Geist-Körper-Verbindung zum ersten Mal im Bereich des Stress‘ erkannt wurde. Infolge der beginnenden Vierten Welt wurde der Geist allmählich von der höheren Tun-Frequenz des Wandels beeinflusst, der erst jetzt in der Galaktischen Unterwelt voll entwickelt ist. Dies bedeutete eine etwa zwanzigfache Frequenzerhöhung des Wandels, verglichen mit der, die in der Planetarischen Unterwelt herrschte. Deshalb wurde Stress ein viel diskutierter widriger Aspekt des modernen Lebens. Seit Beginn der Vierten Welt konnte die Verbindung zwischen der allgemeinen Lebenslage einer Person, dem Energiewandel und seinem oder ihrem Gesundheitszustand nicht länger übersehen werden, obwohl niemand zu der Zeit ahnte, dass der Mayakalender etwas dazu zu sagen hätte.

Was also ist *Stress*? Er ist nicht wirklich ein Produkt des modernen Lebens. Die Menschen früherer Zeiten hatten nicht all diese Annehmlichkeiten, die wir heute zur Verfügung haben, und sie mussten viele Stunden mehr arbeiten. Doch es war keine Rede von Stress. Stress ist das Produkt des modernen Denkens und spiegelt die widersprüchlichen Einflüsse zweier verschiedener Bewusstseinsrahmen aus zwei verschiedenen Unterwelten auf den Einzelnen wider. Als die Galaktische Unterwelt sich selbst um 1947 in einem niedrigen Grad fühlte und dann aber deutlicher, als sie im Jahre 1999 wirklich begann, wurden die ersten hochfrequenten geistigen Lichtpulse zur rechten Gehirnhälfte übermittelt. Bei unwissenden Menschen verursachte der Einfluss dieser Impulse einen Konflikt mit den schon herrschenden materialistischen Werten der Planetarischen Unterwelt. Dies führte zu einer Stresserfahrung, die gelegentlich physische Folgen hatte.

Heute wird das Burn-out-Syndrom eine größere Widrigkeit, und die Anzahl der Betroffenen steigt raketengleich. Der Konflikt zwischen dem sich schnell entwickelnden höheren Bewusstsein der Galaktischen Unterwelt und der Gesellschaft um uns herum, die von den Werten der Planetarischen Unterwelt beherrscht zu sein scheint, kann jetzt leicht zu einem Stadium der Lähmung führen. Das Burn-out-Syndrom ist auch ein Zeichen, dass viele Menschen (unbewusst) jetzt das Bewusstsein der Planetarischen Unterwelt transzendieren möchten. Der Körper scheint dem Einzelnen zu sagen, dass er nicht mit dem Göttlichen Plan im Einklang steht und weigert sich, weiter zu gehen. Solche Betroffenen sind nicht die Trägen, sondern die Mitfühlenden, Personen, die sich nicht gegen die Auswirkungen der hochfrequenten Impulse der neuen Unterwelt abschirmen können. Für viele könnte das Burn-out-Syndrom ein Weckruf sein, eine Erstverschlimmerung wegen der ankommenden Heilenergien, die sie dazu führt, die geistigen Dimensionen der Wirklichkeit zu erforschen.

Es ist kein Wunder, dass mit der Einführung östlicher Meditationstechniken im Westen, angefangen beim Zen und später besonders durch die Transzendentale Meditation des Maharishi Mahesh Yogi, Stresssituationen ausgelöst wurden. Warum? Weil Stress eine Bedingung des Denkens ist. Ein Weg, diese Auswirkungen zu erleichtern, ist es, den Griff nach dem modernen Denken zu überwinden, der in erster Linie diese Lage verursacht hat; und eine Meditation, die den Einzelnen die Zwänge des Denkens wahrnehmen lässt, dient genau diesem Ziel.

Es wurde nachgewiesen, dass die Aktivität in einem bestimmten Bereich des linken Stirnlappens des Gehirns im meditativen Zustand anschwillt. Es stellt sich heraus, dass genau dieser Bereich wesentlich ist für die menschliche Erfahrung des physischen Seins, weil hier Nervenimpulse aus vielen Körperteilen zusammenlaufen. Als Ergebnis der erhöhten Hirnaktivität in diesem Bereich werden Personen, die meditieren, sich viel besser mit den geistigen Aspekten ihres Seins identifizieren und ihre intuitiven Fähigkeiten verstärken. Es ist bemerkenswert, dass der Bereich, der die Wahrnehmung der physischen Welt ermöglicht, sich im linken Gehirnlappen befindet, und wir können dann erwarten, dass seine Rolle beim Auftauchen des Lichtes im rechten Gehirn ausgeglichen werden wird. Deshalb können wir verstehen, dass der Wandel des Bewusstseins durch die Vierte Welt eine Verschlimmerung bedeutete – Stress und später Burn-out-Syndrom –, aber auch Heilmittel, nämlich Techniken aus dem Osten, die die durch das rechte Gehirn vermittelte Information begünstigen, die eine mehr geistige Weltsicht schafft.

Doch die neuen Energien der Vierten Welt, die Licht zur rechten Gehirnhälfte bringen, hatten auch einen mehr allgemeinen Einfluss im Westen. Dies war die Rebellion der Babyboomer oder die Hippie-Bewegung in der Generation, die um 1947 geboren waren und deren Mitglieder während ihrer gesamten Erziehung dem allgemeinen Einfluss dieser Welt ausgesetzt waren. Diese Rebellion, die damals in erster Linie als ein Generationenkonflikt gesehen wurde, war in Wirklichkeit ein Konflikt zwischen Welten im Sinne der Maya. Als die von der Vierten Welt Beeinflussten um 1967-68 das Erwachsenenalter erreichten, widersetzten sie sich der Idee, Karriere zu machen und experimentierten mit Bewusstseinsdrogen usw. Von Berkeley bis Peking mit dem wichtigen Paris dazwischen schwappte 1968 in verschiedenen Ausdrucksformen eine antiautoritäre Bewegung mit einer nie dagewesenen Gleichzeitigkeit über die Welt. Mehr als je zuvor konnten die Auswirkungen des Mayakalenderzyklus‘ der Vierten Welt, in unabhängigen und gleichzeitigen weltweiten Erschütterungen beobachtet werden. Und wenn wir auch heute die Hippie-Bewegung oder die mehr politischen Rebellionen in anderen Teilen der Welt vielleicht als naiv und unrealistisch betrachten, so spiegeln ihre Ziele eine frühe Unzufriedenheit mit den Einengungen, die das moderne Denken auferlegt hat und einen unerfüllten Wunsch nach Erleuchtung wider.

Insgesamt hat im Westen der Einfluss der Vierten Welt eine Lebensweise betont, die auf der intuitiven Gehirnhälfte fußt. Er brachte Ideale von Frieden, Ganzheit, Mystik usw. Er lieferte auch den allgemeinen Hintergrund für die Frauenbewegung, die ökologische Bewegung, die New-Age-Bewegung und eine Würdigung des Beitrags der eingeborenen Kulturen. Das waren alles Ergebnisse der beginnenden Vereinigung der beiden Gehirnhälften. Obwohl die Bewegung schnell von den Kräften der linken Gehirnhälfte und der Planetarischen Unterwelt niedergeschlagen wurde, so war es doch ein Vorspiel für die Phänomene, die in völlig neuer Form in der Galaktischen Unterwelt zum Ausdruck kommen werden.

Aus der Beschreibung des kosmischen Planes durch den Mayakalender haben wir auch eine Antwort darauf, warum das Auftauchen der Hippie-Bewegung eines der letzten Zeichen war, die in der Hopi-Prophezeiung vorhergesagt sind. Die Schamanen oder Propheten dieses Volkes waren in der Lage, in Resonanz mit den Energien des kosmischen Zeitplans zu sein und so zu „sehen", in welche Richtung er führen wird. Er ließ sie eine Verschiebung gegenüber den Aspekten des Kosmos sehen, vermittelt durch die rechte Gehirnhälfte. Sie waren auch in der Lage, das Kommen der „Blumenkinder" als einen Schritt weg von Koyaaynisqatsi vorauszusehen. Der einzige Grund, dass solche Prophezeiungen, solches Vorauswissen, solche Vorahnungen und auf wunderbare Weise sich erfüllende Gedanken möglich sind, ist, weil ein kosmischer Plan existiert. Wenn es keinen genauen Zeitplan für die kosmische Entwicklung gäbe, wären Ereignisse zufällig und in keiner Form vorhersagbar.

Dass das Denken eine Geschichte hat, die vom Mayakalender bestimmt ist, ist vielleicht die wichtigste Entdeckung aller Zeiten, und seine Folgerungen sollten voll anerkannt werden. Es sollte nicht mit der Vorstellung vermischt werden, dass menschliche Gedanken und Ideen eine Geschichte haben, die trivial und mehr oder weniger für jedermann einsehbar ist. Zu sagen, dass das Denken eine Geschichte hat, heißt indessen zu sagen, dass die geistige Struktur, die die menschlichen Gedanken und Ideen ordnet, sich entsprechend einem genauen Zeitplan verändert. So hat das, was aus der anderen Welt durch das menschliche Gehirn vermittelt wird, auch seine Geschichte. Diese Entdeckung ist grundsätzlich ein Grund zur Hoffnung. Der göttliche Schöpfungsprozess ist entworfen, um den menschlichen Geist zu einem Zustand inneren Friedens zu führen und damit zum Nicht-Vorhanden-Sein äußerer Konflikte.

Die Einheit des Geistes (Denkens) und der äußere Friede

Im Allgemeinen hat die jeweilige Unterwelt, durch die die Menschen am meisten unmittelbar beherrscht sind, einen tiefen Einfluss darauf, ob ihre Einstellung dualistisch oder ganzheitlich ist, und umgekehrt, wie sehr sie sich für Konflikte oder Frieden einsetzen; das wurde kurz bezüglich der planetarischen Lichtrunde besprochen. Ob also hier Krieg oder Friede ist, hängt davon ab, wie sehr die Menschen sich bewusst sind, dass sie von einem dualistischen oder ganzheitlichen Denken beherrscht werden. Wenn wir die Natur unseres Geistes kennen, haben wir zumindest eine Wahl. Der Grund, warum die Menschheit die Idee eines 1.000-jährigen Friedens verloren hat, liegt darin, dass sie blind geworden ist gegenüber der Existenz eines kosmischen Planes, nach dem sich unser Denken verändert. Im Gegensatz zu den Kalendern, die auf physischen Zyklen beruhen, sagt uns der Mayakalender, dass wir am Ende der Schöpfung von einem ganzheitlichen Denken beherrscht werden oder wie die Hopi sagen: eine Welt und eine Nation unter dem Schöpfer. So liegt die Straße zum Frieden größtenteils in einer Veränderung unseres Denkens zu einem ganzheitlichen, erleuchteten Bewusstseinsrahmen und – auf diesem Pfad – unsere Wahrnehmung, dass wir alle eins sind. Mittel zum Frieden sind deshalb die Verbreitung des Wissens vom kosmischen Zeitplan und die Verwendung des Mayakalenders.

Aus der Sicht des Mayakalenders gibt es einen Termin für die Erreichung des Friedens – 28. Oktober 2011 – und manche Hoffnungslosigkeit oder manchmal illusorische Ideen über die Aussichten, zurzeit Frieden auf Erden zu schaffen, kommen von einem Mangel eines Verständnisses des kosmischen Zeitplans. Wenn der Friede bei Vollendung des Plans noch nicht erreicht ist, hat die menschliche Rasse auf diesem Planeten noch nicht die Ebene des Bewusstseins wie vorgesehen erreicht und wird voraussichtlich sich selbst zerstören.

Aus Sicht des kosmischen Plans gibt es so etwas wie die „menschliche Natur" nicht. Wie Menschen denken und handeln, ist vielmehr festgelegt durch den jeweiligen Himmel und die jeweilige Unterwelt, die sie beherrschen zu der Zeit, in der sie gerade leben. Kriege entspringen in erster Linie Auseinandersetzungen zwischen Volksgruppen, die von verschiedenen Energien und Bewusstseinsebenen beherrscht werden. Wann immer es einen bedeutenden Energiewandel aufgrund einer Zyklusverschiebung gibt, ist das Gleichgewicht zwischen den sozialen Strukturen und Hierarchien gestört, die auf diesen Bewusstseinsebenen fußten. Konflikte, bewaffnete oder nicht, kommen meistens an die Oberfläche, wenn die Energien sich wandeln.

Deswegen ist immer noch kein Friede in der Welt. Die überwältigende Mehrheit der Menschheit ist noch beherrscht von dualistischen Bewusstseinsrahmen. Was vielleicht noch schlimmer ist: in der derzeitigen Galaktischen Unterwelt verändern sich die Dualitäten mit einer so hohen Frequenz, dass es nötig ist, sie zu überschreiten, um eine Verschlechterung der Lage zu vermeiden. Es ist der Wechsel der Dualitäten, der das allgemeine Denken beherrscht und Kriege und bewaffnete Auseinandersetzungen schafft. Es gibt zahllose Beispiele aus der menschlichen Geschichte, die diesen Punkt beleuchten. Man denke

z. B. an die Muster der gewaltsamen Bewegungen, die in Kapitel 3 beschrieben wurden. Kriege werden meistens nicht aus den Gründen geführt, die ihre Anstifter oder Teilnehmer angeben; sie werden eher geführt, weil neue Himmel und Unterwelten das menschliche Denken zu beherrschen beginnen und so Verschiebungen in der irdischen Macht hervorrufen. Wer auf den Wellen der auftauchenden Unterwelt reitet, wird üblicherweise als Sieger hervorgehen, während die, die am Alten hängen, besiegt werden. Das Ergebnis hat sehr wenig damit zu tun, wer „Recht" oder „Unrecht" hat, oder wer „gut" oder „böse" ist. Es hat mehr damit zu tun, wer zum gegebenen Zeitpunkt den Wind des göttlichen Prozesses hinter sich hat. So sind die Menschen im Laufe der Geschichte Marionetten der geistigen kosmischen Kräfte, Marionetten der Energien von Tezcatlipoca, Quetzalcoatl usw. und in einem noch tieferen Sinne Marionetten der Yin/Yang-Polarität der entsprechenden Unterwelt, von der sie gerade beherrscht werden.

In der Regel wird bei einem Aufstieg zu einer neuen Unterwelt ein neuer Werteindex eingeführt, der zu völlig neuen Konflikten führt. In der Regionalen Unterwelt gab es so gut wie keine geplanten Kriege, und wie in der Genesis steht, kam der Begriff von „Gut" und „Böse" erst mit dem Sündenfall. Die dualistische Art, die Welt anzusehen, tauchte erst auf, als die Yin/Yang-Polarität durch den Weltenbaum im Jahre 3115 v. Chr. geschaffen wurde, und wir wissen, dass tatsächlich um diese Zeit der erste geplante Krieg begann. Von diesem Zeitpunkt an wurden Kriege ausgefochten zwischen „uns" (im Abteil des Lichtes sitzend, die „Guten") und „ihnen" (im Abteil der Dunkelheit sitzend, die „Bösen"). Sobald die menschliche Vorstellung vom Bösen in die äußere Welt projiziert ist, wird sich Böses leicht als Reaktion zeigen.

In der Nationalen Unterwelt wurden Kriege meistens verstanden als Kämpfe für den Ruhm von Königen oder Völkern oder im Namen von einigen der historischen Religionen. Lassen Sie mich den Fall meines Vaterlandes Schweden als Beispiel nehmen! Im Dreißigjährigen Krieg sahen seine Armeen sich selbst als Kämpfer für die Ehre ihrer Könige und das Überleben des protestantischen Glaubens. In Wirklichkeit waren sie von der neuen Dualität getrieben, die eingeführt wurde, als der Dreizehnte Himmel der Nationalen Unterwelt begann. Sie waren die Marionetten der Energie von Ometeotl/Omecinatl und somit hatten sie den Wind der Geschichte in ihren Segeln. Die Dualität von Ometeotl/Omecinatl schuf dann nach und nach eine vierhundertjährige Vorherrschaft des Westens, die sich hauptsächlich in den Erscheinungsformen des Kapitalismus ausdrückte, in der Naturwissenschaft, dem Protestantismus und dem modernen Nationalstaat.

Bei Wechseln zwischen herrschenden Gottheiten erleben die mit der neuen Energie im Hintergrund den Wechsel als göttliche Inspiration für ihre Missionen. Zu der Zeit dachten die Schweden mit Sicherheit, Gott sei mit ihnen, begünstige ihre Kirchen und sei gegen das Papsttum. Doch sie setzten nur in die Wirklichkeit um, was so oder so hätte geschehen sollen, hauptsächlich aus keinem anderen Grund, als dass sie in einem bestimmten Gebiet in Verbindung mit dem Weltenbaum wohnten. Ähnlich gab Ometeotl/Omecinatl den Pilger-Vätern Wind, die im Jahre 1620 in Massachusetts landeten, von wo aus sie nach und nach den Westen eroberten. Sieger oder Eroberer in Kriegen nennen nationale, politische, rassische oder religiöse Überlegenheit als Erklärungen für ihre Siege, doch was in Wirklichkeit wirkt, ist ein vorübergehender Zeitgeist hinter sich von einem der Bacabs (s. Abb. 3.1, Seite 40), den Himmelsrichtungsgöttern der Maya.

Die neuen Energien der Planetarischen Unterwelt führten die USA zur Weltmacht. Diese Unterwelt führte dieses Land vom Albany-Kongress im Jahre 1754, als die Union zum ersten Mal entworfen wurde, zu seinem Aufstieg zur einzigen Supermacht, als die Sowjetunion einen Monat vor dem Katun-Wechsel im Jahre 1992 zusammenbrach. Seine augenblickliche Rolle in der Welt ist nichts anderes als ein Produkt dieser Energien. Mit dem verblendeten Bewusstsein dieser Unterwelt werden Kriege hauptsächlich zur Kontrolle über die physische Welt geführt, für natürliche Ressourcen usw. Und wenn einige denken, solche Motive seien die einzigen Gründe für Kriege, dann sind sie in Wirklichkeit ein genauer Ausdruck des besonderen Bewusstseinsrahmens dieser Unterwelt, ein Rahmen, der, wie wir gesehen haben, uns nur die materiellen Aspekte der Realität sehen lässt und das Spirituelle „irgendwo anders“ hinsetzt.

Erst seit kurzem sind Kriege aus religiösen Motiven in der Planetarischen Unterwelt im Wesentlichen verschwunden. Doch in der neu aufgetauchten Galaktischen Unterwelt haben wir eine Welle islamischer Selbstmordattentäter erlebt (obwohl solche Taten wirklich gegen den islamischen Glauben sind). Diese Gewalttaten sind nicht zum Ruhme einer Nation oder eines Königs, wie das in der Nationalen Unterwelt der Fall war, noch werden sie zur Kontrolle über natürliche Ressourcen ausgeführt. In der Galaktischen Unterwelt wurde ein neues Motiv für Gewalttaten geschaffen: den Westen und seine materielle Vorherrschaft zu schwächen ohne möglichen persönlichen Gewinn für die Täter. Schließlich sind alle Konflikte das Ergebnis der sich verändernden Weise, die Realität wahrzunehmen, und dies sind die ersten Ausdrucksformen eines Bewusstseins, das den Osten begünstigt und von dieser Unterwelt entwickelt wurde. Wir können festhalten, dass immerhin die Menschen des Ostens, die mit dem Westen zusammenprallen, Individuen sind, die eine starke Dominanz der linken Gehirnhälfte aufweisen, denn da die Zentren des Lesens und Schreibens in der linken Gehirnhälfte liegen, haben Menschen mit einem fundamentalistischen Glauben an das geschriebene Wort, typischerweise eine Dominanz der linken Gehirnhälfte.

Grundsätzlich hat die Galaktische Unterwelt jedoch mit der Heilung der Welt zu tun. Das ist offensichtlich, wenn man bedenkt, dass das Licht in der Gehirnhälfte, die die Menschheit in den vergangenen fünftausend Jahren beherrscht hat, jetzt durch das Licht der anderen Hälfte vervollständigt wird. Was die Galaktische Unterwelt wirklich bringt, ist nicht ein Satz von neuen „Dingen“, sondern eine neue Art, die Realität wahrzunehmen, geschaffen von einer Dualität, die die östliche Hemisphäre bevorzugt. Mit der Galaktischen Unterwelt sind also mögliche Konflikte in der Sichtweise des Ostens und Westens verbunden. Doch das Yin und das Yang der Schöpfung sind natürlich nicht scharf getrennt. Es gibt einiges Yin im Yang und umgekehrt, da die planetarische Mittellinie sehr weit davon entfernt ist, eine scharfe Trennung zu sein. Sowohl im Westen als auch im Osten werden Einzelne und Gruppen von den neuen Impulsen des Lichtes, das ihre rechte Gehirnhälfte bevorzugt, beeinflusst sein. In dem Maße, allgemein gesprochen, in dem wir in der Lage sind, die ganzheitliche Sicht der rechten Gehirnhälfte anzunehmen, werden sich die Dualitäten ausgleichen, und der Riss durch die Welt wird geheilt.

Sicherlich werden dann die USA, die ja die Energie des Westens darstellen, allmählich ihre führende Rolle in der Welt verlieren. Obwohl sie vielleicht noch für eine gute Zeit ihre militärische, technologische und Medienüberlegenheit behalten, werden sie für den Rest der Welt nicht länger den Ton angeben. In der neu auftauchenden Unterwelt bringt materielle Überlegenheit nicht länger mehr echte Führung mit sich, und es gibt keine weltliche Macht, die auf Dauer den Winden der Geschichte widerstehen kann, die der kosmische Plan geschaffen hat. Stattdessen wird in der Galaktischen Unterwelt geistige Inspiration aus dem Osten kommen, denn dies ist zurzeit die einzige Richtung, aus der Ausgleich und Ganzheit kommen kann. Die wichtigste geistige Führung wird anfänglich aus Indien kommen, aber später werden auch China und Russland bedeutend in dieser Hinsicht. Japan, das aufgrund seiner fortgeschrittenen Technologie für einige Zeit als mehr oder weniger westliche Nation angesehen wurde, wird vermutlich bald eine unter vielen asiatischen Nationen werden. Schließlich werden die USA kulturell nach und nach von Europa getrennt sein, und es wird eine ständige Bewegung in Richtung einer Scheidung geben. Da der Weltenbaum einen Abstand zwischen den beiden schafft, wird Europa eine immer wichtigere Rolle als Koordinator und Übermittler der neuen Energien spielen. Das heißt nicht, dass Europa wieder eine vorherrschende Rolle übernehmen wird, wie in der Kolonialzeit; der gesamte Prozess der Galaktischen Unterwelt geht darum, der Vorherrschaft und dem Ungleichgewicht ein Ende zu setzen. Wenn sie zu Ende geht, wird es keinen globalen Führer geben, und die Welt wird vorbereitet sein für eine echte Bruderschaft und Gleichheit in jeder Hinsicht, einschließlich der Wirtschaft. Für eine erleuchtete Person, die den Kosmos als ihre Heimat kennt, sind Patriotismus und Nationalismus fremde Dinge.

Es ist nicht so, dass die kosmischen Energien die bestrafen werden, die gegen den kosmischen Plan gehen, aber je mehr wir uns gegen die langfristigen geistigen Winde stellen, desto sicherer können wir sein, keinen Erfolg zu haben. Wenn wir darauf bestehen, etwas gegen den kosmischen Plan zu tun, z. B. an der Weltordnung festzuhalten, die von der Planetarischen Unterwelt eingerichtet wurde, dann wird es mit Sicherheit einen Rückschlag geben. Bei der Art, wie der Kosmos arbeitet, kann ein solcher Rückschlag in einer Reihe von verschiedenen Formen kommen, manchmal sogar so, dass es scheinbar gar nichts mit dem Prozess zu tun hat, der ihn verursacht hat. Wenn es Katastrophen oder Kriege gibt, ist die beste Frage folgende: Warum schlägt der kosmische Plan auf uns zurück? Wenn man die hohe Zahl der Menschen bedenkt, die heute nur auf die materiellen Werte der Planetarischen Welt stieren und die nicht einmal wissen, dass es einen Termin gibt, bis zu dem das Ziel des kosmischen Planes erfüllt sein muss, dann gibt es jeden Grund zu glauben, dass der kosmische Plan zurückschlägt, möglicherweise in einem sehr hohen Grad. So oder so wird der kosmische Plan den Weg in die Richtung ebnen, in die die Schöpfung gehen soll, und es liegt jenseits menschlicher Macht, dies zu ändern. Je mehr wir uns aber auf das letzte Ziel des Kosmos ausrichten, desto weniger Konflikte wird es bei seiner Entwicklung geben. Dies ist ein fundamentales Prinzip, das von uns eine ernsthafte und gründliche Untersuchung und Debatte des Zieles des kosmischen Planes erfordert, fußend auf dem Mayakalender und empirischen Nachweisen aller Aspekte der Entwicklung.

Jemand mit einer ganzheitlichen Sicht des Lebens („wir sind alle eins“) weiß, dass jeder Einzelne etwas damit zu tun hat, wenn es keinen Frieden auf der Erde gibt. Von diesem Standpunkt aus kann jeder von uns etwas zur Schaffung des Friedens beitragen, auch in einem äußeren Sinne, durch unseren Auftrag, den erleuchteten Zustand zu erreichen. Der Mayakalender lehrt uns, dass alle äußeren Manifestationen Produkte des Geistes sind, und wenn wir also friedvoll und konstruktiv den Bewusstseinswandel, der uns zurzeit vom kosmischen Plan auferlegt wird, annehmen können, werden wir in der Lage sein, zum Frieden beizutragen. Andererseits schafft die dualistische Lebenssicht die Idee, dass es wirklich „Gut" und „Böse" an sich gibt. Und bei dieser Ansicht ist die einzig mögliche Strategie, das „Böse" auszutilgen. Wenn man aber das tut, wo ist dann die Basis, sich selbst unter den „Guten" einzureihen? Eine dualistische Sicht führt nie zum Frieden, weil sie sich nicht an das wendet, was in erster Linie Gewalt schafft: das dualistische Denken.

Es ist kein Zufall, dass das heute konfliktreichste Gebiet von Ägypten bis Indien über Israel und Palästina, der Irak, Afghanistan und Pakistan genau das Gebiet ist, in denen die ältesten Zivilisationen der Welt – Ägypten, Sumer, Persien und das Indus-Tal – das Licht der Welt erblickten. Dies ist das Gebiet, das die längste Zeit von einem dualistischen Bewusstseinsrahmen beherrscht war und wo eine streng patriarchalische Mentalität konsequent gepflegt wurde. Es ist nicht überraschend, dass heutzutage mit dem Beginn der neuen Energien der Galaktischen Unterwelt diese Region zutiefst betroffen ist.

Das Gute bei der augenblicklichen Lage ist, dass wir in einer Unterwelt leben, die dazu bestimmt ist, Schritt für Schritt eine mehr ganzheitliche Lebenssicht zu schaffen, und so müssen wir die zwei sich widersprechenden Dualitäten lieber versenken, als dass wir uns in ihre entsprechenden Machtspiele einlassen. Das heißt nicht, negatives Denken in positives umzuwandeln oder in Wunschdenken über den Frieden, sondern etwas viel Schwierigeres, nämlich zusammen die Yin/Yang-Polarität zu überwinden, durch die wir die Wirklichkeit wahrnehmen. Der Weg zum Frieden beinhaltet, Frieden mit uns selbst zu schaffen, zwischen unseren eigenen Gehirnhälften, und dann Frieden nach außen zu bringen. Auf diese Weise kann Frieden geschaffen werden, der nicht einfach im Vorbeugen und der Bewältigung von Konflikten in der äußeren Welt besteht.

Nirgends werden die Auswirkungen dieses Friedens deutlicher sein als in Jerusalem, der heiligen Stadt der drei abrahamitischen Religionen. Der Beginn der Vierten Welt im Jahre 1947 brachte nicht nur die Unabhängigkeit der meisten Völker Asiens und den Kalten Krieg, er säte auch den Samen für die Auseinandersetzung zwischen Ost und West, die Teilung Palästinas durch die UNO (1947) und die Gründung des Staates Israel (1948), was seither ein Gebiet des Konfliktes ist. Die Menschen im Mittleren Osten hängen immer noch streng an religiösen Vorstellungen, die durch das Bewusstsein von Tlacolteotl (Dritter Tag, Moses), Quetzalcoatl (Fünfter Tag, Christentum) und Tezcatlipoca (Dritte Nacht, Islam) der Nationalen Unterwelt geschaffen wurden, und so sind sie beherrscht von den Filtern dieser Gottheiten. Wir finden Juden und Christen auf derselben Seite, weil ihre Religionen bei Tagen entstanden sind, während der Islam die Energie der Nacht widerspiegelt. Dies ist ein Konflikt zwischen dem Denken der Tage und dem der Nächte. Es könnte ebenso gesehen werden als ein Kampf unter den Gottheiten, die das Denken beherrschen und Menschen wie ihre Schachfiguren benutzen. Diese Sicht mag provokativ erscheinen, doch ist sie näher an der Wahrheit als viele denken mögen.

Wenn es diese sich bekämpfenden Religionen in Jerusalem gibt, warum beschreibt dann die Geheime Offenbarung die strahlende Welt, die am Ende der Schöpfung als das Neue Jerusalem erscheinen wird, wenn dies zurzeit vermutlich der Ort auf der Welt ist, wo die Menschen die pessimistischsten Aussichten auf den Frieden haben. Wenn wir nicht nur von einem Frieden sprechen, der durch ein Abkommen erreicht wurde, sondern vom Frieden im Sinne einer tiefen, gegenseitigen Sehnsucht nach der Einheit, mögen die Aussichten noch düsterer erscheinen. In anderen Worten: der Grund jedoch, dass es keinen Frieden gibt in Jerusalem, ist, dass drei unterschiedliche Religionen und zwei Nationalitäten, die ihren Ursprung in einer dualistischen Unterwelt haben, hier leben. Wenn in Jerusalem Friede herrscht, dann ist sicherlich auch Friede im Rest der Welt, denn Jerusalem ist der Ort, wo die Dualitäten tieferer Unterwelten am schwierigsten zu überwinden sind. Und wenn dies der schwierigste Ort ist, gibt es nur einen Weg, nämlich dass die ganze Welt aus dem Verlangen nach Einheit und Erleuchtung ihre

Dualität überwindet und dies dann nach Jerusalem bringt. Wenn so die Welt den neuen Bewusstseinsrahmen erlangt, wird die Geburt des Neuen Jerusalems eingeschlossen sein, und von daher könnte die Prophezeiung der Bibel verstanden werden. Das Neue Jerusalem ist wirklich der Neue Erleuchtete Geist.

Das verändert die Aussichten etwas. Wenn auch Außenstehende nicht leicht im israelisch-palästinensischen Konflikt intervenieren können, so ist doch die ganze Welt vielleicht in der Lage, zum Frieden dort beizutragen, indem jeder sich im eigenen Leben und der eigenen Umgebung und in allen Konflikten auf der Welt auf den Pfad konzentriert, das Bewusstsein der Universalen Unterwelt zu erlangen. Wenn die Erlangung eines kosmischen Bewusstseins des Friedens im Rest der Welt als eine echte Möglichkeit anerkannt wird, wird es auch in Jerusalem anerkannt werden. Die Lage in Jerusalem ist ein globaler Indikator für den Mangel der Überwindung des modernen Denkens und dafür, wie wenig die Menschheit auf dem Pfad zur Erleuchtung fortgeschritten ist. Wenn wir ein Neues Jerusalem haben, besitzen wir auch einen Neuen Erleuchteten Planeten, denn nur soweit wir alle erleuchtet worden sind und unser dualistisches Denken überwunden haben, wird es ein Neues Jerusalem geben.

Ganzheit und Liebe: Die Heilwirkungen der Galaktischen Unterwelt

Der Hauptpfad, den die Galaktische Unterwelt zur Verfügung stellt, ist der zur Ganzheit und Liebe, und der ist aufgezeichnet auf der Ebene des Bewusstseins. Da allerdings nicht jeder den Aufstieg zu höheren Ebenen des Bewusstseins mitmachen will, werden Konflikte und Ereignisse möglich, die als negativ erlebt werden können. Auf der persönlichen Ebene sind die Menschen in ihrer Beziehung zu sich selbst und zu anderen durch den Beginn der neuen Unterwelt tief beeinflusst. Um zu sehen, wie diese Unterwelt Liebe und Ganzheit bringen wird, sollte man sich zuerst die Beziehungen in der Generation anschauen, die von der Vierten Welt geprägt wurde.

Diese Welt erschütterte die traditionelle Familienstruktur tief und zerbrach sie äußerst deutlich. Auch wenn die Generation der Vierten Welt, die sich in der weltweiten Rebellion von 1968 erhoben hatte, vielleicht weitgehend wieder zu den hierarchischen Strukturen der Gesellschaft zurückgekehrt ist, schuf doch das neue Licht auf die rechte Gehirnhälfte eine recht verschiedene und eher gleichberechtigte Familienstruktur. Ein tiefer Wandel fand in der Beziehung zwischen Männern und Frauen statt. Ganz andere Ideale wurden für die Rolle der Kinder entwickelt. Jeder, der die Bücher von Alice Miller gelesen oder eigene Erfahrung hat, weil er im frühen zwanzigsten Jahrhundert aufgewachsen ist, kann die Tatsache bestätigen, dass man zu jener Zeit bei den Kindern keinen besonderen Wert auf ihre Rechte legte. Auch wenn es da Ausnahmen gab, so kämpfen doch viele – selbst in den jüngeren Generationen – für den Rest ihres Lebens mehr oder weniger darum, die Folgen ihrer Kindheitserlebnisse zu heilen, die einen negativen Einfluss auf sie hatten.

Was kann aus der derzeitigen Sicht der verschiedenen Unterwelten, die den Geist der Menschheit beherrschen, darüber gesagt werden? Einerseits werden Familie und Beziehungen vom selben Geist und denselben Dualitäten wie die gesamte Gesellschaft beherrscht. Die typische Familienstruktur, die schon seit dem Sündenfall existierte, fußte auf derselben hierarchischen Struktur, in der der Ehemann traditionell der Herr und Ernährer war. Es liegt ganz in der Natur des dualistischen Geistes der Nationalen Unterwelt, Hierarchien zu schaffen, Ungleichheit zwischen Menschen, und in der Familie gehörten Kinder und Frauen zur Yin-Kategorie. Nach dem Beginn der Vierten Welt der Planetarischen Unterwelt wurde diese Familienstruktur allmählich immer unpassender. Die heute typische Vier-Kopf-Familie, regiert von einer Einzelperson, ist eine archetypische Erinnerung, eher hervorgerufen aus wirtschaftlichen Gründen als aus einer derzeitigen Wirklichkeit.

Mit der Vierten Welt entsteht allmählich ein Ausgleich zwischen der linken und rechten Gehirnhälfte, was zu einem Ausgleich zwischen Männern und Frauen und zwischen Erwachsenen und Kindern führt. Dieser Ausgleich brachte auch viele Scheidungen mit sich, teilweise weil viele sich ihm nicht anpassen können oder wollen, was in einer sehr unterschiedlichen Familienstruktur mündete. Dieser Bewusstseinswechsel hat sicher die Gleichheit gepflegt, aber es ist auch ein deutliches Beispiel dafür, welche komplexen Folgen der Fluss der Heilenergien haben kann. Einerseits begünstigt der neue Ausgleich wohl die Ganzheit, doch hat andererseits der Zusammenbruch sozialer Strukturen, die auf einem dualistischen Denken aufgebaut waren, Scheidungen verursacht, die meistens nicht einfach sind. Es ist wahrscheinlich, dass die Galaktische Unterwelt das Chaos der Beziehungen noch verschärfen wird. Der schnelle Energiewechsel zwischen Tagen und Nächten bei jedem Tun der Galaktischen Unterwelt erschüttert wohl alle Partnerschaften sehr, und bei vielen, die auf Vorherrschaft fußten, ist zu erwarten, dass sie zerbrechen. Wie im Falle des Burn-out-Syndroms werden die Sensitiveren gegenüber dem kommenden neuen Licht auch als Erste betroffen sein.

Doch unsere Partnerschaften durchschreiten Phasen, und wir sollten tiefer schauen, wie weit die Bewusstseinsentwicklung unsere eigene Entwicklung im Laufe des Lebens beeinflusst. Kinder betreten die Welt mit einer Einheit mit Allem-Was-Ist, das anfänglich die Form der Mutter annimmt. In der Entwicklung des Einzelnen entspricht diese Einheit dem Bewusstseinsstand der Regionalen Unterwelt, in der die Menschen ähnlich in einer Einheit mit Allem-Was-Ist lebten. Das hatte wahrscheinlich die Form von Mutter Natur oder Mutter Erde, obwohl es zu der Zeit offensichtlich war, dass es keinen Namen dafür gab. Nach einer Reihe von Entwicklungsstufen bekommen dann die Kinder zwischen drei und sieben Jahren das Bewusstsein, das der Nationalen Unterwelt entspricht. Sie merken, dass sie von ihren Müttern getrennt sind, und lernen alle Arten von Unterscheidungen, z. B. zwischen „Richtig“ und „Falsch“, ebenso wie zu lesen und zu schreiben. In anderen Worten: als Teil unseres individuellen Aufstiegs auf die Kosmische Pyramide erwerben wir uns ein dualistisches Denken. Etwa im Alter von fünfzehn bis achtzehn Jahren beginnen die Menschen mehr das Bewusstsein der Planetarischen Unterwelt zu bekommen – sie lernen den Umgang mit Maschinen, z. B. mit Autos, die typisch sind für diese Unterwelt (erfunden an ihrem Mittelpunkt im Jahre 1884). Danach ist der Einzelne vermutlich bereit, sich voll in die Gesellschaft einzureihen, die derzeit nach den Werten dieser Unterwelt funktioniert.

Als Ergebnis des Beginns der Galaktischen Unterwelt finden heute Wechsel in dem Alter statt, in dem die Menschen in ihrer persönlichen Entwicklung in Resonanz mit den Bewusstseinsebenen der verschiedenen Unterwelten kommen. Natürlich kommen viele Kinder sehr früh zur Informationstechnologie der Galaktischen Unterwelt. Man hört sogar vom vorpubertären Alter, besonders unter den Mädchen; und manche sprechen von so genannten Indigokindern, die schon eine sehr fortgeschrittene Resonanz mit dem Kosmos und „mediale“ Fähigkeiten haben sollen (*Indigo* bezieht sich vermutlich auf ein neues Chakra, das wohl von der Galaktischen Unterwelt entwickelt wurde). Alles in allem scheint es, dass diese Jugendlichen heute Wege zum Aufstieg zu höheren Unterwelten in einem früheren Alter in ihrer persönlichen Entwicklung finden als früher. Diese Kinder weigern sich einfach, mehr Zeit in niederen Unterwelten zu vergeuden.

Um zu dem Thema Heilung zurückzukehren: die meisten Traumata, die geheilt werden müssen, scheinen aus der frühen Kindheit zu stammen, etwa aus der Zeit, wenn das dualistische Denken uns zu beherrschen beginnt. Später in ihrem Leben beklagen viele Menschen den Verlust ihrer kindlichen Unschuld (bevor sie das Bewusstsein der Nationalen Unterwelt betreten haben). Kinder zwischen zwei und sieben Jahren, die nicht einmal übel misshandelt wurden, erfinden oft Traumata, weil sie in gewissem Sinne getrennt werden. Doch in vielen anderen Fällen sind die Traumata, die die Trennung verursacht haben, sehr real. Aufgrund der Parallelen zwischen unserer persönlichen Entwicklung und dem Aufstieg der Menschheit an der Kosmischen Pyramide werden wir an diesem Punkt persönlich aus dem Garten Eden vertrieben (kein Wunder, dass viele an eine „Erbsünde" geglaubt haben, die der ganzen Menschheit gemein ist).

So oder so schafft die Auferlegung des dualistischen Denkens eine Trennung, eine Trennung, die wir jetzt als Teil unseres Weges zur Erleuchtung in den zwei letzten Unterwelten heilen müssen. Ein traumatisches Erlebnis in unserer frühen Kindheit schuf damals Schmerzen, aber dass dieses Trauma aus der frühen Kindheit uns heute noch beeinflusst, ist, weil das Denken es benutzt. Das moderne Denken, um das zu wiederholen, lässt unsere Vergangenheit über die Gegenwart herrschen.

Vor dem Bewusstseinswandel der Vierten Welt war die mehr oder weniger automatische Reaktion eines Erwachsenen, der sich an ein Kindheitsverletzung erinnerte, dass er die Ansicht des Täters – meistens die Eltern – übernahm: „Dass man mir den Hintern versohlte, juckt mich nicht." Wenn man völlig beherrscht ist von einem dualistischen Rahmen des Denkens, wie es Menschen in der Dritten Welt noch sind, ist der einfachste Umgang mit einem Trauma, sich mit der Autoritätsperson, die es verursacht hat, zu identifizieren und ihn oder sie in die Yang-Kategorie (Licht) des Denkens zu stellen, um so beide – sich und die Autoritätsperson – „richtig" zu stellen. Sexueller Missbrauch von Minderjährigen z. B. kam selten an die Oberfläche und war sicher kein Gegenstand öffentlicher Diskussion. Erst im letzten Teil der Vierten Welt war es möglich, die dualistischen Filter zu durchdringen. Es ist zweifelhaft, ob vor 1947 Psychotherapien je einen tieferen Erfolg hatten, weil das Ende der Herrschaft des dualistischen Denkens noch gar kein Thema war. Psychoanalytische Methoden sind z. B. selten in der Lage zu einer Zeit zurückzugehen, in denen das Kind schon Unterscheidungen treffen und sprechen kann. Die Ebene der Ganzheit des Bewusstseins vor dem Sündenfall, die Heilung erst ermöglicht, wurde nie erreicht.

Dennoch wurden um 1947 Therapien entwickelt, die nicht nur mental waren. In den späten 40ern war Fritz Perls bahnbrechend mit seiner Gestalttherapie, deren Schlüsselwort das „Hier und Jetzt" war und die emotionale Prozesse hervorhob. Stanislas Grof, der ein paar Jahre später mit LSD therapierte, fand durch seine Untersuchungen heraus, dass sehr frühe Ereignisse, selbst schon bei der Geburt, traumatische Folgen haben können; er dachte auch daran, östliche Philosophien in seine Therapie zu integrieren. Damit war eine Öffnung für Methoden wie Primärtherapie, NLP (Neurolinguistisches Programmieren), Rebirthing und zahllose andere geschaffen, die die emotionale Integrierung in die Gegenwart unterstützen. Eine der mächtigsten heutigen Therapien, die aus der Galaktischen Unterwelt kommen, ist Brandon Bays Journey (eigentlich eine Reise zur Regionalen Unterwelt. Deutsch: Brandon Bays The Journey. Der Highway zur Seele, Ullstein-TB, Anm. d. Übers.). Als gemeinsamen Faden haben all diese Therapien das Ziel, Traumata des „inneren" Kindes oder früherer Leben vor allem dadurch zu heilen, indem man Bewusstseinsebenen aufsucht, die vor dem „Sündenfall" liegen, also früh in der Entwicklung des Individuums, und damit einen Neubeginn ermöglichen.

Aus unserer derzeitigen Sicht wurde diese neue Welle von Heilungstechniken erzeugt durch den Beginn der Welt des Lichtes, das auf die rechte Gehirnhälfte scheint. Der Gedanke der Heilung des inneren Kindes war nicht einfach eine gute Idee, die aus dem Nirgendwo hervorschoss. Er hatte seinen Ursprung im breiteren kosmischen Plan mit dem Ziel, die Menschheit als Vorbereitung für die Erlangung des erleuchteten Zustands zu heilen. Heilung besteht im Wesentlichen darin, in unserem Leben hinter den Punkt zurückzugehen, als das dualistische Denken zur Herrschaft kam. Da dieses Denken durch Verurteilungen und Bewertungen voreingenommen ist, schafft es ein Universum von „Gut" und „Böse"; es muss mit der Vergangenheit und ihren traumatischen Ereignissen „richtig" sein, und so ist man nicht in der Lage, anderen oder sich selbst zu verzeihen. Verzeihen erfordert meistens, die Kontrolle des modernen Denkens zu überschreiten und wenigstens zeitweise die heilenden Kräfte in der ganzheitlichen Welt anzugehen.

Auf zwei besondere Arten unterstützen die Qualitäten der rechten Gehirnhälfte das Verzeihen. Erstens erlauben sie, seiner eigenen Intuition zu trauen, die in der rechten Gehirnhälfte angesiedelt ist. Seiner Intuition trauen heißt, sich selbst vertrauen, seinem ganzen Wesen, manchmal angesichts scheinbar logischer Argumente anderer, und standhaftes Bestehen auf seiner Meinung. Zweitens gleichen sie die Vorherrschaft der linken Gehirnhälfte aus, die Ereignisse in unserem Leben linear in der Zeit nach dem Ursache-Wirkung-Schema ordnet. In einer weiteren Sichtweise hätte ein traumatisches Ereignis vielleicht nicht den Platz im Ursache-Wirkung-Schema, an dem die linke Gehirnhälfte hängt, und in einer weiteren Sichtweise hätten die Dinge eine andere Bedeutung. Deshalb ist Heilung möglich, wenn wir die lineare Zeit der linken Gehirnhälfte überwinden. Solche Überwindung ist genau das, was die Galaktische Unterwelt begünstigen wird. Eine entscheidende Frage bei den Heilungsmethoden muss deshalb lauten: Dienen sie meinem Aufstieg an der Kosmischen Pyramide?

Nicht jeder wird von zunehmenden Möglichkeiten der Heilung, die diese Unterwelt bringen wird, begeistert sein. Viele Personen in der Familie wie in der Gesellschaft allgemein würden sich lieber an den Vorzügen der Vorherrschaft und Ungleichheit erfreuen, als jedem zu erlauben, heil zu sein. In manchen Fällen wird für jemanden, der Heilung sucht, die Folge eine Trennung von anderen sein, die den Aufstieg nicht mitmachen wollen. Manche möchten lieber in der Gewalt der tieferen Unterwelten bleiben, meist ohne es zu merken, während andere die Chance des Aufstiegs zu höheren Ebenen wahrnehmen, auch angesichts der vielen begrenzenden Gedanken unseres derzeitigen Denkens.

So ist es, wie es bei der Welt insgesamt der Fall ist, vereinfachend zu sagen, die Galaktische Unterwelt sei „gut". Es hängt von unserem Lebensziel ab. Diese Unterwelt hat jedenfalls die Aufgabe, die Herrschaft des einen über den anderen zu Ende zu bringen und den Riss zu heilen, der durch den Sündenfall verursacht wurde. Die persönliche Heilung in diesem Sinne zu suchen, ist kein egoistisches Begehren. Im Augenblick ist jeder, der einen Pfad in Richtung Erleuchtung betritt oder sie erreicht, eine Hilfe für den Rest der Menschheit. Persönliche Heilung hilft, die Menschheit insgesamt zu befreien, indem man „negatives Karma“ auflöst, das sich über viele Generationen in einer Familie angesammelt haben mag, oder in der Tat in der gesamten Menschheit, seit der Zeit vor fünftausend Jahren, als das dualistische Denken zuerst seine Herrschaft begann.

Das Verurteilen des dualistischen Denkens verhindert ebenfalls den Fluss der Liebe. Wenn du und jeder andere, also ihr, ständig von diesem Denken verurteilt werdet, wie kann es für dich und andere dann erlaubt sein, völlig zu sein, was du bist und sie sind? Wie kann man jemanden anderen völlig annehmen und lieben, selbst aber im dualistischen Denken verharren, das dazu bestimmt ist, zu trennen und Trennungen zu verursachen? Kann eine Person, die nur ist, sich ganz lieben? Wie kannst du dich selbst völlig lieben, wenn dein Selbstwert davon abhängt, in der Yang-Kategorie des Denkens zu sein? Selbst wenn du diese Stellung in deinem eigenen Denken erreicht hast oder sogar im allgemeinen Denken, dann musst du in der Angst leben, sie zu verlieren. Selbst wenn wir manchmal an die Oberfläche kommen, um etwas anderes zu sehen, schwimmen doch die meisten von uns die meiste Zeit in schmutzigem Wasser. Nur Ganzheit – ein Denken, das wahrhaftig geeint und ganz ist – kann wahre Liebe bringen. Nur die ganze Person, die völlig sich selbst sein kann und es nicht nötig hat, Teile von sich nach außen zu bringen aus Angst vor Verurteilung durch das Denken, kann sich wahrhaft lieben. Nur wer sich von der Vorherrschaft der linken Gehirnhälfte befreit hat, kann der ganzen Person und der ganzen Welt erlauben zu sein. Die Wahrheit ist, dass das dualistische Denken, das zurzeit immer noch herrscht, keine Liebe bringt.

Es geht hier nicht darum, herabzusetzen, was jemand in einer Liebesbeziehung erreicht hat, sondern nur zu betonen, dass dort auftretende Schwierigkeiten nicht persönlich sein müssen, wie allgemein gedacht wird. Die Botschaft ist zu betonen, dass, wer den Aufstieg machen will, an der Spitze eine Ganzheit erleben wird, wie sie bis jetzt unbekannt ist. Die Folge könnte sein, dass jeder, der den Aufstieg wagt, sich selbst und seine Beziehungen durch den Gang zum Licht der Galaktischen Unterwelt zu heilen sucht. Ein Teil des Aufstiegs beinhaltet die Entwicklung deiner Intuition, indem du die in lak´ech-Philosophie in die Praxis umsetzt und die Einheit aller Dinge anerkennst. Zurzeit stehen viele Annäherungsmöglichkeiten dafür zur Verfügung, wie Kurse, die einem beibringen, wie man mit Tieren spricht, mit Pflanzen, mit Naturwesen usw. Die Entwicklung der Telepathie und Intuition wird uns für die Einheit mit Allem-Was-Ist vorbereiten, das die Universale Unterwelt beherrschen wird.

Ein anderer Aspekt des Aufstiegs an der Kosmischen Pyramide ist, als Dienst für die Erleuchtung der Menschheit einen Pfad zu ebnen. Liebe und Ganzheit erfordern, alle einzuschließen und vereint mit anderen für das Ziel zu arbeiten. Der Mayakalender bedeutet, dass es ein Gesamtziel zum kosmischen Zeitplan gibt, und so haben wir alle möglicherweise eine Mission, nämlich Pfade der Handlung im Dienst für den Rest der Menschheit zu schaffen. Obwohl nicht jede(r) eine besondere, gottgegebene persönliche Mission in ihrem oder seinem Leben zu erfüllen hat, ist es immer möglich, sich eine im Dienst am kosmischen Plan zu schaffen, sobald man sich über seinen Zweck sicher fühlt. Ein solcher Pfad der Handlung muss jedoch für seine Verwirklichung im richtigen Zeitrahmen entwickelt werden, den allein der Mayakalender stecken kann. Manche Unternehmungen haben eine Art von kosmischer Dringlichkeit, die aber nicht ohne die Perspektive, die der Kalender bietet, sichtbar ist. Dein Pfad der Handlung kann nicht nur für deinen eigenen Aufstieg zur Kosmischen Pyramide wichtig sein, sondern auch für andere, die dasselbe tun wollen. Ihr Erfolg wird die Chancen für deinen verstärken.

Schicksal und freier Wille

Aufgrund des verblendeten Bewusstseinsrahmens, der die moderne Welt beherrscht, haben viele illusorische Vorstellungen von der Freiheit. Wie wir jetzt allmählich sehen, ist das persönliche und kollektive Leben der Menschen in Wirklichkeit grundsätzlich bedingt durch die Energien des Göttlichen Plans. Seit wir in der modernen Welt, vor allem im Westen, jederzeit Wahlmöglichkeiten zu haben scheinen, können wir leicht die Tatsache übersehen, dass diese Wahlmöglichkeiten innerhalb der Bewusstseinsgrenzen der Planetarischen Unterwelt erzeugt sind. Wegen der materialistischen Auffassung dieser Unterwelt wird Freiheit oft gleichgesetzt mit der Freiheit, beim Einkauf zwischen verschiedenen Dingen wählen zu können. Das ist nicht nur eine sehr enge Definition von Freiheit, sie ist auch völlig bedeutungslos, wenn es darum geht, unsere wahre Bestimmung auf diesem Planeten zu erfüllen, nämlich den Aufstieg auf die Kosmischen Pyramide.

Die Existenz eines kosmischen Zeitplans lässt kritische Fragen zum freien Willen der Menschen aufkommen, auch über ihre Rolle als Mitschöpfer. Die im Allgemeinen hier vertretene Ansicht, die Menschen seien im Wesentlichen von jenen Energien des kosmischen Zeitplans wie Marionetten beeinflusst und daher auch strengen Begrenzungen in der Freiheit des Handelns und Denkens unterworfen, widerspricht offensichtlich der allgemein üblichen Vorstellung, wir Menschen hätten die Macht, alles nach unserem Wollen zu schaffen. Bei einer solchen Sichtweise gibt es keinen Göttlichen Zeitplan für die Bewusstseinsentwicklung, zumindest keinen, den die Menschen nicht mithilfe ihrer Gedanken oder Visualisierungen außer Kraft setzen könnten.

Der Gedanke, dass es keine Begrenzung der menschlichen Kreativität gibt, ist gerade selbst vom Bewusstsein der Planetarischen Unterwelt erzeugt worden. Die Verneinung eines kosmischen Planes kann auf die Französische Revolution zurückgeführt werden, aber noch eher auf die Illusion Darwins in der Mitte des 19. Jahrhunderts. Diese Verneinung hat eine künstliche Vorstellung von Freiheit geschaffen und gibt den Menschen das Gefühl, allmächtig zu sein. Wenn es wirklich stimmen würde, was die Neo-Darwinisten sagen, dass der Mensch durch eine zufällige Mutation der DNA entstanden ist, dann hätten wir keine Beziehung von grundsätzlicher Bedeutung zum Schöpfer. Er/sie wäre dann nicht unser Schöpfer, und wir wären nicht hier, um seinen/ihren

Plan zu erfüllen. Folglich wären wir völlig frei, die Welt zu schaffen, wie immer wir wollten. Die Problematik dieser Weltsicht ist, dass sie nach dem, was wir aus dem Mayakalender wissen, mit der Wahrheit nicht übereinstimmt. Für manche mag die Erkenntnis überraschend sein, dass wir Geschöpfe sind, die ihr Leben in den engen Grenzen der Bewusstseinsentwicklung, vorgegeben vom kosmischen Zeitplan, leben.

Die Wahrheit, die sich jetzt zeigt, ist, dass die vom Mayakalender beschriebenen Energien die Grenzen der menschlichen Kreativität zu jeder Zeit bestimmen. Diese Energien setzen die Regeln, nach denen das Leben nach der jeweiligen Verbindung von Himmel und Unterwelt verläuft. Doch abgesehen von den Energien, die zeitweise den kosmischen Zeitplan beherrschen, sind sie zuallererst ihrem Endziel der Erleuchtung untergeordnet, und was wir auch immer denken oder uns vorstellen: wir können nichts tun, diese Tatsache zu verändern. Der kosmische Plan liegt außerhalb des Bereichs der menschlichen Einflussnahme. Mehr noch kann man mit Sicherheit behaupten: wenn menschliche Gedanken oder Handlungen nicht auf dieses Endziel ausgerichtet sind oder sogar dagegen, werden die kosmischen Energien so oder so einen Rückschlag herbeiführen.

Wenn der kosmische Plan Grenzen für die menschliche Kreativität zu jeder Zeit setzt, heißt das aber nicht, dass Gedanken nicht kreativ sind oder Gebete und Visualisierungen nicht wirken. Wie es scheint, hilft die Kommunikation mit dem Göttlichen durch Gebete, Visualisierungen und andere Mittel tatsächlich, dass ein Individuum oder eine Gruppe schafft, was gewünscht wird. Aber zu jeder Zeit gibt es Grenzen für das, was erschaffen werden kann, und diese Grenzen sind festgelegt durch den Rahmen des kosmischen Zeitplans. Um die Sache noch etwas verwickelter zu machen: die Grenzen variieren auch zwischen den verschiedenen Zyklen. Wenn z. B. der Egoismus in der Nationalen Unterwelt mehr oder weniger ein integraler Bestandteil des menschlichen Seins war, und die Anhäufung materiellen Wohlstands in der Planetarischen Unterwelt ziemlich gleich geblieben ist, so ist es jetzt umgekehrt. Es wird nicht mit den Energien der Galaktischen und

Universalen Unterwelt übereinstimmen, materiellen Wohlstand aus rein egoistischen Gründen anzuhäufen oder die Kontrolle über andere anzustreben. Wie ich später beschreibe, werden in der jetzt sich entwickelnden Yin/Yang-Dualität Egoisten schließlich eine bedrohte Spezies sein. Das hat nichts mit moralischen Predigten zu tun. Es ist einfach nur der Weg, den der kosmische Plan auf der Bewusstseinsebene vorgeschrieben hat.

Aber wenn wir alle mehr oder weniger Marionetten der kosmischen Energien sind, was für einen Wert hat es dann, darüber Bescheid zu wissen? Wenn der Lauf der Ereignisse vom kosmischen Plan vorherbestimmt ist, was macht es dann einen Unterschied, wenn man ihn kennt? Immerhin waren Menschen für Jahrtausende Marionetten des kosmischen Plans und scheinen dennoch überlebt zu haben.

Die Antwort ist, dass das Verstehen des kosmischen Plans Teil unserer eigenen Entwicklung ist, Mitschöpfer mit dem Göttlichen zu werden. Als Mitschöpfer müssen wir wissen, wie die Leinwand aussieht, auf der wir malen sollen, und welches Format sie hat. Wenn wir auf dem Kosmischen Plan surfen wollen, sind wir besser dran, wenn wir ihn kennen. Das Mitschöpfertum war in unteren Unterwelten wohl nicht wichtig, weil es da noch nicht vorgesehen war, die Menschen zu Mitschöpfern zu machen im wahrsten Sinne des Wortes. Aber das ist genau das, worum es sich in der Galaktischen Unterwelt handelt. Wenn wir die kosmische Pyramide hinaufsteigen, sind wir zusehends geschaffen und schaffen uns selbst nach dem Bild des Göttlichen. Wenn wir aufsteigen, wird dies das Ergebnis sein. Ein Teil des Prozesses, ein Mitschöpfer zu werden, ist es, den kosmischen Zeitplan zu kennen. Auf seinen Wellen zu reiten und sich persönliche Ziele zu setzen, die mit dem beabsichtigten Endziel vereinbar sind, wird viel schwerer sein für die, welche die Rhythmen und die Wirkweise des göttlichen Schöpfungsprozesses nicht kennen. In der heutigen Zeit spielt der Mayakalender eine Schlüsselrolle, weil er das Wissen über den Plan liefert, und seine Verbreitung ist wesentlich dafür, wie die Dinge für die Menschheit enden werden.

Wenn die Umrisse des kosmischen Planes klarer werden, haben

die Menschen die Wahl, ob sie den Aufstieg zur Kosmischen Pyramide versuchen. Jeder von uns muss seine Entscheidung allein treffen, und es erfordert von uns, dass wir einige oder die meisten unserer beliebten Vorstellungen ablegen. Die Art der Entscheidung, die die Menschheit trifft, allgemein gesprochen, wird das Ergebnis der Schöpfung auf diesem Planeten bestimmen. Das Ergebnis steht nicht fest. Wenn auch der Göttliche Plan auf der Bewusstseinsebene völlig festgelegt ist, ist nicht vorherbestimmt, inwieweit die Menschen sich entscheiden werden, ihr Leben mit seinem beabsichtigten Endziel zu verbinden. Hier haben wir wirklich einen freien Willen. Es ist also eine Wahl mit Versuchungen, die für Menschen im Westen etwas anders aussieht als für die im Osten. Für den Westen ist es die Entscheidung, ob er die Vorherrschaft über die Welt, die er von früheren Unterwelten geerbt hat, beibehalten möchte oder ob er die Einheit sucht. Für den Osten ist es die Entscheidung, ob er die Konfrontation mit dem Westen sucht oder die Einheit. Für die unter dem Weltenbaum ist die Entscheidung etwas leichter, aber auch da ist die Versuchung stark, sich für die Vorteile der Planetarischen Unterwelt eher zu entscheiden, als den endlichen Aufstieg zum Erleuchtungszustand zu unternehmen.

Natürlich ist die Entscheidung, die Kosmische Pyramide zu erklimmen, keine einmalige Entscheidung. Es ist eher eine Entscheidung, die wir nach und nach treffen, wenn sich der kosmische Plan entfaltet. Die Wahl zwischen Einheit und Dualität wird uns ja in vielen Formen und bei vielen Gelegenheiten ermöglicht, und als Hilfe zur Klarheit bei diesen Entscheidungen wird uns der Mayakalender als eine sehr wertvolle Karte für die Gewässer, durch die wir segeln müssen, behilflich sein. Auf einer tieferen Ebene scheint es jedoch, dass dies die letzte Entscheidung für den Weg in Tag Vier der Galaktischen Unterwelt ist. Das ist der Tag, an dem die Impulse des Weltenbaums deutlicher werden und uns noch unverhüllter vor die Wahl zwischen Dualität und Einheit stellen. Sicherlich wird es immer schwieriger, den Weg zur Erleuchtung zu beginnen, je weiter die Galaktische Unterwelt vorangeschritten ist, doch am Schluss wird es unmöglich sein, die Entscheidung zu umgehen.

In diesem Entscheidungsprozess gibt es auch ein Zusammenspiel zwischen dem individuellen und dem kollektiven Weg. Da sich der Kosmos nur Schritt für Schritt entwickeln kann, gilt es auch für uns selbst, und so gibt es Dinge, die als „Zeitschlösser" bezeichnet werden können. Zeitschlösser versiegeln Aspekte unseres Weges, bis eine neue kalendarische Energie ihnen erlaubt, sich auszudrücken, und ein neues Element auf unserem Lebensweg schafft. Hätten wir solche Zeitschlösser nicht, dann würden wir den göttlichen Impulsen zu schnell folgen und nur gegen die Wand rennen. Es gibt wichtige Zeitpunkte, die vom Mayakalender bestimmt sind, wann Tore für ein erweitertes Bewusstsein für eine bestimmte Person geöffnet werden. Wenn wir auch vieles vom Mayakalender lernen, sind dennoch einige Aspekte unseres Weges wie versteckt vor den meisten von uns – weggesperrt in eine geheime Kammer –, bis neue Energien sie öffnen.

Das ist eine Art Jüngstes Gericht, aber in vielen Punkten ist es anders als die Szenarien der historischen Religionen, die durch die dualistische Nationale Unterwelt geschaffen wurden. Es sieht nicht so aus, als gäbe es eine Trennung zwischen den „Guten" und den „Bösen", je nachdem, wie viele moralische Punkte wir in unserem Leben gesammelt haben, vielmehr ist es eher eine Sache der Entwicklung unserer Intuition, zur rechten Zeit am rechten Platz zu sein, indem wir uns dafür entscheiden, auf den Wellen des göttlichen Schöpfungsprozesses zu reiten auf das beabsichtigte Endziel der Einheit, des Friedens und der Erleuchtung zu, das Neue Jerusalem. Wer diese Wahl trifft, ist nicht unbedingt „besser" oder wertvoller als andere. Er gehört einfach nur zu denen, die diese Wahl getroffen haben.

Ja man kann sagen, dass die, die den Aufstieg zum Erleuchtungszustand wählen, Menschen mit einer stärkeren Liebe sind, während die, die sich dafür entscheiden, die Dualität und Vorherrschaft beizubehalten mit all ihren unangenehmen Wirkungen, abgeriegelt sind von den kosmischen Energien und nicht in der Lage, sich mit ihnen zu verbinden. Die, welche sich für den Aufstieg an der Pyramide entscheiden, werden sicher so viele andere wie möglich einschließen wollen, allein schon aus Liebe. Ob diese Welt in einem Paradies oder in einer Katastrophe enden wird, hängt nicht vom Entwurf des kosmischen Planes ab, sondern davon, wie viele den Aufstieg wählen.

Die Rolle des freien Willens ist deshalb größer und kleiner zugleich, als man früher dachte. Einerseits haben wir zunächst nichts zu sagen, was die kosmischen Energien der Zeit angeht. Wir sind also nicht frei, das allgemeine Schicksal der Menschheit zu schaffen. Das heißt nebenbei, dass es keinen so genannten Effekt des hundertsten Affen gibt. Menschen schaffen keine morphogenetischen Felder. Der Weltenbaum und der Weltenberg tun es! Andererseits scheinen wir einen freien Willen in der Entscheidung zu haben, ob wir auf den Wellen der Schöpfung reiten wollen. Es gibt wenig Anzeichen dafür, dass unsere Entscheidung in dieser Hinsicht vorherbestimmt ist oder dass es da „Auserwählte" gibt. Noch spielt es keine Rolle, welche Religion daran glaubt.

Doch es wird Unterschiede geben, wenn auch in Grenzen, wie schnell die Einzelnen die Pyramide erklimmen. Einige werden die Spitze vor anderen erreichen. Da der ganze Kosmos in Übereinstimmung mit dem kosmischen Plan schrittweise vorbereitet und fertig gestellt werden muss, müssen wir mit einem Auf und Ab rechnen, bis der gesamte Prozess vollendet ist. Wir können nichts dafür tun, den Zeitplan zu ändern und das ganze Universum noch heute in einen paradiesischen Zustand versetzen; schließlich sind wir als Kollektiv ihm untergeordnet. Wenn also der Plan vollkommen ist, so wie er ist, brauchen alle Schritte Zeit und nichts kann übersprungen werden. Aber selbst wenn wir den kosmischen Plan wählen und den Fluss der kosmischen Zeit durch den richtigen Gebrauch des Mayakalenders betreten, dann ist das an sich noch keine Garantie, dass wir den Erleuchtungszustand erreichen werden. Damit dies geschieht, müssen wir persönliche Strategien entwickeln, ihn zu erreichen.

9

Die Vollendung des kosmischen Planes

Erleuchtung

Erleuchtung wird gewöhnlich mit östlichen Traditionen verbunden, besonders mit dem Buddhismus, dessen Begründer Siddhartha Gautama den Erleuchtungszustand etwa um die Mitte des Großen Zyklus der Maya erlangte. Sein Geburtsjahr wird verschiedentlich angegeben mit 563, 552 und 534 v. Chr., und somit scheint es klar, dass seine Mission etwas zu tun hatte mit dem letzten Ziel dieses Zyklus', dessen Ende wir jetzt bald erreichen. Wenn auch nur sehr wenige, wenn überhaupt jemand, von Buddhas Schülern den Erleuchtungszustand erreicht hat, hat doch die von ihm entwickelte Philosophie, der Mittlere Weg, eine sehr bedeutende Rolle in der östlichen Philosophie gespielt. Nachdem sie in Indien und China eine größere Religion geworden war, verlor sie doch im ersten Jahrtausend nach Christus den meisten Einfluss.

Der Aspekt des Buddhismus, der wohl der wichtigste für die Zukunft der Menschheit war, ist, dass er einen bedeutenden Samen gesät hat, nämlich die Vorstellung, den Erleuchtungszustand zu erreichen, was im östlichen Denken meist als das letzte Lebensziel angesehen wird. Aus unserer Sicht des Mayakalenders ist es aber nicht überraschend, dass der Einfluss des Buddhismus schrumpfte und nur wenige Anhänger ihr geistiges Ziel erreichten, weil im Osten wie im Westen die Nationale

Unterwelt das Aufkommen der dualistischen Religionen und Philosophien begünstigte. Aufgrund dessen, was wir über den kosmischen Plan wissen, müssen wir bedenken, dass die Zeit noch nicht dafür reif war, den Zustand zu erreichen, den diese Philosophie anstrebte.

Heute ist das Ziel der Erleuchtung nicht auf den Buddhismus beschränkt; es wird von einer viel breiteren Gruppe von Menschen geteilt, und es geht dabei nicht um die persönliche Entfaltung, Heilung oder geistige Entwicklung. Erleuchtung hat etwas damit zu tun, aller geistigen Suche ein Ende zu setzen. Deshalb sind Prozesse, dies Ziel zu erreichen, von verschiedener Natur. Was die Erleuchtung unterscheidet von verschiedenen Heilwirkungen der Galaktischen Unterwelt, die im vorigen Kapitel besprochen wurden, ist die Schaffung eines dauernden Zustands der Freude, wo es kein weiteres Begehren nach Entwicklung gibt. In diesem Zustand gibt es keinen Wunsch, etwas anderes zu werden, und erleuchtete Menschen, die ich getroffen habe, sind völlig im Augenblick gegenwärtig und verstrahlen Freude. Sie haben ein hoch entwickeltes kosmisches Wissen und unmittelbaren Zugang zum Göttlichen und sind auch offensichtlich frei von inneren Konflikten. Da sie sich von der Herrschaft der Vergangenheit befreit haben, scheinen sie keine empfindlichen Punkte zu haben, die egoistische Gefühlsregungen auslösen. Fern von Klischees, die im Westen verbreitet sind, sitzen sie nicht auf einem Gipfel im Himalaya und verbringen ihr Leben in Meditation, sondern sind lebhaft interessiert am Glück und an der Erleuchtung der Menschheit.

Obwohl es schon einige Erleuchtete in Europa und im Westen gibt, ist es doch nur natürlich, dass die Erreichung dieses Zustandes zurzeit hauptsächlich im Osten vorkommen wird. Menschen des Ostens sind offenbar mehr in Resonanz mit dem Licht der östlichen Hemisphäre. Da durch die Wirkung der Galaktischen Unterwelt dieses Licht zu dem in der westlichen Hemisphäre schon vorhandenen hinzugefügt wird, werden hier die ersten größeren Gruppen von Erleuchteten entstehen. Indien, das einige der ältesten, ununterbrochenen geistigen Traditionen der Welt hat, wird vermutlich eine entscheidende Rolle bei der Erleuchtung des ganzen Planeten spielen. Gandhi hat hauptsächlich durch sein Leben in diesen Traditionen seine monumentale Mission erfüllt, Indien bei der Erreichung seiner Unabhängigkeit durch friedliche Mittel zu helfen. Aufgrund der weiten Entfernung Indiens vom Stamm des Weltenbaumes, gehört es auch zu einem der Gebiete der Welt, wo der Griff des modernen Denkens am schwächsten ist.

Erleuchtung ist nur eine der Bewusstseinsebenen der Kosmischen Pyramide, die neunte Ebene, und wie immer ist es eine Ebene, die manche vor anderen erreichen werden. Diese Ansicht, dass Erleuchtung eine Geschichte hat, mag manchen als häretisch erscheinen. Jedoch liegt eine ungeheure Macht in der Erkenntnis, dass das Denken eine Geschichte hat. Tatsächlich kann es genau als ein Aspekt des Göttlichen Planes verzeichnet werden. Dann wird leicht verständlich, warum so viele frühere Gedanken der Menschheit, Frieden oder eine bessere Gesellschaft zu schaffen, fehlgeschlagen sind. Viele Ideen können nicht umgesetzt werden, weil sie nicht das Ergebnis des Denkens beachten, und es war früher kaum möglich, auf die Ganzheit des Denkens hinzuarbeiten, weil das Ende der Schöpfung noch ein so langer Weg in der Zukunft war.

Anhand unserer Kenntnis des Mayakalenders besteht wenig Zweifel, dass mit der nahenden Vollendung des kosmischen Plans die Zahl der Erleuchteten immer mehr zunehmen wird. In diesem Sinne gibt der Beweis des Mayakalenders, dass der Geist eine Geschichte hat, der Menschheit große Hoffnung. Als die östlichen Techniken zur Überwindung des modernen Denkens im Westen eingeführt wurden, sei es in originaler Form oder in modernen, westlichen Varianten, wie oben erwähnt, boten sie eine im Wesentlichen statische Sicht des Denkens. Die Natur des Denkens wurde als gegeben hingenommen, als Art, wie die Menschen angelegt sind. Jetzt wird es offensichtlich, dass diese Sicht nicht genau stimmt, sondern dass das menschliche Bewusstsein einer Entwicklung unterworfen ist, die vom kosmischen Zeitplan vorgezeichnet wird. Bei allen Überlegungen über die Zukunft muss dieser Zeitplan jetzt in Rechnung gezogen werden.

Es gibt nicht nur Hoffnung, weil es für Menschen, die den Erleuchtungspfad wählen, Realität wird, sondern besonders, da alle ihre Probleme aufhören werden: Gewalt, Kriege, Stress, mangelndes Selbstvertrauen, Umweltverschlechterung, Ungleichheiten, Hierarchien von Macht und Geld, lokal und global, aber auch zwischen Männern und Frauen, Erwachsenen und Kindern, Menschen und Tieren usw. Denn alles ist durch das dualistische Denken geschaffen, und deshalb wird es für die Menschen jetzt möglich, die Ankunft eines Goldenen Sonnen-Zeitalters zu erwarten, das auf der Veränderung des Geistes beruht. Die Trennung von der göttlichen Quelle, die der dualistische Bewusstseinsrahmen verursacht hat, wird als Ergebnis der Bewusstseinsentwicklung verschwinden, und man hat gesagt, dass diese Trennung die einzige Ursache für menschliches Leiden ist. Doch können wir kaum erwarten, dass dies von selbst geschieht oder als Folge eines Wunschdenkens; *der menschliche Geist ist viel stärker als seine Gedanken.* Der Göttliche Plan wird von uns verlangen, dass wir auf dem Weg zur Ganzheit, den die Galaktische Unterwelt jetzt ermöglicht, konkrete Schritte in unserem Leben tun. Es ist überflüssig zu betonen, dass ein intellektuelles Verstehen der Schöpfung, wie es in diesem Buch vorgeführt wird, nicht dasselbe ist wie Erleuchtung. Doch es dient dazu, ihr den Weg zu bahnen.

Sicher gibt es da verschiedene Wege, uns auf die Erlangung der Erleuchtung vorzubereiten, aber vermutlich würden nur einige darüber nachdenken. Es ist wahr, dass wir verschiedene Wege der Handlung und individuelle Aufgaben haben, so dass es aussehen mag, als gäbe es eine beliebige Anzahl von Wegen. Doch wenn wir alle dasselbe Denken teilen, muss dasselbe Denken in uns allen umgeformt werden, und da gibt es keine unbegrenzte Anzahl von Methoden, mit denen wir dies tun können. Das Denken wird nicht von selbst verschwinden wollen, so kann es uns leicht in die Irre führen und glauben lassen, wir seien schon erleuchtet.

Im Umkreis von Sri Bhagavan, einem Erleuchtungs-Avatar in Südindien, sind Prophezeiungen aufgetaucht, dass die Menschheit, wenn sie überleben will, die Erleuchtung im Jahre 2012 erreichen muss. So ist beim Eintritt in die Galaktische Unterwelt eine Mission entstanden, die sich über andere Länder ausgebreitet hat. Diese Mission muss meines Erachtens im Zusammenhang mit der Friedensmission Gandhis und der Unabhängigkeit Indiens am Beginn des Vierten Tages im Jahre 1947 gesehen werden. In einem größeren Rahmen kann die Mission Gandhis in Indien als Vorbereitung für Sri Bhagavans Mission betrachtet werden.

Sri Bhagavans Lehre, die hauptsächlich Dikshas (Einweihungen) benutzt, bietet einen Prozess, der unmittelbar auf die Erleuchtung zielt. Sein Entwurf ist sehr verschieden von Versuchen, die nur das Ziel haben, zeitweise den Geist zu übersteigen oder in ihm einen Kurzschluss herbeizuführen. Anders als jede andere Philosophie des Ostens gründet sich seine Lehre auf die Wirklichkeit des kosmischen Zeitplans, in dem es einen Zielpunkt für die Erfüllung der Mission im Jahre 2012 gibt. Erleuchtet zu werden, ist nicht länger mehr etwas persönlicher Suche oder der Wunsch nach etwas eigenem Guten für ihn oder sie. Nein, es ist gedacht als ein Mittel, den Göttlichen Plan zu erfüllen und zum Nutzen für den Rest der Menschheit. Soweit ich es sehe, wird dies eher eine Notwendigkeit denn eine Laune sein.

Aus der Sicht des Mayakalenders sind bestimmte Aspekte dieser Entwicklung im Osten bemerkenswert. Beginnen wir hiermit: Sri Bhagavan selbst wurde am Tag 13 Ahau (7. März 1949) geboren, der im Mayakalender eine starke prophetische Energie der Erleuchtung darstellt. Zweitens ist Sri Bhagavans Lehre über den Endpunkt der Erleuchtung der Menschheit im Jahre 2012 eine unabhängige Bestätigung der Gültigkeit des Endpunktes des Mayakalenders für die Vollendung des kosmischen Plans. Die fortgeschrittensten alten spirituellen Traditionen des Westens und des Ostens, das Mayanische und das Vedische, wurden vereint zu einem gemeinsamen Rahmen, um die Zukunft der Menschheit zu verstehen. Das Heilige Universum der Zeit des Westens ist vereint mit dem zeitlosen Selbst des Ostens. Mehr noch: diese Vereinigung fußt auf grundlegenden Tatsachen der modernen Naturwissenschaften und historischen Untersuchungen, wie sie in diesem Buch dargestellt wurden. Selbst ohne empirischen Beweis wäre die Übereinstimmung der zwei Traditionen bemerkenswert und wäre eine starke Unterstützung für die Prophetie des Mayakalenders. Dies sollte von jedem Mitglied der menschlichen Rasse ernst genommen werden. Auch wenn es keine Schlagzeilen in den Medien bringt, bedeutet dies wahrhaftig Geschichte zu machen. Ein Riss im kollektiven Bewusstsein zwischen Ost und West, der seit fünftausend Jahren existierte, beginnt jetzt zu heilen.

Es ist kein Zufall, dass bei dieser Vereinigung der alten Traditionen der Westen das Wissen über die Zeit beiträgt und der Osten die zeitlose Wahrheit bringt. Ost und West haben unterschiedliche Beziehungen zur Zeit, was sich auch in der Funktion der entsprechenden Gehirnhälften widerspiegelt. Die linke Gehirnhälfte ordnet die Ereignisse des Lebens nacheinander entsprechend der linearen Ursache-Wirkung-Matrix. Es ist ebenso im Westen unbestritten, dass wir unter den alten Traditionen der Welt, unter den Maya und Mexica, die stärkste Betonung der Zeit und die fortgeschrittensten Kalender finden. Im Osten waren Kalender nie sehr fortschrittlich, und in China waren sie auf solch weltliche Dinge bezogen wie die kaiserlichen Dynastien. Die rechte Gehirnhälfte vermittelt die Erfahrung „gelebter" Zeit, die keine klare Richtung hat. In Indien gab es Kalender für lange Zeiträume, entsprechend den Yuga-Perioden, aber das waren keine genauen Beschreibungen des kosmischen Plans. Im Osten lag das geistige Interesse stattdessen auf dem zeitlosen Selbst und der Stille, dem reinen Sein. Deswegen wird das Ende der Schöpfung oft als das Ende der Zeit bezeichnet. Wenn die Vorherrschaft der linken Gehirnhälfte zu Ende geht, endet auch die Erfahrung der linearen Zeit. Es wird nur noch den Augenblick geben, und im erleuchteten Zustand wird Stille inmitten des Lebens sein.

Der Mayakalender, ein analytisches Werkzeug, das die westliche Hemisphäre geschaffen hat, bleibt unser wichtigstes Instrument zum Studium des kosmischen Plans. Wir müssen so weit in der Zeit zurückgehen, um ein solches Werkzeug zu finden, weil die moderne westliche Naturwissenschaft ein Produkt des verblendeten Bewusstseins der Planetarischen Unterwelt ist. Sie hat jeden spirituellen Aspekt aus dem wissenschaftlichen Studium der Kosmosentwicklung verjagt, und so ist die

Naturwissenschaft in einem fragmentarischen Zustand geblieben. Nur wenn wir die Galaktische Unterwelt betreten, gibt es die Vision, dass vieles sich so sehr verändert, dass man den Mayakalender verwenden wird, um den Lauf der Ereignisse zu erforschen, die vom kosmischen Plan erzeugt werden. Das kann uns helfen, in den kosmischen Zeitfluss einzutauchen, der uns zur Erleuchtung führt.

Wenn auch die östlichen Zivilisationen nicht ein so fortgeschrittenes, nicht-physikalisches Kalendersystem entwickelt haben, so war ihnen doch schon lange klar, dass der Kosmos einem Plan unterliegt. Eine unmittelbare Verbindung mit dem Kalendersystem der Maya bringt die heilige Zahl 108, die im Osten Ganzheit und Vollkommenheit symbolisiert. Sie hat eine herausragende Rolle in der hinduistischen, buddhistischen und chinesischen Tradition gespielt, wo es zahllose Anwendungen gibt. In der buddhistischen Tradition hat z. B. ein Rosenkranz 108 Perlen (idealerweise aus dem Samen eines Feigenbaumes gemacht, unter dem Buddha seine Erleuchtung erlangte), und man sagt, wer 108 Mal den Heiligen Berg Kailas, das Zentrum des Universums, umwandert, wird die Erleuchtung des Nirwana erlangen. In China gibt es 108

Abb. 9.1. Maitreya, der künftige Buddha, der seine Erleuchtung bekommt, wenn er 108 (= 9 x 12) Transformationen von Shiva, dem indischen Gott der Schöpfung und Zerstörung, vollendet hat.

Bewegungen im Tai Chi und einigen Kampfsportarten, und die Hindus haben 108 verschiedene Namen für viele ihrer Götter. Die Schöpfung soll durch 108 Transformationen von Shiva, dem Gott der Schöpfung und Zerstörung, laufen. Dies scheint sich darauf zu beziehen, dass die göttliche Schöpfung Neun Unterwelten durchläuft, jede mit zwölf Transformationen zwischen Himmeln, was eine Gesamtsumme von 9 x 12 = 108 ergibt, die Gesamtsumme der Transformationen zwischen den himmlischen Energien im Kalendersystem der Maya. Durch diese Zahl drückten die Menschen im Osten den Gedanken aus, dass alles Teil desselben kosmischen Plans ist, der durch 108 Transformationen oder Bewegungen, 108 Energien der Zeit entwickelt wurde, obwohl sie keinen Kalender entwickelt haben, um die Zeiträume, die diese Energien regieren, genau zu beschreiben. Trotzdem ist die Heiligkeit der Zahl 108 eine deutliche Verbindung zwischen den geistigen Traditionen des Ostens und dem Kalendersystem der Maya.

Die westliche Perspektive der Maya ermöglicht es auch, eine genaue Bedeutung von Erleuchtung zu geben: Erleuchtung ist das Bewusstsein, das mit der Energie 13 Ahau in allen verschiedenen Unterwelten zusammen übereinstimmt. Aus den vorgestellten Tzolkin-Diagrammen können wir sehen, dass 13 Ahau die Energie ist, bei der es keine Filter mehr gibt, die den Durchgang des kosmischen Lichtes verhindert. Wenn also alle Unterwelten die Tzolkin-Energie von 13 Ahau erreicht haben, werden die Menschen mit der Erleuchtungsenergie in Resonanz sein. Wenn wir nach Ablauf der linearen Zeit in der Lage sind, dies in die Wirklichkeit umzusetzen, ist dies gleichbedeutend mit dem Erreichen der Erleuchtung. Auf unserem Weg zu diesem Zustand wird mit jeder neuen Unterwelt, jedem neuen Himmel und sogar jeder neuen Energie des Tzolkin für die Menschen die Möglichkeit, Kanal und Ausdrucksform des göttlichen Willens zu sein, wachsen. Der Durchgang durch den Dreizehnten Himmel jeder Unterwelt bedeutet, dass nach und nach die Filter und Schranken gegen den Durchgang des göttlichen Lichtes beseitigt werden.

Der Zustand der Erleuchtung nach den 108 Transformationen wird anders sein, als er vielleicht zu einem früheren Zeitpunkt zu sein schien. Das ist bereits deshalb so, weil bald jeder daran teilhaben wird, und weil keine Umkehr möglich sein wird, wenn der göttliche Schöpfungsprozess vollendet ist. Es gibt dann keine Lektionen mehr zu lernen und keinen Wunsch nach einem Leben, beherrscht von Dualität und daraus resultierender Angst. Es wird keine inneren Konflikte mehr geben, die dann auf andere übertragen werden, und in der Folge Harmonie und Friede im Innern und Äußeren. Anders als zu Zeiten Buddhas wird es für jeden möglich sein, einfach durch die Absicht die Erleuchtung zu erlangen, weil zu dieser Zeit der Kosmos diesen Zustand begünstigt. Erleuchtung wird sich dann nicht länger mehr oder weniger zufällig für wenige Glückliche ereignen. Es ist ein Pfad, den man absichtlich beschreiten kann. Viele nähern sich bereits diesem Zustand aus Glück und Ausgeglichenheit.

Bei unserem derzeitigen Stand der Entwicklung sind nur noch zwei Unterwelten zu durchschreiten. Die Erste, die Galaktische Unterwelt, dient im Wesentlichen als Vorbereitung und Vereinigung; die Zweite, die Universale, hat wirklich mit dem Erreichen des Erleuchtungszustandes zu tun. Mit jeder neuen Ebene der neunstöckigen Kosmischen Pyramide sind wir wahrhaftig mehr geschaffen und sogar zunehmend uns selbst erschaffend nach dem Bilde des Schöpfers. Diese neu gefundene Übereinstimmung zwischen Ost und West bringt mehr als nur die Wahrheit; sie bringt auch Hoffnung. Wenn der moderne Westen und der moderne Osten Probleme der Koexistenz haben, dann ist es mindestens möglich, zu ihren alten geistigen Ursprüngen zurückzugehen, um eine vereinigende Sichtweise zu finden. Dann können moderne Menschen diese Weltsicht zu einem Ausgangspunkt nehmen, von dem aus eine echte Gleichheit und eine globale Einheit erneut gebaut werden kann.

Die Wiederfindung des lebenden Universums

Wenn die Galaktische Unterwelt voranschreitet, werden die Menschen zusehends geistige Energien wahrnehmen, die von ihnen durch das verblendete Bewusstsein der Planetarischen Unterwelt verborgen worden waren. Die Entdeckung dieser Energien trägt schon jetzt zum Auftauchen einer neuen Weltsicht bei, in der das Universum nicht mehr nur als von toten Gegenständen gebildet betrachtet wird. Es wird allmählich erkannt, dass der Geist älter als die Materie und sogar untrennbar mit ihr verbunden ist. In der auftauchenden Weltsicht wird das Universum als ein Netz von schöpferischen, miteinander verbundenen Energien der Zeit und des Raumes auf verschiedenen hierarchischen Ebenen gesehen.

Moderne Menschen runzeln gern die Stirn über alte Geschichten von verschiedenen Gottheiten oder geistigen Wesenheiten, die eine Rolle im menschlichen Leben spielen. Doch was wir heute sehen, ist dass die verschiedenen Energien von Quetzalcoatl, Tezcatlipoca usw. wiederkehren. Diese Energien arbeiten wirklich mit Menschen zusammen, ähnlich wie es in den alten Mythen beschrieben wird, indem sie uns dazu bringen, etwas Bestimmtes zu tun, und nicht immer freundlich zu uns sind. Wenn Menschen Marionetten dieser Energien sind, dann ist offensichtlich, dass die alten Mythen und Rituale entwickelt wurden, um mit diesen Gottheiten zu kommunizieren.

Wie unsere Forschungen gezeigt haben, sind die Zeitenergien tiefgründiger. Wir können empirisch wechselnde Zeitqualitäten in verschiedenen Unterwelten nachweisen, wenn wir nur den Mayakalender als Eichmaß benutzen. Dass die Menschen heute zunehmend offener werden für die Energien des Mayakalenders, ist einfach darin begründet, dass wir die Galaktische Unterwelt betreten haben, wo unsere Augen nicht länger vor dem Göttlichen als die treibende Kraft in der Entwicklung des Kosmos verschlossen bleiben können. In dem Ausmaß, in dem wir auf diesen Wellen dieser kosmischen Entwicklung reiten, werden wir die astronomischen Kalender durch den der Maya ersetzen müssen.

Es gibt eine parallele Zurückholung der Spiritualität in unserer Beziehung zu den Energien des Raumes, und auch hier war der Mayakalender eine Hilfe, um die Lage des Weltenbaumes zu finden, der das wichtigste Energiegitter unseres Planeten liefert. Genauso wie es viele hierarchische Ebenen und Verknüpfungen zu den geistigen Energien der Zeit gibt, gibt es auch viele Ebenen der zusammenhängenden geistigen Raumenergien. So existiert eine Anzahl von verschiedenartigen Energielinien, wovon die bekanntesten das so genannte Curry- und Hartmanngitternetz sind, die in den frühen 50er Jahren von Rutengängern nachgewiesen wurde (als die Vierte Welt eine erste Sensivität gegenüber diesen Dingen schuf). Das Interesse an solchen Linien, die nicht elektromagnetischer Natur sind, geht parallel mit dem Interesse am Maykalender, das in beachtenswerter Weise in den letzten Jahren gewachsen ist.

Es scheint, dass das Hartmanngitter, das von Osten nach Westen und von Süden nach Norden verläuft, eine Mikroresonanz des Weltenbaums ist; und die Curry-Linien, im Winkel von 45° dazu, könnten Teil desselben Systems sein. Mit dem Beginn der Planetarischen Unterwelt in der Mitte des 18. Jahrhunderts können wir an der Art des Hausbaus sehen, dass die Menschen die Sensitivität gegenüber diesen Linien verloren haben. Die Curry- und Hartmann-Linien scheinen sich auf die Unterwelten der Maya zu beziehen. Ebenso wurde herausgefunden, dass die alten Felsenmalereien von Sonnenrädern in Schweden, die so genannten Kreuze des Wotan (benannt nach dem einäugigen Gott-Vater des alten Nordens; s. Abb. 3.12, Seite 56) – die ähnlich wie die Medizinräder der Eingeborenen Amerikas in Wirklichkeit Darstellungen des Weltenbaums sind –, genau auf Hartmann-Kreuzungen liegen, um anzuzeigen, dass diese Kreuze als eine Mikroresonanz des Weltenbaums angesehen wurden. Wie diese Energielinien sich mit der Zeit in Beziehung zu den Energiewandlungen des Mayakalenders verändern, ist noch ein wichtiges Forschungsfeld, und es ist offensichtlich, dass zurzeit die Sensitivität der Menschen dafür zunimmt.

Wenn die Curry- und Hartmann-Linien wirklich vom Weltenbaum erzeugt werden, dann ist es nicht überraschend, dass sie nicht als elektromagnetisch identifiziert werden können, da die Schöpfungsfelder, die der Weltenbaum schuf, älter sind als jedes physikalische Feld. Ebenso wird verständlich, dass niemand sich dem Einfluss der Yin/Yang-Polaritäten des Weltenbaumes entziehen kann, da dieses Feld den gesamten Planeten bedeckt und wirklich ein Feld göttlicher Schöpfung ist.

Der Weltenbaum, das zentrale Schöpfungsprinzip in der Sicht der Maya, existiert auf mehreren verschiedenen Ebenen des Kosmos, und so, wie in diesem Buch besprochen, sind das globale und menschliche Gehirn nur zwei davon. Beide sind Mikrokosmen des Universalen, des Galaktischen und des Solaren Weltenbaums. Soweit wir wissen, ist das ganze Universum durch ein unsichtbares Netz von Energielinien, die in Beziehung zu den Schöpfungsfeldern des Kosmos stehen, verbunden. Durch die Existenz dieses Liniennetzes finden Energiewechsel an den Veränderungspunkten, die der Mayakalender beschreibt, immer im gesamten Kosmos gleichzeitig statt. Allmählich gewinnen wir die Sichtweise von einem pulsierenden Kosmos zurück, der lebendig ist und geeint durch die Energien der göttlichen Schöpfung. Alles ist miteinander verbunden, und Geist und Materie können nicht länger getrennt sein.

Der Weltenbaum hat eine Anzahl von holografischen Mikroprojektionen im menschlichen Körper, wo sie die Grundlage des Chakrasystems und für die verschiedenen Meridiane des östlichen Medizinsystems bilden. Die sieben verschiedenen Chakren können als eine prismatische Streuung der Weltenbaumprojektion auf der Ebene des menschlichen Gehirns, dem Kronenchakra, betrachtet werden. Einige Energiesysteme des Körpers werden durch diese wichtigen Energiepunkte erzeugt und formen das, was man als Lichtkörper bezeichnen könnte. Durch den Weltenbaum ist diese Lebensenergie, je nach Tradition *Qi* oder *Prana*, mit den Schöpfungsfeldern des gesamten Kosmos verbunden. Seit die neue Yin/Yang-Polarität der Galaktischen Unterwelt unseren Bewusstseinsrahmen zu beherrschen beginnt und unser

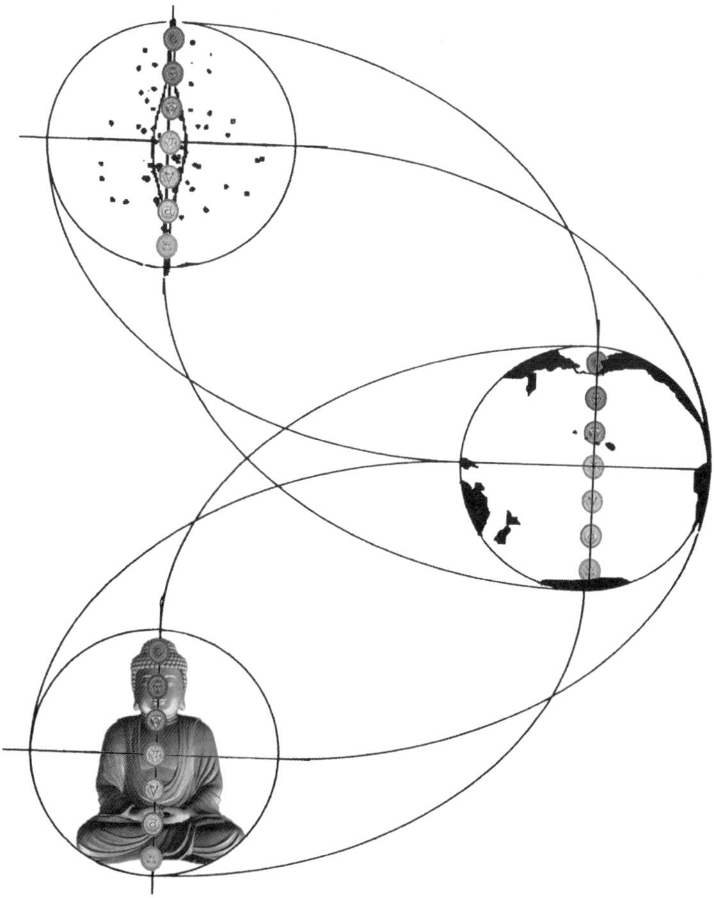

Abb. 9.2. Prismatische Streuung der holografischen Projektion des Weltenbaums in das Chakrasystem, erzeugt von der Galaxis, vermittelt über die Erde.

intuitives Gespür gegenüber ihren Energien wachsen lässt, werden wir fähig, die spirituellen Aspekte unserer eigenen Existenz wahrzunehmen. Der Einfluss der östlichen Systeme der Heilung und der Ganzheitsmedizin überhaupt haben ungeheuer zugenommen. Bald wird es nicht mehr möglich sein, dies weiter von der Medizin zu trennen. Da die Galaktische Unterwelt die Kartesianische Spaltung von Körper und Seele beendet, wird die Spaltung zwischen Schulmedizin und alternativer Medizin dasselbe Schicksal ereilen.

Wenn das Kronenchakra identisch ist mit unserem persönlichen Weltenbaum, dann folgt daraus, dass die Lichtpolaritäten und -frequenzen dieses Chakra und seine ganze prismatische Streuung in den verschiedenen Zeitzyklen variieren wird. Die Energien des Chakrasystems werden sich bis zu einem gewissen Grade synchron mit dem Mayakalender entwickeln. Typischerweise denken manche, wenn wir jetzt gerade die Achte Unterwelt betreten, dass es ein achtes Chakra geben wird, eine Entwicklung unseres Lichtkörpers oder der geistigen Energie im Heiligen Universum der Zeit. Wir können das so verstehen, dass die Tzolkin-Energie, die den Tag unserer Geburt, den Tag, an dem wir inkarnieren wollten, regiert, uns einen energetischen, persönlichen Stempel gesetzt hat, der dazu diente, einen einmaligen Lichtkörper zu schaffen, der unser Schicksal bildet. Dieser Aspekt des Lichtkörpers ist verantwortlich für die Züge unserer Persönlichkeit, die mit unseren persönlichen Tageszeichen verbunden sind (s. Anhang B und C).

Die holografische Beziehung von Energiesystemen auf verschiedenen hierarchischen Ebenen des Kosmos scheint anzuzeigen, dass der Mensch vielleicht eine zu begrenzte Einheit ist, wenn er die Energiefelder, die unsere Gesundheit berühren, untersucht. Menschen sind immer ein Teil eines größeren Ganzen an Energien. Das haben Rutengänger schon gesagt, die bestimmte Störungen im Menschen mit bestimmten Arten von Erdenergien in Beziehung setzen möchten. Die größeren Energiefelder wurden im Osten untersucht; und mit dem Pulsieren der Yin/Yang-Dualität, die jetzt die rechte Gehirnhälfte begünstigt, wird das Vorhandensein dieser geistigen Energiefelder den Menschen überall klarer. Alte östliche Systeme wie Feng Shui aus China und Vastu aus Indien werden zusehends im Westen als Mittel angewendet, unsere Umgebung mit unseren geistigen Energiefeldern zu harmonisieren.

Da die meisten dieser Felder Mikroresonanzen des Weltenbaums sind und der Weltenbaum die verschiedenen Yin/Yang-Polaritäten erzeugt, deren Kommen und Gehen der Mayakalender beschreibt, sind menschliche Krankheiten und ihre Heilung möglicherweise unmittelbar mit dem Wechsel der Zeitqualitäten verbunden. Das würde die Praxis der Mayaschamanen unterstützen, die die Zeit für ihre Heilungen nach dem Kalender entscheiden. Die Beziehung zwischen der Heilung von Krankheiten und den Energien des Mayakalenders wird wahrscheinlich besser erforscht, wenn wir tiefer in die Galaktische Unterwelt kommen und wenn unser Gespür für solche Dinge zunimmt. Wenn wir in der Galaktischen Unterwelt voranschreiten, wird die Heilung vieler Krankheiten leichter, weil die Filter, die das göttliche Licht behindern, verschwinden. Wenn wir schließlich zur 13-Ahau-Energie in allen Unterwelten kommen, wird das göttliche Licht völlig ungehindert durch uns gehen. Das beinhaltet das Potenzial zu einer viel tieferen Heilung, als sie derzeit möglich ist.

Was aber für die geistige Natur des Menschen stimmig ist, ist es auch für den Planeten Erde. Die Erde selbst ist beherrscht von einem Energiefeld, einem Schöpfungsfeld oder Lichtkörper, der früher ist als seine materielle Existenz. Dieses Energiefeld ist grundsätzlich von einem globalen Chakrasystem gesteuert, das vermutlich auf dem 12. östlichen Längengrad den Stamm des Weltenbaums entlang verläuft, und die Leylinien, die Curry- und Hartmann-Linien, die Spiralen, Schnittpunkte, Energieschlangen usw. bilden die Meridiane desselben geistigen Körpers. Wie wir nach und nach merken werden, ist dieses Schöpfungsfeld des Planeten natürlich nichts anderes als das Schöpfungsfeld des gesamten Universums.

Auch unsere Informationsaufnahme vom galaktischen Schöpfungsfeld hängt von der Reinheit und dem Ausgleich der Antennenpole ab. Der Ausgleich unserer eigenen Gehirnhälften ist sehr wichtig, aber auch der Ausgleich der Erde, denn sie dient als wichtigstes Relais für die Übermittlung kosmischer Information. Der ökologische Ansatz, die Erde zu einem nicht verschmutzten Relais für kosmische Information zu machen, ist deshalb von größter Wichtigkeit. In gewissem Sinne behindert die augenblickliche Medientechnologie die Entwicklung der Intuition und Telepathie. Die größte Bedrohung für die Erde und das Leben der Menschheit auf ihr ist das verblendete Bewusstsein der Planetarischen Unterwelt, das die Erde als einen toten Gegenstand

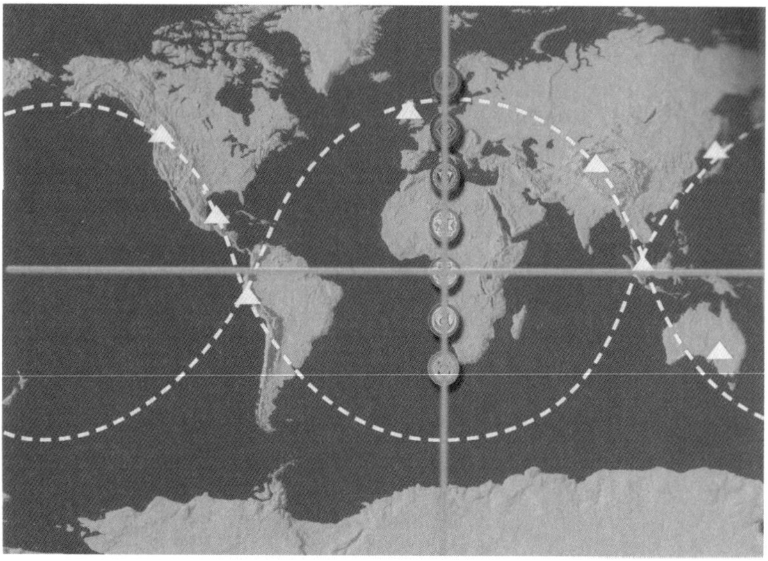

Abb. 9.3. Das mögliche globale Chakrasystem entlang dem Stamm des Weltenbaums. Dargestellt ist auch die erwähnte Doppelschlange, eine Vermutung von Robert Coon.

betrachtet, den man aufgrund wirtschaftlicher Überlegungen der linken Gehirnhälfte ausbeuten soll. Da dieses Verhalten sich gegen den eigentlichen Zweck, warum die Erde geschaffen wurde, richtet, kann sie nur zurückschlagen. Mit einer nicht verschmutzten Erde meine ich nicht nur eine wundervolle, harmonische, von Giften befreite Erde, sondern eine, die von der Masse angeblich harmloser Strahlungen befreit ist, die zur Informationsübertragung dienen. Die meisten Medien, die aus der Planetarischen Unterwelt stammen, elektromagnetische Wellen für ihre Ausstrahlungen verwenden und eine verzerrte materialistische Weltsicht bieten, tragen ungeheuer dazu bei, unsere Fähigkeit zu blockieren, die wahren geistigen Energien des Kosmos, vermittelt durch die göttlichen Schöpfungsfelder, zu empfangen. Die Medien tun dies hauptsächlich durch ihren Fokus und wie sie ihn darstellen, doch in gewissem Sinne verschmutzen sie buchstäblich die Atmosphäre mit ihrer Strahlung.

Der Hauptorganisator des planetarischen Chakrasystems, der Weltenbaum, schlägt in einem Rhythmus, den der Mayakalender beschreibt, und durch ihn sind das geistige planetarische Meridiansystem und der Rhythmus der göttlichen Schöpfung unmittelbar verbunden. In einem völlig wörtlichen Sinn entspricht der innerste Herzschlag der Erde der Frequenz des Wechsels zwischen den Himmeln. Das ist der Pulsschlag der Entwicklung unseres Planeten, aufgezeichnet durch den Mayakalender. Der Gedanke, „auf Mutter Erde zu hören", bekommt dadurch eine neue Bedeutung. Mutter Erde ist nicht länger nur irgendetwas unter uns, für das wir gnädig sorgen. Sie ist sogar etwas Größeres als wir, womit wir für unsere Entwicklung zur Erleuchtung in Resonanz sein müssen. Unsere Beziehung zur Erde ist nicht nur eine Sache der Rettung des Planeten für sein Überleben. Es ist eine Herausforderung, eine Erde voll Schönheit, Harmonie und Ausgleich zu schaffen, die die Energien vermittelt, die unseren Aufstieg zum kosmischen Bewusstsein erleichtern.

In einer alten Prophezeiung, übermittelt von Don Alejandro Oxlaj, einem Ältesten des Quiché-Maya-Rates, heißt es: „Die Zeit von 12 Baktun und 13 Ahau kommt rasch, und sie werden unter euch sein, Mutter Erde zu verteidigen". Wenn wir deshalb die Tzolkin-Energie 13 Ahau erreichen, wird unsere Resonanz mit der Mutter Erde völlig entwickelt sein und unser eigenes Überleben gesichert.

Wieso wird dann die Energie von 13 Ahau in der Lage sein, die Erde zu retten? Weil das, was sich zurzeit wirklich ändert, unsere Wahrnehmung der Wirklichkeit ist, da wir in ein Bewusstsein gebracht werden, das niemandem mehr erlauben wird, die Erde nur als ein Ding anzusehen, das auszubeuten ist. Diese neue Art, die Natur und die Erde als Teil des geistigen Netzes zu betrachten, wird unumkehrbar mit dieser Energie gefestigt. Eine ähnliche Veränderung unserer Sichtweise wird sich in unserer Beziehung zur Sonne und zum Planeten Venus einstellen. Ein Ereignis nähert sich, das für den wirklichen Wechsel im Verständnis des Kosmos und den Übergang zum Mayakalender wesentlich sein wird.

Die Feier der Einheit: Der Venus-Transit zum Mayakalender*

Die Sicht der Venus auf der Sonne ist bei weitem das Vornehmste, was die Astronomie bieten kann.
Edmund Halley, Königlicher Astronom, 1691

Die Sonne wurde immer von den Maya verehrt, genauso wie von allen alten Völkern, die eine tiefe Verbundenheit mit dieser Lebensquelle fühlten. Die Sonne war ein Symbol und ein Ausdruck für bedingungslose Liebe, solange die Menschheit diesen Planeten bewohnt, weil sie ihn immer mit Licht und Wärme versorgt und niemals irgendetwas dafür haben will. Wann immer du Zweifel hast, ob du hier sein solltest, dann schau auf sie! Die Sonne hat offensichtlich kosmische und galaktische Information übermittelt und die Bewusstseinsentwicklung aller lebenden Dinge im Sonnensystem ermöglicht. Wenn wir uns der Zeit des Lichtes nähern, der Sonnenzeit von 13 Ahau, dürften wir uns wundern, was das für unsere Beziehung zur Sonne bedeutet.

Die Maya studierten auch sehr gründlich die Venus und ihre Phasen und wussten z. B., dass fünf Umlaufzyklen von 584 Tagen acht Jahren der Erde gleichkamen (minus zwei Tagen). Die Venus wurde als Manifestation von Qetzalcoatl angesehen, der sich einst selbst opferte, sich ins Feuer stürzte und dann dieser Planet wurde. Auf verschiedene Weise dachten die Maya zu verstehen, warum die Bewegung der Venus mit dem Tzolkin verbunden war. Im Dresdener Codex z. B., dem schönsten der Codices der Maya, spielen die Venus-Tafeln eine herausragende Rolle. Die Maya hatten ein starkes Interesse an der Venus, weil

* Das Buch wurde im Jahr 2003 geschrieben, also ein Jahr vor dem Venus-Transit, der aber schon bald mehrere Jahre zurückliegt. Die Ausführungen dazu sind auch heute noch sinnvoll, um zu zeigen, wie der praktische Umgang mit dem Mayakalender aussehen kann, und es somit auch als Vorbereitung für den zweiten Venus-Transit im Jahre 2012 dienen könnte. (Anm. d. Übers.)

sie ihre Phasen als Symbol für den Prozess von Tod und Wiedergeburt hielten. Man dachte, dass Quetzalcoatl in den acht Tagen zwischen dem Untergang der Venus als Abendstern und ihrem Aufgang als Morgenstern zur Unterwelt zurückkehren würde.

Da wir uns jetzt dem erleuchteten Bewusstsein der Universalen Unterwelt nähern, ändert sich unser Verständnis von der Wirklichkeit, und das wird auch unsere Sicht der Sonne einschließen. Es ist nicht so, dass die Sonne, nachdem sie Jahrhunderte lang als physisches Objekt angesehen wurde, jetzt als eine Gottheit lebendig werden wird. Eher wird sich das Bewusstsein der Menschen dergestalt ändern, dass jeder materielle Gegenstand auch als geistig erkannt wird. In gewissem Sinne werden wir uns an die Zeit vor dem Sündenfall erinnern, ein erleuchtetes Bewusstsein und die Rückkehr in den Garten Eden. Alle Gegenstände und Phänomene werden gesehen werden als Ausdrucksformen der lebendigen, göttlichen Kraft, die den Kosmos durchdringt, dessen Teil wir selber sind. Auf einer viel tieferen Ebene, als es jetzt der Fall ist, wird der Kosmos als ein Ausdruck des Göttlichen erkannt werden. Wenn alle Filter, die unsere Sicht behindert haben, verschwinden, und wenn die Universale Unterwelt zu Ende geht und die ganze Schöpfung von der Energie von 13 Ahau, 13 Licht, 13 Herr oder 13 Sonne beherrscht werden wird, dann wird der Kosmos wirklich als lebendig erlebt werden.

Diese letzte Transformation des menschlichen Geistes in einen Geist des Lichtes ist verkündet durch ein astronomisches Ereignis, von dem niemand der zurzeit Lebenden früher Zeuge war, dem so genannte Venus-Transit (Abb. 9.4) oder dem Venus-Durchgang quer über die Oberfläche der Sonne. Venus-Transite treten meistens paarweise auf, und die letzten Zeiten, in denen sie von Astronomen beobachtet werden konnten, waren die Jahre 1761/1769 und 1874/1882. Diesmal wird der erste Transit der Venus am 8. Juni 2004 (5.9.2 6 Ik) und der zweite am 6. Juni 2012 (2 Ik) sein. Aufgrund der modernen Kommunikationsmedien wird der Großteil der Menschheit diese Ereignisse mitbekommen. Anders als eine Sonnenfinsternis muss ein Venus-Transit nicht

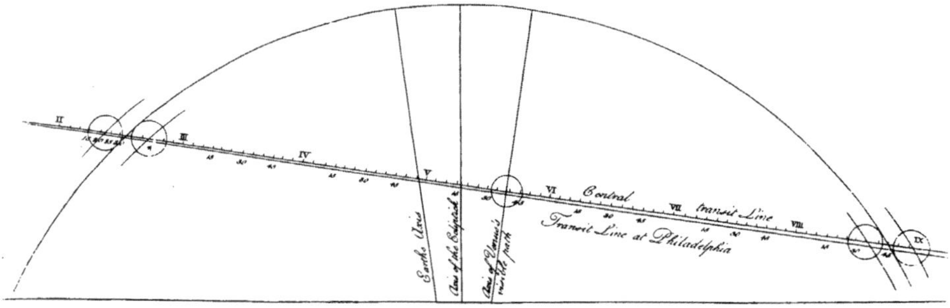

Abb. 9.4. Der Durchgang der Venus vor der Sonne. Gezeichnet von J. Ewing für die American Philosophical Society, projiziert in das Jahr 1769. Solch ein Durchgang über die Sonnenscheibe dauert ungefähr sieben Stunden.

von einem bestimmten Ort aus beobachtet werden, und in der östlichen Hemisphäre und an der Ostküste der USA wird der erste Durchgang unmittelbar sichtbar sein (mit einer stark verdunkelten Brille). Während dieses siebenstündigen Durchgangs des Planeten Venus durch die Sonnenscheibe, wird die Sonne als ein kosmischer Spiegel für die Menschheit dienen. Dies ist – festgesetzt vom Göttlichen Plan – eine ideale Gelegenheit, uns in der Meditation mit dem Ziel der Erleuchtung der Menschheit und des Übergangs zum Mayakalender zu vereinen. Es wird eine Feier des geistigen Einsseins der Menschheit sein: die Feier des Einsseins.

Dieses Ereignis findet zwei Tage nach dem Mittelpunkt der Dritten Nacht der Galaktischen Unterwelt statt (4 Ahau, 6. Juni 2004). Es verkündet die Rückkehr des unsichtbaren Weltenbaums, die ersten klaren Manifestationen von dem, was an ihrem Vierten Tag offensichtlich werden wird. Dieser Venus-Transit ist eine Gelegenheit für das kollektive Bewusstsein der Menschheit, unsere grundsätzliche geistige Einheit zu integrieren und die Einsicht, dass wir jetzt auf dem Weg der Erleuchtung sind, wohin uns der kosmische Plan führen soll. Die Wiederkehr zur Unterwelt von Quetzalcoatl, der traditionell als Erfinder des Kalenders gilt, bedeutet auch die Rückkehr des traditionellen Mayakalenders, des genauesten und fortgeschrittensten Ausdrucks der Kosmologie der Eingeborenen des alten Amerikas. Ein Teil unseres kollektiven Wissens wird wieder geschaffen werden und wird als Führung dienen, die Weltkultur vollständig zu machen. Menschen rund um die Welt, ohne Ansehen von Rasse, Geschlecht, Religion oder Nationalität werden an diesem Ereignis teilhaben.

Die Rückkehr von Quetzalcoatl wird auch die Rückkehr der Ganzheit der Menschheit bedeuten, wenn das Licht der östlichen Hemisphäre in spürbarer Weise zu dem Licht hinzugefügt wird, das bereits in der westlichen Hemisphäre scheint. Für diese Suche nach dem erleuchteten Pfad muss es die Absicht sein, die zwei Aspekte unserer Existenz auf der persönlichen Ebene zu vereinen und die Art und Weise des Denkens, Handelns und Seins, das durch die beiden Hemisphären vermittelt wird, zu integrieren. Deshalb sollte sich eine Weltmeditation bei dieser Gelegenheit auf die Einheit konzentrieren. Der Fokus sollte sein, West und Ost zu integrieren und die Dualitäten zu überwinden, die uns allgemein und persönlich vom Pfad zur Erleuchtung ablenken können.

Diese Feier hat nichts mit Astrologie zu tun, wie gewöhnlich gedacht wird. Es geht nicht darum zu erwarten, dass die Venus von sich aus irgendein Ereignis auf der Erde auslöst. Vielmehr wird der Kosmos dann eine Gelegenheit bieten, einen einzigartigen Spiegel, in der sich die Menschheit gespiegelt sehen kann, wie sie einen weiteren Schritt auf dem Pfad zur Erleuchtung tut. Der Venus-Transit ist eine Chance, die vergeben wird, wenn dieser Schritt nicht getan wird. Seine Hauptrolle besteht darin, den Punkt des Einsseins hervorzuheben, der zwei Tage nach einer bedeutenden Wellenverschiebung des Mayakalenders liegt.

Eine Meditation beim Venus-Transit könnte in Form einer so genannten Gaia-Meditation durchgeführt werden. Das heißt, dass man sich vorstellt, wie sich der eigene Kopf innerhalb des innersten Kerns der Erde befindet oder mit diesem verschmilzt. Dann könnte man in der Visualisation seine Augen in Richtung Hawaii ausrichten, so dass die linke Gehirnhälfte mit der westlichen Hemisphäre korrespondiert und die rechte Gehirnhälfte mit der östlichen. Auf diese Weise wird man dem globalen Schöpfungsfeld voll ausgesetzt sein, das der Weltenbaum beherrscht, und man kann dann im meditativen Zustand eine Resonanz mit ihm aufbauen. Man könnte noch eine Stufe weitergehen, indem man sich vorstellt, dass einem die Galaxis um den Kopf kreist, wobei die Mitte die beiden Gehirnhälften trennt.

Der machtvollste Weg, die kulturelle Trance des materialistischen Kalenders zu brechen ist es, wichtige Energieveränderungen im Mayakalender durch mächtige Zeremonien oder weltweit gleichzeitige Meditationen hervorzuheben. Ihr Rhythmus sollte derselbe sein, den einst die Ahauob der Maya beachteten (s. Abb. 1.5, Seite 9). Er sollte aus Tun-Veränderung und Halb-Tun-Veränderungen (s. Abb. 9.5) bestehen, aus Ahau-Tagen im echten Tzolkin-Kalender. Wenn ein solcher Rhythmus

Datum	Herrschende Energie	Tun-Zählung	Phasen
6. Juni 2004	4 Ahau	5.9.0	Mittelpunkt der 3. Nacht
3. Dez. 2004	2 Ahau	6.0.0	Beginn des 4. Tages
1. Juni 2005	13 Ahau	6.9.0	Mittelpunkt des 4. Tages
28. Nov. 2005	11 Ahau	7.0.0	Beginn der 4. Nacht
27. Mai 2006	9 Ahau	7.9.0	Mittelpunkt der 4. Nacht
23. Nov. 2006	7 Ahau	8.0.0	Beginn des 5. Tages
22. Mai 2007	5 Ahau	8.9.0	Mittelpunkt des 5. Tages
18. Nov. 2007	3 Ahau	9.0.0	Beginn der 5. Nacht
16. Mai 2008	1 Ahau	9.9.0	Mittelpunkt der 5. Nacht
12. Nov. 2008	12 Ahau	10.0.0	Beginn des 6. Tages
11. Mai 2009	10 Ahau	10.9.0	Mittelpunkt des 6. Tages
7. Nov. 2009	8 Ahau	11.0.0	Beginn der 6. Nacht
6. Mai 2010	6 Ahau	11.9.0	Mittelpunkt der 6. Nacht
2. Nov. 2010	4 Ahau	12.0.0	Beginn des 7. Tages
1. Mai 2011	2 Ahau	12.9.0	Mittelpunkt des 7. Tages
28. Okt. 2011	13 Ahau	13.0.0	Vollendung des 7. Tages

Abb. 9.5. Der Venus-Transit nach dem Mayakalender. Angegeben sind die Daten nach dem Gregorianischen Kalender für die Ahau-Tage, die den neuen Halb-Tuns und Tuns der Galaktischen Unterwelt vorausgehen. Diese Ahau-Tage sind sehr bedeutende Möglichkeiten für Meditationen zur globalen Synchronisierung mit dem Göttlichen Plan zur Erleuchtung.

eingerichtet werden kann, beginnend mit dem Tag 4 Ahau – 6. Juni 2004 – und über 180 Tage fortgeführt wird, wäre das ein unermesslicher Beitrag für die Erlangung der Erleuchtung der Menschheit. Ein weltweiter Durchbruch des Mayakalenders wird an sich schon als Führung in die Zukunft dienen. Es ist selbstverständlich, dass die Teilnahme an dieser Meditation nicht die Zugehörigkeit zu irgendeiner Religion, Philosophie oder spirituellen Tradition beinhaltet, noch dass irgendjemand von ihnen ausgeschlossen wird. Durch den Venus-Transit schickt der Kosmos eine Einladung an jedermann auf dem Planeten, teilzunehmen an der Schöpfung eines kollektiven Geistes der Einheit und uns so für die Erreichung eines zeitlosen, kosmischen Bewusstseins vorzubereiten.

Da der Mayakalender ein Kalender des geistigen, kosmischen Fließens ist, ist er grundsätzlich in Resonanz mit dem Göttlichen Plan. Wer die Ganzheit sucht, für den bedeutet der Wechsel des Kalenders, der Venus-Übergang zum Kalender der Maya, einen Zugang zu Energiewechseln, die zum kosmischen Zeitplan gehören. Die Organisation und Teilnahme solcher Meditationen ist ein Beitrag zum Aufsteigen eines Feldes der Intuition und Telepathie unter den Menschen. Wenn man mit dem Tag 4 Ahau (6. Juni 2004) beginnt und die Feier des Venus-Transits zwei Tage später (6 Ik, Aussaat) vorbereitet, können weltweite Meditationen organisiert werden, fußend auf einem Tun entsprechend dem obigen Zeitplan. Das wird das Erkennen des Fließens des kosmischen Zeitplans mit seinem gemeinsamen Ziel der Erleuchtung der Erde am Tag 13 Ahau, am 28. Oktober 2011 unterstützen. Der Übergang zum Mayakalender und der auf dem Tun fußende Prozess der göttlichen Schöpfung bedeutet die Teilnahme an einer Reihe von Meditationen und damit die Schaffung einer Beziehung zu den größeren Energiewechseln der Galaktischen Unterwelt.

Die Tage 6.–8. Juni 2004 werden den Beginn des Venus-Übergangs zum Mayakalender bezeichnen, was die allergrößte Bedeutung des Venus-Transite ist. Das gregorianische Datum 6. Juni markiert eine sehr wichtige Halb-Tun-Verschiebung am Tag 4 Ahau, eine Energie, deren Macht teilweise darin begründet liegt, dass sie genau die Energie ist, die die Lehren Jesu voranbrachte (s. Abb. 4.6, Seite 92). Aufgrund ihrer Macht ist diese Tzolkin-Energie das, was die Tradition der Maya den Brennertag nennt, der in Guatemala noch gefeiert wird. Dies ist auch die Schlussenergie der traditionellen Langen Zählung. Die Energie von 4 Ahau wird noch stärker über die Erde am Tag der Aussaat, 6 Ik (8 Ehecatl, der inspirierende Windgott-Aspekt von Quetzalcoatl), am Tag des Venus-Transits, verstreut werden. Die Tätigkeiten an den Energien 4 Ahau, 5 Imix und 6 Ik sollten in jedem von uns ein Bewusstsein schaffen, in dem die Aspekte des Männlichen und des Weiblichen ebenso integriert sind wie die Aspekte des Ostens und Westens.

Der Übergang zum Mayakalender kann nicht durch einen Dekret geschehen so wie das päpstliche Dekret, das den Gregorianischen Kalender im Jahre 1582 einsetzte. Die Energieveränderungen müssen erlebt werden. Hilfe für breitere Volksgruppen ist dabei nötig, um die Energieveränderungen zu erkennen, die die Menschen bereits unbewusst als Teil des sich entfaltenden kosmischen Plans erleben, und das ist es, was die Feier des Einseins bewirken kann. Vermutlich ist nur eine Minderheit der Menschen in der Lage, die Wellenbewegung des Göttlichen Planes zu erkennen und die kalendarischen Einzelheiten, wie sie in diesem Buch vorgeführt wurden. Doch kann der Übergang zum Mayakalender nicht als ein Unternehmen betrachtet werden, das getrennt ist von der Schaffung des Weges der Menschheit zur Erleuchtung. Er wird eine der wichtigsten Anleitungen für die Menschheit sein im Hinblick auf die Zukunft. *Der wichtigste Grund für die Verwendung des klassischen Mayakalenders ist, dass er den Weg zur Erleuchtung zeigt.* Persönlich und als Rasse dem göttlichen, auf dem Tun fußenden Kalendersystem zu folgen, wie es einst die klassischen Maya taten, ist ein Mittel, uns auf unsere Bestimmung zur Erleuchtung zu konzentrieren und – als Nebenprodukt der Erleuchtung – auf den Frieden. Insofern ist der Mayakalender, der den Pfad zur Erleuchtung zeigt, auch ein Kalender des Friedens.

Wir sollten nicht vergessen, dass der erste Venus-Transit nach vorn auf den zweiten Venus-Transit am 6. Juni 2012 schaut, der zu einem

„Zeitpunkt“ geschieht, nachdem der kosmische Plan schon erfüllt ist. Auch wenn dieses Datum im Mayakalender zu fehlen scheint, hielt man es wohl für ein Signal für die Erleuchtung der Menschheit. Der Venus-Transit im Jahre 2012 kann als Gelegenheit dienen, Dankbarkeit gegenüber der Sonne und dem Göttlichen Plan auszudrücken und so dazu dienen, den erleuchteten Zustand zu festigen. Dann verstehen wir vielleicht alle die Bedeutung eines kosmischen Spiegels.

Die Universale Unterwelt

Und ich sah einen großen weißen Thron, und der auf ihm saß…
Geheime Offenbarung 20,11

Noch einmal: Aber, wie kannst du wissen, was der Tag des Gerichts ist?
Am Tag, da niemand mehr etwas für einen anderen auszurichten vermag.
Die Entscheidung steht an jenem Tag (nur) Gott zu.
Koran, Sure 82 (Spaltung) 18 f. (nach der Übers. v. Rudi Paret)

Die geistigen Wesen werden bleiben, um eine Welt und eine Nation unter einer Macht zu schaffen, unter der des Schöpfers.
Prophezeiung der Hopi

Die Universale Unterwelt ist, worauf alle Schöpfung je gewartet hat: ihr wahres Ziel. Dies ist, wenn alle Dinge zusammengebracht werden und alle Schwierigkeiten des Seins, des Handelns und des Denkens aufgelöst und in einem Licht vereint sein werden, das es ermöglicht, dass jeder den andern versteht und alles auf einmal. Alle begrenzenden Gedanken werden verschwinden. Die Neunte Unterwelt kann als ein Geschenk Gottes betrachtet werden, denn es handelt sich nicht nur um einen schöpferischen Ausgleich, sondern das Geschenk der Erleuchtung an die Menschheit ist auch ein Ausdruck göttlicher Gnade. Dann werden

Abb. 9.6. Wir sind alle eins. Das Universum, unsere Galaxis, unser Planet und alle lebenden Manifestationen sind sämtlich unter demselben Schöpfungsgesetz und stimmen überein mit den Energiewechseln, die der Tzolkin beschreibt. Unsere Bestimmung wird nicht vor dem Tag Sieben der Universalen Unterwelt voll erfahren sein. Das letzte Uinal der Schöpfung beginnt am 8. Oktober und endet mit dem Tzolkin-Tag 13 Ahau, am 28. Oktober 2011. Dies ist, wenn das Ziel der Schöpfung erfüllt ist.

wir voll verstehen, warum der kosmische Plan so gezeichnet wurde, wie er war, und wir werden überfließen von Dankbarkeit gegenüber dem Schöpfer. Zugleich werden wir unsere eigene Göttlichkeit erkennen, denn dann gibt es keine Trennung mehr zwischen der Göttlichkeit des Schöpfers und unserer eigenen.

Es ist nicht überraschend, dass es einige Mythen aus allen Teilen der Welt gibt, die etwas über die Neun Welten erzählen. In der nordischen Tradition glaubte man, dass der Kosmos von neun Welten geschaffen wurde, und bei den Hopi sind es ebenso neun Welten. In der Zusammenführung von Wissenschaft und Mythen, die jetzt stattfindet, können dies und die Anzahl anderer Dinge als ein Bezug zu den Neun Unterwelten der mittelamerikanischen Überlieferung erkannt werden. Was den Mayakalender einzigartig macht, ist insbesondere seine Genauigkeit.

Wenn jetzt der Mayakalender zu Ende geht, wird die Zeit paradoxerweise einerseits als schneller verlaufend als früher erfahren, andererseits, als würde sie sich überhaupt nicht bewegen. Das erleuchtete Bewusstsein, das die Universale Unterwelt entwickelt, wird auf die Menschheit eine Wellenbewegung von Dreizehn Himmeln tragen, die einen Zeitraum von nur 260 Tagen abdeckt (oder vielleicht nur 234 Tage, falls es der einundzwanzigste der Galaktischen Unterwelt ist, was ich noch nicht sagen kann). Dies spiegelt eine Frequenz des Wechsels der himmlischen Energien wider, die bei weitem alles andere übersteigen, was je erfahren wurde. Doch es gibt jeden Grund zu glauben, dass zu diesem Zeitpunkt die „Zeit" enden wird, da „Zeit" eine Erfahrung ist, die hauptsächlich durch die linke Gehirnhälfte vermittelt wird. Im Augenblick gibt es die Erfahrung von Zeit nur in einer Welt, die vom Ungleichgewicht beherrscht wird, das die Dualität geschaffen hat. Wenn der Ausgleich zwischen den beiden Gehirnhälften erreicht ist, können wir wohl erwarten, dass Zeit einfach nur als seiend, Augenblick für Augenblick, erfahren wird.

Dieses Paradox ist natürlich von jemandem, dessen Geist noch beherrscht wird von den Dualitäten, die die unteren Unterwelten geschaffen haben, nicht leicht zu lösen. Das Ego, das eingerichtet worden war, um dem dualistischen Geist zu helfen, durch seine wechselnden Wasser zu steuern und das Gefühl der Kontinuität für das Individuum mittendrin aufrechtzuerhalten, kann bei der hohen Frequenz der Universalen Unterwelt einfach nicht überleben. Das Ego steht nicht im Einklang mit dem einheitlichen Feld des Lichtes, das dann die Welt beherrschen wird. Im dualistischen Bewusstseinsrahmen war das Ego ein wichtiges Werkzeug zum Überleben; in einem einheitlichen Bewusstseinsrahmen würde es das Überleben des Individuums gefährden. In einer Unterwelt, die von Einheit und Erleuchtung beherrscht ist, wird ein Handeln und Denken, das auf einem dualistischen Geistesrahmen fußt, nicht mehr möglich sein. Bei der Frequenz der Veränderung, die in der Universalen Unterwelt mit ihrem Wechsel zwischen Tagen und Nächten alle zwanzig Kins vorherrschen wird, muss der Geist unbelastet sein, sonst würde er das Individuum in eine völlige Verzweiflung oder einen persönlichen Zusammenbruch führen. Selbst bei guter Vorbereitung kann für jemanden, der sich des Wirkens des kosmischen Planes wohl bewusst ist, der Widerstreit zwischen einem fünftausendjährigen dualistischen Geist und dem einheitlichen Bewusstsein der Universalen Unterwelt nur in einer Weise erfolgreich gelöst werden, nämlich durch das Herausschneiden oder „Ermorden“ des Ego und die Übernahme der darauffolgenden Schaffung von Raum für den erleuchteten Weg des Seins. Dies ist es, was Sri Bhagavan als Hilfe für uns vorschlägt zu tun. Diese Hilfe mag von manchen gesucht und für gut geheißen werden, doch andere können die Erleuchtung erreichen, indem sie sich einfach der göttlichen Gnade ergeben. Die Absicht und Demut eines jeden von uns wird das Ergebnis bestimmen.

Da wir dann nicht nur mit einem galaktischen, sondern auch mit einem nicht dualistischen, universellen Bewusstseinsrahmen ausgestattet sind, wird dieser Bewusstseinsrahmen es uns auch ermöglichen, Ereignisse der Vergangenheit von einem anderen Gesichtspunkt aus zu sehen. Völlig eingetaucht in die Gegenwart und ohne den dualistischen Geist, der die Kontinuität mit der Vergangenheit festhalten muss, wird die Universale Unterwelt echtes Verzeihen erlauben. Die Geheime Offenbarung bezieht sich darauf in den Versen 21,4: „… und er (Gott) wird jede Träne von ihren Augen abwischen, und der Tod wird nicht mehr sein noch Trauer noch Wehklagen noch Mühsal wird es mehr geben, denn das Erste ist vergangen.“ (Eigene Übertragung d. Übers.) Aus der Sicht der Universalen Unterwelt werden die früheren Dinge vorbei sein.

Im Jahre 2011 wird die Vorherrschaft des dualistischen Geistes zugrunde gehen, und alle Konflikte der Menschheit, die aus tieferen Ebenen des Bewusstseins stammen, werden gelöst sein. Aus der Sicht des erleuchteten Zustands wird die alte Ordnung nicht länger mehr wirklich sein. Die fortgeschrittenen Technologien, entwickelt vom dualistischen Geist, finden den Platz, den sie schon immer haben sollten: im Dienst der Menschheit und des lebendigen Kosmos, nicht als Herrschaftsinstrumente. Dann wird nicht nur die alte Monarchie, sondern auch die Demokratie der Vergangenheit angehören (wenn jeder in Einheit und Harmonie mit dem Göttlichen lebt, warum sollte er dann jemanden wählen, ihn zu regieren?). Alle Hierarchien werden zerbröckeln. Mit dem Ende der Dualität wird natürlich auch die Herrschaft einer Seele über irgendeine andere zu Ende gehen, und es wird keine Regierung mehr nötig sein (die ja wie das Ego einer Nation ist), das Volk durch seine Interessenkonflikte zu steuern. Alle Menschen werden in einem viel tieferen Sinne als heute als gleichwertig anerkannt, denn jede oder jeder ist eine eigene Manifestation des Göttlichen. Beim Aufstiegsprozess zur universalen Bewusstseinsebene werden alle begrenzenden Gedanken verschwinden.

Wenn das geschehen ist, werden wir die volle Erfahrung der Einheit mit Allem-Was-Ist Augenblick für Augenblick machen können, oder Rahmen für Rahmen, wie sie waren. Solch eine Erfahrung, Rahmen für Rahmen des Bewusstseins, wird eine vollkommene sinnliche Freude in jedem Augenblick ermöglichen. Ohne die Notwendigkeit des Geistes, Kontinuität zu wahren, werden wir völlige Freiheit erleben, und unser Status als Marionetten des Göttlichen Schöpfungsplans wird enden. Es wird nicht länger mehr die Erfahrung einer Trennung zwischen Menschen und Gott geben. Wenn wir auch nicht uns selbst als Götter erfahren, so werden wir zu allermindest uns selbst als vollkommene Manifestationen des Göttlichen fühlen, was wir in Wahrheit sind.

Abzuwarten, was wohl im Jahre 2012 geschehen wird, ist folglich völlig daneben. Es ist schlicht und einfach nicht möglich, nach dem 28. Oktober 2011 erleuchtet zu werden oder zumindest eine gewisse Zeit danach, wenn die neue Wirklichkeit sich endgültig gezeigt hat. Mit einem dualistischen Geist wird es nicht möglich sein, in Resonanz zu kommen mit der neuen, vereinigten göttlichen Wirklichkeit unter einer Macht, dem Schöpfer. Es scheint deshalb klug für uns alle, uns schon heute vorzubereiten, indem wir in den kosmischen Fluss der Zeit eintauchen und auf alle möglichen Arten versuchen, den Einfluss der dualistischen Unterwelten in unserem Denken, Handeln und Sein zu überwinden. Schließlich wird die Universale Unterwelt einen erleuchteten Zustand des Seins, der Liebe und Freude unterstützen, und wenn er erreicht ist, wird eine Rückkehr der Dualität nicht mehr möglich sein.

Dies wird die Rückkehr des Verständnisses des lebendigen Kosmos bedeuten. Die Erleuchtung, die dieser Zyklus bringt, wird eine wahre und völlige Heilung und Verzeihung der Vergangenheit ermöglichen, die die Menschen auch auf Gott ausdehnen werden, dessen Beziehung zu den Menschen (aufgrund der Dualität der unteren Unterwelten) manchmal als feindlich empfunden wurde. Wenn die Energie von 13 Ahau in allen Unterwelten erreicht ist, werden keine Filter mehr unsere Sicht des göttlichen Lichtes oder unsere Verbindung mit dem Göttlichen behindern. Wir werden im Neuen Jerusalem leben und werden nach dem Aufstieg zu den Neun Unterwelten und nach der Vollendung der 108 Bewegungen des Shiva die Erleuchtung erlangt haben. Wenn der Bau der neunten Ebene vollendet sein wird, wird die Menschheit bereit sein, auf dem Gipfel der Kosmischen Pyramide zu stehen. Die Menschheit wird vollkommen sein und völlig in der Gegenwart auf einer höheren Ebene des Bewusstseins und mit reiner Lebensfreude leben. Die Schöpfungszyklen, die dazu gedient hatten, die Kosmische Pyramide zu bauen, wobei die Menschen teilweise zu Marionetten gemacht wurden, werden zu einem Ende kommen. Das Leben der Universalen Menschheit wird beginnen.

... und jenseits

Wie wir in der Geschichte der Menschheit gesehen haben, dauert es eine gewisse Zeit, bis ein neuer Bewusstseinsrahmen seinen vollen Ausdruck gefunden hat. Es ist nur realistisch zu erwarten, dass etwas Ähnliches der Fall sein wird, wenn endlich der erleuchtete, universale Bewusstseinsrahmen als Himmel am Tag 13. 13. 13. 13. 13. 13. 13. 13. 13. 13. Ahau (28. Oktober 2011) eingerichtet ist. Auch wenn der Status der Menschen als Marionetten der Schöpfung durch den Einfluss dieser Energie verschwindet, ist es unwahrscheinlich, dass sich das unmittelbar in festen Formen ausdrücken wird. Deshalb kann das Jahr 2012 durchaus ein Zeitraum sein, in dem einige Menschen noch Wege zu finden haben, um sich an den neuen Rahmen des kosmischen Bewusstseins anzupassen. Wir müssen uns wie an nichts anderes daran gewöhnen, dass jeder nun um uns herum erleuchtet ist und voll an das Millennium des Friedens glaubt, an das Goldene Sonnenzeitalter, das schließlich auf der Erde anbrach. *Das heißt nicht, dass ein „neuer Zyklus" beginnen wird.* Es ist das Ende der Zyklen.

Mit dem Erschlagen des Ego in der Universalen Unterwelt werden die Himmel ein Bewusstsein unterstützen, das bar ist innerer Konflikte und keine äußeren Konflikte schafft. Besonders das Jahr 2012 wird jedoch noch nötig sein, um bei einer Anzahl von Menschen, die nicht voll dafür vorbereitet waren, diesen Erleuchtungszustand einzurichten. Für die endgültige Einrichtung des erleuchteten Bewusstseins werden die Feiern anlässlich des Venus-Transits am 6. Juni 2012 sehr wichtig sein. Es werden Ausdrucksformen der Dankbarkeit gegenüber dem göttlichen Kosmos sein, dass er uns soweit gebracht hat, wie wir jetzt sind.

Die Quellen der Maya und der Christen sprechen vom Ende des Todes am Ende der Zeiten, und östliche Traditionen bezeichnen den erleuchteten Zustand als frei von Tod. Die alten Traditionen gehen alle in dieselbe Richtung: eine zeitloser, erleuchteter Zustand des kosmischen Bewusstseins. Wir können dann mit Recht fragen, wo es in einem solchen Zustand die Notwendigkeit eines Kalenders gibt. Der Maykalender wird aufhören, und seine Verwendung wird bedeutungslos. Der Kalender ist wie eine Treppe, die man unbedingt braucht, um nach oben zu kommen, aber zu nichts mehr dient, wenn man oben ist. Im Jahre 2011, zu dem Punkt, da alle Unterwelten die Tzolkin-Energie 13 Ahau erreicht haben werden, ist der göttliche Schöpfungsprozess vollendet. Was die „Zukunft" sein wird, lässt sich aus dem Mayakalender nicht vorhersagen, weil die Wellenbewegung all seiner Unterwelten zu einem Ende kommen wird. Es liegt in der Natur des erleuchteten Menschen, völlig frei nach ihrer oder seiner Wahl zu leben. Bei einer solchen Freiheit und Losgelöstheit vom kosmischen Plan ist das weitere Schicksal der Menschheit unmöglich vorherzusagen. Wir werden völlig frei sein, unser eigenes Schicksal zu zeichnen. Die Menschheit wird in wahrer Freiheit, Freude und in wahrem Frieden leben.

Anhang A

Die Zyklen der Wirtschaft

Wenn der Mayakalender die Wellenbewegung der Entwicklung des menschlichen Bewusstseins beschreibt, kann man annehmen, dass er auch etwas darüber zu sagen hat, wie das Auf und Ab der Weltwirtschaft entsteht. Da bisher niemand dieses Thema behandelt hat, könnte die falsche Vorstellung entstehen, dass der Mayakalender nichts über wirtschaftliche Schwankungen schreibt.

Aus Mangel an einem anderen Wort will ich das moderne Wirtschaftssystem als kapitalistisch bezeichnen, obwohl dieser Ausdruck durch seine Befürworter und Gegner mit konfliktreichen Bedeutungen belastet ist. Ganz gleich, wie wir es nennen: das heutige weltweite Wirtschaftssystem hat als Ergebnis des Einflusses der kreativen Impulse des Weltenbaums eine bedeutende Umformung erlebt. Es ist kein statisches System, das man in eine Schachtel packen kann. Da wir aber am 5. Januar 1999 eine neue Unterwelt betreten haben, ist es vernünftig eine besonders bemerkenswerte Veränderung dieses Systems zu erwarten. Es ist Zeit zu fragen, was sich mit der abstrakten kapitalistischen Weltwirtschaft ereignen wird.

Manche mögen gegen das Wort *abstrakt* Einspruch erheben und behaupten, dass die Weltwirtschaft eine fassbare physische Natur hat, weil Güter transportiert und in der ganzen Welt verkauft werden und Geld von Hand zu Hand wechselt. Doch die treibenden Kräfte der heutigen Wirtschaft sind abstrakt. Um die grundsätzlich nicht fassbare Natur der kapitalistischen Wirtschaft zu erkennen, lasst uns ein Gedankenspiel machen: Lasst uns annehmen, dass – aus welchen Gründen auch immer – alle Informationen in den Banken der Welt plötzlich gelöscht wären, d. h. alle Konten der Geld-, Aktien-, Spekulationsunternehmen usw. würden verschwinden. Obwohl viele das als eine Katastrophe betrachten würden, wäre irgendetwas von Wert verloren gegangen? Offensichtlich nicht. Alle natürlichen Rohstoffe, Gebäude, Maschinen, Güter, menschliche Kenntnisse usw., die vorher existiert haben, würden bei einem solchen hypothetischen, gleichzeitigen Computerausfall unberührt bleiben. In Begriffen der wirklichen Werte wäre nichts verloren, und die Welt würde leicht den Tag danach beginnen (abgesehen von den emotionalen Wirkungen, die dieses Ereignis haben könnte).

Wenn also kein wirklicher Wert, sondern nur abstrakte Werte verlorengehen würden, dann kann natürlich nur eine logische Folgerung gezogen werden: Alle Papiere und alles Computergeld, das zurzeit an den Geldmärkten der Welt zirkuliert, ist wertlos. Die abstrakte Weltwirtschaft ist in Wirklichkeit ein großes Monopolyspiel, das nur aus einem einzigen Grund fortgesetzt werden kann, weil Menschen noch die Spielregeln anerkennen, dass Papier oder Computergeld (Ziffern in Bankcomputern) einen Wert haben. Doch die Zustimmung zu ihrem Wert ist nur intellektuell.

Das hat Folgen. Erstens: wenn die Oszillationen des Weltenbaums, die der Mayakalender beschreibt, die wichtigste Rolle bei der Ausbildung der Geistesgeschichte der Menschen spielt, dann heißt das auch, dass wirtschaftliche Zyklen unmittelbar von den verschiedenen Baktun- und Katunveränderungen dieses Kalenders abhängen, der diese Oszillationen widerspiegelt. Zweitens muss eine Wirtschaft, die nur auf intellektueller Übereinkunft beruht, sehr empfindlich gegenüber diesen Oszillationen sein, die die Natur unseres Geistes in den einzelnen Unterwelten formen. Besonders wenn eine neue Welt beginnt, müssen grundsätzliche Veränderungen in der Organisation der Wirtschaft erwartet werden.

Es ist klar, dass dieser Punkt nur durch das beurteilt werden kann, was wir über die Wirtschaftsentwicklung in der Vergangenheit wissen.

Dazu müssen wir zunächst schauen, wie sehr sie durch den Wechsel von Baktuns der Langen Zählung der Maya beeinflusst wurde. Technologische Entwicklung war eine Resonanz des menschlichen Bewusstseins mit den Wellen, die der Weltenbaum erzeugt. Ich will mir hier Einzelheiten ersparen. Es genügt, daran zu erinnern, dass zu Beginn des Großen Zyklus' im Jahre 3115 v. Chr. zum ersten Mal Bronze auf Kreta, in Sumer und Anatolien verwendet wurde und damit Menschen das Steinzeitalter verließen. In spirituellen Begriffen bedeutete der Beginn dieser neuen Nationalen Unterwelt (entwickelt von den dreizehn Baktuns des Großen Zyklus'), dass der Weltenbaum (Lebensbaum, der durch den Längengrad 12° Ost oszilliert) ein globales dualistisches Schöpfungsfeld geschaffen hat, das in der Genesis metaphorisch als Sündenfall widergegeben wird. Positiv gesehen, gab dieses Feld, das die westliche/analytische Hemisphäre begünstigte, den Impuls zum technischen Fortschritt, einschließlich der Metallverarbeitung (metaphorisch war diese Kenntnis von Gut und Böse durch den Verzehr der Frucht vom Baum der Erkenntnis gewonnen worden). Metallverarbeitung war anders als andere frühere Handwerke eine so spezielle Tätigkeit, dass Handel, mindestens in Form des Tauschhandels, nötig wurde. Negativ gesehen, schuf dieser dualistische Bewusstseinsrahmen jedoch die geplante Kriegführung ebenso wie eine ungleiche Klassengesellschaft, in der Menschen verschieden bewertet wurden (gemäß der Genesis waren Adam und Eva nach dem Verzehr der Frucht imstande, Gutes und Böses zu sehen). Die Kreativität und die Trennung waren wirklich Projektionen des dualistischen Geistes, den der Weltenbaum zu Beginn der Nationalen Unterwelt zu erzeugen begann.

Was die Welt der Wirtschaft aber in ein Monopolyspiel verwandelte, war nicht der Tauschhandel, sondern die Entwicklung des Geldinstruments, der Zahlungsmittel. Abb. A.1 zeigt, wie die verschiedenen Mittel des Tausches sich pulsweise während Tagen, den sieben Baktuns, beherrscht von der Dualität, entwickelt haben. Mit jedem Impuls, der die linke Gehirnhälfte begünstigte (mit jedem Tag), tat die Menschheit einen Schritt in der Entwicklung eines abstrakten, standardisierten Zah-

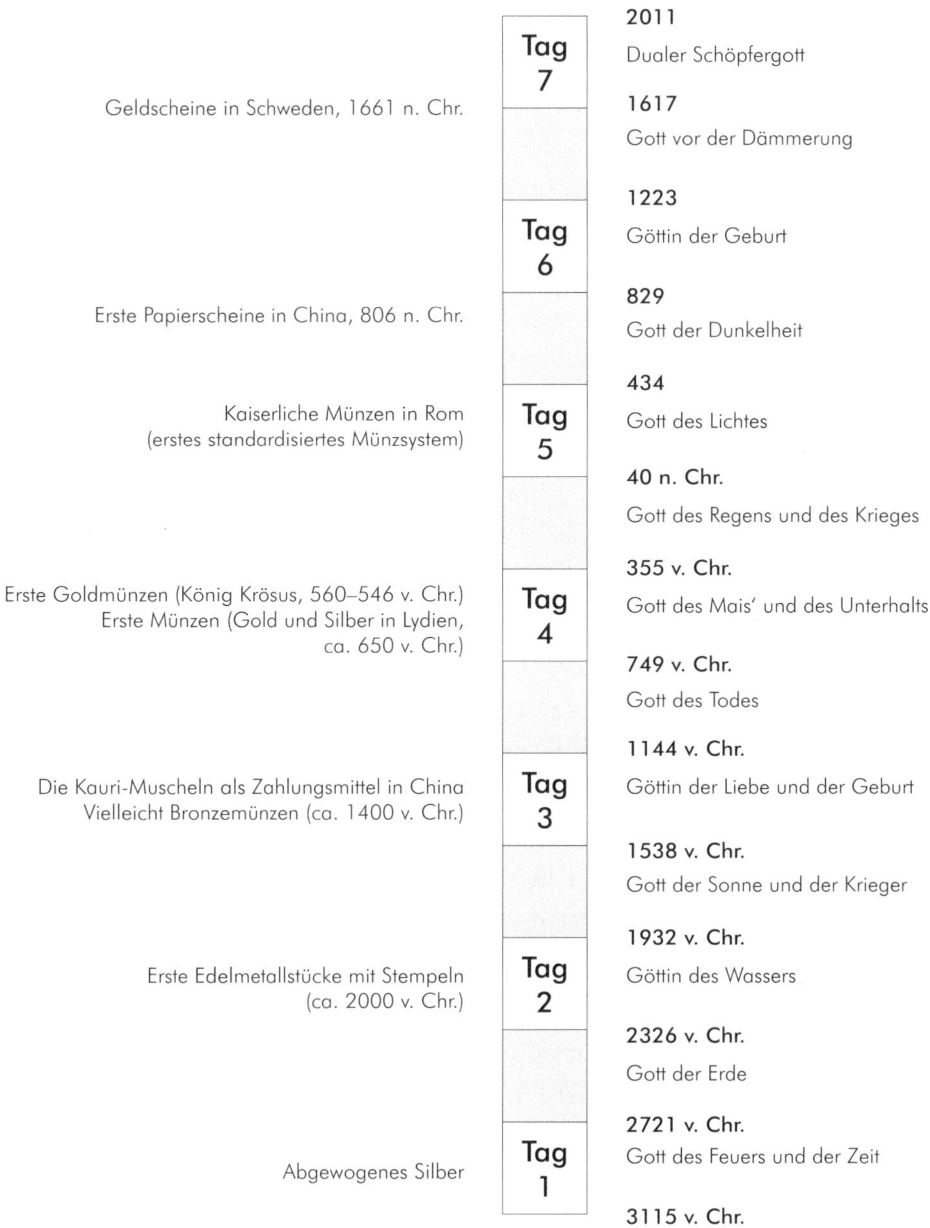

Abb. A.1. Die Nationale Unterwelt und ihre Entwicklung von Zahlungsmitteln.

lungsmittels. Die Entwicklung läuft von abgewogenen Silberstücken am Ersten Tag bis zu Papiergeld am Siebenten und den ersten echten Goldmünzen, die genau im Mittelpunkt der ganzen Unterwelt geprägt wurden. So können wir sehen, wie die Pulse vom Weltenbaum den menschlichen Geist beeinflusst haben, zunehmend mehr abstrakte Zahlungsmittel zu entwickeln.

Die Tage sind Zeiträume, in denen der Weltenbaum Kreativität fördert. Auf diese Weise verstehen wir, wie die abstrakte Wirtschaft in erster Linie entstanden ist. Der letzte Schritt wurde getan, als die Vollendung des Dreizehnten Himmels (nach den Azteken beherrscht vom dualen Gott Ometeotl/Omecinatl) im frühen 17. Jahrhundert begann. Schweden führte im Jahre 1661 als erstes Land in Europa den Gebrauch von Papierscheinen ein. China hatte natürlich schon einige Jahrhunderte zuvor Papiergeld verwendet, aber es war etwas anderes. Die schwedischen Papierscheine waren keine Quittungen, ausgestellt auf den Namen des Besitzers für eine bestimmte Summe, sondern anonyme Banknoten in verschiedenen Werten. Dieses erste Experiment war seiner Zeit etwas voraus und schlug wegen der anschließenden raschen Inflation fehl (der Chef der Zentralbank wurde deswegen ins Gefängnis geworfen). Die Idee von Papiergeld wurde im Jahre 1694 von der Bank of England wieder aufgenommen und verbreitete sich im 18. Jahrhundert in seinen Kolonien.

Überhaupt bedeutete die Herrschaft von Ometeotl/Omecinatl im abstrakten Denken einen starken Sprung nach vorne: die wissenschaftliche Revolution, der Protestantismus und das Papiergeld. Es gibt da geistige Gebilde, die für die linke Gehirnhälfte, durch die analytisches Begründen und mathematische Berechnungen vermittelt werden, typisch sind. Parallel dazu und damit verbunden bedeutete die Herrschaft von Ometeotl/Omecinatl den Beginn einer vierhundertjährigen Periode der Weltherrschaft des Westens; der Aufbau des Britischen Empire begann in dieser Zeit. Da dieses den Geist beherrschende Baktun die westliche Hemisphäre begünstigte, aber auch durch holografische Resonanz die linke Gehirnhälfte, ist es kein Wunder, dass das Papiergeld nach seiner ursprünglichen Verwendung in Schweden sich hauptsächlich im Westen ausbreitete. Tatsächlich begannen viele andere europäische Länder nicht vor dem Beginn des 19. Jahrhunderts Papierscheine zu benutzen.

Theoretisch betrachtet, war die Verschiebung, die mit dem Gebrauch von Geldscheinen stattfand, sehr bezeichnend. Zu diesem Zeitpunkt wurden die Werte des Lebens in abstrakte Quantitäten übertragen, niedergeschrieben auf ein Stück Papier. Natürlich gab es in dieser frühen Zeit noch eine Garantie, dass der Wert des Scheins gegen Gold getauscht werden konnte. Doch der Gebrauch von Papiergeld spiegelt einen der bedeutenden Schritte der Entfremdung der Menschen von der Natur wider (ein Aspekt des Sündenfalls, der mit dem Dreizehnten Himmel vollkommen war) und ebenso den Beginn einer abstrakten, getrennten Sicht der Erde als einem Gegenstand, der anhand abstrakter Berechnungen der linken Gehirnhälfte auszubeuten ist. Während der Gebrauch von Papiergeld die Bühne für das Aufkommen des Kapitalismus schuf, war ein zweiter Schritt für die weitere Entwicklung notwendig: die Industrielle Revolution.

Die Industrielle Revolution begann im Jahre 1755 mit der Planetarischen Unterwelt, verkündet durch die ersten größeren Schritte in der industriellen Entwicklung, nämlich die Spinnmaschine (1764) und James Watts Dampfmaschine (1769). Die weitere industrielle Entwicklung, die dann mit dem Beginn des Tages dieser Unterwelt einsetzte, ist nicht Thema dieses Anhangs, der sich mehr mit Wirtschaft als mit der Technik befasst.

Bei der Untersuchung wirtschaftlicher Zyklen sollten wir zuerst die Zeiten spürbarer Wirtschaftskrisen innerhalb dieser Unterwelt festhalten, wie sie in der Zeitschiene in Abb. A.2 angezeigt sind. In dieser Zeitschiene sind nur internationale Wirtschaftskrisen berücksichtigt, Krisen, die in mehr als einem größeren Land gleichzeitig stattgefunden haben. Beachte vor allem, dass die Nächte in dieser Unterwelt immer mit Rezessionen und Depressionen beginnen.

Dies wird sehr deutlich, wenn wir den Beginn seiner letzten Nächte

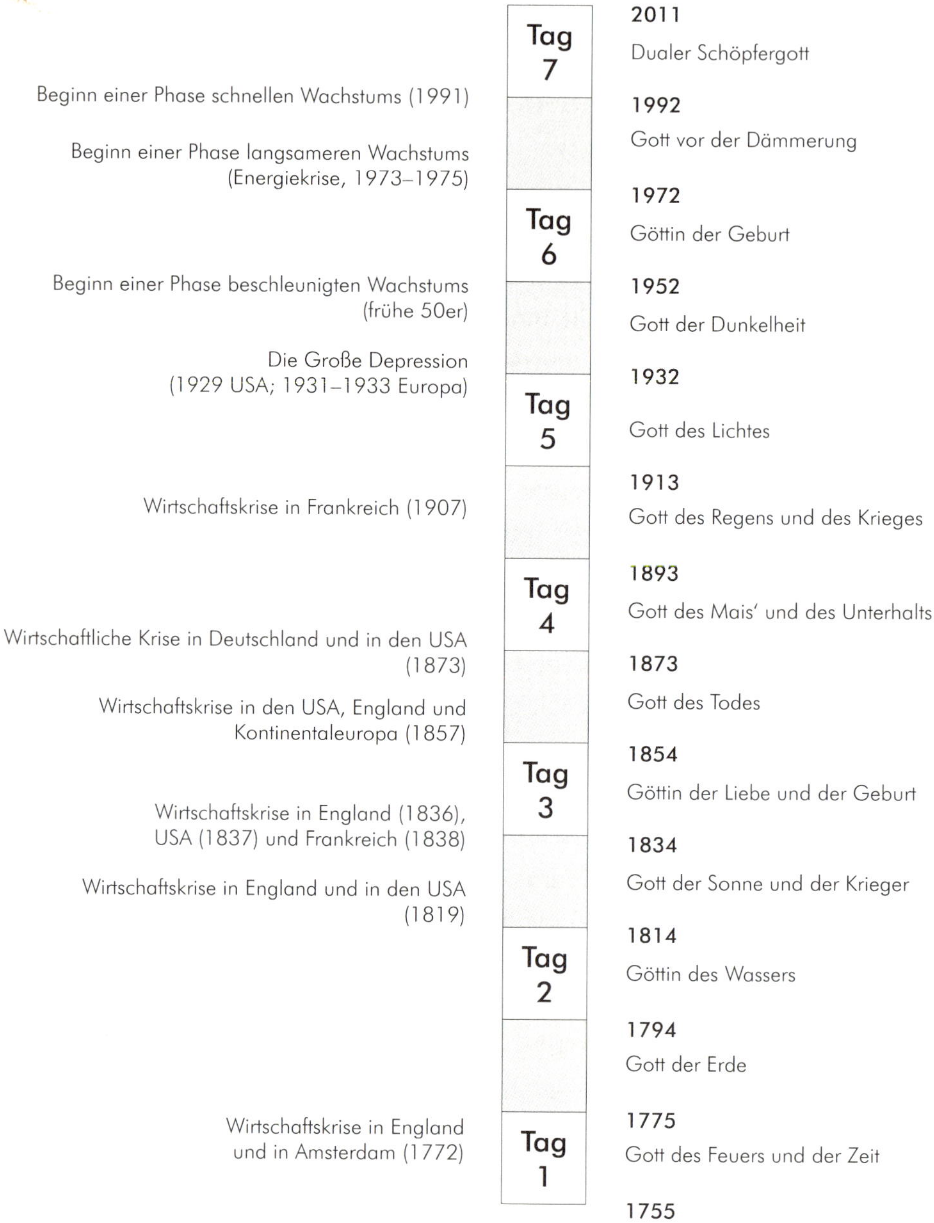

Abb. A.2. Die Planetarische Unterwelt und ihre wirtschaftlichen Rezessionen und Wachstumsphasen mit den herrschenden Gottheiten der Tage und Nächte.

betrachten – 1893, 1932 und 1972 –, die unter den heutigen Menschen am besten bekannt sind. Die Depression von 1893 wurde in den USA die Große Depression genannt, weil die Menschen damals noch nie so etwas erlebt hatten. Doch der Börsensturz von 1929 und die nachfolgende Depression waren weit schlimmer, so dass diese lange Krise die Bezeichnung „Große Depression" übernommen hat. Das schlimmste Jahr im internationalen Handel dieser Zeit war das Jahr 1932, das Jahr, als die Fünfte Nacht begann. Wer mit den verschiedenen Energien des Mayakalenders vertraut ist, sollte nicht überrascht sein, dass die schlimmste Depression der Geschichte mit der Herrschaft von Tecatlipoca, dem Herrn der Dunkelheit, begann. 1972 war das erste Jahr geringeren Wachstums nach der ununterbrochenen wirtschaftlichen Expansion, die dem Zweiten Weltkrieg gefolgt war. Scheinbar war dies durch die Energiekrise bedingt, doch in Wirklichkeit war es durch den geistigen Einfluss, den die neue Nacht ausübte, ausgelöst.

In Abb. A.2 sind die Tage dagegen Zeiten mehr oder weniger anhaltenden Wachstums. Starke Wachstumsperioden sind sehr deutlich an den Tagen Sechs und Sieben. Dies ist wiederum nicht verwunderlich, da Tage Zeiten sind, in denen der Weltenbaum geistige Kreativität begünstigt. Der Siebente Tag begann mit einer sehr langen Phase ununterbrochenen Wachstums im Westen, besonders in den USA. In den 90er Jahren schien die Wirtschaftspolitik sehr erfolgreich zu sein, als eine Anzahl von Neuerungen in der elektronischen Industrie und in der Telekommunikation eine Zuversicht schuf, dass das Wachstum immer weiter gehen würde. Wie wir in Abb. A.2 jedoch sehen, begannen einige frühe Tage in dieser Unterwelt mit Wirtschaftskrisen, weil neue Produkte und Ideen, die als Ergebnis dieser neuen Impulse der Kreativität entstanden waren, eine Verkürzung der finanziellen Mittel mit sich gebracht hatten. Deshalb hat der Beginn von Tagen manchmal Finanzkrisen erlebt, doch waren sie nicht so schwierig als die, die zu Beginn von Nächten dieser Unterwelt aufgetreten waren.

Aufgrund ihres Ursprungs in diesen Impulsen hat sich die Weltwirtschaft mindestens seit der Mitte des 19. Jahrhunderts entsprechend einem Katun-Zyklus (20 Tuns oder 19,7 Jahre) für wirtschaftliches Wachstum entwickelt. Ein zwanzigjähriger Zyklus für Kapitalanhäufung in den USA entsprechend diesem Muster wurde von dem Harvard-Ökonomen Simon Kuznets nachgewiesen. Als wir weiter in das zwanzigste Jahrhundert vorgerückt waren, überlagerten zunehmend kürzere Zyklen die längeren Zyklen, meist mit entsprechenden Wachstumsperioden von etwa fünf oder zehn Jahren. Sie könnte man als Obertöne zu den Katun-Zyklen betrachten, und als sich die Galaktische Unterwelt näherte, wurden diese hochfrequenten Wirtschaftszyklen als Widerspiegelungen der *Holtun* (5 Tuns) und *Lahuntun* (10 Tuns) der Maya deutlicher. Bis vor kurzem waren Wirtschaftszyklen von fünf Jahren vorherrschend. Wie die Alten wussten, stehen die Schwingungen des Weltenbaums hinter allen Dingen, und im alten Skandinavien sagt man, je mehr sich die Schöpfung ihrer Vollendung nähert, desto schneller zittern seine Äste. Und hier sehen wir das Ergebnis.

Wir sollten im Auge behalten, dass die Art, wie wir die wirtschaftlichen Zyklen sehen von der Sicht der traditionellen Wirtschaftwissenschaftlern verschieden ist, die zunächst das Vorhandensein von Wirtschaftszyklen nie erklären können. Die Zyklen der Maya werden nicht endlos wiederholt; sie haben eine begrenzte Zeitschiene, den 28. Oktober 2011, wenn die Welt einen Ausgleich gefunden hat und die zyklischen Schwankungen der Wirtschaft zu einem Ende kommen werden. (Die „Wirtschaft" dieser Zeit wird im Dienst der Erleuchteten stehen; den stressigen Einfluss der fluktuierenden Wirtschaft wird es nicht mehr geben.)

Nachdem wir jetzt gesehen haben, dass die grundlegenden zyklischen Wechsel der Wirtschaft eine Funktion der Wellenbewegung ist, die der Mayakalender beschreibt, können wir zurückkehren zur Frage nach der Abstraktion der wirtschaftlichen Werte. Ein Schlüsselindikator für diese Abstraktion ist die Frage, wie viel Verbindung bleibt zwischen dem Monopolyspiel und den realen Werten, das heißt, inwieweit kann Papiergeld gegen Gold (der Goldstandard) ausgetauscht werden. Es ist interessant, in dieser Hinsicht die größeren Schritte in der Planetarischen Unterwelt zu verfolgen, indem man die Wirtschaft der USA als Beispiel nimmt (die immerhin den westlichen Kapitalismus verkörpert, Abb. A.3). Das Muster, das da auftaucht, ist, dass am Beginn der Tage die Verbindung zwischen Gold und dem Dollar enger ist, während am Beginn von Nächten die Beziehung lockerer wird. Als am Anfang dieser Unterwelt Dollars aus Edelmetall hergestellt wurden, konnte man keine Abstraktion des Wertes machen. Als jedoch am Beginn von Nächten der Goldstandard abgeschafft wurde, verlor das Geld seinen unmittelbaren Bezug zu realen Werten. Seit 1972 ist das Weltwährungssystem nicht mehr auf den Goldstandard bezogen und hat somit keine Begründung in realen Werten.

Die Abb. A.3 ist wahrscheinlich eine der treffendsten Darstellungen der Wellenbewegung des Göttlichen Planes, die jemals entdeckt wurden. Man könnte dagegenhalten, dass die Konferenz in Bretton Woods, auf der das Finanzsystem nach dem Zweiten Weltkrieg festgelegt wurde, 1944 stattfand, was nicht mit dem Mayakalender übereinstimmt. Doch dieses Treffen entschied lediglich über eine Anzahl von Ideen, deren Umsetzung viel später begann. Selbst im Jahre 1950 war noch keine umgesetzt; bis zum Beginn der 50er Jahre hatten einige westeuropäische Länder noch keine konvertible Währung. Das Bretton-Woods-System, nach dem die USA gegenüber fremden Regierungen garantierten, dass sie ihre Dollarvermögen gegen Gold tauschen, wurde um 1952 umgesetzt, als der Sechste Tag dieser Unterwelt begann. In der Regel beschreibt der Mayakalender nicht, wann Ideen entworfen werden, sondern wann sie sich wirklich manifestieren. Im Jahre 1972, am Ende dieses Tages, wurde der Goldstandard vom Weltwährungssystem praktisch abgeschafft.

Was nach diesen Abbildungen völlig klar sein sollte, ist, dass die Impulse des Weltenbaums unmittelbar die wirtschaftliche Entwicklung bestimmen. Die Übereinstimmung zwischen den beiden ist so stark, dass die meisten Wirtschaftswissenschaftler nur davon träumen können, eine ähnliche Übereinstimmung für ihre Theorien zu erreichen. Mehr noch: sie fußt auf sehr einfachen Tatsachen, die jeder mit wirtschaft-

Ereignisse	Tag / Nacht	Jahr / Gottheit
		2011
	Tag 7	Dualer Schöpfergott
		1992
		Gott vor der Dämmerung
Das System von Bretton Woods wird abgeschafft (1972).		**1972**
Das System von Bretton Woods wird eingeführt (1950–1954); die USA verpflichtet sich, Dollars für Gold gegenüber anderen Ländern auszutauschen.	Tag 6	Göttin der Geburt
		1952
		Gott der Dunkelheit
Die amerikanische Zentralbank (FED) ordnet an, alle Golddollars aus dem Verkehr zu ziehen (1933).		**1932**
	Tag 5	Gott des Lichtes
Der Goldstandard wurde per Gesetz festgelegt (1914). Die FED wurde eingerichtet (1913).		**1913**
		Gott des Regens und des Krieges
		1893
	Tag 4	Gott des Mais' und des Unterhalts
Die Regierung der USA richtet ein Monopol für alle Geldprägungen ein (1873). Fremde Goldmünzen wurden als Zahlungsmittel abgeschafft (1857).		**1873**
		Gott des Todes
		1854
	Tag 3	Göttin der Liebe und der Geburt
De facto Goldstandard (1834).		**1834**
		Gott der Sonne und der Krieger
		1814
	Tag 2	Göttin des Wassers
Erste USA-Münzen werden in Silber und Gold geprägt (1794).		**1794**
Kontinentales Geld (eine Art Papiergeld) wird in den USA eingeführt (1776).		Gott der Erde
		1775
	Tag 1	Gott des Feuers und der Zeit
		1755

Abb. A.3. Die Planetarische Unterwelt, der Wechsel der Beziehung zwischen dem Dollar und Gold und die herrschenden Gottheiten der Tage und Nächte.

lichen Grundkenntnissen überprüfen kann. Das Muster lässt uns freilich mit einer offensichtlichen Ausnahme im Stich, nämlich am Beginn des Siebenten Tages der Planetarischen Unterwelt im Jahre 1992, als kein Aspekt des Goldstandards eingeführt wurde. Denn die lange, ununterbrochene Periode wirtschaftlichen Wachstums, die danach folgte, war nicht auf irgendeinen Goldstandard gegründet.

Es gibt eine Parallele zwischen den von Ometeotl/Omeciatl regierten Tagen der Nationalen und Planetarischen Unterwelt. Am Siebenten Tag der Nationalen Unterwelt kam im Westen Papiergeld in Gebrauch, das als Abstraktion realer Werte gemeint war. Als der Siebente Tag der Planetarischen Unterwelt begann, verlor dieses Papiergeld als ein weiterer Schritt jede Beziehung zu realen Werten, in diesem Fall Gold. Die Weltwirtschaft fußte damit auf einem Geldsystem, das wie ich vorher geschlossen habe, völlig wertlos ist. (Ich scherze etwas, denn ich benutze natürlich selbst Geld, aber im großen Gemälde ist dies wirklich wahr.)

Was steht hinter diesem Muster? Es ist wohl bekannt, dass der Zweck der Trennung des Geldwertes vom Gold ist, das Rad der Industrie durch künstliche Mittel (Drucken von Papiergeld) am Laufen zu halten, wenn eine wirtschaftliche Depression beginnt. Was weniger bekannt ist: diese Depressionen kommen als Ergebnis der geistigen Wirkungen der Nächte im Mayakalender. Wenn die industrielle Kreativität der Menschen am Beginn neuer Tage gewachsen ist, besteht im Gegensatz dazu die Gefahr der Überhitzung. Und deshalb gab es bei einer solchen Gelegenheit die Tendenz, den Goldstandard wieder einzuführen, damit die Dinge eine Basis haben. Davon abgesehen sind es die Auswirkungen der Abschaffung des Goldstandards für längere Zeit und eine Anzahl von Mechanismen des Bankwesens, mit denen ich mich nicht weiter beschäftigen will, die dafür gesorgt haben, dass das heutige Geldsystem ein geistiges Konstrukt ist, das in der Luft schwimmt, fußend auf dem Vertrauen, das die Menschen in es haben.

Im Jahre 1992 hat die Europäische Union sich den Plan ausgedacht, eine europäische Währung einzuführen, eine Entscheidung, die genau umgesetzt wurde, als die neue und höhere Galaktische Unterwelt begann, nämlich im Januar 1999. Einerseits ist dies sogar noch ein Schritt weiter weg von der Verbindung zu Gold; im Gegensatz zu den USA hat die Europäische Union keine gemeinsamen Goldreserven, und der Wert des Euro fußt nur auf dem Vertrauen, das die Menschen in das zusammengelegte Vermögen der Mitgliedsländer haben. Das Finanzsystem der heutigen Welt ist in einem extremen Grade getrennt von irgendwelchen realen Werten. Das ist offensichtlich in den USA, wo Papiergeld nicht mehr gegen Gold eingetauscht werden kann, aber es ist noch deutlicher bei der europäischen Währung, wo es schwierig zu sehen ist, welches nationale Vermögen verwendet wird, um den Wert zu stützen.

Das bringt uns zu der Frage, wie die „Wirtschaft" sich in dieser Galaktischen Unterwelt entwickeln wird. Als der Euro am Ersten Tag (4. Januar 1999) eingeführt wurde, konnte man sich fragen, ob denn da mehr dahinter steckt. Wenn, wie wir erwarten können, die Tage die Weltherrschaft des Westens zu Ende bringen werden (benutze die Zeitschiene in Abb. 7.4, Seite 173 als Hinweis), so ist es durchaus möglich, dass die neue Währung ein Teil einer Rolle als Puffer sein wird, die Europa in den Konflikten zwischen Ost und West übernehmen soll. Es ist wahrscheinlich, dass die Tage den Euro auf Kosten des Dollars hochtreiben werden und dass der Dollar während der Nächte verlorenes Terrain wieder wettmachen wird.

Im Bereich der technischen Entwicklung erzeugte der Erste Tag der Galaktischen Unterwelt (hauptsächlich das Jahr 1999) den größten Enthusiasmus über die Informationstechnologie und die „Neue Ökonomie", die zu einer Revolution, vergleichbar der Industriellen Revolution, wurde. Im Vergleich mit dem Ersten Tag der Planetarischen Unterwelt ist es leicht zu verstehen, warum dies ein weit verstreuter Impuls war. Die Inspiration, die er den Investoren gab, war, dass alles, was nach *Internet* und *Telekommunikation* klingt, am Börsenmarkt in die Höhe schnellen wird.

Die Tage der neuen Unterwelt bringen bei ihrem Beginn wohl wirtschaftliche Hochs und die Nächte Tiefs, genau parallel, wie wir das in den zwei unteren Unterwelten, in der Nationalen und der Planetarischen Unterwelt, entdeckt haben. Soweit wurden diese Muster im allgemeinen genau eingehalten, doch die Nacht Zwei, hauptsächlich das Jahr 2002, brachte, wie von dieser Energie zu erwarten, einen dramatischen Einbruch aller Aktien, die mit Telekommunikation zu tun hatten, verschärft durch eine Reihe von Skandalen einschließlich Kontobetrug. In der IT-Industrie haben wir ein Muster, das, obwohl bei einer höheren auf dem Tun fußenden Frequenz der Galaktischen Unterwelt, eine unmittelbare Parallele zu dem der tieferen Unterwelten, wo Tage für wirtschaftliche Neuerung und Nächte für Rezessionen förderlich sind, ist.

Doch vielleicht werden wir keine wirtschaftlichen Voraussagen auf einem polierten Silbertablett servieren. Jedenfalls entwickelt jede Unterwelt einen neuen und unterschiedlichen Bewusstseinsrahmen mit spezifischen Eigenheiten, so dass oft völlig unerwartete Phänomene auftauchen. Wir müssen deshalb bei unseren Deutungen vorsichtig sein. In einem Punkt sind Parallelen mit tieferen Unterwelten schwierig, weil nämlich die Galaktische Unterwelt nicht die linke Gehirnhälfte bevorzugen wird. Wenn auch die IT-Industrie von den Tagen begünstigt wird, müssen wir fragen, was mit dem abstrakten, „wertlosen" globalen Geldsystem geschehen wird, denn die Impulse der Tage werden auch die rechte Gehirnhälfte begünstigen. Auch wenn die Tage Phasen technischer Kreativität bleiben, so wird doch die aufkommende Kreativität nicht die abstrakte Kreativität der linken Gehirnhälfte sein. Und da natürlich die eher fassbaren und konkreten Wege, die Realität zu sehen, was ja typisch für die rechte Gehirnhälfte ist, jetzt dabei sind, stärker zu werden, wird vielleicht das globale Monopolyspiel zusammenbrechen. Dies könnte auf mancherlei Weise geschehen, vielleicht sogar ausgelöst durch die Aktivitäten von Hackern oder durch Computerausfälle. Ganz gleich, welche Formen solch ein Zusammenbruch haben mag, so scheint es, dass der beste Zeitpunkt dafür nahe am Beginn der Fünften Nacht sein wird, nämlich im November 2007. Was aber aus dem Obigen völlig klar ist: die wirtschaftlichen Zyklen werden phasenweise mit dem Mayakalender vorangehen.

Anhang B

Praktische Anwendung des Mayakalenders

Die Wiederbelebung des Tzolkin

Der Tzolkin kann auf zwei verschiedenen Ebenen verwendet werden. Eine ist die kosmische oder globale Ebene, wo er als Grundlage für Prophezeiungen gebraucht werden kann. Das ist es, was in der Hauptsache in diesem Buch besprochen wurde, z. B. dass man die Sieben Tage und Sechs Nächte nutzt, die Teil des Tzolkin-Musters sind (s. Abb. 6.1, Seite 137). Die andere ist die individuelle Ebene, wo sein Gebrauch einer Weissagung ähnelt. Auf einer geistigen Ebene sind die beiden unmittelbar miteinander verknüpft. Wenn es keine Prophezeiung gäbe, wäre auch eine Weissagung nicht möglich und umgekehrt. Es scheint jedoch, dass in den letzten Jahrhunderten die Rolle der Prophezeiung anhand des Tzolkin unter den Maya heruntergespielt wurde. Heute hat der Tzolkin in seinem Ursprungsland vier Hauptfunktionen, die teilweise überliefert sind. Eine dieser Funktionen ist, uns die Qualität einer Tzolkin-Energie zu sagen, die einen bestimmten Tag beherrscht, und uns eine Vorstellung davon zu geben, welche Themen an diesem Tag auftauchen werden. Die Kenntnis dieser Themen ist oft mit Empfehlungen für Dinge verbunden, die man an den verschiedenen Tagen tun sollte.

Sehr eng damit verbunden ist die zweite Funktion des Tzolkin als ein Zyklus von religiösen Festen an bestimmten Tzolkin-Tagen. Während das Kirchenjahr der christlichen Kirchen auf dem Gregorianischen Kalender fußt, ist das geistliche „Jahr“ der Maya der Tzolkin. Einer der heiligen Tage des Tzolkin ist z. B. 8 Batz (oder 8 Chuen), wenn der Heilige Kalender in Momostenango gefeiert wird. Anwärter für das Amt der Tageshüter werden dann eingeführt und beginnen mit einer besonderen Unterweisung im Kalender durch die folgenden 260 Tage. Die Tzolkin-Runde schließt andere Feierteige ein, wenn andere Dinge in der Welt der Maya gefeiert werden.

Die dritte Funktion des Tzolkin dient der Weissagung durch Schamanen. Grundsätzlich ist das ähnlich wie das Ziehen von Tarotkarten, außer dass die Symbole des Tzolkin benutzt werden. Bei einer solchen Weissagung haben die Zeichen und Zahlen des Tages spezifische Bedeutung, die teilweise ein Geheimnis der Schamanen ist.

Abb. B.1. Eine Schamanin unterweist zwei Personen durch Erklären und Vorführen die Weissagung mit Muscheln.

Die vierte Funktion bietet Informationen über den Geburtstag und was sie für den persönlichen Charakter und das Schicksal bedeuten. Da jeder Tag in der Tzolkin-Zählung eine eigene Energie hat, können wir von der Energie unseres Geburtstages etwas über uns selbst lernen. Im Folgenden möchte ich nur ein paar Hinweise zur Bedeutung der persönlichen Tzolkin-Kombinationen geben und andeuten, wie der/die Leser/in seine oder ihre Untersuchung fortsetzen kann. Wir sollten uns daran erinnern, dass die Wiederbelebung der echten Tzolkin-Zählung der Maya sehr neu ist. Außerhalb von Guatemala hat kaum jemand irgendwo den Heiligen Kalender mehr als zehn Jahre lang verfolgt. Er wartet deshalb immer noch darauf, seinen rechtmäßigen Platz im Erbe des Planeten einzunehmen.

Deshalb ist jeder, der es unternimmt, diesen Kalender zu verwenden, Teilnehmer einer Pionierarbeit. Die Verwendung des Tzolkin bedeutet für heutige Menschen, sich wieder mit dem Prozess der göttlichen Schöpfung zu verbinden, der Quelle unserer Existenz. Der Tzolkin kann uns helfen, die wechselnden Energien wahrzunehmen, die verschiedene Zeitspannen zu beherrschen, und uns erlauben, von ihnen unterstützt zu werden.

Die zwanzig Tageszeichen

Wenn der Mayakalender, wie wir in diesem Buch gesehen haben, ein Kalender des kosmischen Schöpfungsprozesses ist, heißt das – richtig gebraucht –, dass er ein Werkzeug ist, um uns zu helfen, unser individuelles Leben in Einklang zu bringen mit diesem Prozess und damit mit unserem wahren Lebensziel. In der Tat sollten wir uns fragen, ob wir ein individuelles Lebensziel hätten, wenn wir nicht in einer Schöpfung lebten mit einem höheren Ziel, entwickelt durch einen kosmischen Plan. Schließlich ist es der kosmische Plan, der festlegt, ob manche Dinge geschehen sollen und andere nicht. Um mehr über die Art früherer Ereignisse zu erfahren, sollten wir einen Kalender verwenden, der den Fluss der göttlichen Schöpfung beschreibt, und wir sollten versuchen, unseren eigenen Weg mit dem Fluss des großen Ganzen in Übereinstimmung zu bringen.

Die Dreizehn Himmel und die Dreizehn-Tage-Zählung wurden ausführlich besprochen. Der Tzolkin ist aber auch auf Zyklen von zwanzig Tagen aufgebaut, so genannten Uinals, die durch den Gang durch die zwanzig Glyphen (auch Tagesherren oder Tageszeichen genannt; s. Abb. B.2) entstehen. Beim Weissagen wird üblicherweise mehr Betonung auf jemandes Tageszeichen der Geburt gelegt als auf seine/ihre Zahl, deshalb wird hier das Tageszeichen besprochen.

Über die Energie eines jeden Tagesherrn im Zwanzig-Tage-Zyklus sind ausführliche Informationen überliefert. Die Qualität dieser Energie ist teilweise in der Glyphe verschlüsselt, die man als ihr Symbol verwendet. Diese Information hat üblicherweise den Charakter bestimmter Themen, die bestimmte Tageszeichen beherrschen. Obwohl die Tzolkin-Tageszählung der Maya, Azteken und Cherokee synchron sind, gibt es Unterschiede bei den für die Tageszeichen verwendeten Symbolen, teils wegen der unterschiedlichen Umwelt, in der die einzelnen Traditionen entstanden sind (der Jaguar der Maya ist der Ozelot bei den Mexica und der Panther bei den Cherokee). Doch die Archetypen, die die Tageszeichen widergeben, sind offensichtlich dieselben. Wer sich für eine tiefere Kenntnis der traditionellen Bedeutung der Tageszeichen interessiert, möge sie aus den verschiedenen Gesichtspunkten der verschiedenen Traditionen untersuchen. Kenneth Johnsons *Jaguar Wisdom* beschreibt einige aus der Sicht der Maya, Bruce Scofields *Day Signs* viel der Azteken, und Raven Hails *The Cherokee Sacred Calender* die Sicht der Tageszeichen bei den Cherokee.

In diesen Büchern werden die Tageszeichen mit einigen Traditionen der einzelnen Völker dargestellt. Sicherlich hätten einige Tageshüter oder Schamanen aus den verschiedenen Traditionen vieles noch hinzuzufügen. Tageshüter haben noch viel Kenntnis von der magischen Bedeutung der Tageszeichen geerbt und gesammelt.

Ähnlich wie die dreizehn Zahlen sind auch die zwanzig Glyphen

Tageszeichen der Maya	Tageszeichen der Azteken	Herrschende aztekische Gottheit	Nagual (Totem)
Imix 	Cipactli 	**Tonacatecuhtli,** Gott der Schöpfung	Alligator
Ik 	Ehecatl 	**Ehecatl,** Gott des Windes Quetzalcoatl steckt hinter dieser Maske	Wiesel
Akbal 	Calli 	**Tepeyollotl,** Herz des Gebirges	Rehkitz
Kan 	Cuetzpallin 	**Huehuecoyotl,** Gott des Tanzes	Eidechse
Chicchan 	Coatl 	**Chalchiuhtlicue,** Göttin des Wassers	Schlange
Cimi 	Miquiztli 	**Tecciztecatl,** Göttin des Mondes	Eule
Manik 	Mazatl 	**Tlaloc,** Gott des Regens und des Krieges	Hirsch
Lamat 	Tochtli 	**Mayahuel,** Göttin des Pulques (vergor. Agavensaft)	Kaninchen
Muluc 	Atl 	**Xiuhtecuhtli,** Gott des Feuers und der Zeit	Wasser
Oc 	Itzcuintli 	**Mictlantecuhtli,** Gott des Todes	Hund

Abb. B.2. Die zwanzig Tagesherren mit ihren herrschenden Gottheiten und Naguals (Totems).

mit einer Anzahl von Gottheiten verbunden (Abb. B.2), die man als Beitrag zu den Energien des entsprechenden Tages sehen kann. Wie bei den dreizehn Zahlen kann brauchbare Information über die Energie der zwanzig Glyphen gewonnen werden, wenn man die Charaktere der Gottheiten untersucht, die diese Glyphen beherrschen. In dieser Abbildung sind auch die Namen der entsprechenden Totem-Tiere nach den heutigen Quiché-Maya aufgeführt.

In der heutigen Welt werden die meisten Geburtstage in einem Jahr mit Jahreszeiten gefeiert. Wer beispielsweise am 12. Mai 1951 gebo-

Tageszeichen der Maya	Tageszeichen der Azteken	Herrschende aztekische Gottheit	Nagual (Totem)
Chuen 	Ozomatli 	**Xochipilli,** Gott der Blumen	Affe
Eb 	Malinalli 	**Patecatl,** Gott der Medizin	Drossel
Ben 	Acatl 	**Tezcatlipoca,** Gott der Finsternis	Stock
Ix 	Ocelotl 	**Tlacolteotl,** Göttin der Liebe und Geburt	Jaguar
Men 	Cuauhtli 	**Tezcatlipoca, Xipe Totec,** Gott der Finsternis, gehäuteter Gott	Quetzal
Cib 	Cozcacuahtli 	**Itzpapalotl,** Obsidian-Schmetterling	Geier
Caban 	Ollin 	**Xolotl, Nanahuatzin,** hundköpfiges Ungeheuer, Sonne	Specht
Etznab 	Tecpatl 	**Chalchiuhtotolin, Truthahngott** und Vogelvariante zu Tezcatlipoca	Wolf
Cauac 	Quiahuitl 	**Tonatiuh,** Gott der Sonne und der Krieger	Löwe
Ahau 	Xochitl 	**Xochiquetzal,** Göttin der Blumen	Adler

Abb. B.2. (Fortsetzung)

ren ist, feiert seinen Geburtstag in jedem Gregorianischen Jahr am 12. Mai. Diese Art, seinen Geburtstag zu feiern, ist keineswegs zwingend. Geburtstag in einem physischen Jahr zu feiern hängt offensichtlich mit der Ansicht zusammen, dass ein Mensch in erster Linie ein Teil in einem physischen Universum ist und nicht ein Geist, der sich in einem Universum der Heiligen Zeit inkarniert hat.

Die Geburtstagsfeiern der Maya fußen auf den geistigen Energien ihres Geburtstags, der sich zyklisch alle 260 oder 360 Tage wiederholt. Dieser Art von Geburtstagsfeiern liegt eine völlig andere Auffassung darüber zugrunde, was es heißt, ein Mensch zu sein. Geburtstag zu feiern zu einer geistig bestimmten Zeit, nämlich in den Tun- oder Tzolkin-Zyklen, beinhaltet, dass man den Menschen zuerst als geistiges Wesen sieht. Und da es die Energien der Bewusstseinszyklen sind, die diese Schöpfung sich entfalten lassen, dürfte es von größerem Interesse sein, zu wissen, wann man im Zusammenhang mit der Entwicklung der geistigen Zeit geboren ist, als im Zusammenhang mit sich endlos wiederholenden astronomischen Zyklen.

Sogar heute noch geben die Maya oft einer Person den Namen der Kombination des speziellen Tzolkin-Tages, an dem sie geboren wurde. Das ist deshalb, weil Ihr spezieller Tzolkin-Geburtstag wichtig sein kann für Ihr Schicksal und dafür, wer Sie als Individuum sind. Anhand der Methode in Anhang C können Sie Ihre Tzolkin-Energie nach Ihrem Geburtstag im Gregorianischen Kalender entsprechend der klassischen Quiché-Maya-Azteken-Cherokee-Zählung berechnen. Es ist auch möglich, dafür Rechenhilfen aus dem Internet herunterzuladen (benutzen Sie bitte die Verbindung 584, 283, wenn Sie an der Zählung interessiert sind, die bei den Maya noch in Gebrauch ist. Manche Archäologen je-

Abb. B.3. Die aztekische Gottheit Tonacatecuhtli mit dem Tageszeichen Cipacti (Alligator), das er beherrscht.

doch bevorzugen immer noch die 584, 285 Zählung, von der ich abrate). Bei diesen Berechnungen gibt es mehrere Vorstellungen darüber, wann der Tag beginnt. Meine persönliche Erfahrung, die hauptsächlich aus Schweden stammt, wo die Tageslänge mehr schwankt als in den meisten anderen Gegenden, hat mich dazu geführt, den Tagesbeginn auf den Sonnenaufgang zu setzen.

Einige Charakterzüge, die man oft bei Menschen findet, die an einem bestimmten Tag geboren sind, sind in Abb. B.4 aufgezählt. Jeder Tag hat seine einzigartige Qualität, wie wir klar sehen, bestimmt durch einen definierten Bewusstseinsrahmen. Dies bedeutet, dass ein Geburtstag ebenso eine einzigartige Verbindung von Bewusstseinspolaritäten auf verschiedenen Ebenen ist. So scheint es natürlich, dass die Energien unseres persönlichen Geburtstages unser Verhalten gegenüber der Welt prägen und, wie wir mit unsere Umgebung verbunden sind – das heißt: einige unserer Züge der Persönlichkeit. Oft werden Tiere verwendet, um unsere Persönlichkeitszüge zu symbolisieren, die von diesen archetypischen Einflüssen stammen. Tageszeichen, die nicht unmittelbar mit einem Tiernamen verbunden sind, haben ein Totem-Tier oder *Nagual*, wie in Abb. B.2 aufgelistet.

Zusätzlich zu der kosmischen Tzolkin-Zählung, der die ganze Schöpfung untergeordnet ist, haben wir auch eine persönliche Tzolkin-Zählung, die mit unserem eigenen Tzolkin-Geburtstag beginnt. Falls Sie beispielsweise am Tzolkin-Tag 8 Cauac (der Kin 99 in der kosmischen Tzolkin-Zählung ist) geboren sind, ist dies *Kin* 1 in Ihrer persönlichen Zählung. Dann ist der Tag 3 Eb (*Kin* 172) *Kin* 172 – 99 = 73, 8 Ben in Ihrer eigenen, persönlichen Tzolkin-Zählung. So laufen die kosmischen und persönlichen Tzolkin-Wellen parallel, freilich mit einer konstanten Phasenverschiebung zwischen ihnen. Eine kosmische Tzolkin-Energie nimmt eine individuelle Bedeutung an, weil Sie von Ihrem eigenen Tzolkin-Geburtstag abhängen.

Es gibt gewisse Tage in der Tzolkin-Zählung, an denen besonders bedeutungsvolle Ereignisse in Ihrem Leben stattfinden, die als Führung für Ihr Lebensziel dienen. Alle Tage, die von Ihrer eigenen Tzolkin-

Tageszeichen der Maya	Tageszeichen der Azteken	Typische Züge
Imix 	Cipactli 	einführend, instinktiv schützend
Ik 	Ehecatl 	kommunikativ, spirituell, vielseitig
Akbal 	Calli 	machtvoll, diszipliniert, häuslich
Kan 	Cuetzpallin 	aktiv, dynamisch, sexuell, Führer
Chicchan 	Coatl 	machtvoll, magisch, charismatisch
Cimi 	Miquiztli 	sicherheitsbewusst, materialistisch
Manik 	Mazatl 	spirituell, machtvoll
Lamat 	Tochtli 	produktiv, glücklich, erfolgreich
Muluc 	Atl 	emotional, phantasiebegabt, manchmal unausgeglichen
Oc 	Itzcuintli 	kooperativ, ausdauernd, loyal

Abb. B.4. Persönlichkeitszüge, die mit dem Geburtszeichen verbunden sind.

Zahl und entsprechenden Glyphe beherrscht werden, können solche Tage sein. Der Grund ist folgender: Wenn Sie Ihre Inkarnation im Heiligen Universum der Zeit an einem Tag gewählt haben, der beispielsweise 7 Ik war, dann neigen alle Tage mit der Energie 7 oder Ik dazu, Ihre Erinnerung daran zu wecken, warum Sie Ihre Inkarnation in diese Welt gewählt haben und was Ihr Lebensziel ist. Allgemein würde das bedeuten, dass Ihr Lebensziel an den Tagen, die von Ihrer eigenen Zahl und Glyphe beherrscht werden, etwas Rückenwind bekommt. Freilich sind solche Ereignisse nicht notwendigerweise angenehm, und sie können

Tageszeichen der Maya	Tageszeichen der Azteken	Typische Züge
Chuen 	Ozomatli 	künstlerisch, egozentrisch, vielseitig interessiert
Eb 	Malinalli 	voller Sorge wegen künftiger Generationen, zurückhaltend
Ben 	Acatl 	autoritär, kenntnisreich, kompetent
Ix 	Ocelotl 	heimlichtuerisch, sensitiv, intelligent, medial
Men 	Cuauhtli 	unabhängig, ehrgeizig, Außenseiter
Cib 	Cozcacuahtli 	ernsthaft, tiefsinnig, weise
Caban 	Ollin 	mental, praktisch
Etznab 	Tecpatl 	praktisch, wertend, ordentlich
Cauac 	Quiahuitl 	jugendlich, neugierig, freundlich, zu Philosophie u. Religion hingezogen
Ahau 	Xochitl 	künsterlisch, träumerisch, romantisch

Abb. B.4. (Fortsetzung)

die Form einer Lektion annehmen, die man zu lernen hat. Etwas Ähnliches gilt vielleicht auch für die verschiedenen Tuns der Galaktischen Unterwelt, in der jemand, der am Tag 7 Ik geboren wurde, merken wird, dass das siebente Tun in dieser Unterwelt eine wichtige Zeit zur Verwirklichung seines oder ihres Lebenszieles ist.

Es gibt noch etwas anderes im kosmischen Fluss der Zeit zu beachten. Wer Sie sind und was Sie werden, hängt nicht nur von der Energie Ihres Geburtstages ab. Eine tiefere Weise, die Bedeutung eines Tzolkin-Geburtstages zu verstehen ist zu sehen, dass dies der Tag ist, an dem Sie in den dauernden Strom der Heiligen Zeit eintauchen. Wenn Sie z. B. an einem Tag mit der Energie 9 Ik geboren wurden, bedeutet das notwendigerweise, dass der zweite Tag Ihres Lebens 10 Akbal im kosmischen Fluss der Zeit war, der dritte 11 Kan usw. Durch Ihre Tzolkin-Energie bei der Geburt sind sie eingeweiht in den kosmischen Zeitfluss – ein Fluss, der ohne Unterbrechung sich durch Ihr Leben hindurch fortsetzt. Um mich selbst als Beispiel zu nehmen: Ich wurde am Tag 5 Ix, also 5 Jaguar geboren. Das heißt, es waren noch sieben Tage, bis ich meine erste Uinal-Verschiebung erlebte, und neun Tage bis zu meinem ersten Trecena-Wandel, zwei entscheidende, frühe Energiewandlungen in meinem Leben. So bin ich jetzt, einige Tzolkin-Runden später gerade dabei, ein Buch über die Rolle der Zahlen 7 und 9 in der Schöpfung zu schreiben.

Selbstverständlich haben Menschen deshalb ein Schicksal, weil der kosmische Plan, dessen Licht den Fluss der Tätigkeit erzeugt, wirklich existiert. Manche Dinge ereignen sich und andere nicht, je nachdem, ob sie mit den Strömen des schöpferischen Lichtes im Einklang sind, die vom Tzolkin gezeichnet werden. Unser persönlicher Fluss wurde geschaffen durch unsere persönliche Tzolkin-Zählung, beginnend mit dem Tag unserer Geburt. Wie unsere persönlichen Zyklen mit den kosmischen Zyklen zusammenspielen, hängt zum großen Teil davon ab, wie unser persönliches Schicksal spielt und welche Ströme schöpferischen Lichts für uns verfügbar sind.

Nicht nur Menschen, sondern alles, was geboren wurde, so wie eine Nation (beispielsweise die USA am 4. Juli 1776 = 9 Ben), eine Gesellschaft, ein Tier (ich kenne einen Hund, der wie ich am Tag 5 Jaguar geboren war, und wir waren lange Zeit mit einem tiefen gegenseitigen Verständnis zusammen), eine Pflanze oder sonst etwas – alles erzeugt eine persönliche Tzolkin-Zählung. Trotz dieser möglichen Verschiedenheit gibt es nur eine kosmische Tzolkin-Zählung, die die ganze Schöpfung beherrscht, die echte Zählung, die ein harmonischer Oberton aller größeren Zyklen ist, der die kosmische Entwicklung steuert.

Ein weiterer Punkt ist zu berücksichtigen, nämlich dass eine bestimmte Energie in einer Gruppe von Menschen wie in einer Familie, einer Gesellschaft oder einer Versammlung in Abhängigkeit von den Energien des Tzolkin-Geburtstages der Einzelnen geschaffen wird. Sie können ein Tzolkin-Diagramm verwenden wie das in Abb. 1.10 (Seite 17) oder Abb. 6.4 (Seite 145) und sich die Tzolkin-Energien der Geburt der Mitglieder der entsprechenden Gruppe notieren und die sich ergebenden Muster untersuchen. Offenbar gibt es auch vieles über die Beziehungen zwischen Personen, die mit verschiedenen Tzolkin-Energien geboren wurden, zu lernen.

Der Zusammenhang Ihres Tzolkin-Geburtstages

In einem größeren Zusammenhang bringt eine einzelne Tzolkin-Kombination nur eine begrenzte Information über die Energie eines bestimmten Tages. Durch unsere geschichtlichen Untersuchungen sollte klar sein, dass jedes Ding nicht nur bestimmt ist durch die einzelne Tzolkin-Kombination, die den Tag unserer Geburt beherrscht. Um ein etwas ausgefallenes Beispiel zu nehmen: jemand der am Tag 4 Eb, am 1. Juni des Jahre 1 n. Chr. geboren wurde, war in einen völlig anderen Bewusstseinsrahmen geboren, beherrscht von einem unterschiedlichen Himmel und einer unterschiedlichen Unterwelt, als jemand, der am Tag 4 Eb, am 20. April 2000 n. Chr., geboren wurde. Obwohl 4 Eb in der Tzolkin-Zählung beide Daten beherrscht, ist doch der Zusammenhang ein völlig anderer.

Der Tag-für-Tag-Tzolkin ist nur ein Kräuseln in den Wogen des Ozeans der Schöpfung; die größeren Wellen sind viel wichtiger, Ihren Bewusstseinsrahmen zu bestimmen als der Tag-für-Tag-Tzolkin. Das Baktun, Katun und Tun, in dem Sie geboren wurden, hat eine große hellseherische Bedeutung, was bei der Untersuchung alter Stelen der Maya deutlich wird. Mehr noch: wenn wir nur unsere Tzolkin-Geburtstage betrachten, bleiben wir in der Weltsicht sich endlos wiederholender Zyklen stecken, in diesem Fall in den 260-tägigen Tzolkin-Runden. Schöpfung jedoch ist weder zyklisch noch linear. Ein Kalender, der die Schöpfung beschreibt, muss eine Entwicklung und eine Spirale zeigen und muss mehrere Entwicklungsebenen einschließen. Nur in einem solchen Entwicklungszusammenhang, erzeugt, indem man längere Zyklen mit berücksichtigt, gewinnt die Energie eines Tzolkin-Geburtstages ihre wahre Bedeutung.

Weiterhin hat der Zusammenhang der gesamten Tzolkin-Runde auch einen großen Einfluss auf die wahre Bedeutung der Zahl Ihres Geburtstages. Wie erwähnt, bedeutet die Zahl Ihrer Tzolkin-Kombination eine bestimmte Gottheit, die sie beherrscht. Die Zahl 2 in 2 Chuen z. B. ist beherrscht von Tlatecuhtli (s. Abb. 2. 2, Seite 21), aber die Zahl 2 in dieser Kombination heißt auch, dass Sie in der Trecena von Oc, am zweiten Tag, geboren sind. Das bedeutet, dass sie ein Chuen (Affe) mit einem Oc (Hund) sind und dass Ihre Persönlichkeit einen Hundecharakter hat, obwohl Ihr Tageszeichen der Affe ist. Da Sie aber am 2. Tag (2) der Hunde-Trecena geboren sind, ist Ihr Hundecharakter nicht so ausgeprägt, wie er es mit der Zahl 12 oder 13 in derselben Trecena wäre. Deshalb bestimmt die Zahl vor dem Tageszeichen zweifelsfrei, in welcher Trecena und in welchem Uinal Sie geboren wurden, Zyklen, die ebenfalls einen Einfluss auf Ihre Persönlichkeit und Ihr Schicksal ausüben.

Ihre Tzolkin-Energie der Geburt ist also nicht einfach eine Zahl plus einer Glyphe. Sie kann nur von Ihrer Stellung her im Zusammenhang der gesamten 260-tägigen Tzolkin-Struktur verstanden werden. Am Tageszeichen Chuen beispielsweise geboren zu sein, bedeutet etwas völlig anderes, ob dies 9 Chuen im Uinal des Tezcatlipoca oder 2 Chuen im Uinal von Quetzalcoatl ist. Chuen liegt immer in der Mitte eines Uinal, aber da die Uinals selbst ganz verschiedene Energien haben, werden es auch die Energien von 2 Chuen und 9 Chuen haben. Die Tzolkin-Energie ist nicht die Zahl 9 plus dem Tageszeichen Chuen, sondern die einzigartige Kombination 9 Chuen. Erfahrene Tageshüter der Maya versichern, dass man, will man die Bedeutung des Tzolkin-

Geburtstages verstehen, ihn im Zusammenhang mit allen 260 Kombinationen betrachten muss, mit den gesamten Filtermustern des Lichtes, was der Tzolkin schließlich ist. Es ist auch von Bedeutung, in welchem Zyklus man geboren ist: vier Tage, fünf Tage (*Quintana*), dreißig Tage (Trecena), zwanzig Tage (Uinal), zweiundfünfzig Tage oder fünfundsechzig Tage.

Das Tuniversarium

Zusätzlich zu Ihrem Tzolkin-Geburtstag haben Sie alle 360 Tage einen Geburtstag, den wir Tuniversarium nennen können. Das Tuniversarium ist eher eine Geburtstagsfeier im spirituellen 360-tägigen „Jahr" als im physischen 360-tägigen Jahr. In alten Zeiten haben die Könige der Maya wohl öfter Stelen errichtet, um das Tuniversarium oder Katuniversarium ihres Geburtstages zu feiern. Auf den alten Stelen der klassischen Maya findet man selten Schamanenkönige, die ihren Tzolkin-Geburtstag feiern. Es scheint, dass für sie ihr Tuniversarium weit bedeutender war. Die Katuniversarien waren von größtem Interesse, weil sie wussten, dass das Katun von großer prophetischer Bedeutung war. Ihr Tuniversarium hat viel mehr über Ihre Höhen und Tiefen im Leben und über Neubeginn zu sagen als der Tzolkin-Tag. Ich glaube, dass die Bedeutung des Tuniversariums bei der Wiederbelebung des Mayakalenders, die in den letzten Jahren stattgefunden hat, gewaltig unterschätzt wurde.

Die Feier Ihres Tuniversariums ist ein Mittel, sich in den Wellenprozess der göttlichen Schöpfung einzuschwingen, die sich hauptsächlich nach den auf dem Tun fußenden Zyklen entfaltet. Es gibt einen klaren Unterschied zwischen dem Tzolkin-Geburtstag und dem Tuniversarium. Während der Tzolkin-Tag die Energie Ihres Geburtstags widerspiegelt, ist das Tuniversarium ein Knotentag in Ihrem Energiezyklus, der stark damit zu tun hat, inwieweit Ihr persönlicher spiritueller Prozess einhergeht mit dem bestimmter anderer. Alle 260 Tage kehrt die Tzolkin-Energie Ihres Geburtstages wieder, aber alle 360 Tage nach Ihrem Geburtstag liegt ein Knotenpunkt Ihres persönlichen Tun-Zyklus. Beide Tage haben immer dasselbe Tageszeichen, doch die eigene Zahl im 13-tägigen Zyklus Ihres Geburtstages ändert sich an den verschiedenen Tuniversarien.

Sie können erforschen, wie Ihr eigener evolutionärer, spiritueller Zyklus sich zu dem anderer Personen in Ihrem Leben verhält, indem sie einen Kreis von 360° zeichnen und die *Kin*-Zahl Ihres eigenen Tunversariums in den Kreis zusammen mit der bestimmter anderer Personen eintragen (Abb. B.5). Die Winkel, die sich ergeben, geben Aufschluss darüber, wie gut Sie mit deren geistigen Wellenbewegung synchron sind.

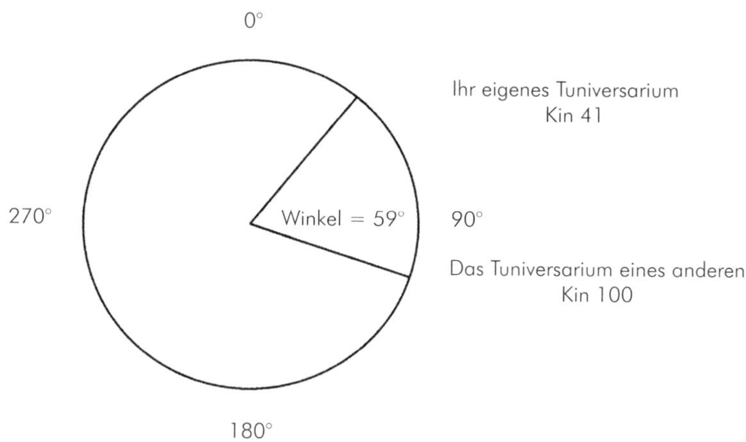

Abb. B.5. Ein Kreis von 360° kann verwendet werden, um die Winkel zwischen den Tuniversarien verschiedener Personen zu bestimmen, um zu sehen, inwieweit deren Entwicklungsweg synchron ist.

Mit dem Tzolkin-Geburtstag können Sie also erforschen, wie verträglich Ihre Energie zu der anderer ist, während Sie durch das Tuniversarium erforschen können, inwieweit Sie mit ihnen synchron sind, was eine völlig andere Sache ist. Winkel nahe 0° oder 180° sind günstig für eine synchrone geistige Entwicklung, während 90° oder 270° das genaue Gegenteil bedeuten.

Bei jedem dreizehnten Tun fallen die beiden Zyklen – Ihr persönlicher Tun-Zyklus und der Tzolkin – zusammen, was jedes dreizehnte Tuniversarium zu einem besonders machtvollen Tag macht. Mit 4 x 13 = 52 Tuns nach Ihrem Geburtstag ist diese Macht noch weiter betont. Nicht nur Ihre 260- und 360-tägigen Zyklen fallen zusammen, sondern sie stimmen fast oder genau mit dem Tag Ihrer Zeugung überein. So wird das 52. Tuniversarium eine Wiedergeburt und vielleicht eine neue Zeugung sein, und deshalb der Beginn einer neuen geistigen Phase in Ihrem Leben, die eines Älteren.

Es mag auch von Interesse sein zu wissen, dass für eine Person von Zweien der Tzolkin-Geburtstag alle 42 Jahre mit seinem oder ihrem Geburtstag im Gregorianischen Kalender zusammenfällt, was bedeutet, dass die weltlichen und geistlichen Energien beider Geburtstage zusammengebracht worden sind.

Wie Sie Ihre Sensitivität gegenüber dem Kalender verstärken

Es gibt mehrere Wege, sich selbst für die Energien des Heiligen Kalenders zu öffnen, die Energien der verschiedenen Tage für Sie Wirklichkeit werden zu lassen und das Tun in ihnen zu lernen. Wenn Sie einen klassischen Mayakalender erwerben, sollten sie anfänglich die Tage verfolgen und festhalten, wie Sie die Tzolkin-Runden, Tun-Veränderungen usw. erleben. Sie können die kosmischen Energien, die mit den verschiedenen Tageszeichen und Zahlen verbunden sind, kennen lernen, indem Sie über die Glyphe und Zahl eines jeden Tages meditieren. Sie können Ihr Empfinden gegenüber den Energien des Kalenders verstärken, indem Sie Gewohnheiten und Rituale schaffen (z. B. zu den Tagesherren beten), um ihr Bewusstsein ihnen gegenüber zu vergrößern.

Sie können an jedem Tag der Trecena mit einem Band meditieren, das den Ton der regulären C-Dur-Tonleiter spielt, der dem jeweiligen Tag entspricht. Manche empfehlen verschiedenen Sex an den verschiedenen Tageszeichen. Ebenso wie die Ausübung von Tai Chi mit der Zahl 108 verbunden ist (erklärt in Kapitel 9), ist es möglich, die Ausübung von Yoga und anderen spirituellen Praktiken auf den Mayakalender zu beziehen. Es gibt Aromaessenzen für alle Tageszeichen, um Ihre Erfahrung der verschiedenen Zeichen zu verstärken. Im alten Mexiko würden die Menschen auch eine 20-Tage-Diät beachten (Abb. B.6), und das könnte auch ein Weg sein, in den Fluss zu kommen. Fin-

Tageszeichen der Maya	Tageszeichen der Azteken	Ein guter Tag für ...	Empfohlenes Essen
Imix 	Cipactli 	Hauskauf	Fisch
Ik 	Ehecatl 	Schutz für Haustiere	Gemüse Tamales
Akbal 	Calli 	Umwerbung	Truthahnessen
Kan 	Cuetzpallin 	Gebete zu den Berggeistern	Kaktusfrüchte
Chicchan 	Coatl 	Gebete für Heirat	Eier
Cimi 	Miquiztli 	Gebete für Kranke	Innereien
Manik 	Mazatl 	Jagen	Wildbraten
Lamat 	Tochtli 	Getreidekult	Kaninchen
Muluc 	Atl 	Reinigung	Fisch und Fasten
Oc 	Itzcuintli 	Sexualität	Hund

Abb. B.6. In der Tradition der Maya wurden bestimmte Tage im Tzolkin für bestimmte Unternehmungen als gut oder schlecht angesehen. Einige Beispiele sind hier aufgelistet (aus: Marco and Marcus de Paz, *The Mayan Calendar*).

den Sie heraus, welche Sinne für Sie am wichtigsten sind – schmecken, sehen, tasten, hören, berühren oder was auch immer sie ansprechen mag – und schaffen Sie Muster, die sich auf Ihre persönliche Tzolkin-Runde oder den kosmischen Zyklus beziehen.

In der Überlieferung der Maya wurden bestimmte Tage im Tzolkin als gut oder schlecht zur Durchführung gewisser Dinge bezeichnet. Einige Beispiele aus *The Mayan Calendar* von Marco und Marcus de Paz

Tageszeichen der Maya	Tageszeichen der Azteken	Ein guter Tag für ...	Empfohlenes Essen
Chuen 	Ozomatli 	Geld, Tiere und Ernte	Früchte
Eb 	Malinalli 	Gebete für Wohlbefinden	Obst- oder Gemüsesuppe
Ben 	Acatl 	Kinder	Fisch
Ix 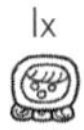	Ocelotl 	Gebete um Regen	Truthahnbraten
Men 	Cuauhtli 	Gute Wirtschaft	Fleisch und Bohnen
Cib 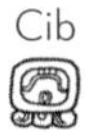	Cozcacuahtli 	Opfergaben für Seelen	Schmorbraten
Caban 	Ollin 	Gebete für einen Verwandten	Gemüse
Etznab 	Tecpatl 	Menschen von Flüchen befreien	Saftfasten
Cauac 	Quiahuitl 	Geschäftsreisen	Früchte
Ahau 	Xochitl 	Beseitigung von bösen Anrufungen	Truthahnbraten

Abb. B.6. (Fortsetzung)

sind in Abb. B.6 widergegeben. Ich muss gestehen, dass ich mein eigenes Leben nie nach solchen Empfehlungen eingerichtet habe, doch es gibt wohl grundsätzlich eine vernünftige Basis dafür. Beachten Sie z. B., wie das menschliche Bewusstsein sich zwischen dem vereinheitlichenden und polarisierenden Bewusstseinsrahmen im Laufe der Geschichte des Großen Zyklus verändert hat. Als Folge verändert sich die Arbeitsweise des Gehirns, wenn andere Tzolkin-Kombinationen herrschen. Manche Tage sind wohl passender für Kreativität, während andere Ruhe erfordern und entsprechende Tätigkeiten. Jedenfalls vermute ich, dass die Empfehlungen in Abb. B. 6 übermäßig detailliert sind, und für die meisten von uns müssten sie wahrscheinlich an die moderne Welt angepasst werden, um von Bedeutung zu sein.

Ich bin davon überzeugt, dass bestimmte Arten von Ereignissen eher an bestimmten Tagen der Tzolkinrunde vorkommen, besonders im Zusammenhang mit den Uinals, und zwar mit ihren Anfangs-, Mittel- und Schlußzeichen. Ich benutze die Tzolkin-Runde so, dass ich Unternehmungen meiner Wahl bei seinem ersten Uinal beginne und dann verfolge, wie die Ziele der Unternehmungen sich in Verbindung mit dem kosmischen Fluss der Energien, die die Tzolkin-Runde mit sich bringt, verwirklichen. Solch eine Runde wird dann immer ein Zyklus von Wiedergeburt, von einer neuen Schwangerschaft, wie es die meisten zeitgenössischen Schamanen der Maya tatsächlich beschreiben würden. Als Teil einer solchen 260-tägigen Wiedergeburt achte ich auf den Fluss der Uinals und wie sie dazu neigen, in meinem Leben Muster in Beziehung zu den verschiedenen Unternehmungen, die ich gerade verfolge, zu schaffen. Auf diese Weise erkenne ich die Wirklichkeit des Energieflusses, den die Runde beschreibt, und entscheide mich dennoch frei bei den Unternehmungen, auf die ich mich konzentriere.

Da gibt es viele Möglichkeiten. Niemand kennt die richtige Antwort, wie man dem Tzolkin folgen soll – wenn es überhaupt eine gibt –, doch wir können ihn alle erforschen. Seine Energien sind mit Sicherheit wirklich.

Anhang C

Wie Sie Ihr Tuniversarium und Ihren Tzolkin-Tag berechnen

Beispiel für das Tuniversarium: Angenommen, Sie sind am 3. Oktober 1960 nach dem Gregorianischen Kalender geboren. Gehen Sie zur Abb. C.1, Tabelle 1, um die Tageszahl, die dem Jahr 1960 entspricht, zu finden. Es ist 21915. Dazu sollten Sie die Monatszahl für Oktober in der Tun-Spalte in Tabelle 2 – es ist 470 –, hinzufügen. Addieren Sie dazu die Zahl 3 (Zahl des Tages im Monat Oktober). Das ergibt: 21915 + 470 + 3 = 22388. Dividiert durch 360 ergibt: 22388 : 360 = 62,1888. Subtrahieren Sie die ganze Zahl (62) und multiplizieren Sie den Rest mit 360, also: 0,1888 x 360 = 68. Das heißt, dass Ihr Tuniversarium immer auf den 68. Tag des Tuns fällt. Um zu sehen, auf welches Datum Ihr spiritueller Geburtstag in einem bestimmten Jahr fällt, beginnen Sie mit dem 1. Tag eines neuen Tuns (untere Reihe in Abb. 7.7, Seite 155 z. B. 10.12.2003) und zählen Sie, bis Sie zu der Tageszahl 68 kommen, was Sie zum 15.2.2004 führt. Selbstverständlich verändert sich das Gregorianische Datum, das Ihrem Tuniversarium entspricht, von Jahr zu Jahr.

Jahr	Tag	Jahr	Tag	Jahr	Tag	Jahr	Tag
1900	0	1928	10227	1956	20454	1984	30681
1901	365	1929	10592	1957	20819	1985	31046
1902	730	1930	10957	1958	21184	1986	31411
1903	1095	1931	11322	1959	21549	1987	31776
1904	1461	1932	11688	1960	21915	1988	32142
1905	1826	1933	12053	1961	22280	1989	32507
1906	2191	1934	12418	1962	22645	1990	32872
1907	2556	1935	12783	1963	23010	1991	33237
1908	2922	1936	13149	1964	23376	1992	33603
1909	3287	1937	13514	1965	23741	1993	33968
1910	3652	1938	13879	1966	24106	1994	34333
1911	4017	1939	14244	1967	24471	1995	34698
1912	4383	1940	14610	1968	24837	1996	35064
1913	4748	1941	14975	1969	25202	1997	35429
1914	5113	1942	15340	1970	25567	1998	35794
1915	5478	1943	15705	1971	25932	1999	36159
1916	5844	1944	16071	1972	26298	2000	36525
1917	6209	1945	16436	1973	26663	2001	36890
1918	6574	1946	16801	1974	27028	2002	37255
1919	6939	1947	17166	1975	27393	2003	37620
1920	7305	1948	17532	1976	27759	2004	37986
1921	7670	1949	17897	1977	28124	2005	38351
1922	8035	1950	18262	1978	28489	2006	38716
1923	8400	1951	18627	1979	28854	2007	39081
1924	8766	1952	18993	1980	29220	2008	39447
1925	9131	1953	19358	1981	29585	2009	39812
1926	9496	1954	19723	1982	29950	2010	40177
1927	9861	1955	20088	1983	30315	2011	40542

Tabelle 1

Monat	Tun	Tzolkin
Januar	197	237
Januar (in einem Schaltjahr)	196	236
Februar	228	268
Februar (in einem Schaltjahr)	227	267
März	256	296
April	287	327
Mai	317	357
Juni	348	388
Juli	378	418
August	409	449
September	440	480
Oktober	470	510
November	501	541
Dezember	531	571

Abb. C.1. Die Tabelle 1 zeigt die Zahlen für die verschiedenen Gregorianischen Jahre der Geburt (nach Jenkins, Tzolkin). Beachte: Die graue Schattierung ist nur wegen der besseren Lesbarkeit gewählt und hat nichts zu tun mit Tagen und Nächten.
Die Tabelle 2 zeigt die Zahlen für die verschiedenen Monate, die man braucht, um seinen Tun- (oder Tzolkin-) Geburtstag zu errechnen.

Tabelle 2

Berechnung des geistigen Geburtstags (Das Tuniversarium)

1. Die Tageszahl des Jahres (Abb. C.1, Tabelle 1) ist:
2. Die Tageszahl des Monats (Abb. C.1, Tabelle 2) ist:
3. Der bestimmte Tag des Monats ist:
4. Die Summe von (1), (2) und (3) ist:
5. Diese Summe, geteilt durch 360, ist:
6. Der Dezimalteil davon, multipliziert mit 360, ist:
7. Um Ihr Tuniversarium für ein bestimmtes Jahr zu bestimmen, zählen Sie diese Tageszahl von einem der Anfangsdaten des Tuns in der unteren Reihe von Abb. 7. 1, Seite 155.

Ein Beispiel für den Tzolkin-Tag: Angenommen, Sie wären am 19. Januar 1960 geboren und wollen wissen, welcher Tag dem im Tzolkin entspricht. Addieren Sie 21915 + 236 (1960 war ein Schaltjahr) + 19 = 22170 (Abb. C.1). Dividieren Sie diese Zahl durch 260. Das ergibt: 22170 : 260 = 85,2692. Subtrahieren Sie die ganze Zahl (85) und multiplizieren Sie den Rest mit 260: 0,2692 x 260 = 70. Ihre Kin-Zahl im Tzolkin ist somit die 70. In den Abb. 1.9 und 1.10. (Seite 16–17) finden Sie, dass dies 5 Oc entspricht.

Welche Zeit als Tagesbeginn anzusehen ist, ist eine noch nicht ausreichend gelöste Frage. Nach meiner Erfahrung jedoch sollten Menschen, die vor Sonnaufgang geboren sind, sich das Tageszeichen des Vortages nehmen.

Als Alternative zu dieser langweiligen Prozedur kann eine Rechenhilfe (calculator) zur Bestimmung des Tzolkin-Tages und der Tuniversarien von folgender Website herunter geladen werden: www.calleman.com.

Glossar

18 Kaninchen: Schamanenkönig der Maya, der in Copan herrscht.

21. Dezember 2012: Letztes Datum der Langen Zählung.

28. Oktober 2011: Enddatum der göttlichen Schöpfungszyklen.

Abendstern: Die Venus am Morgenhimmel.

Achtfältiger Pfad: Buddhistische Lehre für die Erlangung der Erleuchtung.

Ahau: 20. Tageszeichen des Uinals, bedeutet: Licht/Herr.

Ahauob: Herrscher (Herren) der Maya.

Ah-Cacaw: Herrscher in Tikal im 7. Jahrhundert n. Chr.

Akupunktur: Zweig der traditionellen chinesischen Medizin, bei der Nadeln in bestimmte Meridianpunkte eingeführt werden.

Alataun: Zeitraum von 63,1 Millionen Jahren.

Alpha-Wellen: Hirnströme in der Frequenz von 8–13 Hz

Aminosäuren: Bestandteile von Proteinen.

An: Sumerischer Gott des Himmels.

Anthropologie: Wissenschaft von der Menschheitsentwicklung.

Apokalypse: Griechisches Wort, das Offenbarung bedeutet, gewöhnlich auf das Szenario bezogen, das die Geheime Offenbarung beschreibt.

Äquinoktien: Die zwei Tage im Jahr, wenn Tag und Nacht gleich lang sind.

Arbenz, Jacobo: Präsident von Guatemala, der sich für Reformen einsetzte und im Jahre 1953 vom CIA verdrängt wurde.

Artaxerxes III: Persischer König, der im späten 4. Jahrhundert v. Chr. regierte.

Ascension: Theologischer Begriff, der Aufstieg bedeutet.

Ask: Erster Mensch in der nordischen Mythologie. Bedeutet auch Esche.

Astrologie der Babylonier: Astrologisches Tierkreissystem, das auf der Stellung der Himmelskörper beruht und im alten Babylonien entwickelt wurde; heute wird es allgemein mit Astrologie gleichgesetzt.

Astrologie der Maya: Weissagesystem, von den alten Maya entwickelt; es fußt auf den innewohnenden geistigen Energien der Zeit.

Ätherisch: Nicht materiell.

Atl: Aztekischer Name der 9. Tageszeichens des Uinal, bedeutet Wasser.

Atlantis: Alter, mythologischer Kontinent.

Avatar: Indischer Begriff für die Inkarnation eines Erleuchteten.

Azteken: Ein gemeinhin für die Mexica gebrauchter Name nach ihrer Herkunft aus Aztlan.

Aztekischer Kalenderstein: Ein Kalenderstein aztekische Herkunft, aufbewahrt im Anthropologischen Museum in Mexico City; eines der bekanntesten Wahrzeichen der Mexikaner.

Bacabs: Richtungsgötter der Maya.

Baktun: Ein Zeitraum von 394 Jahren.

Ben: 13. Tageszeichen des Uinal, bedeutet Schilfrohr.

Berg Kailas: Heiligster Berg Tibets; er wird als Zentrum der Welt angesehen.

Beta-Wellen: Hirnströme mit der Frequenz von 13–40 Hz.

Biest: Hauptkraft des Bösen, beschrieben in der Geheimen Offenbarung.

Big Bang (Urknall): Beginn der Erschaffung des Universums; eine riesige Explosion, in der die Materie zum ersten Mal vom Licht gebildet wurde (vor rund 15 Milliarden Jahren).

Biosphäre: Bereich der Erdkruste und der Atmosphäre, der Leben trägt.

Brahma: Gott der Schöpfung in der vedischen Religion.

Brenner-Tage: Eine Reihe von Tagen, die besonders gefeiert werden; sie kommen alle 65 Tage des Tzolkin vor.

Bretton-Woods-System: Finanzsystem der Nachkriegsära (2. Weltkrieg), das auf einem Treffen in Bretton Woods, New Hampshire, in den USA im Jahre 1944, ausgearbeitet wurde.

Chac: Gott des Regens bei den Maya.

Chakrameditationen: Meditationen, um das Chakrasystem zu reinigen.

Chakrasystem: Hindusystem, das den Energiefluss des Menschen in eine Struktur bringt.

Chalchiuhtlicue: Aztekische Göttin des Wassers, Herrscherin über den Dritten Tag des Trecena.

Chaldäa: Biblischer Name für Sumer.

Channeling: Informationen von einer höheren geistigen Quelle bekommen.

Cherokee: Eingeborenes Volk Amerikas, lebte ursprünglich in Georgia und wurde später in Reservate in Oklahoma umgesiedelt.

Chicchan: 5. Tageszeichen der Uinal, bedeutet Schlange.

Chichén Itzá: Größere Tempelanalge der Maya im Norden der Halbinsel Yucatán.

Chikin: Bezeichnung der Maya für Westen.

Chuen: 11. Tageszeichen des Uinal, bedeutet Affe.

Cib: 16. Tageszeichen des Uinal, bedeutet Geier/Eule

Cimi: 6. Tageszeichen des Uinal, bedeutet Tod.

Cinteotl: Zentralmexikanischer Gott des Mais‘ (Korns) und des Unterhalts, Herrscher des 7. Tages der Trecena.

Cipactli: Aztekischer Name für das 1. Tageszeichen des Uinal, bedeutet Alligator.

Coatl: Aztekischer Name für das 5. Tageszeichen, bedeutet Schlange.

Codex Borgia: Aztekischer Codex aus spätklassischer Zeit.

Codex Dresden: Nachklassischer Codex der Maya, benutzt vom deutschen Bibliothekar Förstemann, um das Kalendersystem der Maya zu klären.

Cortés (Cortez), Hernán: Spanischer Eroberer von Mexiko.

Cuauhtli: Aztekischer Name für das 15. Tageszeichen, bedeutet Adler.

Cuetzpallin: Aztekischer Name für das 4. Tageszeichen, bedeutet Eidechse.

Curry- und Hartmann-Linien: Linien im Energiegitter der Erde, von Rutengänger wahrgenommen.

Cybergeld: Fonds, die in elektronischer Form existieren, z. B. in Computern von Banken.

Das Heilige Römische Reich Deutscher Nation: Kaiserreich, das im Jahre 962 von Otto dem Großen in Deutschland gegründet wurde; es wurde vom Papst abgesegnet als Nachfolger des Römischen Reiches und wurde schließlich 1806 aufgelöst.

Delta-Wellen: Hirnströme mit der Frequenz von 1–4 Hz.

Der Dreißigjährige Krieg: Religionskrieg in Europa zwischen Katholiken und Protestanten von 1618 - 1648.

Der Erste Vater: Gottheit der Maya, die den Weltenbaum wachsen ließ, auch als Maisgott bekannt.

Der Heilige Franz von Assisi: Italienischer Heiliger im frühen 13. Jahrhundert, Gründer des Franziskanerordens.

Deutero-Jesaja: Autor der letzten Abschnitte im Buch Jesaja in der Bibel, der die Sicht eines universalen Gottes verbreitet.

Dreamspell: Ein von den Maya inspirierter Kalender, im Jahre 1990 von José Argüelles erfunden.

Dshingis Khan: Mongolischer Herrscher im frühen 13. Jahrhundert, der das Mongolische Reich gründete.

Dunkles (Mittel)Alter: Bezeichnung für das frühe Mittelalter, die Jahrhunderte nach dem Untergang des Römischen Reiches.

EEG: Elektroenzephalogramm.

Ehecatl: Aztekischer Name für das 2. Tageszeichen des Uinal, bedeutet Wind.

Epiphyse: Zirbeldrüse, die Licht empfängt und mit dem Dritten Auge verbunden ist.

Esoterik: Wissen von der inneren geistigen Wirklichkeit.

Etznab: 18. Tageszeichen des Uinal, bedeutet Feuerstein/Obsidian.

Extrasolare Planeten: Planeten, die um andere Sonnen als unsere eigene Sonne kreisen.

Familiärer Schöpfungszyklus/Familiäre Unterwelt: 3. Ebene der Schöpfung, entwickelt von den 13 Kinchultuns, beginnend vor 41 Millionen Jahren.

Federal Reserve (FED): Die Nationalbank der USA, gegründet 1913.

Freier Wille: Der philosophische Gedanke, die Menschen seien in der Lage, Dinge zu wählen, die nicht vorherbestimmt sind.

Fünf Welten: Prophetischer Gedanke unter den Eingeborenen Amerikas, die den Tzolkin in fünf gleich große Teile unterteilen sollen.

Gaia-Meditation: Meditation, um die Resonanz mit der Erde zu verstärken.

Galaktischer Schöpfungszyklus/Galaktische Unterwelt: Die 8. Schöpfungsebene, entwickelt von 13 Tuns seit dem 5. Januar 1999.

Galaxis: Sternensystem; manchmal wie im Fall der Milchstrasse in Spiralform mit Hunderten von Milliarden Sternen.

Gamma-Wellen: Hirnströme mit einer Frequenz von 30–90 Hz.

Gefiederte Schlange: Hauptgottheit in Mittelamerika. Sie symbolisiert Licht und die Erschaffung von Kultur und Zivilisation; sie wird auch Quetzalcoatl oder Kukulcan, die Geschmückte Schlange genannt.

Globales Chakrasystem: Planetarische Meridiane ätherischer Energie, die in Beziehung stehen zum Weltenbaum.

Globales Gehirn: Organisation auf dem Planeten entsprechend den Funktionen des menschlichen Gehirns.

Glyphe: Schriftzeichen der Maya.

Göttlicher Plan: Das genaue Fortschreiten der geistigen Energien, die die Bewusstseinsentwicklung bestimmen.

Göttliches Licht: Bewusstseinsenergie, die dazu dient, archetypische Information auf die Schöpfung zu projizieren.

Gregorianischer Kalender: Ein Kalender auf physikalischer Basis, eingeführt im Jahre 1582 von Papst Gregor XIII und heute noch weltweit in Gebrauch.

Großer Zyklus: Schöpfungszyklus, der am 17. Juni 3115 v. Chr begann und am 28. Oktober 2011 endet.

Haab: Ein Zyklus von 365 Tagen bei den Maya.

Hablatun: Ein Zeitraum von 1,26 Milliarden Jahren.

Harmonische Konvergenz: Geistige Feier am traditionellen Tzolkin-Tag 1 Imix und 2 Ik (16./17. August 1987).

Heilige Tage der Venus: Tageszeichen, an denen Venus als Morgenstern aufgehen kann.

Heiliger Kalender: Name für den 260-Tage-Tzolkin.

Hemisphäre: Halbkugel.

Hermetisches Prinzip: Ein Prinzip, das der so genannten Hermetischen Tradition zugerechnet wird, einer alten esoterischen Schule in Ägypten.

Hero-Zwillinge: Hunahpu und Xbalanque, Hauptfiguren der Mythologie des Popol Vuh, der Bibel der Maya.

Hierarchisch: Angeordnet oder organisiert nach verschiedenen Graden oder Rängen verschiedener Ebenen.

Hieroglyphe: Schriftzeichen des alten Ägypten.

Himmlisches Kreuz: Weltenbaum; er existiert als holografische Projektion auf der Ebene der Galaxis, der Erde und des Individuums.

Holocaust: Zerstörung oder Vernichtung; größere Katastrophe.

Holografisch: Eine Struktur, in der das Ganze mikroskopisch in jedem seiner Teile widergespiegelt ist.

Holografische Resonanz: Relaissystem für gleichzeitige Übermittlung von Informationen vom Makrokosmos zum Mikrokosmos.

Homo habilis: Erste Menschenrasse etwa vor 2 Millionen Jahren in Ostafrika.

Hosea: Einer der großen jüdischen Propheten.

Huehuecoyotl: Aztekischer Gott des Tanzes, Herrscher des Vierten Tages des Uinal.

Hunahpu: Eine der Hero-Zwillinge (1 Ahau) des Popol Vuh.

Hypophyse: Eine zentrale Drüse des endokrinen Systems im Gehirn der Säugetiere.

Hypothalamus: Eine zentrale Drüse des endokrinen Systems im Gehirn der Säugetiere, eng verbunden mit der Hypophyse.

Hz (Hertz): Frequenzmaß (pro Sekunde).

Ik: 2. Tageszeichen des Uinal, bedeutet Wind.

Imix: 1. Tageszeichen im Uinal, bedeutet Alligator.

In lak'ech: Begrüßungswort der Maya, bedeutet Ich bin ein anderes Du.

In lak'ech-Philosophie: Philosophie der Maya, dass wir eins sind mit allem Lebenden.

Innerer Kern: Bereich des Erdzentrums.

Ionosphäre: Ionisierter Bereich der Atmospähre, der Radiowellen reflektiert.

Itzcuintli: Aztekischer Name des 10. Tageszeichens des Uinal, bedeutet Hund.

Jahrbringer: Tageszeichen für den ersten Tag eines neuen Jahres.

Jesaja: Jüdischer Prophet in der Mitte des 6. Jahrhundert v. Chr.

Kalabtun: Zeitraum von 160.000 Jahren.

Kan: 4. Tageszeichen des Uinal, bedeutet Eidechse, Saat oder Netz.

Kapitalismus: Wirtschaftssystem, dessen treibende Kraft der Profit ist.

Karfreitag: Tag der Kreuzigungsfeier Christi und Tag, an dem Cortés in Mexiko landete.

Karma-Yoga: Indischer Ausdruck, bedeutet Pfad der Handlung oder Gutes tun.

Katun: Zeitraum von 19,7 Jahren (7.200 Tagen)

Keilschrift: Schrift im alten Mesopotamien.

Kin: Sonne, Zeitraum eines Tages.

Kinchiltun: Zeitraum von 3,2 Millionen Jahren.

Klassische Zählung: Die Tzolkin-Zählung, die in klassischer Zeit von den Maya benutzt wurde; noch in Gebrauch bei den Quiché-Maya.

Klassischer Maya: Maya, der in der klassischen Zeit gelebt hat, etwa 200-850 n. Chr.

Konfuzius: Antiker chinesischer Philosoph (um 550 v. Chr.).

Konquistadoren: Spanische Soldaten, die die Amerikas eroberten.

Koran (Quran): Heilige Schrift des Islam.

Kosmische Pyramide: Die neunstöckige Pyramide.

Kosmischer Projektor: Universales Rahmenwerk, um archetypische Information zu projizieren, die die verschiedenen Zeitzyklen der Maya beherrscht.

Kosmischer Spiegel: Möglichkeit für die Menschheit, vom Kosmos widergespiegelt zu werden.

Kosmisches Bewusstsein: Allumfassendes Bewusstsein.

Kosmopolit: Wer zu keiner bestimmten Nation gehört.

Kronenchakra: Chakra in der Mitte der Schädeldecke.

Kukulcan: Der Name für die Gefiederte (oder Geschmückte) Schlange bei den Maya, in Nahuatl, der Sprache der Mexica, auch Quetzalcoatl genannt.

Lacandon: Volksgruppe der Maya, die traditionell im Regenwald um den Fluss Usumacinta lebt.

Lakin: Gottheit der Maya, die den Osten regiert.

Lamat: 8. Tageszeichen des Uinal, bedeutet Kaninchen.

Lange Zählung: Schöpfungszyklus, der am 11. August 3114 v. Chr. begann und am 21. Dezember 2012 endet.

Laotze: Chinesischer Philosoph, der um die Mitte des 6. Jahrhunderts v. Chr. lebte.

Ley-Linien: Linien, die von Rutengängern als Teil des ätherischen Körpers der Erde angesehen werden, gewöhnlich verbunden mit spirituellen Traditionen der Menschen.

Lintel: Bearbeitete Steine mit Inschrift bei den Maya.

Mahavira: Begründer des Jainismus.

Makrokosmos: Manifestation des Kosmos im großen Rahmen.

Malinalli: Aztekischer Name für das 12. Tageszeichen der Trecena, bedeutet Gras.

Manik: 7. Tageszeichen des Uinak, bedeutet Hirsch.

Mauna Kea: Vulkan auf Big Island in Hawaii; er ist ein größeres Zentrum für astronomische Beobachtungen.

Mayahuel: Aztekische Göttin des Pulque (ein mexikanisches alkoholisches Getränk); Herrscherin des 8. Tages des Uinal.

Mayapan: Nachklassisches zeremonielles Zentrum der Maya in Yucatán.

Mazatl: Aztekischer Name des 7. Tageszeichens des Uinal, bedeutet Hirsch.

Medizinrad: Rad, das die vier Himmelsrichtungen einschließt, verwendet zu zeremoniellen Zwecken bei den nordamerikanischen Indianern.

Men: 15. Tageszeichen des Uinal, bedeutet Adler.

Menora: Siebenarmiger Leuchter als Symbol für die Schöpfung in der jüdischen Tradition.

Mesoamerika: Mittelamerika, archäologischer Begriff für den Kulturbereich vom Norden Mexikos bis Honduras.

Metapher: Bild, um ein abstraktes Phänomen zu erklären.

Mexica (auch als Azteken bekannt): Volk, das im 14. Jahrhundert in Zentralmexiko lebte.

Mixteken: Mittelamerikanischen Volk, das zur Zeit der spanischen Eroberung die Gegend von Oaxaca bewohnte.

Mongolensturm: Angriff mongolischer Nomaden über den eurasischen Kontinent im frühen 13. Jahrhundert.

Morgenstern: Venus am Morgenhimmel.

Mosaisches Gesetz: Gesetz des Moses.

Muluc: 9. Tageszeichen des Uinal, bedeutet Wasser.

Nagual: manchmal ein Totem; symbolische Manifestation der Anderwelt.

Napoleonische Kriege: Kriege, die die Franzosen vom Aufstieg bis zum Fall Napoleons geführt haben (1794-1814).

Nationaler Schöpfungszyklus/Nationale Unterwelt: 6. Ebene der Schöpfung, entwickelt von 13 Baktuns mit einer Gesamtdauer von 5.125 Jahren.

Neue Ökonomie: Ökonomie, die durch die Revolution in der Informationstechnologie entstanden ist.

Neues Jerusalem: Die neue Welt, die am Zeitenende auftaucht, wie es die Geheime Offenbarung beschreibt.

New Age: Moderne Bewegung, die die Ankunft eines Neuen Zeitalters prophezeit.

Nirwana: Erleuchteter Zustand in der buddhistischen Tradition.

Oaxaca: Gegend in Südmexiko.

Oberton: Ton von hoher Frequenz, erzeugt durch Resonanz mit einem Grundton.

Obsidian: Vulkanisches Glas.

Oc: 10. Tageszeichen des Uinal, bedeutet Hund.

Ocelotl: Aztekischer Name für das 14. Tageszeichen, bedeutet Jaguar.

Ollin: Aztekischer Name für das 17. Tageszeichen, bedeutet Bewegung.

Olmeken: Altes mittelamerikanisches Volk, das um 1500 v. Chr. auftauchte und die Golfküste von Mexiko bewohnte.

Omecinatl: Weiblicher Aspekt der höchsten aztekischen Schöpfungsgottheit.

Ometeotl: Männlicher Aspekt der höchsten aztekischen Schöpfungsgottheit.

Oszillation: Wellenbewegung.

Oxlaj, Alejandro: Ältester bei den Quiché-Maya.

Ozeanien: Sammelname für Länder im Pazifischen Ozean.

Ozomatli: Aztekischer Name des 11. Tageszeichen des Uinal, bedeutet Affe.

Pacal: König von Palenque im 7. Jahrhundert n. Chr.

Passage (Durchgang): Bewegung (Transit) eines Planeten über die Sonnenscheibe.

Patecatl: Aztekische Gott der Heilkunst, der das 12. Tageszeichen des Uinal beherrscht.

Patriarch: Frühe biblische Führer: Abraham, Isaak, Jakob.

Paulus: Apostel, der eine Schlüsselrolle bei der frühen Ausbreitung des christlichen Glaubens spielte.

Pharao Djoser: Einer der frühen Pharaonen Ägyptens; die erste größere Pyramide dieser Kultur war ihm geweiht worden.

Physikalische Biologie: Disziplin, die in einer Zusammenarbeit von Physik und Biologie besteht.

Physische Zeit: Vorstellung von der Zeit, als fuße sie auf der zyklischen Bewegung von materiellen Körpern.

Pictun: Ein Zeitraum von 7.900 Jahren.

Planetarische Mittellinie: Der senkrechte Stamm des Weltenbaums, entsprechend dem Längengrad 12° Ost auf der Erde.

Planetarischer Schöpfungszyklus/Planetarische Unterwelt: 7. Schöpfungsebene, entwickelt von 13 Katuns, beginnend im Jahre 1755 n. Chr.

Plejaden: Sternengruppe im Sternbild Stier, Teil des Gould-Gürtels.

Polytheistisch: Bezieht sich auf Religionen, in denen mehrere Gottheiten verehrt werden.

Popol Vuh: Buch des Rates, Text alten Ursprungs, der die Mythologie der Maya enthält, manchmal auch Bibel der Maya genannt.

Prana: Sanskrit-Wort für Lebensenergie.

Präzession: Kreisförmige Bewegung der Erdachse.

Prophezeiung: Vorhersage über die Zukunft, fußend auf eine Resonanz mit geistigen Bereichen.

Protestantismus: Christliche Bewegung aus dem 16. Jahrhundert, fußend auf bestimmten Protesten gegen die Katholische Kirche.

Pythagoras: Griechischer Denker in Syrakus (Sizilien) in der Mitte des 6. Jahrhunderts, der die Harmonien der Zahlen untersuchte.

Qi: Lebenskraft in der chinesischen Philosophie.

Quantenmechanik: Physik über die Dualität von Welle und Partikel.

Quetzal: Der nationale Vogel von Guatemala, der lange, glitzernde Federn trägt.

Quetzalcoatl: Aztekischer Name (Nahuatl-Dialekt) für die Geschmückte (oder Gefiederte) Schlange, Kulkulcan bei den Maya.

Quiahuitl: Aztekischer Name für das 19. Tageszeichen des Uinal, bedeutet Regen.

Quintana: Zeitraum von 5 Tagen.

Reformation: Bewegung, die eine Reform der Katholischen Kirche anstrebte; begründet von Luther, Calvin und anderen.

Regionaler Schöpfungszyklus/Regionale Unterwelt: 5. Schöpfungsebene von 13 Piktuns, beginnend vor 102.000 Jahren.

Reinkarnation: Vorstellung, dass die menschliche Seele von Leben zu Leben danach und dann wieder zum Leben geht.

Renaissance: Kulturelle Bewegung im spätmittelalterlichen Europa, die die Befreiung des Individuums ausdrückte, vor allem im künstlerischen Bereich.

Romantik: Kulturelle Bewegung im frühen 19. Jahrhundert in Europa.

Rotationsfrequenz: Anzahl der Umdrehungen pro Sekunde.

Rutengänger: Personen mit der Fähigkeit, Erdstrahlen zu fühlen.

Säugetierhirn: Die seitliche Hirnstruktur von Säugetieren; die Funktionen der beiden Gehirnhälften sind verschieden.

Säugetierschöpfungszyklus/Säugetier-Unterwelt: 2. Schöpfungsebene, entwickelt durch 13 Alautuns, beginnend von 820 Millionen Jahren.

Schalttag: Tag, der im Gregorianischen Kalender alle vier Jahre im Februar eingefügt wird.

Schamane: Person mit Fähigkeit, die Anderswelt zu kontaktieren und zu sehen.

Schildkrötenland: Eingeborenenname für Nordamerika.

Schnittpunkt: Der Punkt, wo eine Sinuskurve die Achse schneidet.

Schöpfungsfeld: Energiefeld, das den göttlichen Schöpfungsprozess organisiert.

Schumann-Resonanz: Elektromagnetische Impulse im Hohlraum zwischen der Ionosphäre und der Erdkruste.

Sechs-Himmel-Herr: Gottheit, die die 6. Unterwelt regiert.

Shiva: Hindu-Gott der Schöpfung und der Zerstörung.

Sippenschöpfungszyklus/Sippenunterwelt: 4. Schöpfungsebene von 13 Kalabtuns, beginnend vor 41 Millionen Jahren.

Solarwinde: Winde mit geladenen Partikeln, die sich von der Sonne zur Erde bewegen.

Sonnenjahr: Zeitraum, der einer Umkreisung der Erde um die Sonne entspricht.

Sonnenrad: Symbol, das ein rechtwinkliges Kreuz in einem Kreis zeigt.

Spinning Jenny: Automatische Spinnmaschine, erfunden im Jahre 1794.

Sri Bhagavan: Indischer Avatar, der die Erleuchtung der Menschheit zum Ziel hat.

Steinzeit: Ära in der menschlichen Entwicklung, bevor Metall aufkam.

Stonehenge: Anordnung von alten Megalithen im südwestlichen England nahe Bath.

Sumerer: Erste Hochkultur im alten Mesopotamien, heute Irak.

Sutra: Verse oder Regeln (oder eine Sammlung davon) aus buddhis-tischen oder vedischen Schriften.

Synchronizität: statistisch unwahrscheinlich gleichzeitig auftretende Ereignisse.

Tageshüter: Bestimmte Personen bei den Maya, die verantwortlich waren, den Lauf der vorüberziehenden Tage festzuhalten.

Tagesherr: Ein anderer Begriff für Tageszeichen.

Tageszählung: Ein anderer Begriff für den Tzolkin.

Tageszeichen: Die Namen der Gottheiten, die die Tage des Uinal regieren.

Taoismus: Chinesische Philosophie, entwickelt von Laotze um die Mitte des 6. Jahrhunderts v. Chr.

Tecciztecatl: Aztekische Göttin des Mondes, Herrscherin des 6. Tageszeichens des Uinal.

Teotihuacán: Größerer zeremonieller Pyramidenkomplex und Handelszentrum außerhalb des heutigen Mexico City; es blühte ungefähr von Christi Geburt an bis ins frühe 8. Jahrhundert.

Teotihuacanos: Altes mittelamerikanisches Volk, das um Teotihuacán lebte.

Tepeyollotl: Aztekische Gottheit, das Herz des Gebirges, Herrscher des 3. Tageszeichens des Uinal.

Tezcatlipoca: Aztekischer Gott der Finsternis, Herrscher des 10. Tages der Trecena und des 13. und 15. Tages des Uinal; die Rache von Quetzalcoatl.

Theta-Wellen: Hirnströme mit einer Frequenz von 4–7 Hz.

Tier: Wichtigste böse Kraft, beschrieben in der Geheimen Offenbarung.

Tikal: Größere Tempelanlage der Maya im jetzigen Guatemala.

Tlacolteotl: Aztekische Göttin der Liebe, die den Schmutz der Männer verzehrt, und Herrscherin des 5. Tages der Trecena.

Tlahuizcalpantecuhtli: Aztekische Gottheit, verbunden mit dem Morgenstern und Gott vor der Dämmerung, Herrscher des 12. Tages der Trecena.

Tlaloc: Aztekischer Gott des Regens und des Krieges, Herrscher über den 8. Tag der Trecena.

Tlatecutli: Aztekischer Gott der Erde, Herrscher des 2. Tages der Trecena.

Tochtli: Aztekischer Name des 8. Tageszeichens, bedeutet Kaninchen.

Tolteken: Mittelamerikanisches Volk, dessen Hauptstadt Tula im Staat von Hidalgo war.

Tonacatecuhtli: Aztekischer Gott der Fortpflanzung, Herrscher des 1. Tages des Uinal und (manchmal) des 7. Tages der Trecena.

Tonalaciuatl: Weiblicher Aspekt von Tonacatecuhtli.

Tonalpouhalli: Nahuatl (aztekischer) Name für das Tzolkin-Diagramm.

Tonatiuh: Aztekischer Gott der Sonne und der Krieger, Herrscher über den 4. Tag der Trecena und den 19. Tag des Uinal.

Trecena: Zeitraum von 13 Tagen des Tzolkin; eine Runde der Töne 1–13.

Tun: Zeitraum von 360 Tagen.

Tuniversarium: Spiritueller Geburtstag alle 360 Tage.

Tzolkin: 260-Tage-Zählung, auch Heiliger Kalender genannt.

Uaxaclahunkins: Bezeichnung für einen 18-Tage-Zyklus bei den Maya.

Uinal: Zeitraum von 20 Tagen; eine Runde von 20 Tagesherren.

Uinic: Wort der Maya für den Menschen.

Universaler Mensch: unbegrenztes menschliches Wesen mit einem kosmischen Bewusstsein, entwickelt durch die Universale Unterwelt.

Universaler Schöpfungszyklus/Universale Unterwelt: 9. Schöpfungsebene von 260 Tagen, beginnend mit dem 11. Februar 2011.

Unsichtbares Kreuz: Ein anderer Begriff für das Himmlische Kreuz.

Venus-Passage (Durchgang): Übergang (Transit) des Planeten Venus über die Sonnenscheibe, was etwa einmal pro Jahrhundert geschieht.

Venus-Tafeln: Astronomische Tafeln im Dresdener Codex, der die Phasen der Venus beschreibt.

Venus-Transit: Dasselbe wie Venus-Passage; eine Sonnenfinsternis durch die Venus.

Venus-Zyklus: Eine ungefähre 584-Tage-Progression durch die Phasen der Venus, von der Ere aus gesehen.

Vier Welten: Prophetischer Gedanke unter den Eingeborenen Amerikas, die den Tzolkin ist in vier gleich große Teile unterteilen sollen.

Vortex: Eine Spirale, die Struktur organisiert für spirituelle Energie.

Wahre Zählung: Tzolkin-Zählung, die die Maya 2.500 Jahre lang benutzten.

Wahres Kreuz: Der Weltenbaum seine Projektionen auf die galaktische und planetarische Ebene.

Weltenbaum: Senkrecht organisierende Struktur für die Schöpfung des Kosmos.

Weltgebirge (Weltenberg): In einigen alten Traditionen das Zentrum der Erde.

Wotanskreuz: Alter nordischer Name für das Sonnenrad, identisch mit dem Medizinrad.

Xaman: Name bei den Maya für die Gottheit, die den Norden regiert.

Xbalanque: Einer der Hero-Zwillinge im Popol Vuh, bedeutet Jaguar.

Xiuhtecuhtli: Aztekischer Gott des Feuers und der Zeit, Herrscher des 9. Tageszeichens des Uinal und des 1. Tages der Trecena.

Xochipilli: Aztekischer Gott der Blumen, Herrscher des 11. Tageszeichens.

Xochiquetzal: Aztekische Göttin der Blumen, Herrscherin des 20. Tageszeichens.

Xochitl: Aztekischer Name des 20. Tageszeichens, bedeutet Blume

Xolotl: Aztekische Gottheit, die den 17. Tag des Uinal regiert, bedeutet hundsköpfiges Ungeheuer, Zwillingsbruder von Quetzalcoatl.

Yaxkin: Name der Maya für das Zentrum der vier Himmelsrichtungen.

Yggdrasil: Nordischer Name für den Weltenbaum, den man sich als eine breite Esche vorstellt.

Yin/Yang: Chinesischer Name für die dunkle/helle, weibliche/männliche Polarität des Kosmos.

Yin/Yang-Feld: Projektion der Yin/Yang-Dualität auf die Erdoberfläche.

Yohualticitl: Aztekische Göttin der Geburt, Herrscherin des 11. Tages der Trecena.

Yum Kax: Name der Maya für den Gott des Korns.

Zahl 108: Heilige Zahl in der hinduistischen und buddhistischen Tradition; indische Weise nehmen sie oft als einen ihrer Namen.

Zahl 13: Heilige Zahl in Mittelamerika, die Zahl der Himmel.

Zahl 7: Heilige Zahl in Mittelamerika, die Zahl der Lichtimpulse in jeder Unterwelt.

Zahl 9: Heilige Zahl in Mittelamerika, die Zahl der Unterwelten.

Zapoteken: Altes mittelamerikanisches Volk, das den Tzolkin entdeckte; sie lebten im Staate von Oaxaca und bauten das zeremonielle Zentrum von Monte Alban.

Zellulärer Schöpfungszyklus/Zelluläre Unterwelt: 1. Schöpfungsebene von 13 Hablatuns, beginnend vor 16,4 Milliarden Jahren.

Zenit: Höchster Sonnenstand.

Zentrum der Welt: Yaxkin, das Zentrum der Vier Himmelsrichtungen bei den Maya.

Zarathustra: Persischer Religionsführer, der eine dualistische, aber monotheistische Religion einführte.

Biblografie

Argüelles, José. *The Mayan Factor: Path Beyond Technology.* Santa Fe: Bear & Co., 1987.

Argüelles, José. *Time and the Technosphere: The Law of Time in Human Affairs.* Rochester, VT.: Bear & Co., 2002.

Balin, Peter. *The Flight of Feathered Serpent.* Wilmot, Wisc.: Arcana Publishing, 1978.

Bays, Brandon. *The Journey, A Road Map to the Soul.* New York: Pocket Books, 2001

Brotherston, Gordon. *Book of the Fourth World, Reading the Native Americas through their literature.* New York: Cambridge University Press, 1992.

Calleman, Carl Johan. *Maya-hypotesen, Svenskarnas roll för Gaias födelse år 2012.* Self-published in Swedish, 1994.

Calleman, Carl Johan. *The Theory of Everything: The Unification of Science Based on the Evolution of Consciousness.* Unpublished manuscript, 1997.

Calleman, Carl Johan. *Solving the Greatest Mystery of Our Time: The Mayan Calendar.* London and Coral Springs, Fla.: Garev, 2001.

Coe, Michael D. *Breaking the Maya Code.* London: Thames and Hudson, 1992.

Coe, Michael D. *The Maya.* London and New York: Thames and Hudson, 1993.

de Landa, Diego. *Yucatán Before and After the Conquest.* New York: Dover, 1978.

de Paz, Marco and Marcus. *Calendario maya: el camino infinito del tiempo.* Guatemala: Ediciones Gran Jaguar, 1991

Freidel, David, Linda Schele, and Joy Parker. *Maya Cosmos, Three Thousand Years on the Shaman's Path.* New York: Morrow, 1993.

Hail, Raven. *The Cherokee Sacred Calendar: A Handbook of the Ancient Native American Tradition.* Rochester, Vt.: Destiny Books, 2000.

Jenkins, John Major. *Tzolkin: Visionary Perspectives and Calendar Studies.* Garberville, Calif.: Borderline Sciences, 1994.

Jenkins, John Major. *Maya Cosmogenesis 2012.* Santa Fe: Bear & Co., 1998

Johnson, Kenneth. *Jaguar Wisdom: Mayan Calendar Magic.* St Paul, Minn.: Llewellyn Publications, 1997.

Maor, Eli. *June 8, 2004: Venus in Transit.* Princeton, N.J.: Princeton University Press, 2000.

Miller, Alice. *For Your Own Good: Hidden Cruelty in Child-Rearing and the Roots of Violence.* New York: Noonday Press, 1990.

Morton, Chris and Ceri Louise Thomas. *The Mystery of the Crystal Skulls.* London: Thorsons, 1997.

Nisbett, Richard E. *The Geography of Thouht.* New York: Free Press, 2003.

Popol Vuh: The Mayan Book of the Dawn of Life, trans. Dennis Tedlock. New York: Simon and Schuster, 1985.

Roys, Ralph. *The Book of Chilam Balam of Chumayel.* Norman, Okla.: University of Oklahoma Press, 1967.

Schele, Linda, and David Freidel. *A Forest of Kings: The Untold Story of the Ancient Maya.* New York: William Morrow, 1990.

Schele, Linda, and Mary Ellen Miller. *The Blood of Kings: Dynasty and Ritual in Maya Art.* New York: George Braziller, 1986.

Scofield, Bruce. *Day Signs: Native Amerian Astrology from Ancient Mexico.* Amherst, Mass.: One Reed Publications, 1994.

Scofield, Bruce. *Signs of Time: An Introduction to Mesoamerican Astrology.* Amherst, Mass.: One Reed Publications, 1994.

Shearer, Tony. *Beneath the Moon and Under the Sun.* Santa Fe: Sun Books, 1987.

Thompson, J. Eric S. *A Commentary on the Dresden Codex*. Philadelphia: American Philosophical Society, 1972.
Waters, Frank. *Mexico Mystique: The Coming Sixth World of Consciousness.* Chicago: Swallow Press, 1975.

Internet-Adressen

Weitere Informationen im Internet:

http://www.maya-kalender.com
http://www.calleman.com
http://mayaportal.lucita.net
http://groups.yahoo.com/group/enlightened_future
http://www.breakthroughcelebration.com
http://www.eu-verlag.eu

Index

Q

R

S

T

„Wissen und Kompetenz für eine bessere Welt“

Verlag der EU-Umweltakademie GmbH

EU Verlag

Das Maya-Tageszeichen Postkartenset

Postkartensetpreis: € 21,- (D)

ISBN: 978-3-9810728-3-9

Inhalt: 20 Postkarten und zusätzlich Tabellen zur Berechnung der individuellen Tageszeichen

Die 260 individuellen Energien des Maya-Kalenders werden in der Kombination von 13 verschiedenen Zahlen von 1-13 und 20 verschiedenen Tageszeichen gebildet. Jeder dieser 260 Tage hat eine einzigartige Energie, das gleiche gilt für die Menschen, die an diesen Tagen geboren sind.

Erfahren Sie mehr über Ihre Geburtsenergie und Ihre Bestimmung. Das Maya-Tageszeichen Postkartenset beschreibt auf faszinierende Art und Weise, die Energien der 20 Tageszeichen und ermöglicht dadurch eine völlig neue Sicht der Dinge. Abhängig davon in welchen Tageszeichen und in welcher Zahl man geboren wurde, wird man die Tagesenergien anders erleben.
Berechnen Sie mit den Tabellen des Maya-Tageszeichen Postkartensets Ihr persönliches Tageszeichen und Ihre Geburtsenergie.

Dieses Buch können Sie im online-shop auf www.euverlag.eu bestellen

memon®

Die Wiederentdeckung der Harmonie

Schwingung, Resonanz und Polarität: Diese drei Naturphänomene sind die Grundlagen der memon Technologie. Winfried M. Dochow beschäftigte sich aufgrund einer Krebserkrankung in den Siebziger Jahren mit dem Einfluss geopathogener Störzonen auf die menschliche und tierische Gesundheit und entwickelte die memon® -Technologie.

Der Kontakt zu Hans Felder und seiner Frau Erika führte schließlich im Jahre 2001 zur Gründung der Firma memon® Umwelttechnologie die seither die memon® Produkte erfolgreich vermarktet.

DVD-Preis: € 5,- (D)

Zivilcourage

Die Wahrheit über unsere Handys

Dr. George Carlo leitete von 1993 bis 1999 das bis dato größte Mobilfunk-Forschungsprojekt, ausgestattet mit einem industriefinanzierten Budget von 28 Millionen US-Dollar. Seine wichtigste Botschaft lautet: „Achtung Krebsgefahr! Wir müssen die Verbraucher warnen."

Klaus Scheidsteger, freier TV-Journalist, Autor und Produzent, recherchiert das Thema der Mobilfunkproblematik weltweit: Würde die Mobilfunkindustrie eine Gesundheitsproblematik eingestehen, gingen die Milliarden-Sammelklagen in den USA verloren und die Industrie in die Insolvenz... Scheidsteiger stellt die Lösung für dieses Problem vor.

DVD-Preis: € 10,- (D)

Deutsch: ISBN: 978-3-9812818-9-7
Englisch: ISBN: 978-3-9812818-1-1
Französisch: ISBN: 978-3-9812818-3-5

Diese DVDs können Sie im online-shop auf www.euverlag.eu bestellen